北京市人才强教深化計劃（PHR201006209）資助項目
北京市人才強教深化計劃（PHR200907111）資助項目

甲骨拼合續集

黄天樹　主編

學苑出版社

目 錄

綴合圖版

《甲骨拼合續集》序

黄天樹

2010年8月，《甲骨拼合集》（簡稱《拼集》）由學苑出版社出版，收錄了我和我的研究生的綴合成果共計326則，收錄綴合成果的日期截至2010年7月15日止。

時間過得很快，轉眼之間，一年又過去了。我們把一年來（2010年7月15日至2011年7月15日）所綴合的新成果，彙編成《甲骨拼合續集》（簡稱《拼續》）一書結集刊印。《拼集》輯錄綴合成果自第1則至第326則。《拼續》接續《拼集》的流水號，輯錄綴合成果自第327則至第595則。

正確的綴合，為學術界提供新資料，功德無量；而錯誤的綴合，為學術界製造偽資料，罪莫大焉。因此，驗證甲骨綴合是否正確是十分重要的事情。《拼續》即將付梓，借此機會，以《拼續》綴合為例，補充介紹五種甲骨綴合驗證的方法，向甲骨學者請教。

（一）兆枝斷邊

每一個鑽鑿，一經施灼，便產生一個卜兆。每一個卜兆是由兆幹（縱兆）和兆枝（橫枝）構成的。甲骨沿兆坼的裂紋而斷裂，峭直如削，稱為“兆邊”。“兆邊”可以進一步細分為縱向的“兆幹斷邊”和橫向的“兆枝斷邊”。對每一個卜兆來說，其“兆幹斷邊”呈縱向的直線形；其“兆枝斷邊”呈橫向的直線形或斜線形。但是，對一连串多個卜兆來說，其“兆幹斷邊”或“兆枝斷邊”並非筆直的。這是因為“灼點”往往是參差不齊的，因此，形成的一連串多個卜兆的“兆幹斷邊”或“兆枝斷邊”也是參差不齊的。它是驗證甲骨綴合正確與否的有力證據。例如：《拼續》第327則（A《合》22+B《合》10520）、第468則（A《合》25967+B《合》23494）、第570則（A《合》1976+B《合》5626）的“兆枝斷邊”呈階梯形的“_|¯”

形。A、B兩塊殘片拼合時，“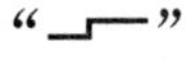”形的“兆枝斷邊”拼接得嚴絲合縫。從這一點可以證明上述綴合是正確的。“兆幹斷邊”亦然。

（二）兆頂序辭

每一個卜兆都由兆幹和兆枝構成。兆序辭契刻的位置，凡橫枝向左者通常刻在左上端，橫枝向右者刻在右上端，但也有刻在兆幹頂端的。它也是驗證甲骨綴合正確與否的有力證據。蔣玉斌博士在其博士學位論文《殷墟子卜辭的整理與研究》（第165～166頁）中說：“這種特殊習慣對於甲骨綴合也有重要的作用。熟悉綴合的人都知道，徵候是甲骨綴合的關鍵。卜兆縱兆對應的是反面‘鑽’（引者按：應該是‘鑿’）的中軸線，這裏多是甲骨拆裂的地方。有些類組的兆序字正位於縱兆的正頂，甲骨裂開時它們也往往隨之一分為二。在大致確定不同甲骨碎片的關連之後，這種兆序字就可以提供極為有用的資訊，成為綴合的‘徵候’。” 例如：《拼續》第452則（A《合》5620+B《合》19479）、第501則（A《合補》12645+B《合補》12651）A、B兩塊殘片拼合時，兆頂序辭“三”拼接得嚴絲合縫。從這一點可以證明上述綴合是正確的。

（三）界劃線

《尚書・多士》篇記載“惟殷先人有冊有典”，說明殷人的書寫工具主要是毛筆；書寫材料主要是簡冊。甲骨文“冊”字寫作“”，象簡冊形。由此可知《尚書》的記載是可靠的。家譜之類的記事刻辭甲骨上畫有一道一道的豎線（參看《合》14925、《合》14926），可能是受了簡冊的影響。後世線裝書每頁上用豎線分行的欄格，也應是受了簡冊的影響。上述分行的豎格是所謂“分行線”。家譜之類的記事刻辭一般是先有“分行線”，再刻文字。而所謂甲骨的“界劃線”與此不同。甲骨上有若干段卜辭，易於混淆，就在若干段卜辭之間劃上不規則的線條以別之，它一般是先有文字，再劃“界劃線”。“界劃線”是驗證甲骨綴合正確與否的有力證據。例如：《拼續》第425則（A《合》6553+B《英》669）、第450則（A《北大》

2455+B《北大》1584）、第472則（A《合》428+B《合》17172），A、B拼合時，分裂在兩塊殘片上的界劃線得以貫通。由此證明上述綴合是正確的。

（四）盾紋

龜腹甲是由內、外兩層組成的。內層為骨質板，由九塊骨板（首甲、前甲、後甲、尾甲各二塊、中甲一塊）以“齒縫”相連而成。外層為角質盾，由六塊盾片（喉盾、肱盾、胸盾、腹盾、股盾、肛盾）以“盾溝”（即拓本所見的白色“盾紋”）相連而成。內層的九塊骨板的“齒縫”和外層的六塊盾片的“盾溝”不重合，這樣交錯構成的腹甲，非常牢固。腹甲正面有“齒縫”和“盾紋”。腹甲出土後，往往沿齒縫處斷裂，而盾紋是不會斷裂的。“盾紋”是驗證甲骨綴合正確與否的有力證據。例如：《拼續》第436則（A《合》8563+B《合補》2039）、第438則（A《合》17195+B《合補》2575）、第439則（A《合補》6112+B《合》7627）、第446則（A《合》43+B《合補》3166）、第452則（A《合》5620+B《合》19479）、第526則（A《合》37372+B《合》37374）、第549則（A《合》4977+B《北大》1045）、第567則（A《合》5438+B《合》10575）、第582則（A《合》11728+B《合》13159），A、B拼合時，分裂在兩塊殘片上的盾紋（即拓本所見的白色“盾紋”）得以貫通。由此證明綴合是正確的。龜背甲亦然。

（五）齒縫

所謂齒縫，是骨片與骨片以細密的鋸齒狀咬合的地方。它是驗證甲骨綴合正確與否的有力證據。例如：《拼續》第558則（A《合補》2782+B《合補》4067）、《拼續》第564則（A《合》3650+B《合補》1505），A、B拼合時，分裂在兩塊殘片上的齒縫得以貫通。由此證明綴合是正確的。龜背甲亦然。

此外，甲骨綴合的驗證方法還有斷邊、殘字、辭例、字體等，因學者多有論述，茲不贅述。上舉甲骨綴合驗證的方法，在實際運用中，往往是幾種方法結合起來綜合運用的。例如：《拼續》第440則（A《合》2752+B

《合補》415+C《合》2733）即綜合運用盾紋、齒縫、斷邊、殘字、辭例、字體等方法來驗證甲骨綴合的正確性。第450則（A《北大》2455+B《北大》1584）即綜合運用盾紋、殘字、辭例、字體、界劃線、兆枝斷邊等方法來驗證甲骨綴合的正確性。

甲骨殘片，觸目皆是，甲骨綴合，大有作為，希望青年學子，繼續努力。甲骨殘片如未毀滅，自當有破鏡重圓之日。

本書拼合成果大都是依據拓本（少數依據摹本、照片）進行綴合的，難免有舛錯之處，希望專家多加指正。博士研究生何會、李愛輝協助我承擔了全書的編校工作，十分辛苦，特此致謝。

2011年10月1日

凡 例

一、本書是《甲骨拼合集》（學苑出版社2010年8月出版）的續集。《甲骨拼合集》輯錄甲骨綴合成果共326則。本書輯錄甲骨綴合269則。為了方便學者引用本書綴合成果，本書甲骨綴合圖版接續《甲骨拼合集》自“第327則”始，按流水號排序。本書綴合成果先按作者編排，然後在每位作者之下再按綴合文章發表時間的先後排序。

二、本書由“綴合圖版”、“說明與考釋”和“附錄”三部分組成。

三、“綴合圖版”既有拓本又有摹本，以達到取長補短的效果。拓本儘量按甲骨實物原大製版印刷。因排版關係，有些拓本縮小尺寸，以便把同一塊甲骨的拓本和摹本，儘量排在一頁上，便於對照閱讀。

四、“說明與考釋”源於已刊佈的綴合文章。綴合文章並非一人一時所寫，體例未能劃一，收入本書時，除了技術性修改外（增加摹本和釋文），儘量保持原貌。但是，為了方便學者按流水號閱讀綴合圖版的需要，對已刊佈的綴合文章，如果有若干則綴合，就分列為若干則，並在每則流水號前加“頁下注”，首則詳細注明綴合的作者、題目和出處，以備讀者查尋。原綴合文章的注解，一律改為頁下注。如果增加新注，則用“編者按”加以說明，外加黑魚尾括號“【】”標示。

五、本書引用甲骨著錄書多用簡稱。書末附有《本書引用甲骨著錄簡稱表》備查。

六、本書所用甲骨資料主要是《合集》。凡《合集》著錄號又見於他書者，詳為注明。例如：《合》19765=《乙》8649+《乙》8650，表示《合集》的第19765片又見於《乙編》的第8649片加綴第8650片。“+”號，表示某片與某片可以綴合。“=”號，表示重見；或以“（）”號表示重見亦可。例如：《合集》40=《京津》1030，表示《合集》的第40片又見於《京津》的第1030片。

七、關於卜辭的分類以及各類卜辭的時代，參看黃天樹《殷墟王卜辭的分類與斷代》和《甲骨拼合續集》書末附錄《殷代卜辭分類分組表》。類名有時用簡稱。例如："賓一"指賓組一類。

八、本書用繁體字排印。卜辭釋文一般用寬式。卜辭釋文裏，缺一字的用"□"號表示；所缺字數目不詳的用"⊠"號表示；引文有所省略的用"……"號表示；依據殘字或文例擬補的字，外加"[ ]"號表示；異體字、假借字一般用"（）"號隨文括注出正字和本字。

第327則：龜腹甲新綴一則（黃天樹）

A《合》22+B《合》10520

B

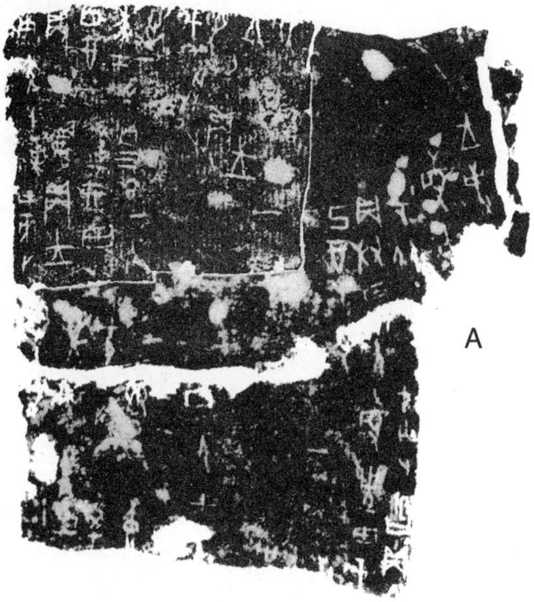

A

B

A

第328則：龜腹甲新綴一則（黃天樹、李延彥）

A《合》17168+《合》17171+B《合》17170

A

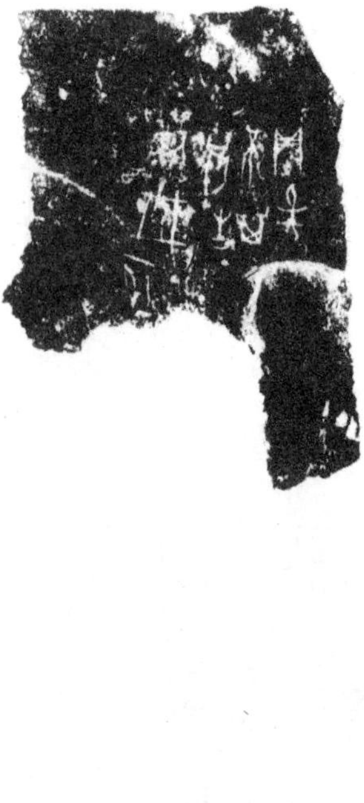

B

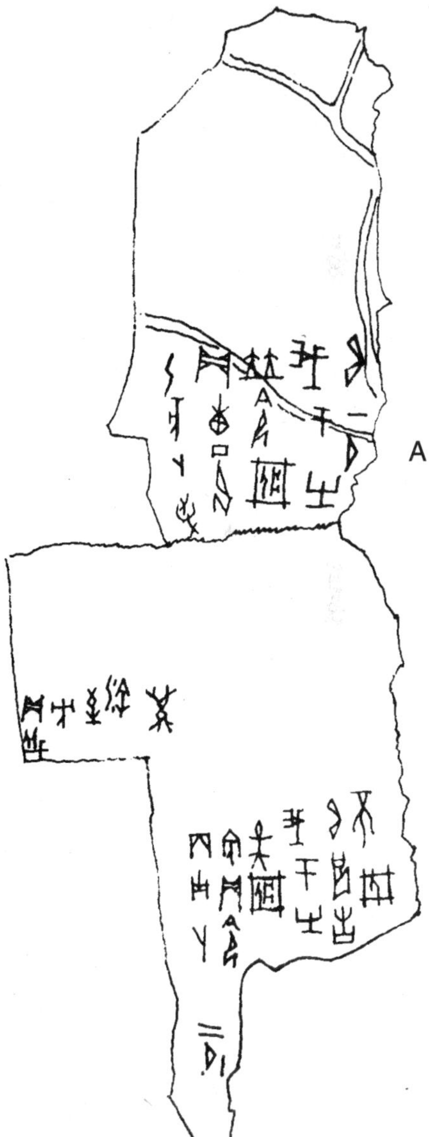

A

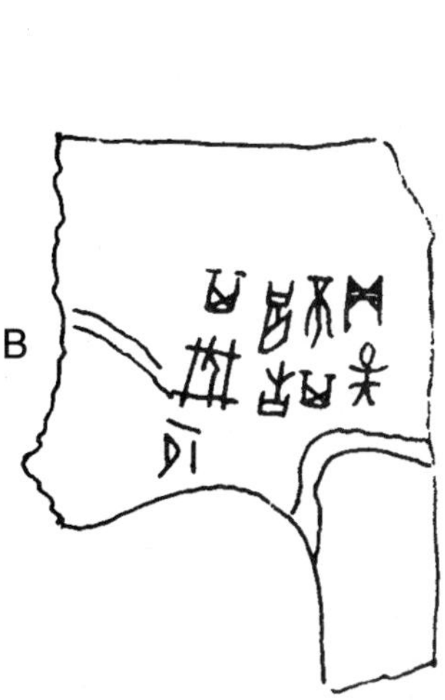

B

第329則：甲骨新綴兩例（趙鵬）

A《所》29.1455+B無字殘甲

第330則：甲骨新綴兩例（趙鵬）

A《合》24380+B無字殘甲

A

B

A

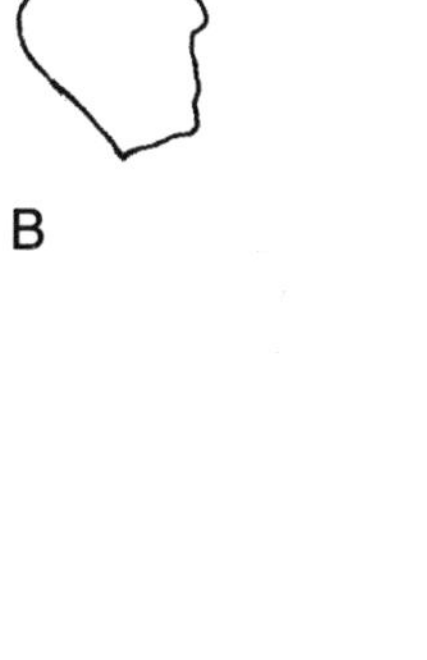

B

第331則：甲骨試綴一則（趙鵬）

A《合》4016+B《合》4346

第332則：甲骨新綴一則（趙鵬）

A《合》11230+B碎骨1+C碎骨2+D碎骨3+E碎骨4+F碎骨5+G碎骨6

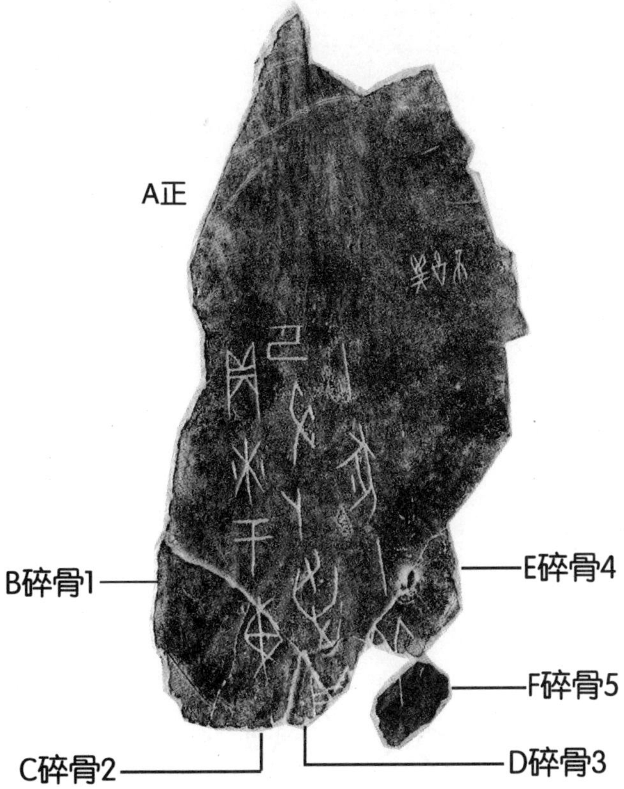

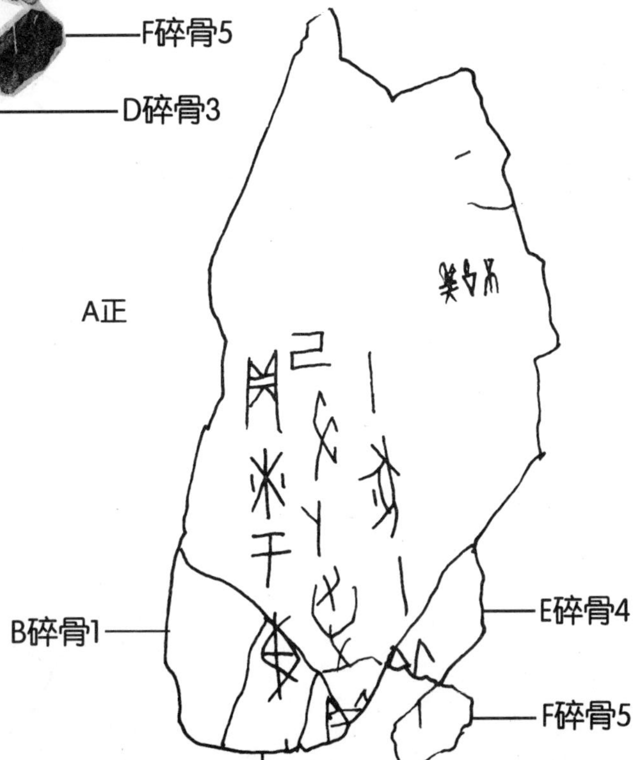

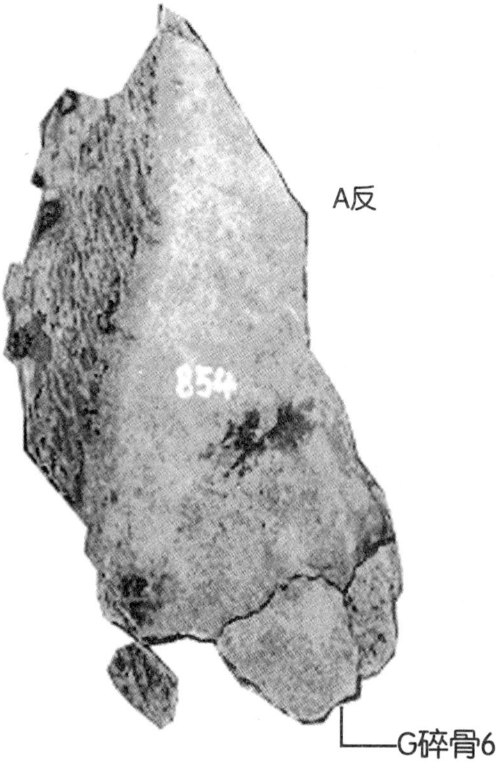
A反
854
G碎骨6

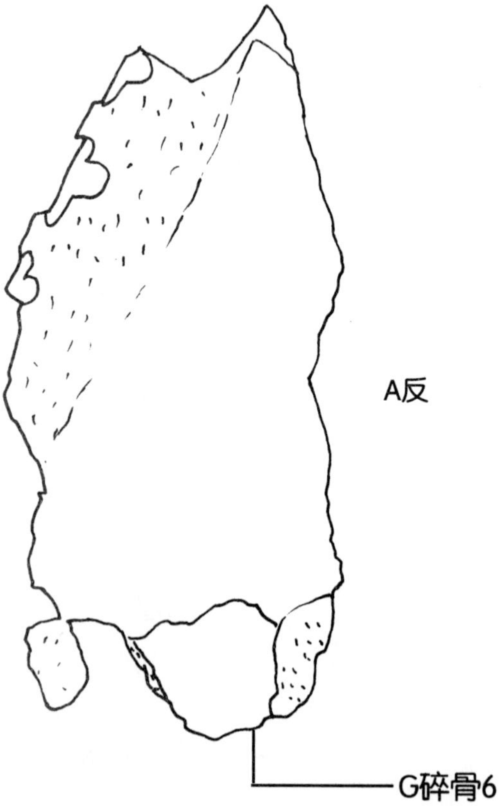
A反
G碎骨6

第333則：甲骨新綴一則（趙鵬）

A《歷》20+B《歷》21

A  B

A  B

第334則：甲骨新綴第83組（劉影）

A《合》34639+B《合補》10572

A
B

第335則：甲骨新綴第84組（劉影）

A《合》34473+B《合》34164

A

B

A

B

第336則：甲骨新綴第85～86組（劉影）

A《合》20120+B《合》20744

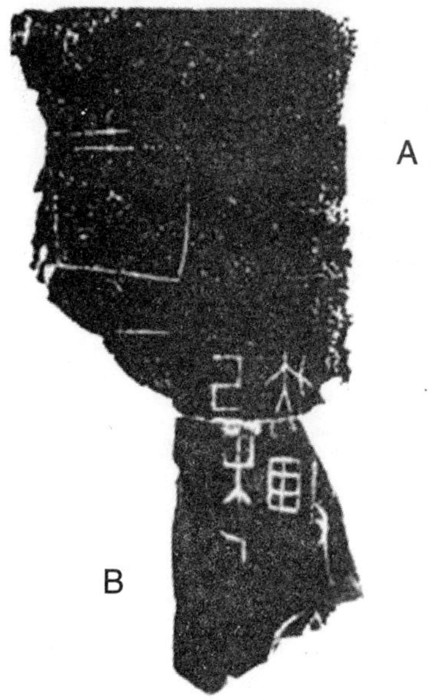

第337則：甲骨新綴第85～86組（劉影）

A《合》20460+B《合》20973

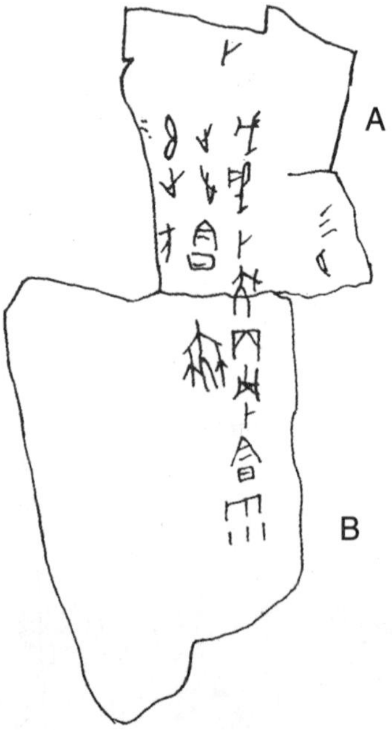

第338則：甲骨新綴第87組（劉影）

A《合》19796+B《合》21251

A

B

A

B

第339則：甲骨新綴第88組（劉影）

A《合》35586+B《合》35493

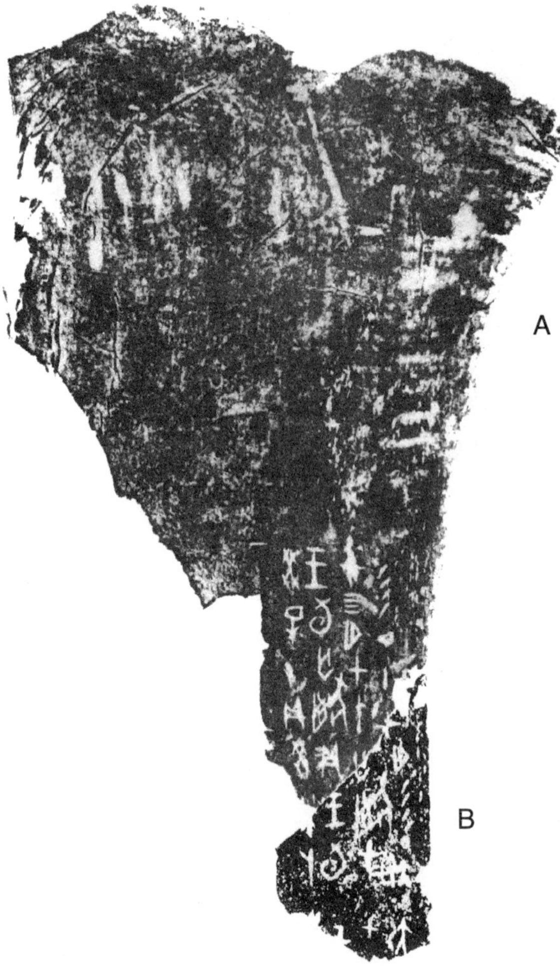

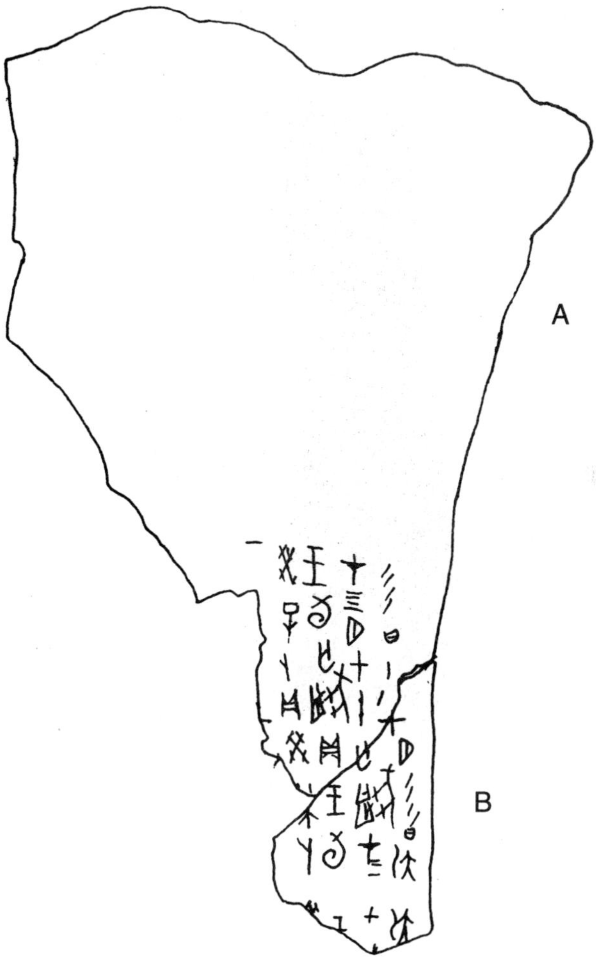
A
B

第340則：甲骨新綴第89～90組（劉影）

A《合補》12848+B《合》37932

A

B

A

B

第341則：甲骨新綴89～90組（劉影）

A《合》37875+B《合》37929+C《合》37922+D《合補》12871

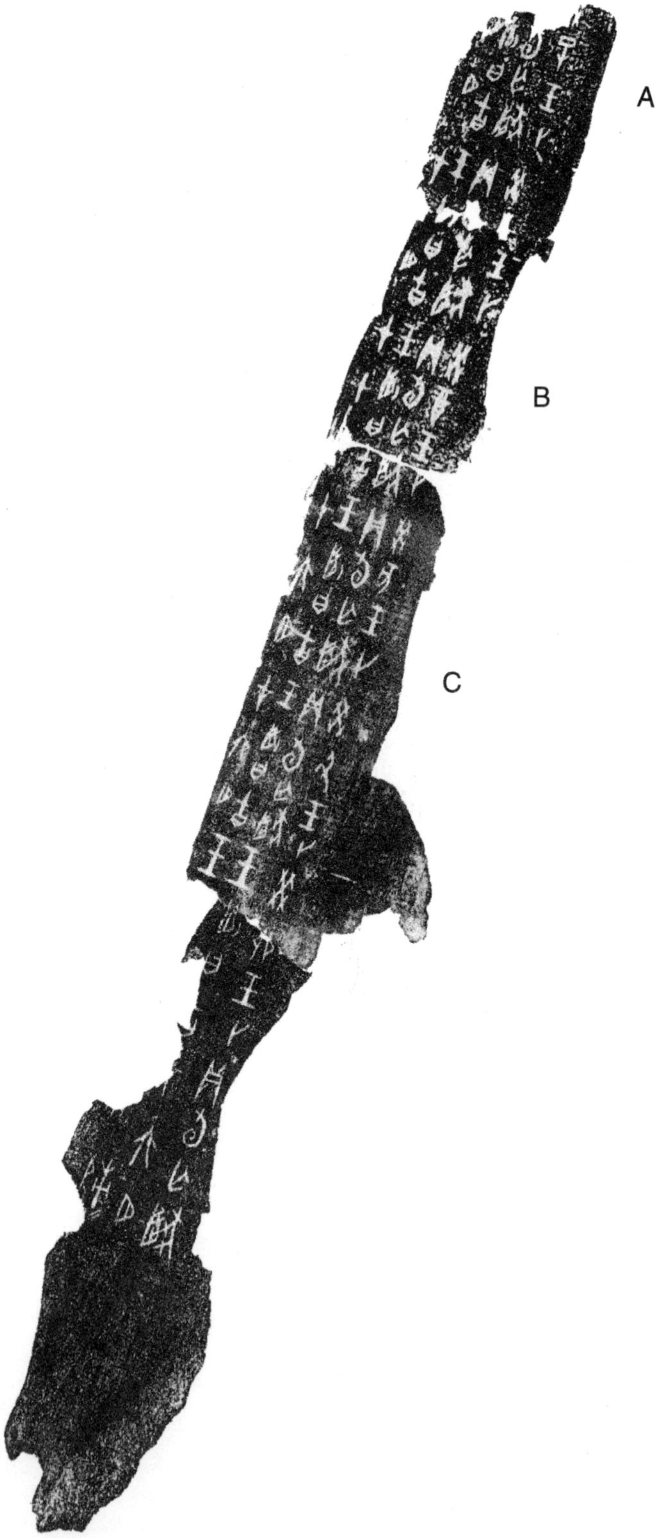

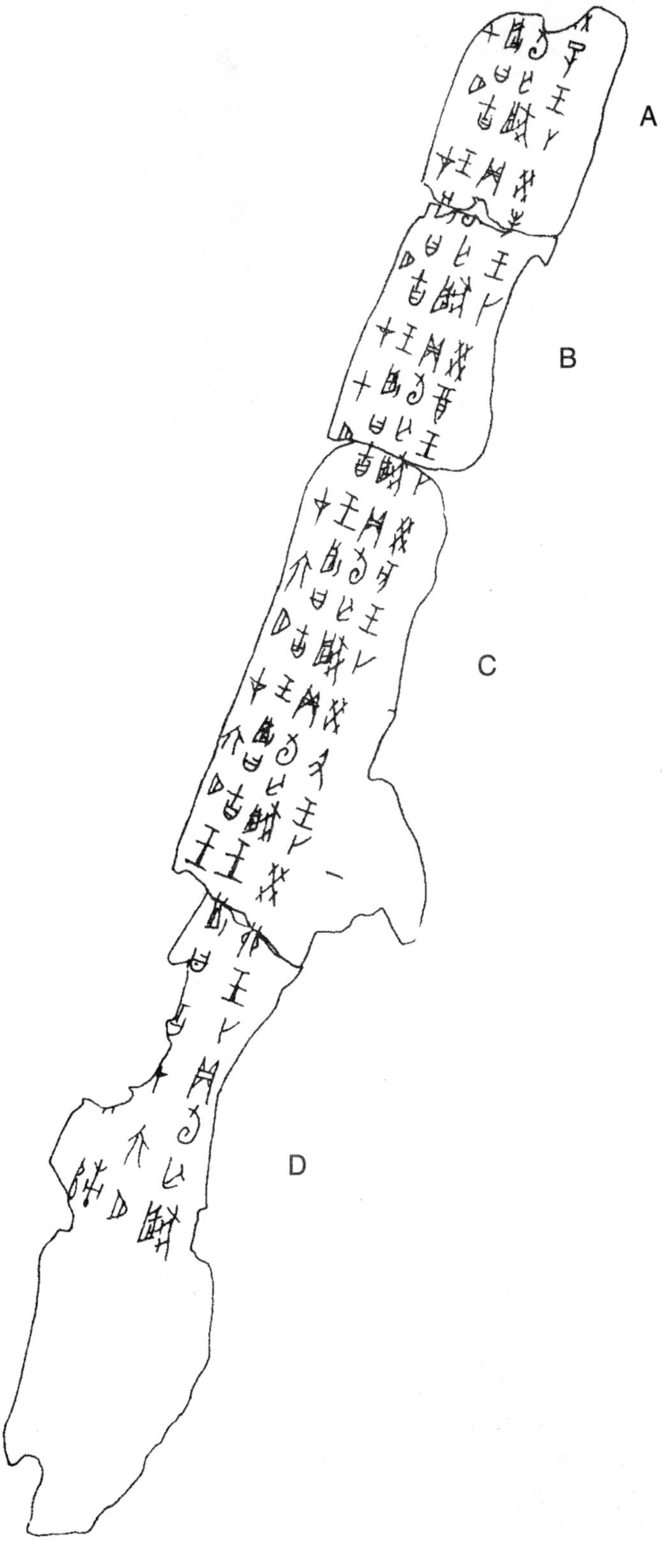
A
B
C
D

第342則：甲骨新綴第91組（劉影）

A《合》39147+B《合》39101

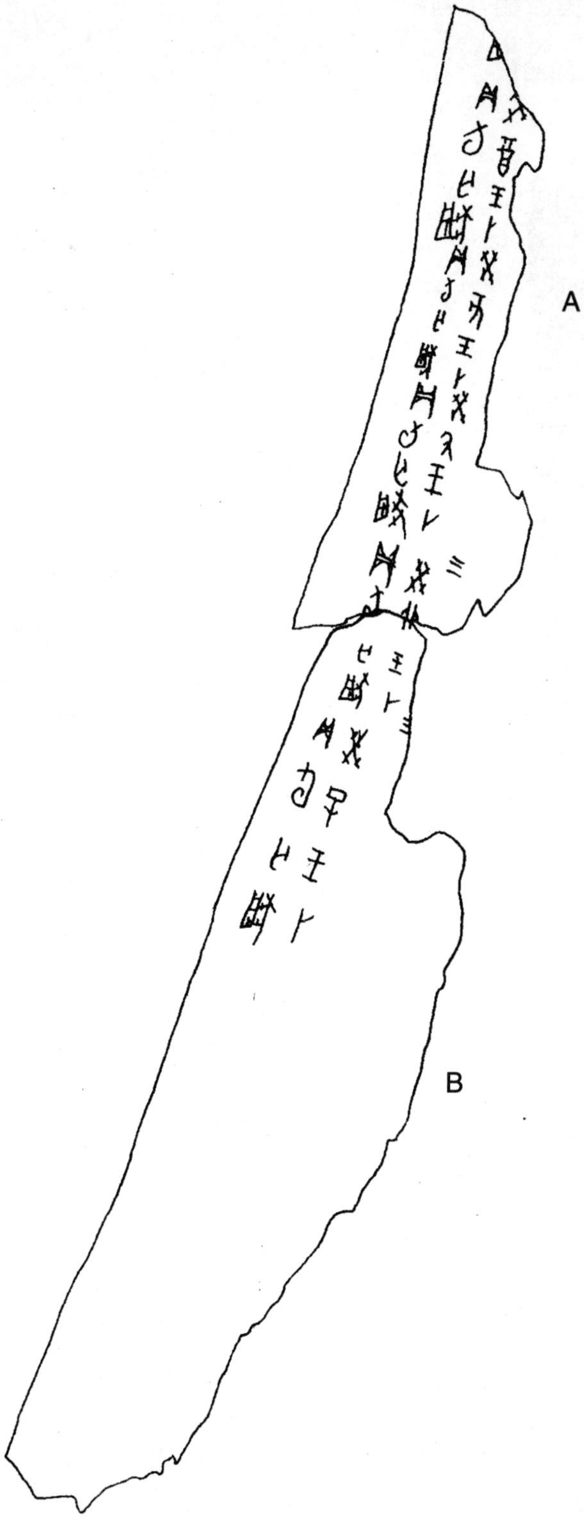
A
B

第343則：甲骨新綴第92組（劉影）

A《合》39099+B《合》39321

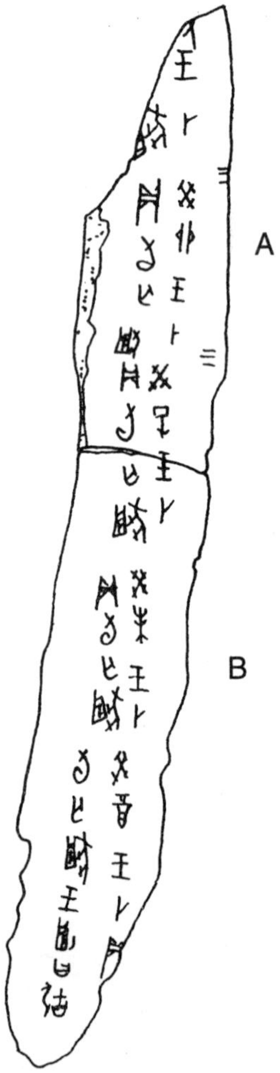

第344則：甲骨新綴第93組（劉影）

A《合》39384+B《合》39363

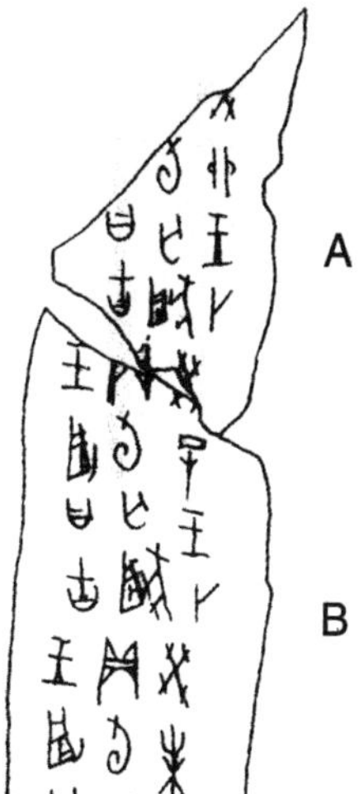

第345則：甲骨新綴第94組（劉影）

A《合》36474+B《合》36818+C《合》36457

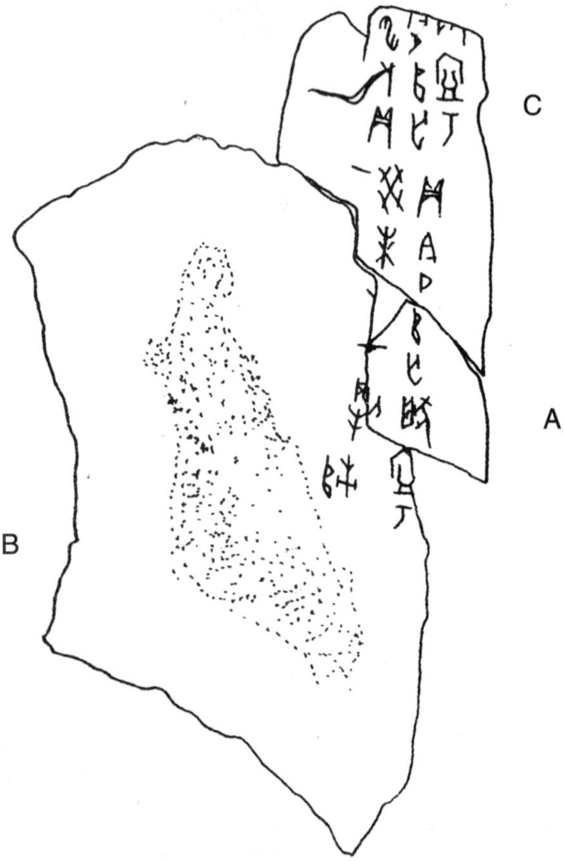

第346則：甲骨新綴第95～97組（劉影）

A《合》39367+B《合》36638

A

B

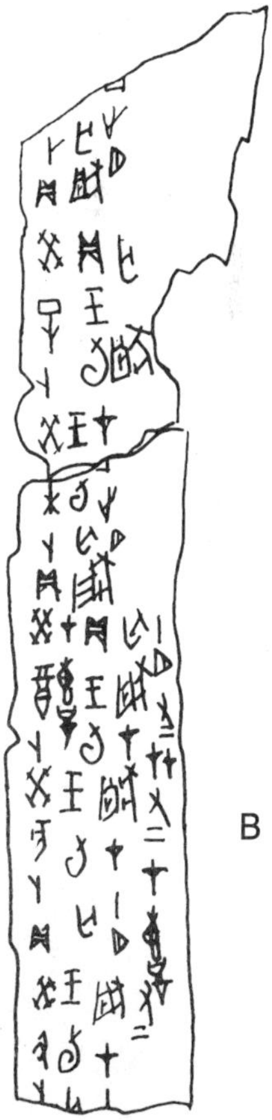

A

B

第347則：甲骨新綴第95～97組（劉影）

A《合》36678+B《合》36406

A

B

A

B

第348則：甲骨新綴第95～97組（劉影）

A《合》39259+B《合》36787

A

B

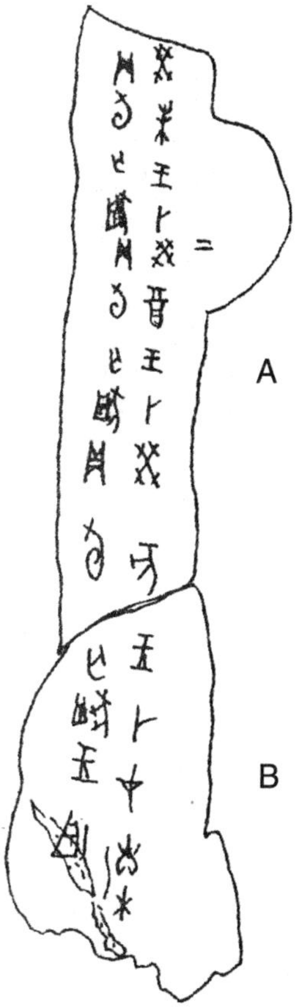

A

B

第349則：甲骨新綴第98組（劉影）

A《合》39396+B《英藏》2629

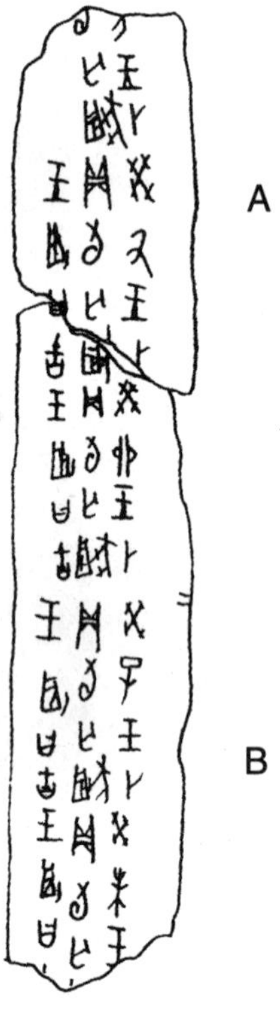

第350則：甲骨新綴第99組（劉影）

A《合補》11275+B《英藏》2556

第351則：甲骨新綴第100～101組（劉影）

A《合》25310+B《合》23550

第352則：甲骨新綴第100～101組（劉影）

A《合》4285+B《合》9807

A

B

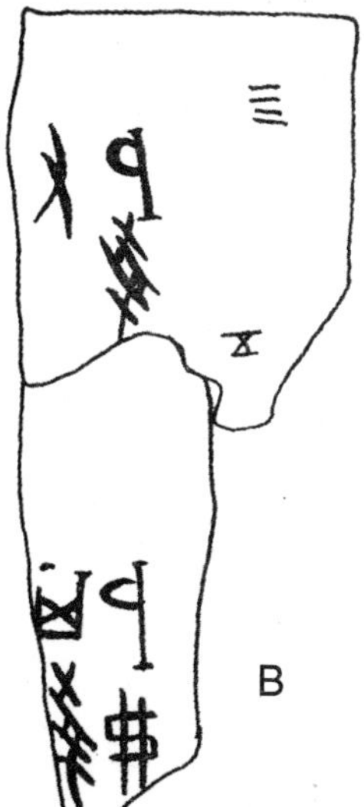

A

B

第353則：甲骨新綴第102組（劉影）

A《合》8546+B《合》16017+C《合》13951

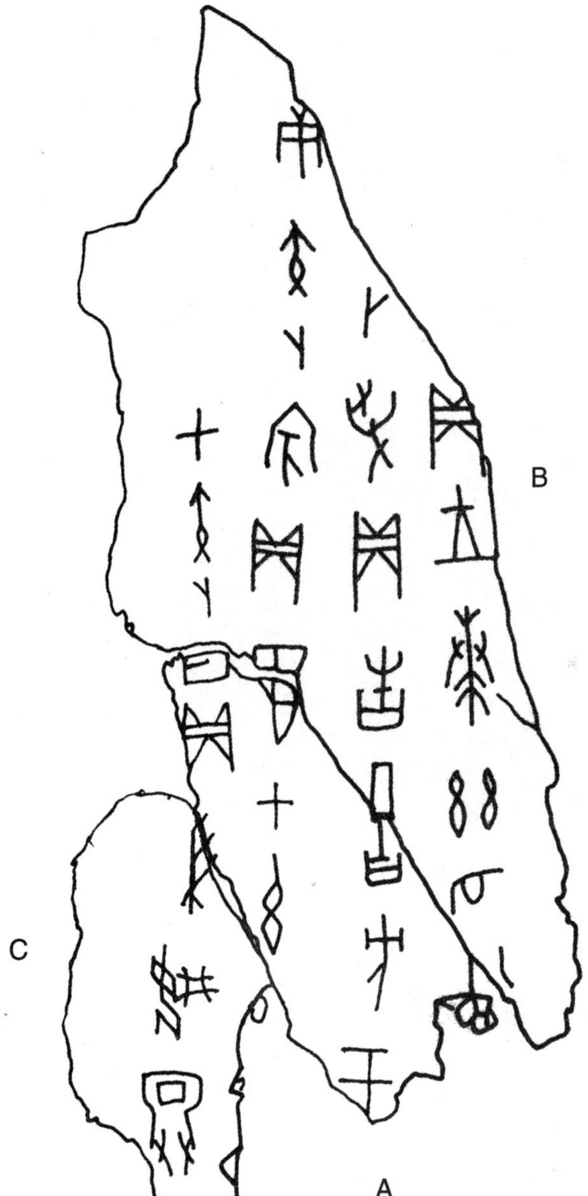
B
C
A

第354則：甲骨新綴第103組（劉影）

A《合》12988+B《合》9900

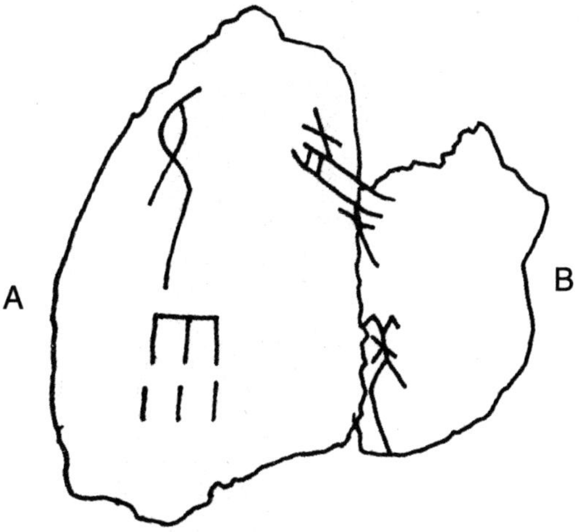
A
B

第355則：甲骨新綴第104～105組（劉影）

A《合》14647正反+B《合集》8968正反

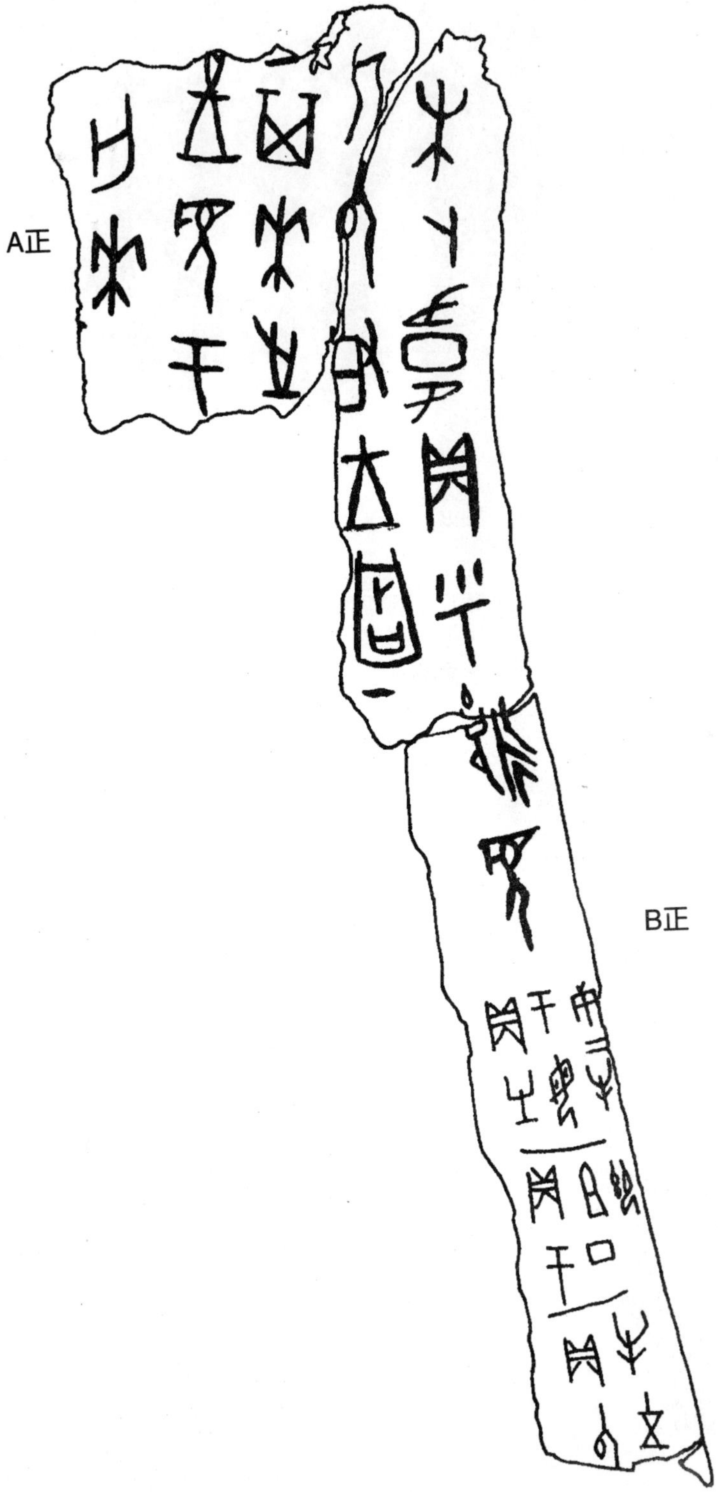
A正
B正

A反
B反

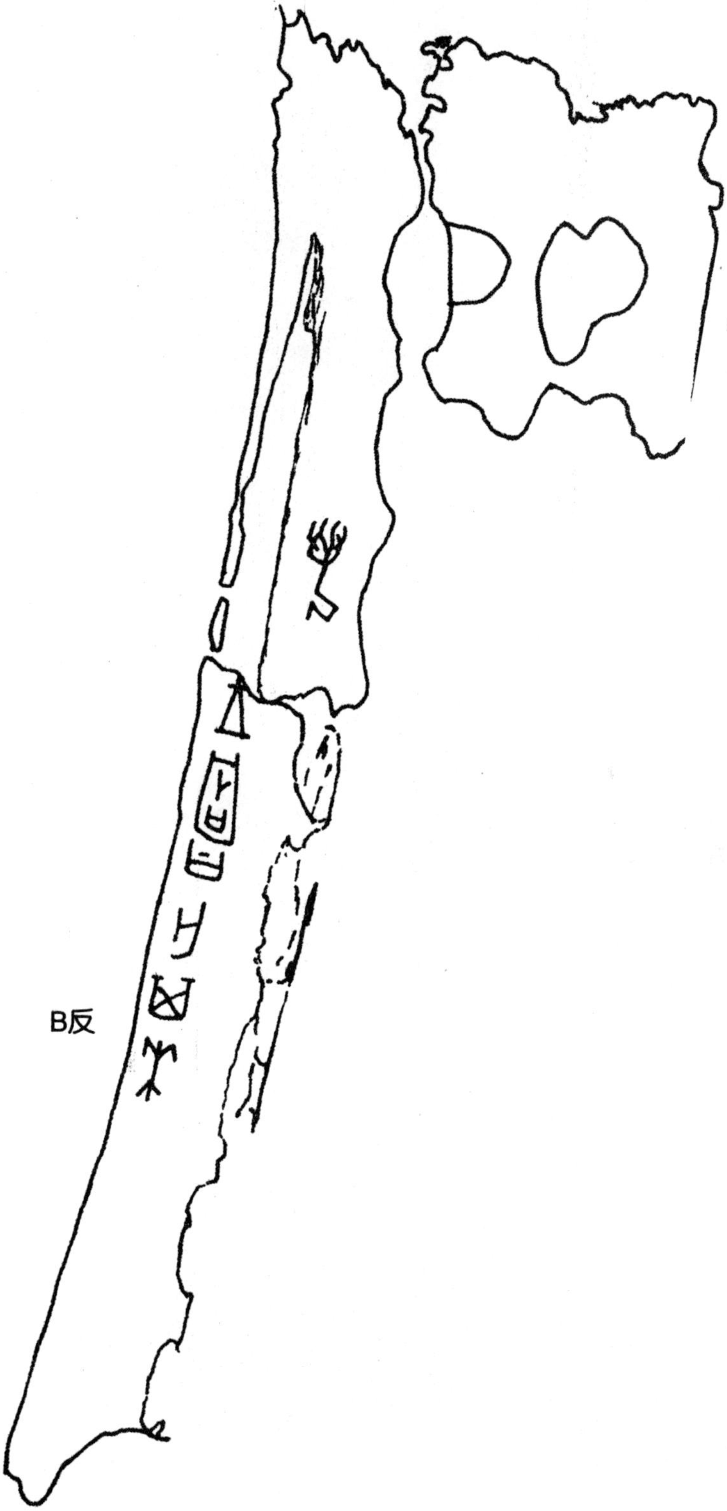

A反

B反

第356則：甲骨新綴第104～105組（劉影）

A《合》12333正+B《英藏》1740

A

B

第357則：𠂤賓間類卜骨拼合一則（劉影、王紅）

A《合》7029+B《合》6601

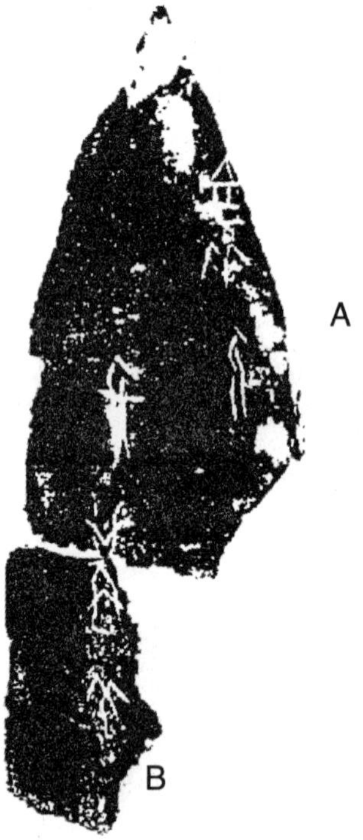

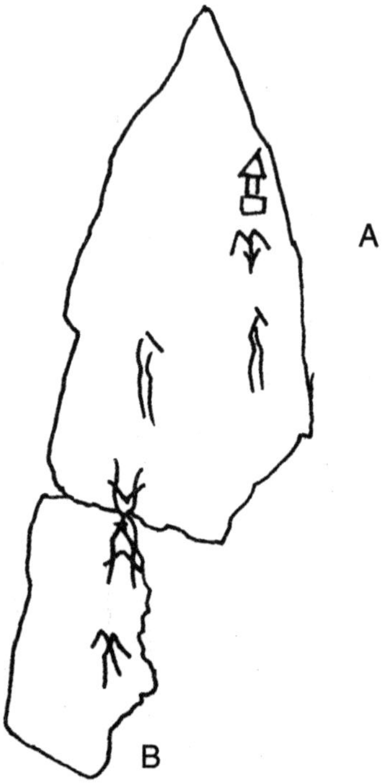

第358則：甲骨新綴第106～108組（劉影）

A《合》5533+B《合》2339

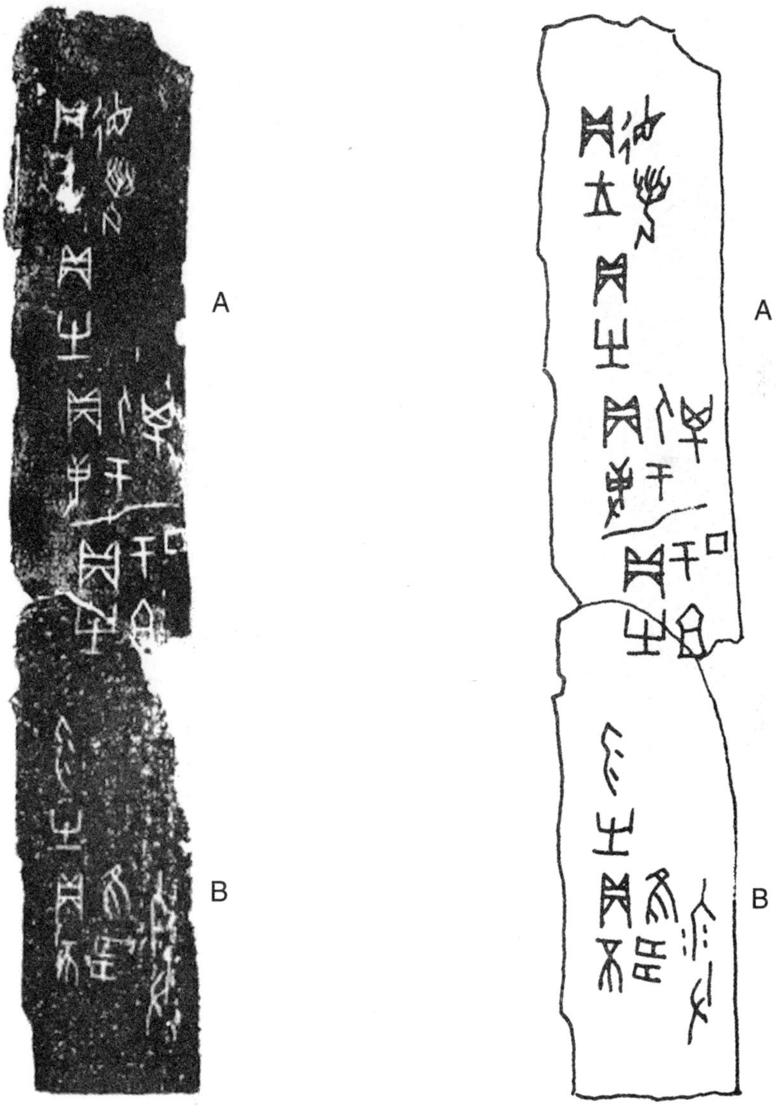

第359則：甲骨新綴第106～108組（劉影）

A《合》1452+B《合》5764+C《合補》4277

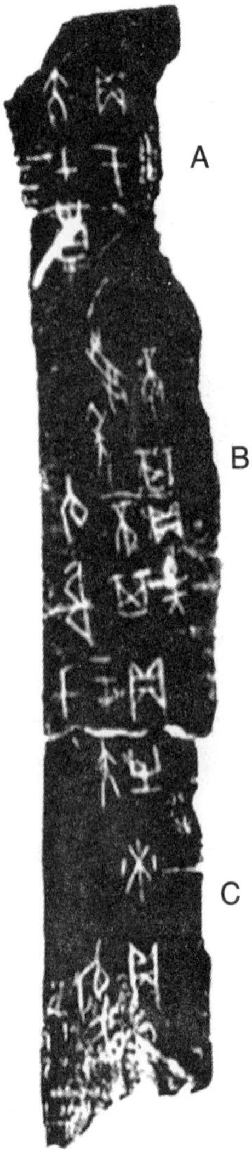

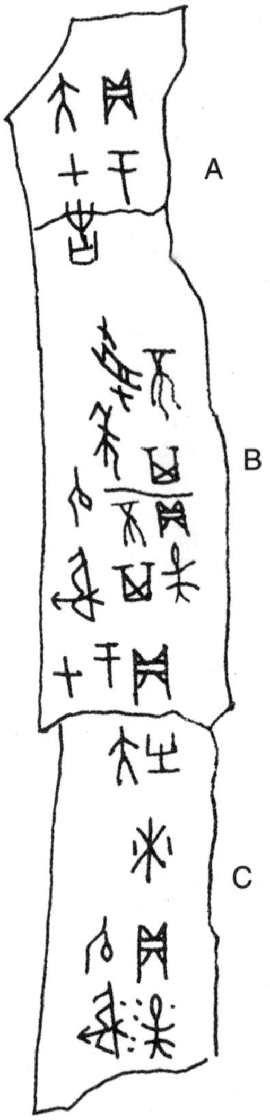

第360則：甲骨新綴第106～108組（劉影）

A《合補》1306+B《合》18150

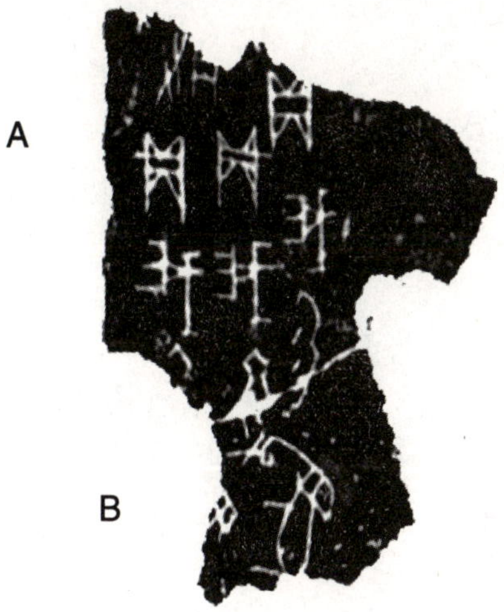

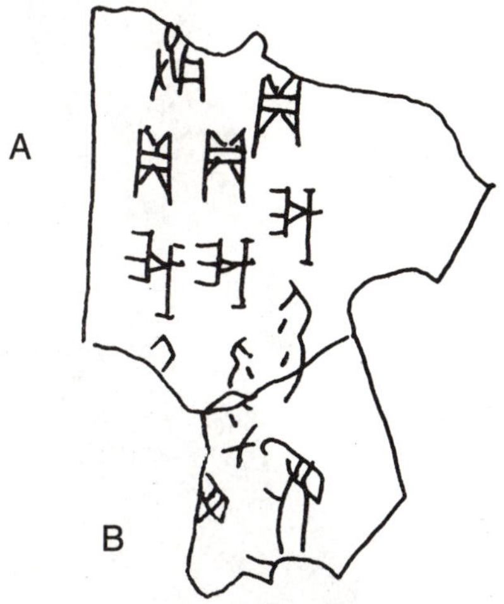

第361則：甲骨拼合第五八～六十則（莫伯峰）

A《英藏》2259+B《英藏》2261+C《合》26950

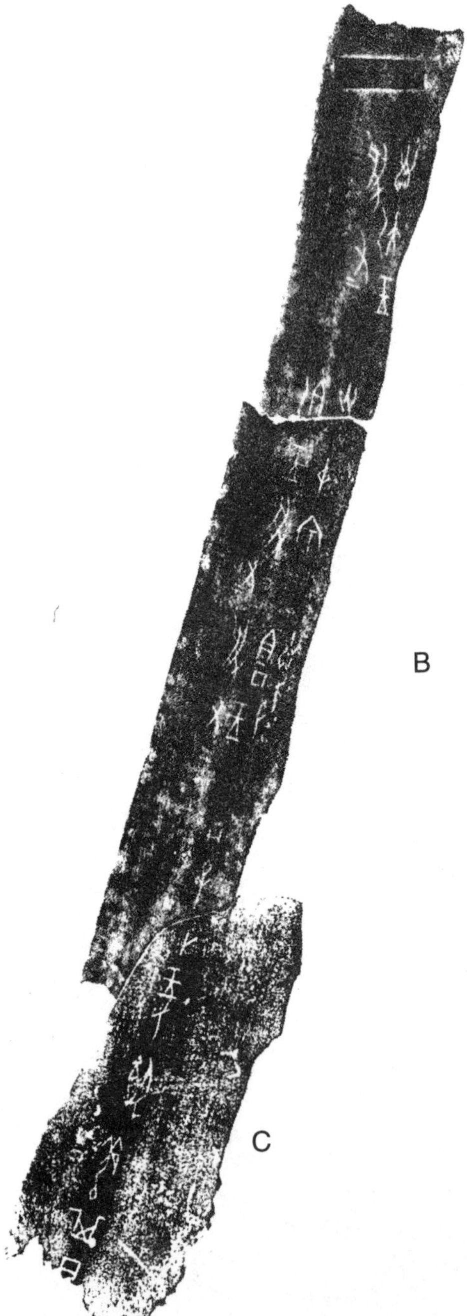

A

B

C

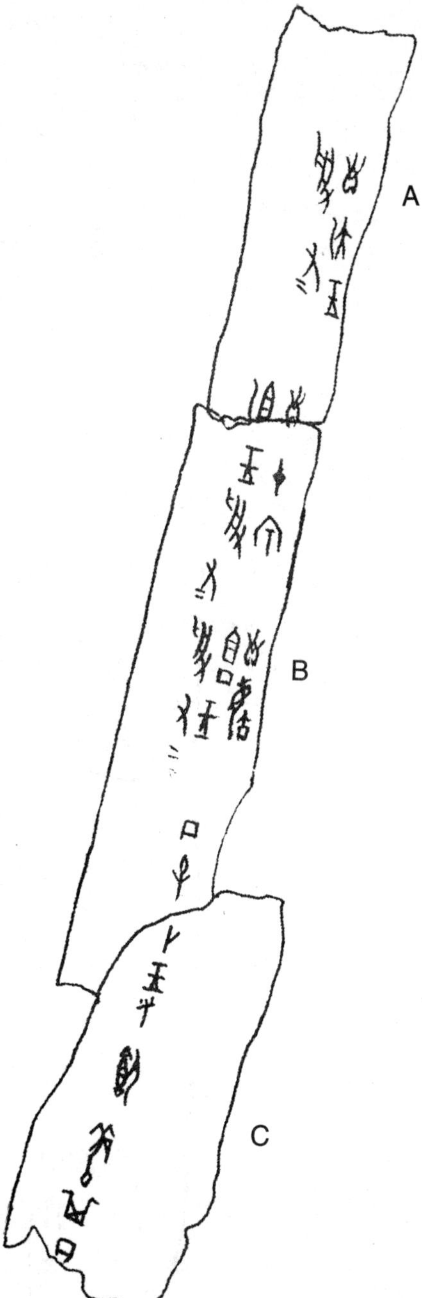
A
B
C

第362則：甲骨拼合第五八～六十則（莫伯峰）

A《合》27390+B《合補》8745

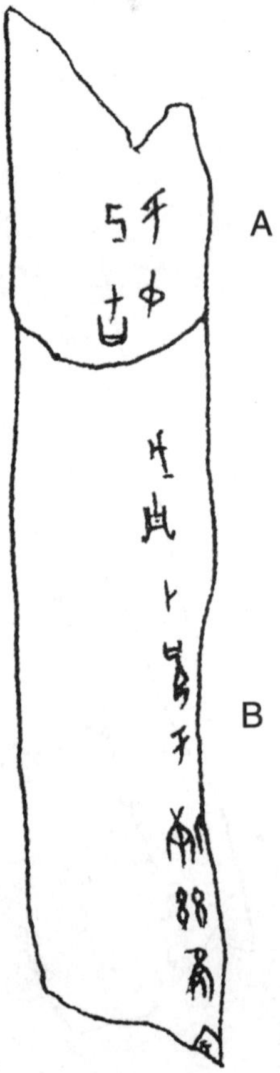

第363則：甲骨拼合第五八～六十則（莫伯峰）

A《合補》9183+B《合補》10378

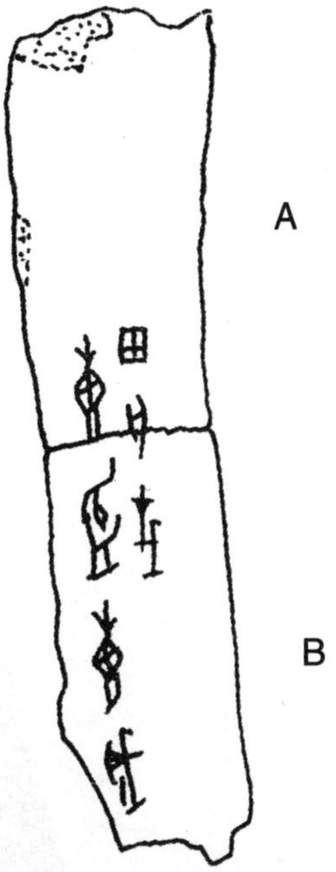

第364則：甲骨拼合第六一、六二則（莫伯峰）

A《合》27745+B《USB》490

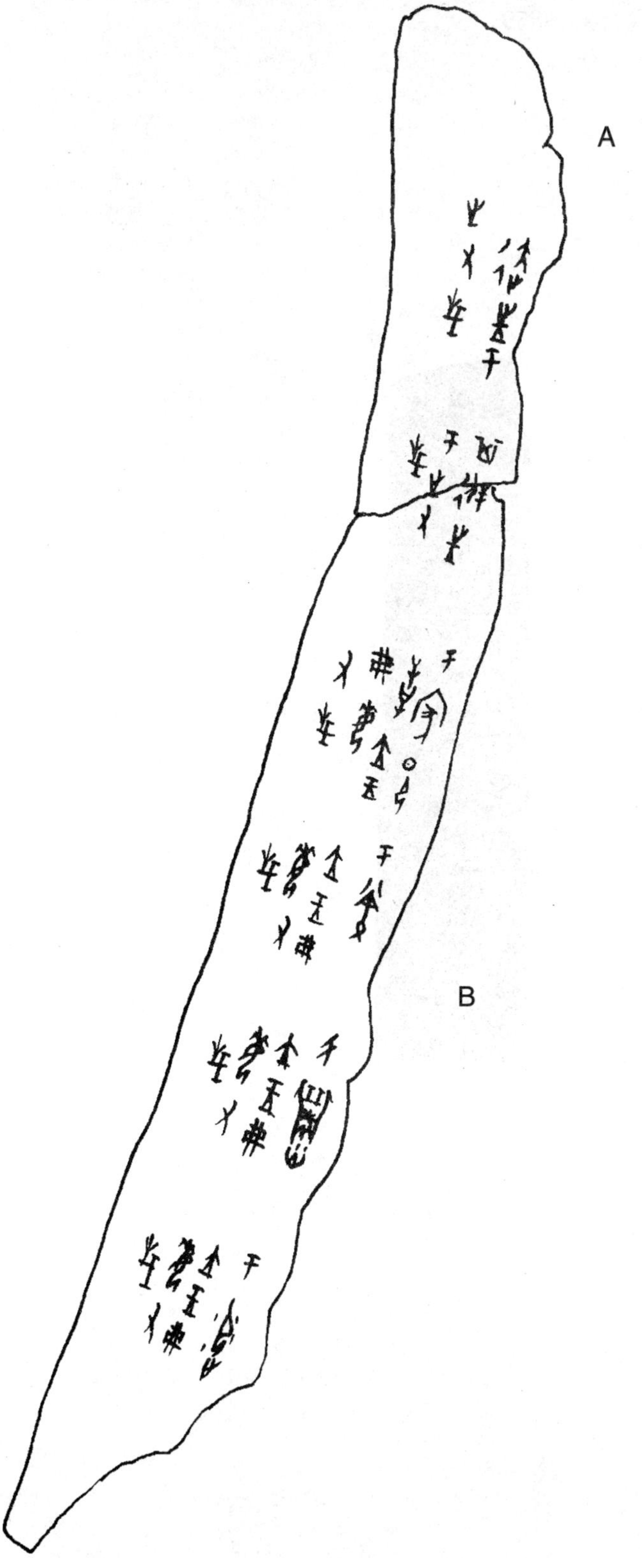
A
B

第365則：甲骨拼合第六一、六二則（莫伯峰）

A《合補》9409+B《合》28859

A

B

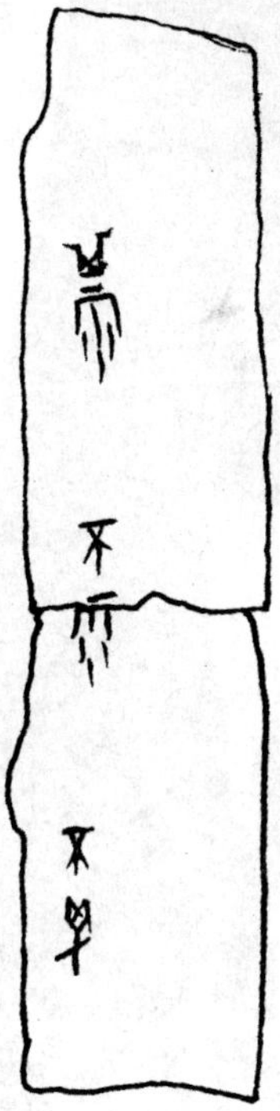
A
B

第366則：甲骨拼合第六三則（莫伯峰）

A《合》26628+B《合》26630+C《合》17066+D《合》26680+E《合》26649

（縮放70%）

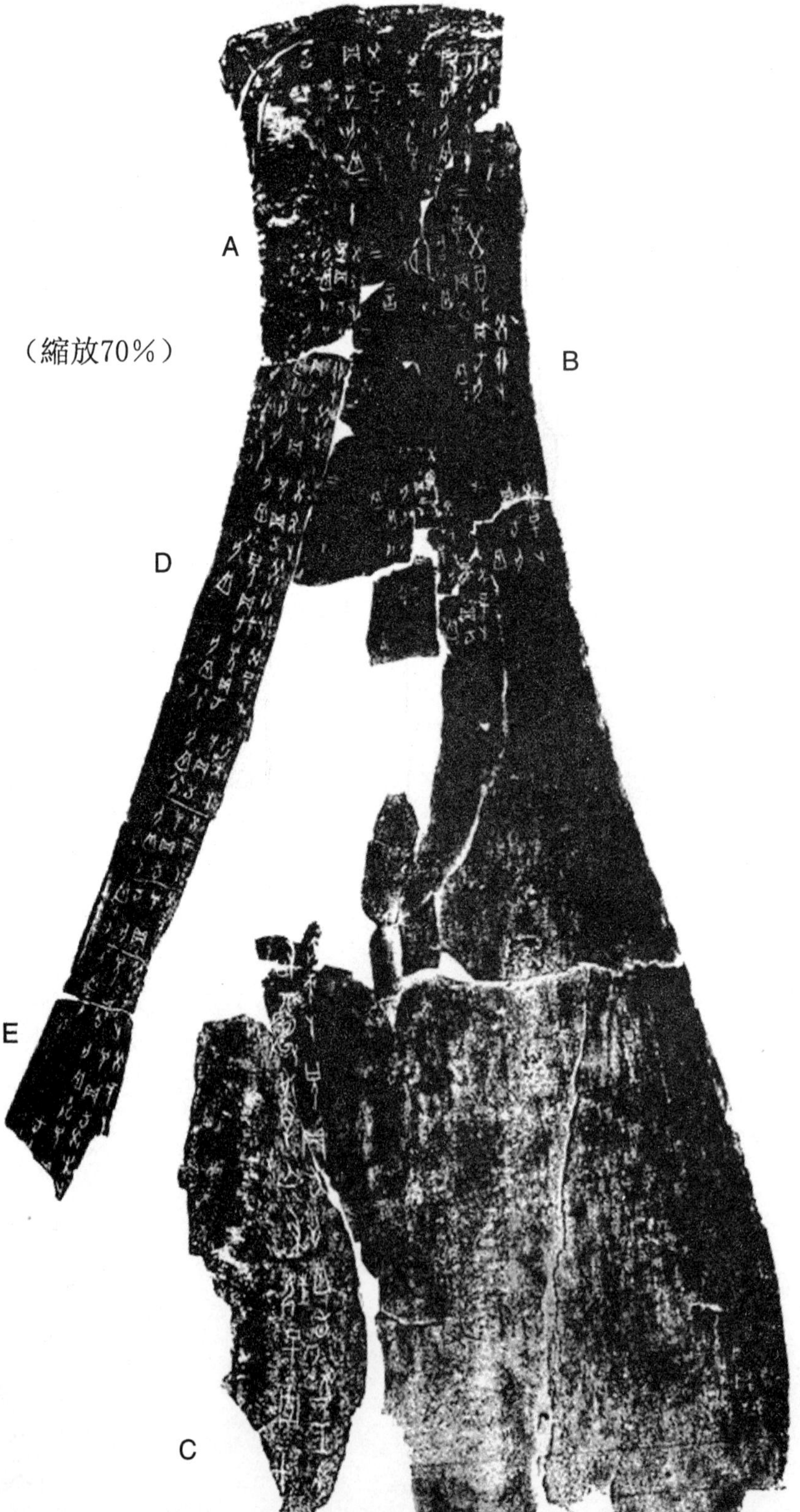

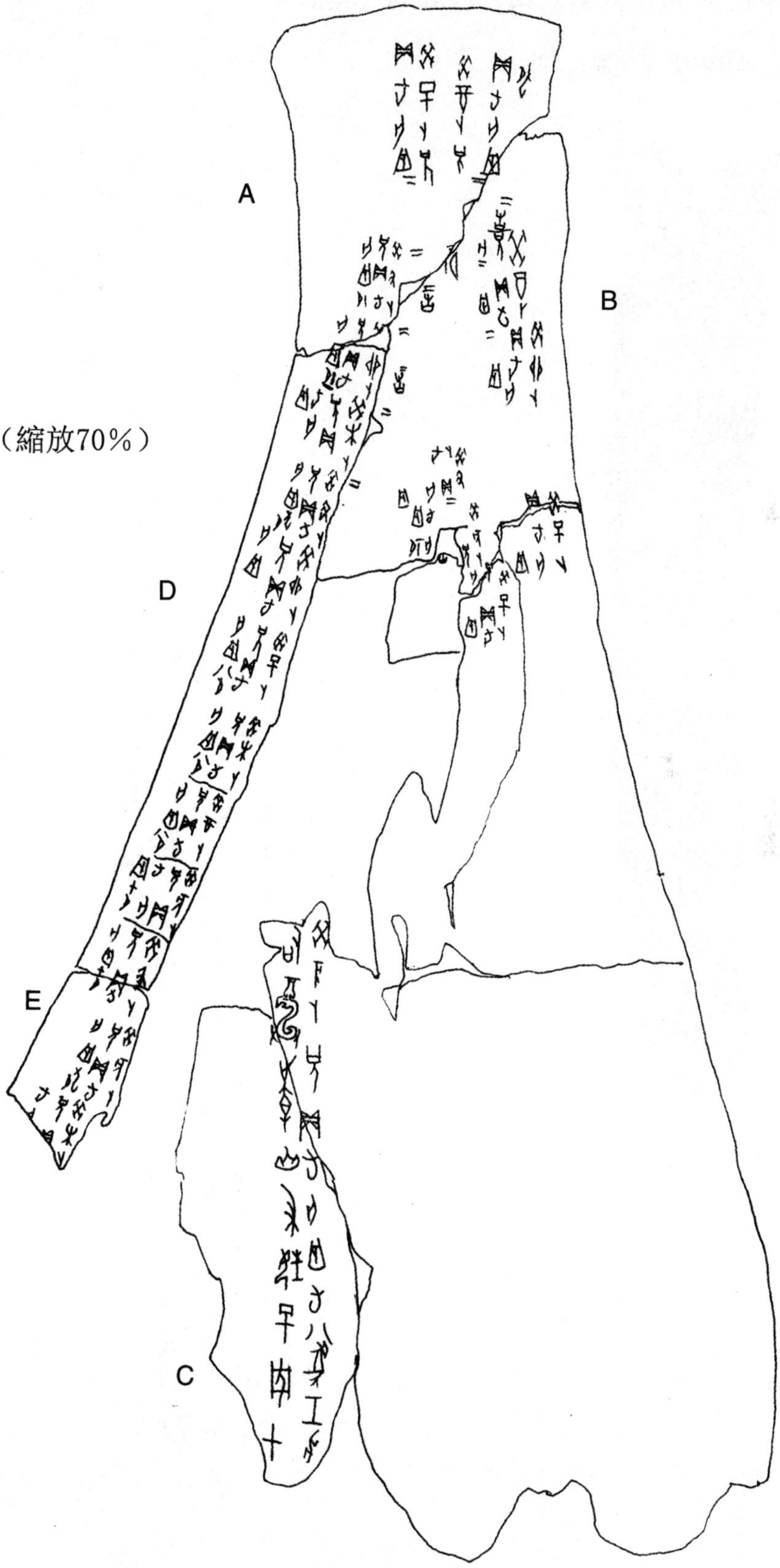

（縮放70%）

第367則：甲骨拼合第六四、六五則（莫伯峰）

A《合》22638+B《合補》8025

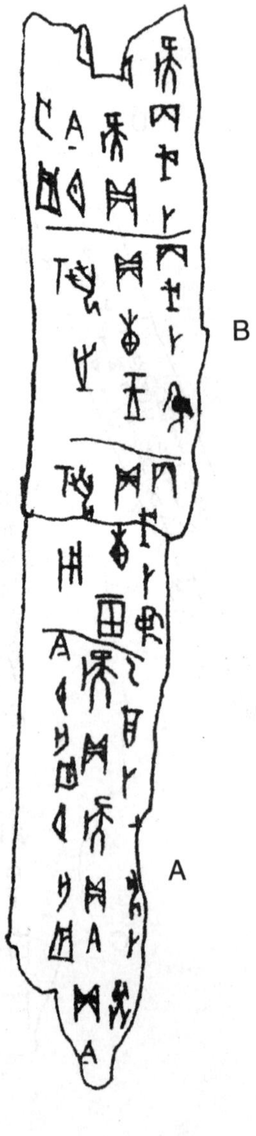

第368則：甲骨拼合第六四、六五則（莫伯峰）

A《合》28688+B《合補》9142

A

B

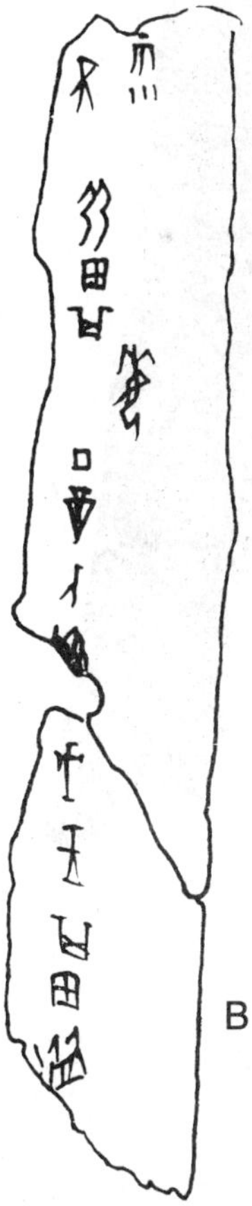

A

B

第369則：甲骨拼合第六六～六八則（莫伯峰）

A《合》22817+B《合補》6976

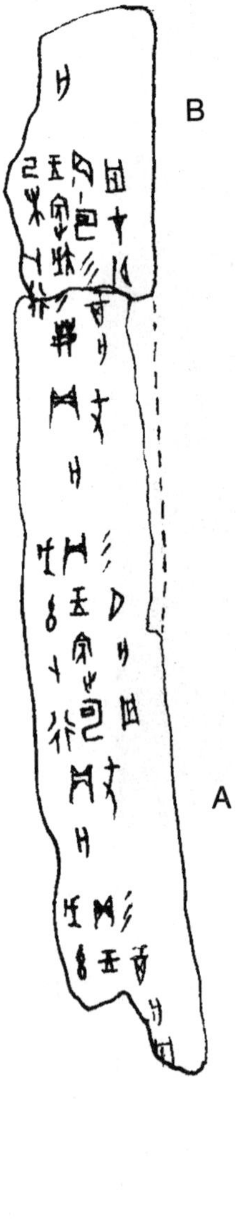

第370則：甲骨拼合第六六～六八則（莫伯峰）

A《合》22828+B《合》22846

第371則：甲骨拼合第六六～六八則（莫伯峰）

A《合》25395+B《合補》7898

第372則：甲骨拼合第六九～七一則（莫伯峰）

A《合補》7003+B《合》23193

B

A

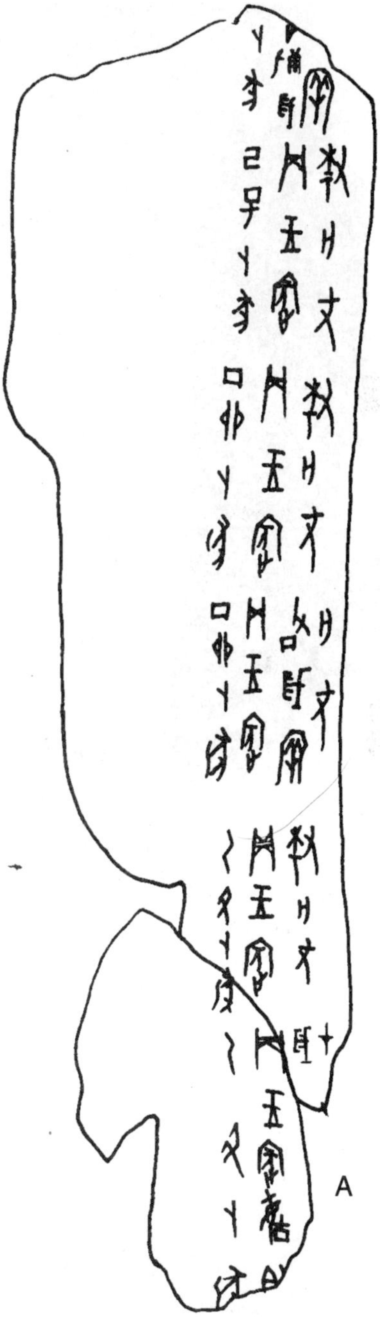

B

A

第373則：甲骨拼合第六九～七一則（莫伯峰）

A《合》22900+B《合》25326

A

B

A

B

第374則：甲骨拼合第六九～七一則（莫伯峰）

A《合》23335+B《合補》7049

B

A

B

A

第375則：甲骨拼合第七二、七三則（莫伯峰）

A《合》23251+B《合》25818

B

A

B

A

第376則：甲骨拼合第七二、七三則（莫伯峰）

A《合》23594+B《合》25943

第377則：甲骨拼合第七四則（莫伯峰）

A《合》23380+B《合》25313+C《合補》8504

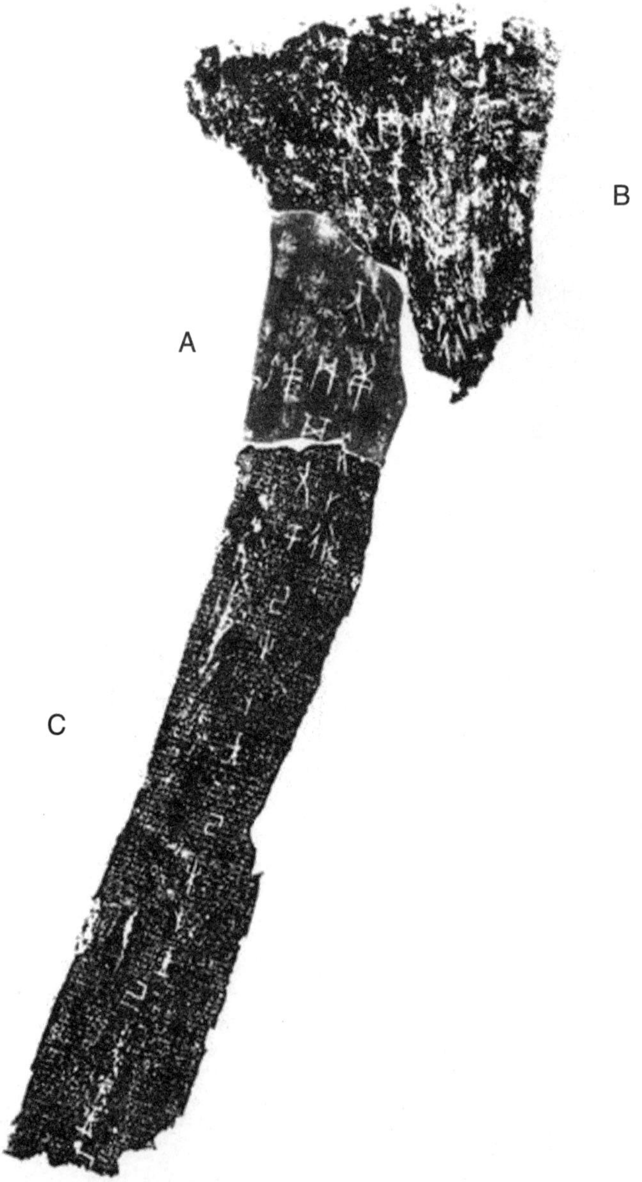

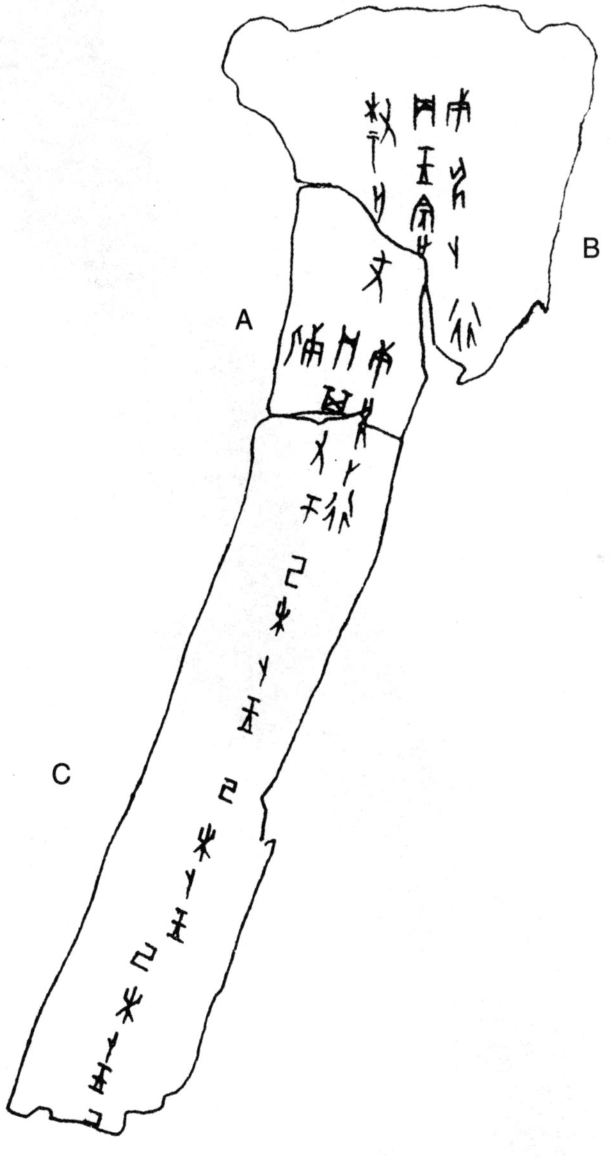
A
B
C

第378則：甲骨拼合第七五、七六則（莫伯峰）

A《合》24259+B《合補》7601

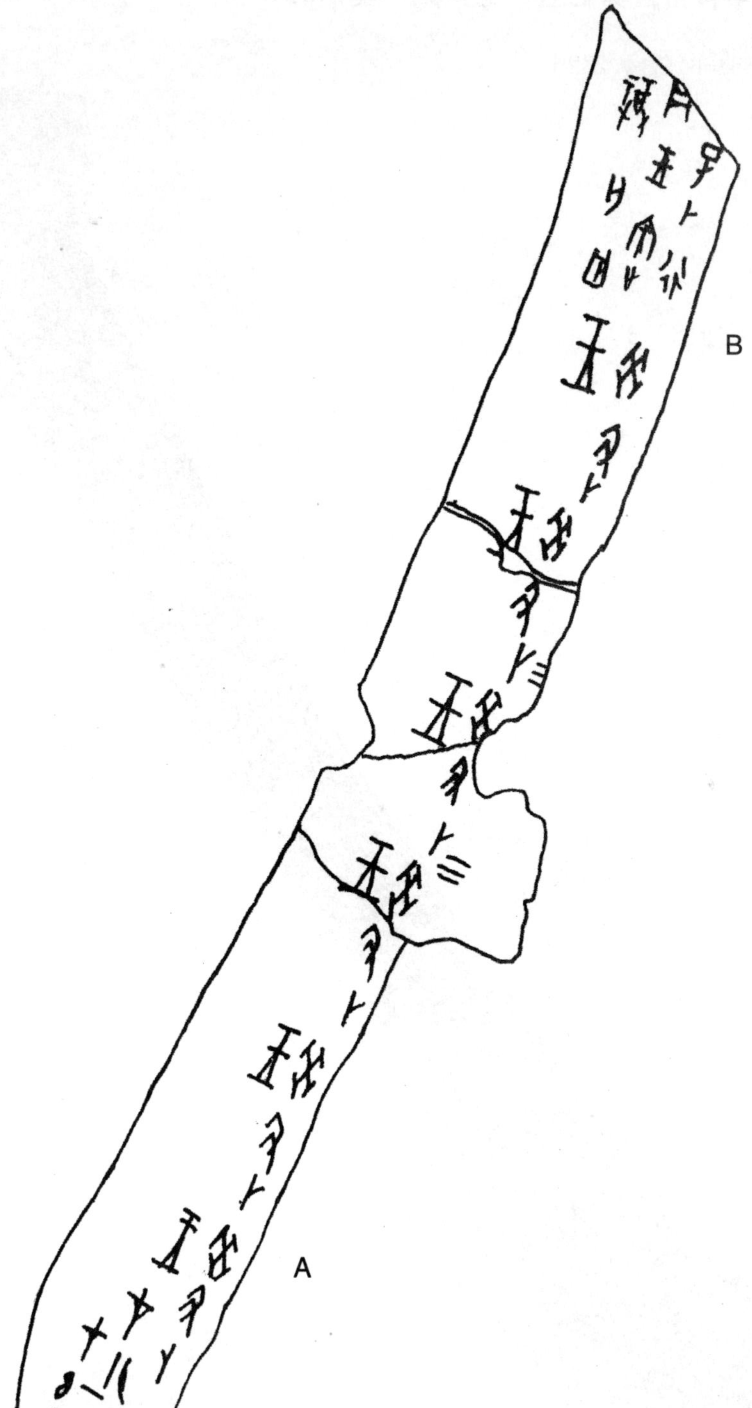
B
A

第379則：甲骨拼合第七五、七六則（莫伯峰）

A《合補》7554+B《合》24266

（縮放80％）

（縮放80％）

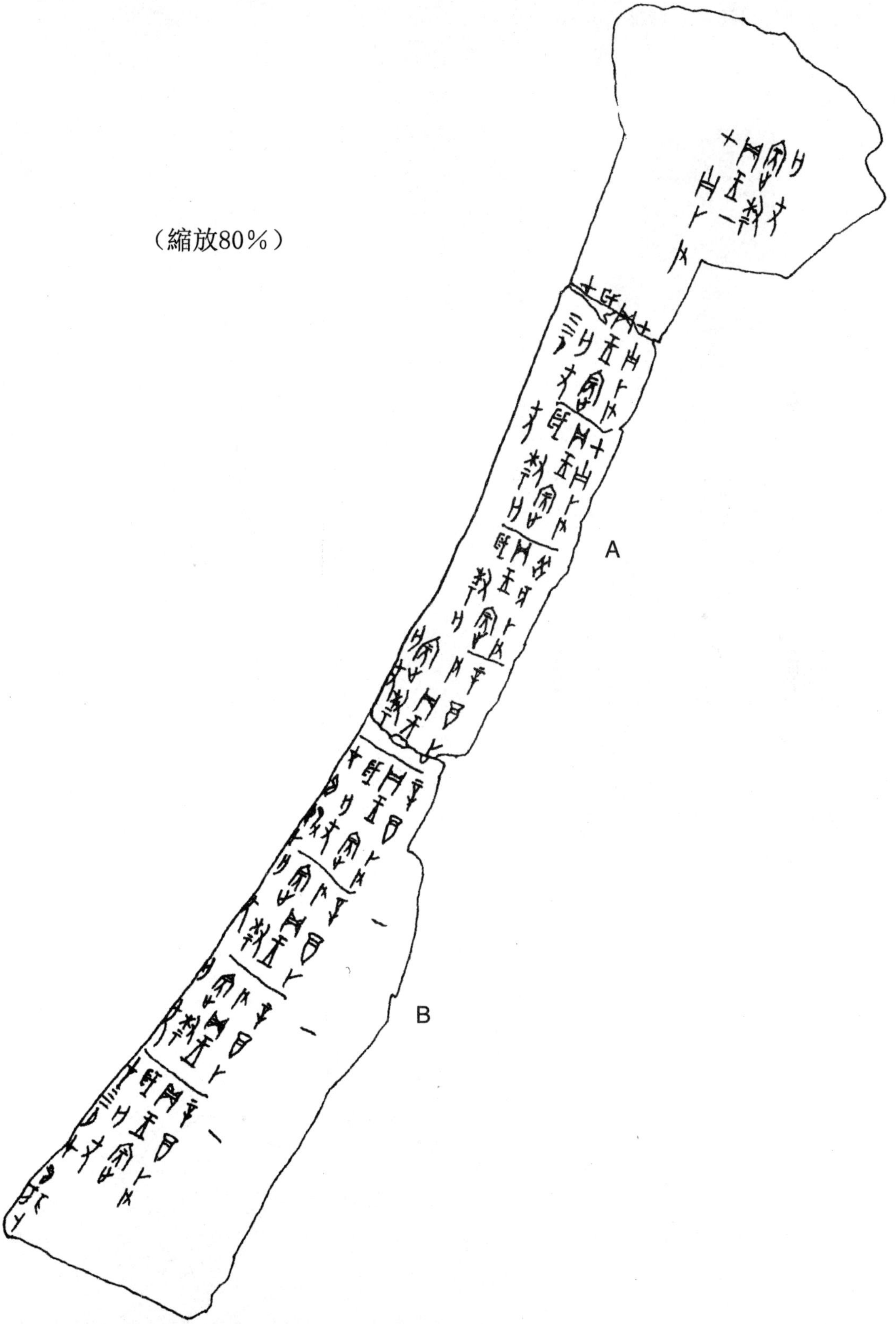

第380則：甲骨拼合第七七則（莫伯峰）

A《合補》8455+B《合補》8543

第381則：甲骨拼合第七八～八十則（莫伯峰）

A《合》23845+B《合補》8371

A

B

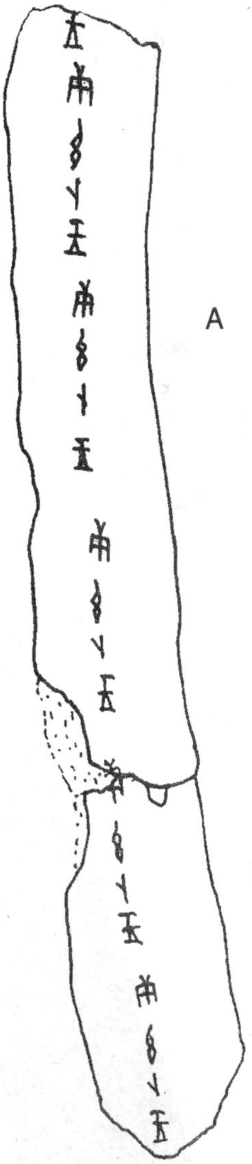

A

B

第382則：甲骨拼合第七八～八十則（莫伯峰）

A《合補》8455+B《合補》8543+C《合》23848

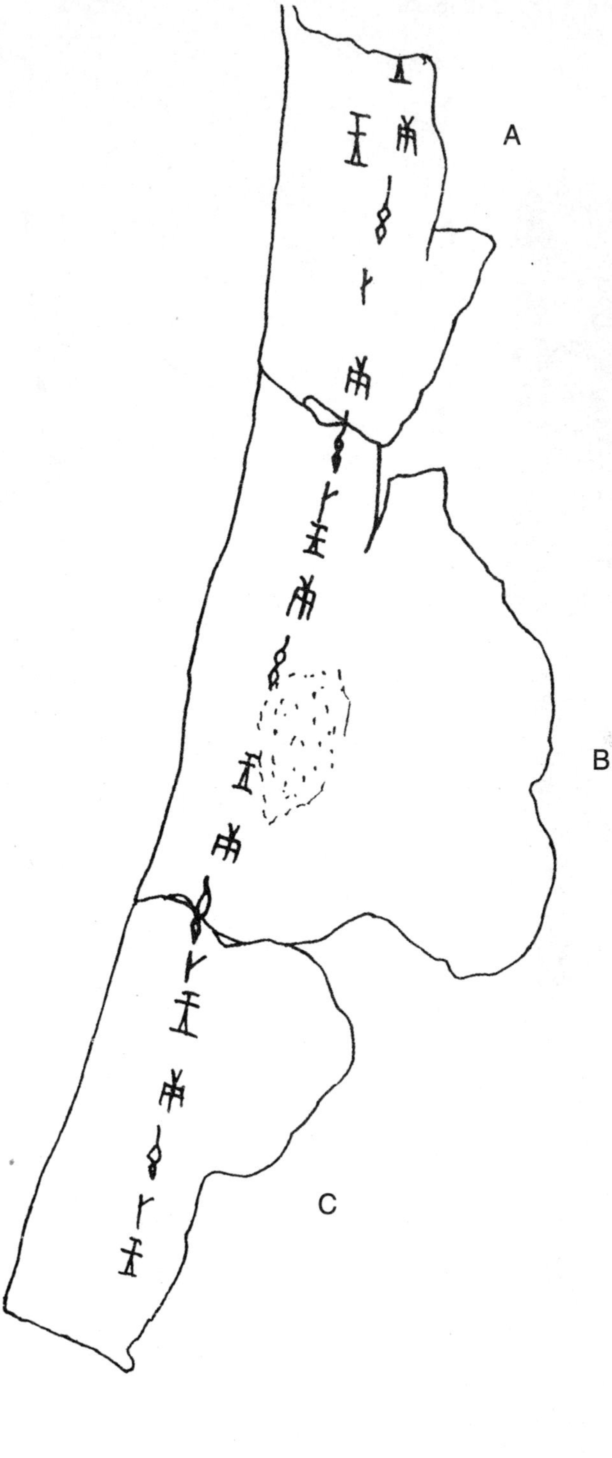
A
B
C

第383則：甲骨拼合第七八～八十則（莫伯峰）

A《合》23846+B《合》24256

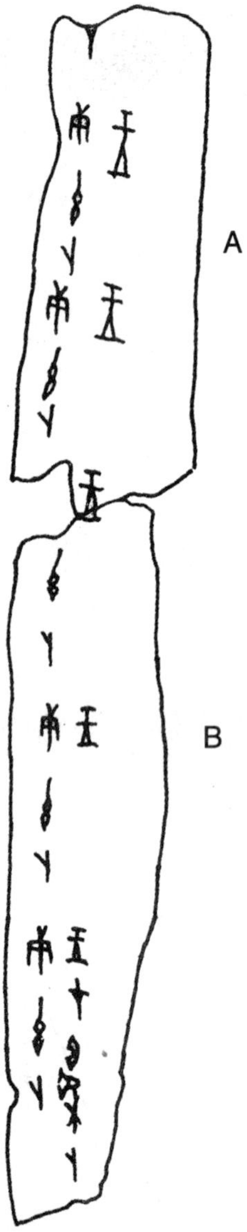

第384則：甲骨拼合第八一則（莫伯峰）

A《合》24309+B《合補》8093

B
A

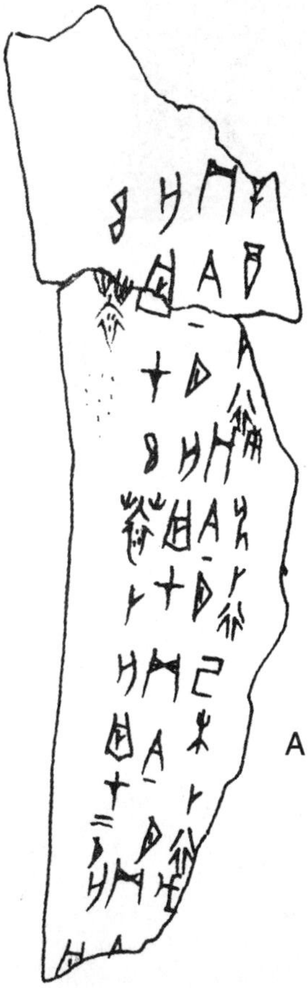
B
A

第385則：甲骨拼合第八二則（莫伯峰）

A《合》23897+B《合》24493

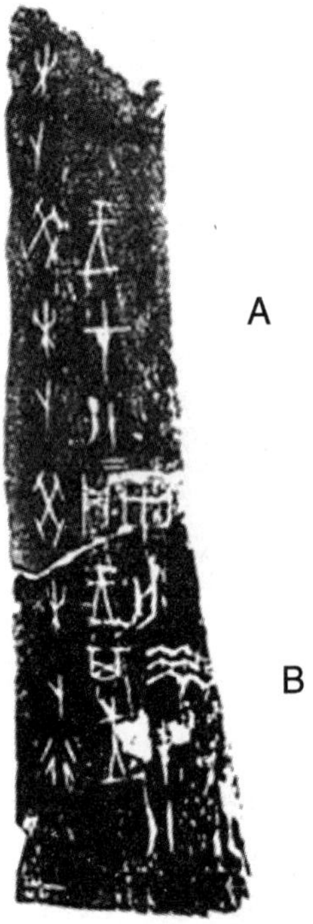

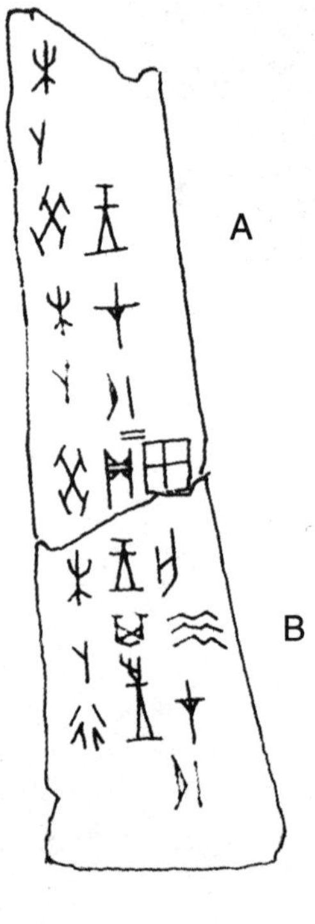

第386則：甲骨拼合第八三則（莫伯峰）

A《合補》7238+B《合補》8243

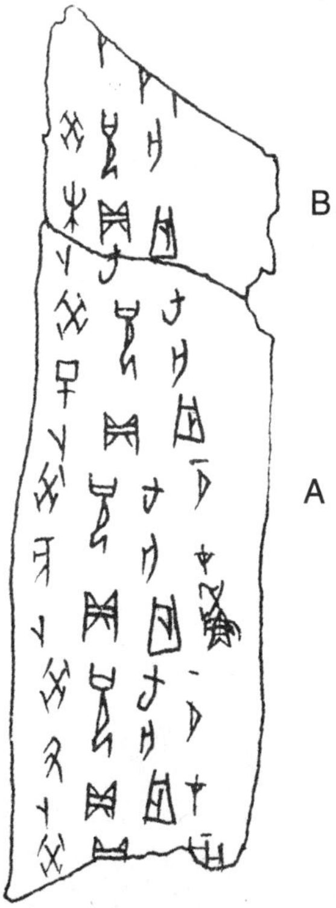

第387則：甲骨拼合第八四、八五則（莫伯峰）

A《合》24535+B《合》25192

第388則：甲骨拼合第八四、八五則（莫伯峰）

A《合》25248+B《英藏》2149

B

A

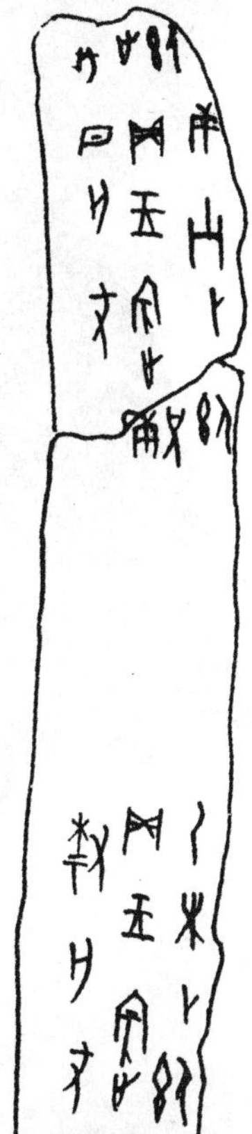

B

A

第389則：甲骨拼合第八六、八七則（莫伯峰）

A《合》25696+B《英藏》1954

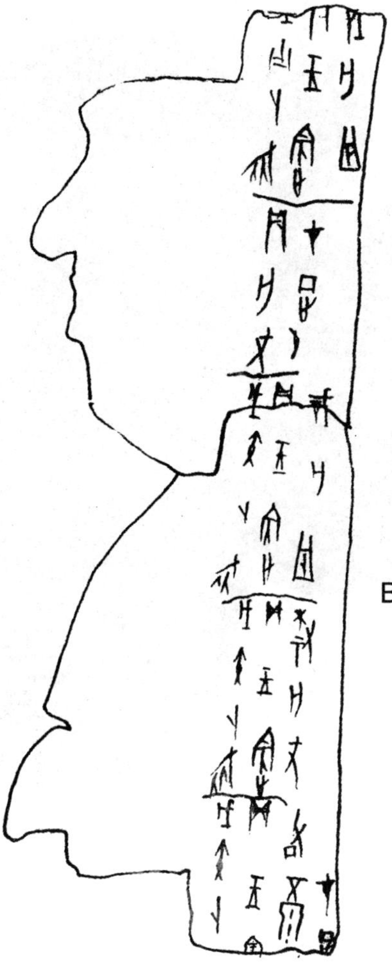
A
B

第390則：甲骨拼合第八六、八七則（莫伯峰）

A《合》23301+B《合》24457

A

B

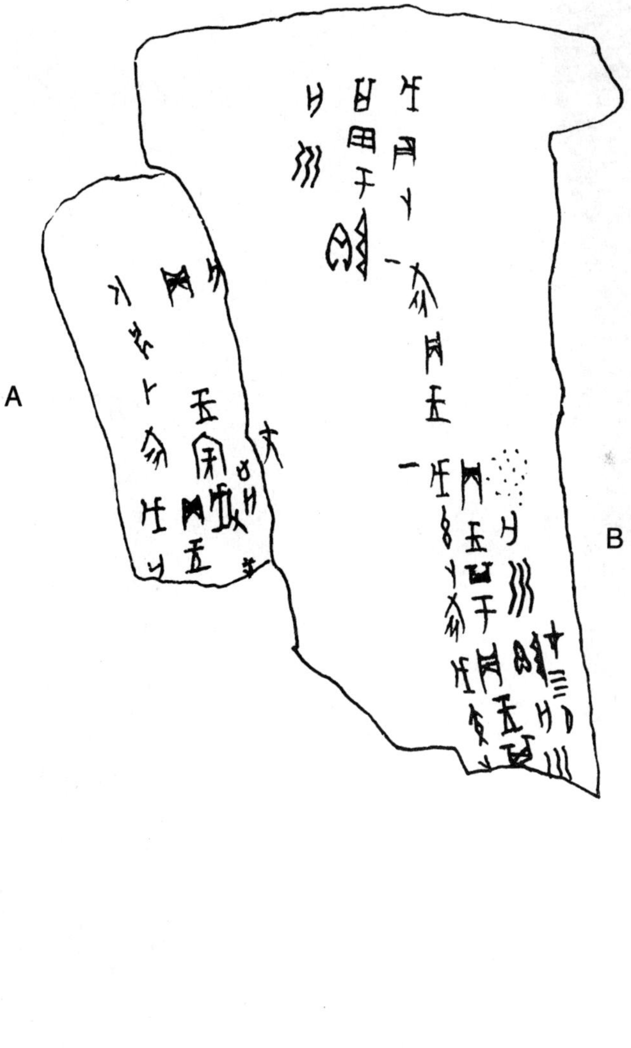
A
B

第391則：甲骨拼合第八八、八九則（莫伯峰）

A《合》25346+B《合》25912

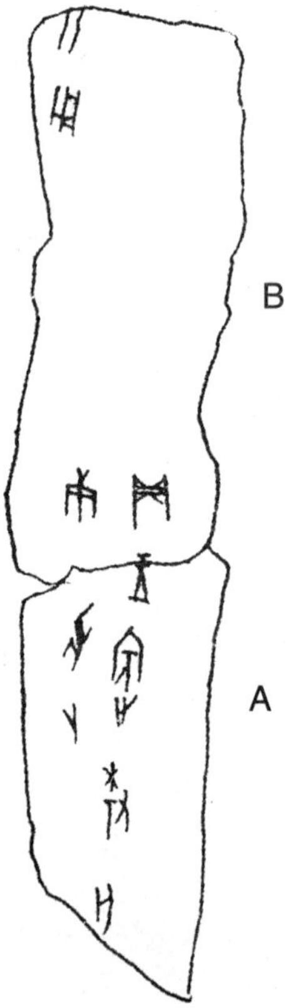

第392則：甲骨拼合第八八、八九則（莫伯峰）

A《合》25354+B《合補》7487

B

A

B

A

第393則：甲骨拼合第九十則（莫伯峰）

A《合》25778+B《合補》7685

B

A

B

A

第394則：甲骨拼合第九一則（莫伯峰）

A《合》25803+B《合》25430

B

A

B

A

第395則：甲骨拼合第九二則（莫伯峰）

A《合》23181+B《合》25835

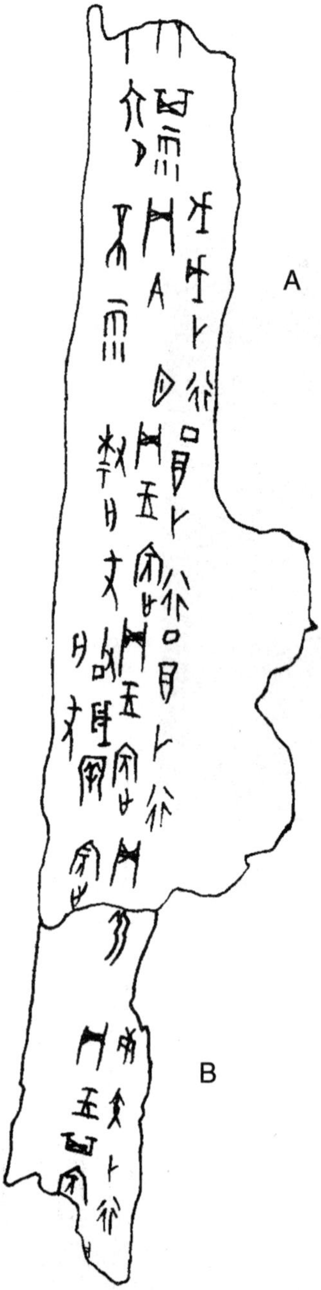

第396則：甲骨拼合第九三則（莫伯峰）

A《合》22542+B《合補》7362

A

B

A

B

第397則：甲骨拼合第九四則（莫伯峰）

A 《合》23766+B《合》25442+C《合補》7602

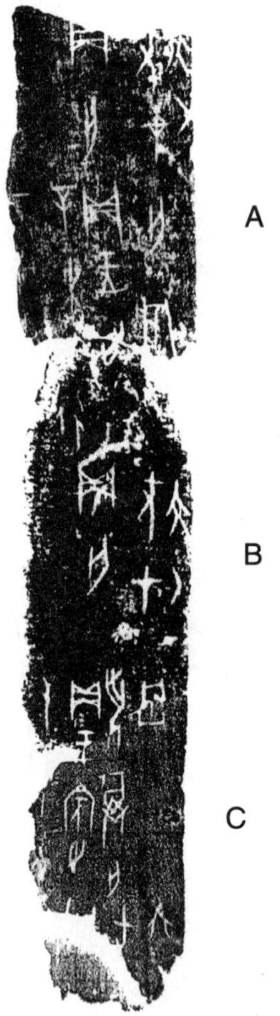

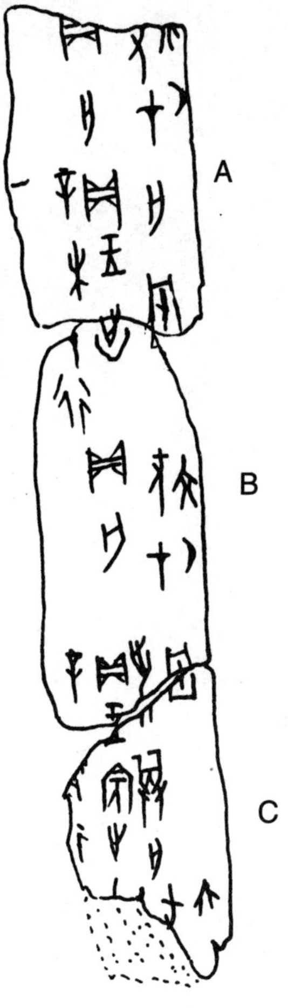
A
B
C

第398則：甲骨拼合第九五、九六則（莫伯峰）

A《合》26147+B《合補》7617

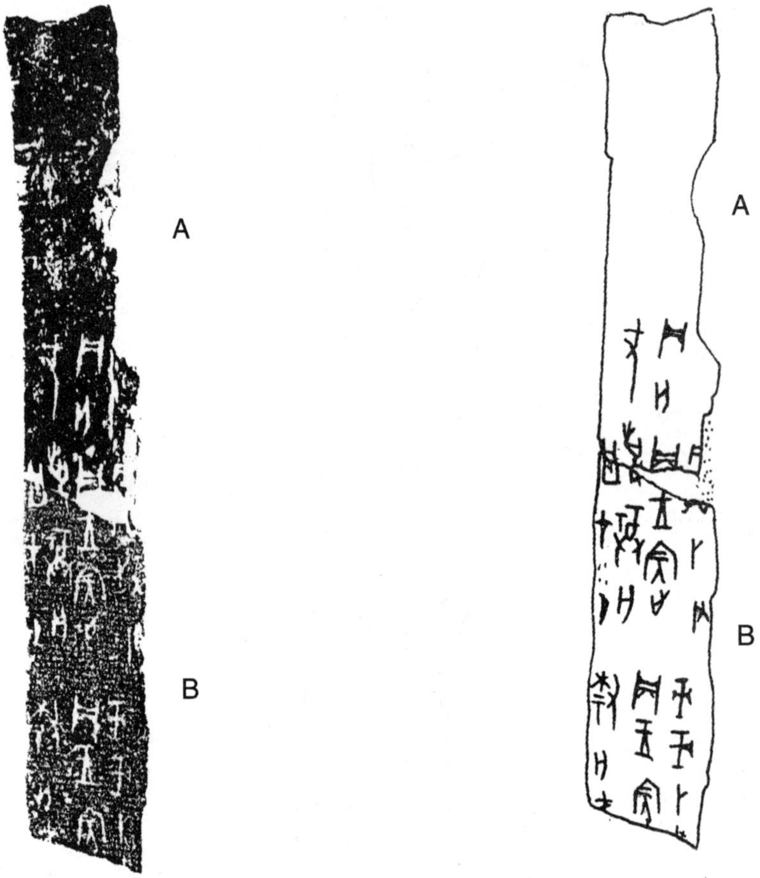

第399則：甲骨拼合第九五、九六則（莫伯峰）

A《合》25504+B《合補》7683

A

B

A

B

第400則：甲骨拼合第九七則（莫伯峰）

A《合》26585+B《合》26607+C《合》26596

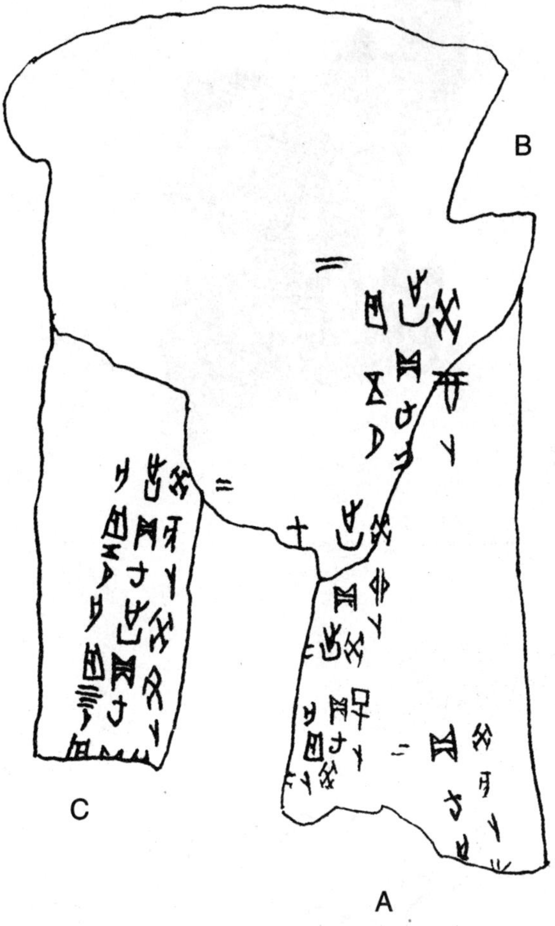
B
C
A

第401則：甲骨拼合第九八～一〇一則（莫伯峰）

A《合》27104+B《合》30955

B

A

B

A

第402則：甲骨拼合第九八～一〇一則（莫伯峰）

A《合補》8333+B《合補》8341

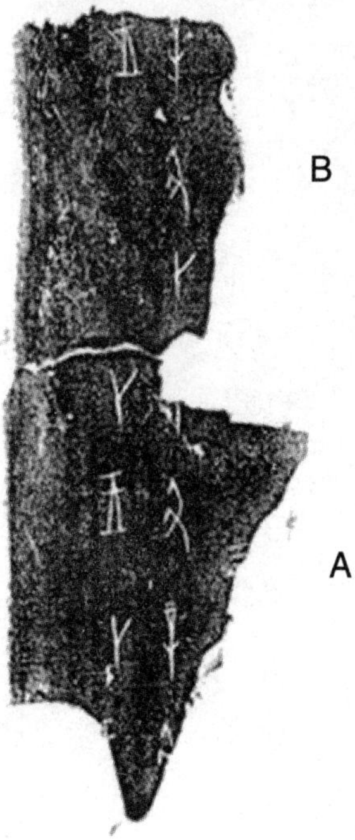

第403則：甲骨拼合第九八～一〇一則（莫伯峰）

A《合補》8014+B《合補》8132

A

B

A

B

第404則：甲骨拼合第九八～一〇一則（莫伯峰）

A《合補》7487+B《合》25354+C《輯佚》322

A

B

C

A

B

C

第405則：甲骨拼合第一〇二、一〇三則（莫伯峰）

A《合》27702+B《合》30800

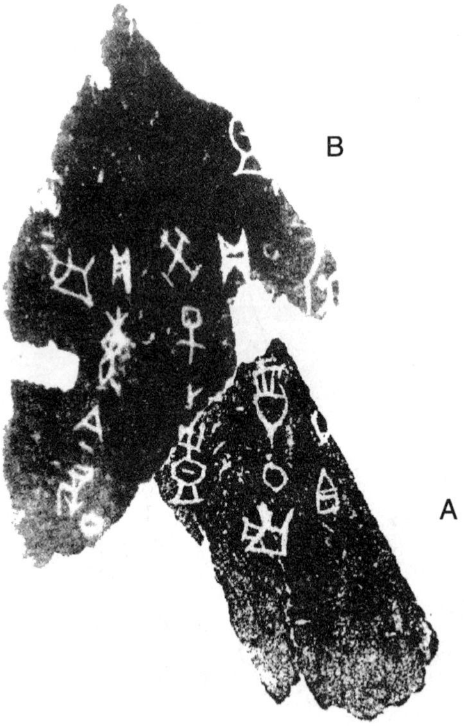

第406則：甲骨拼合第一〇二、一〇三則（莫伯峰）

A《合》27857+B《合》27869

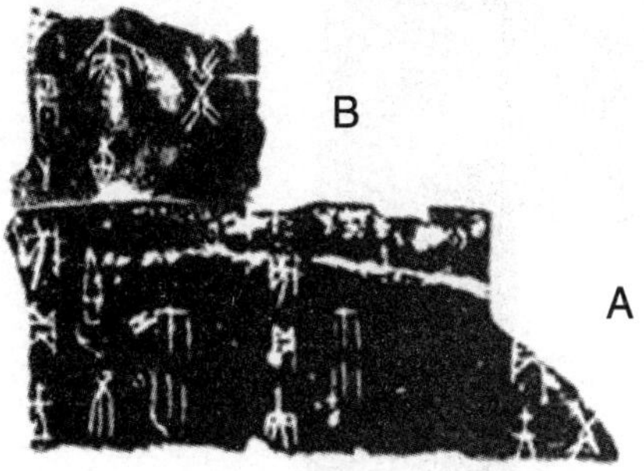

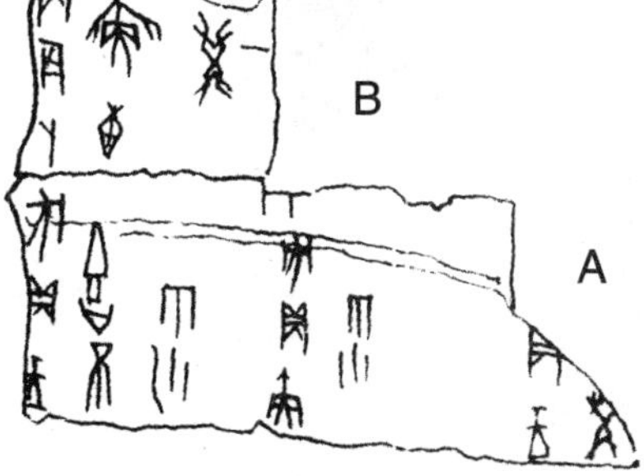

第407則：甲骨拼合第一〇四則（莫伯峰）

A《合》28433+B《合補》9143

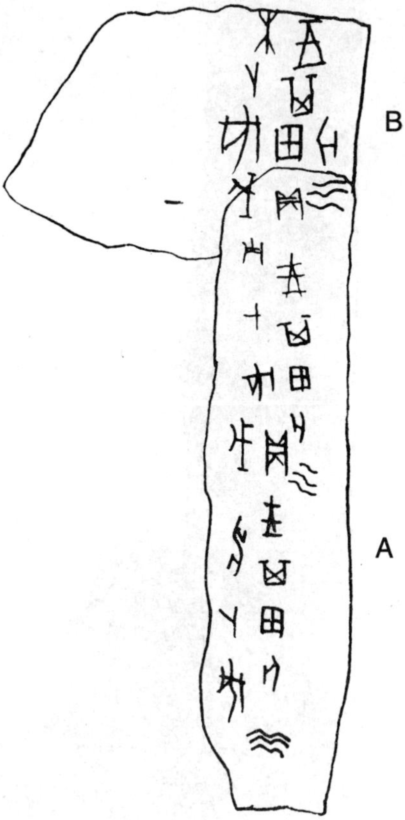
B
A

第408則：甲骨拼合第一〇五則（莫伯峰）

A《合》31392+B《合補》10095

B
A

第409則：甲骨拼合第一〇六則（莫伯峰）

A《合》31565+B《合補》9885

第410則：甲骨拼合第一〇七～一〇九則（莫伯峰）

A《合》27437+B《英藏》2264

第411則：甲骨拼合第一〇七～一〇九則（莫伯峰）

A《合》41443+B《合補》8773

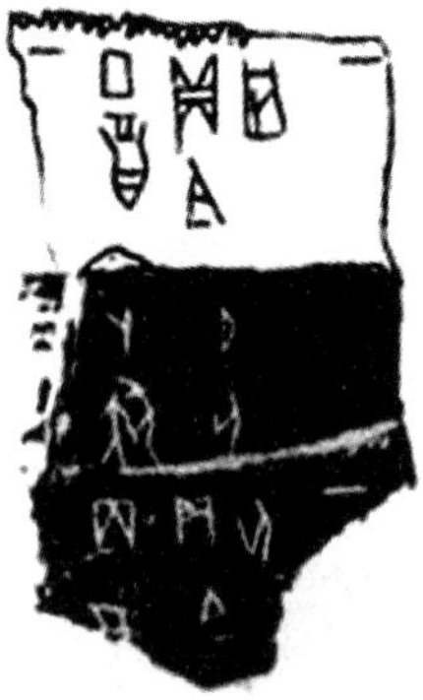

A
B

A
B

第412則：甲骨拼合第一〇七～一〇九則（莫伯峰）

A《合》28434+B《合補》9115

A

B

A

B

第413則：甲骨拼合第一一〇則（莫伯峰）

A《合》31330+B《合》31356+C《合補》10124+D《合》31363

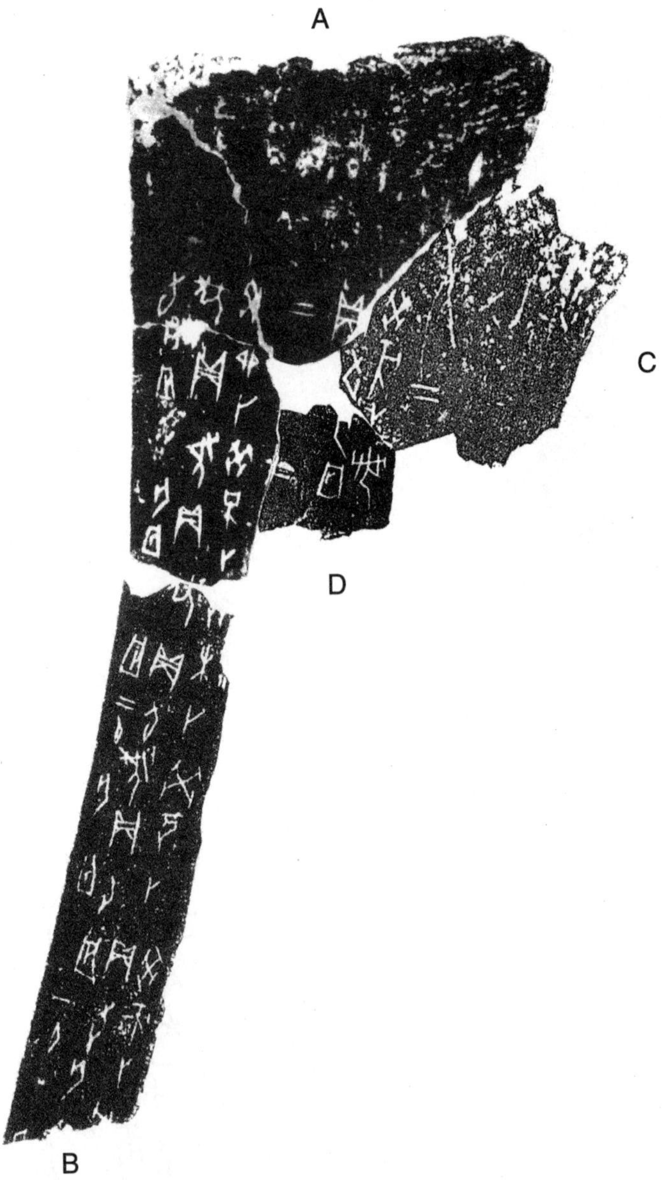

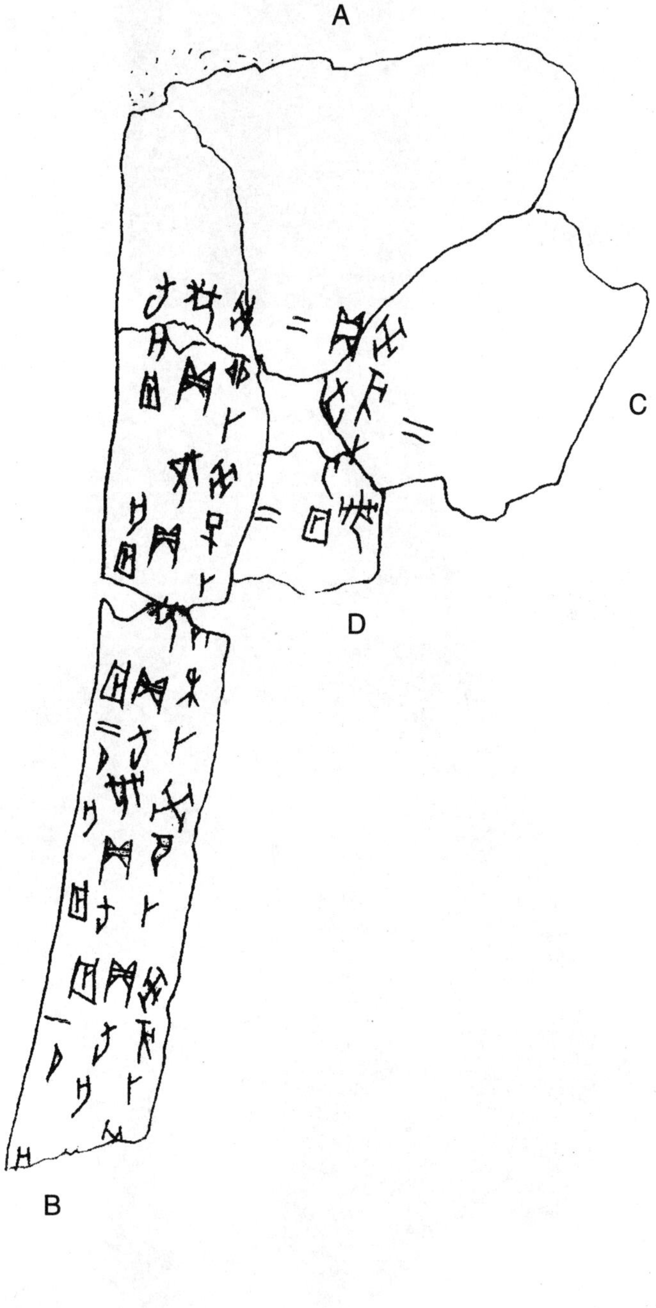
A
C
D
B

第414則：甲骨拼合第一一一～一一三則（莫伯峰）

A《合》27042正+B《合》41328+C《合補》10209

（縮放80%）

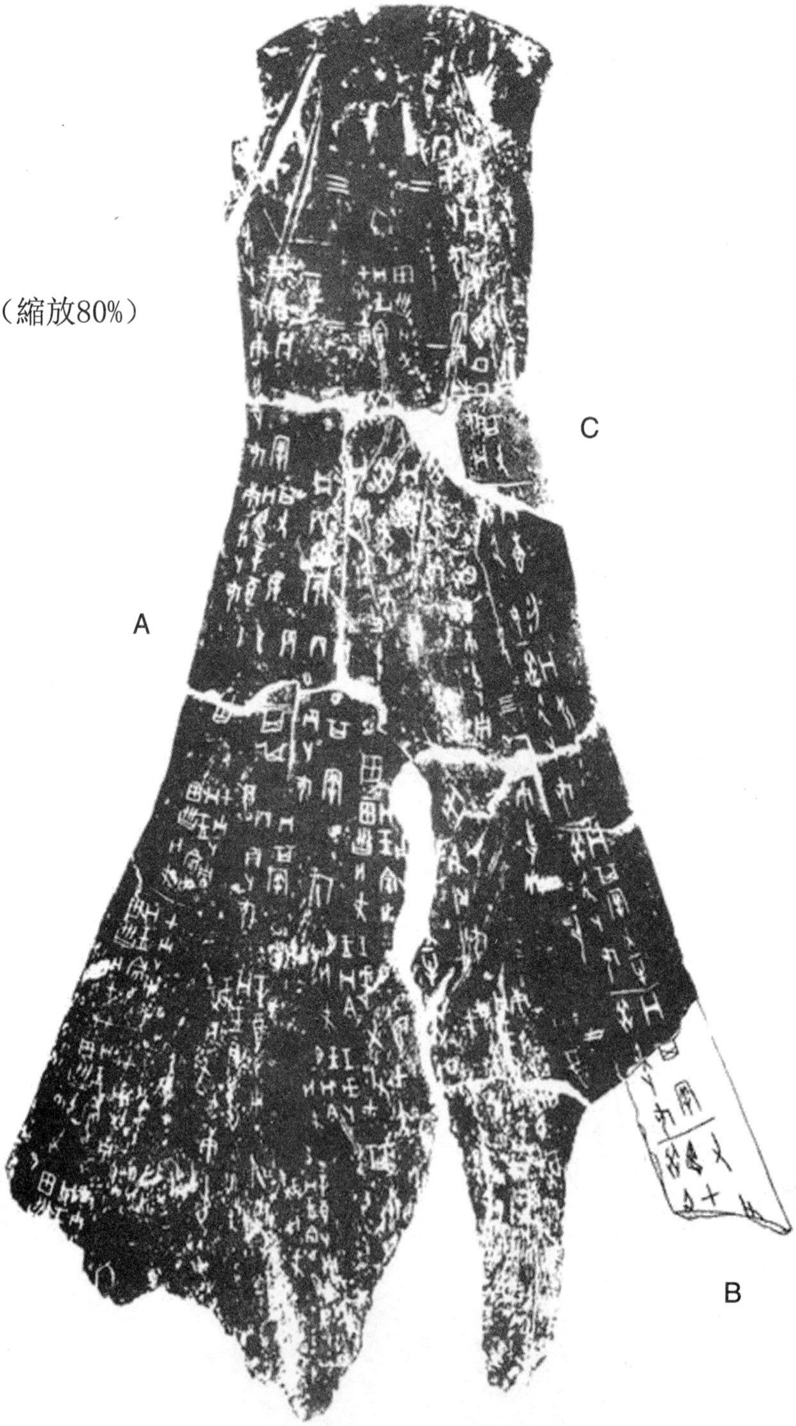

（縮放80%）

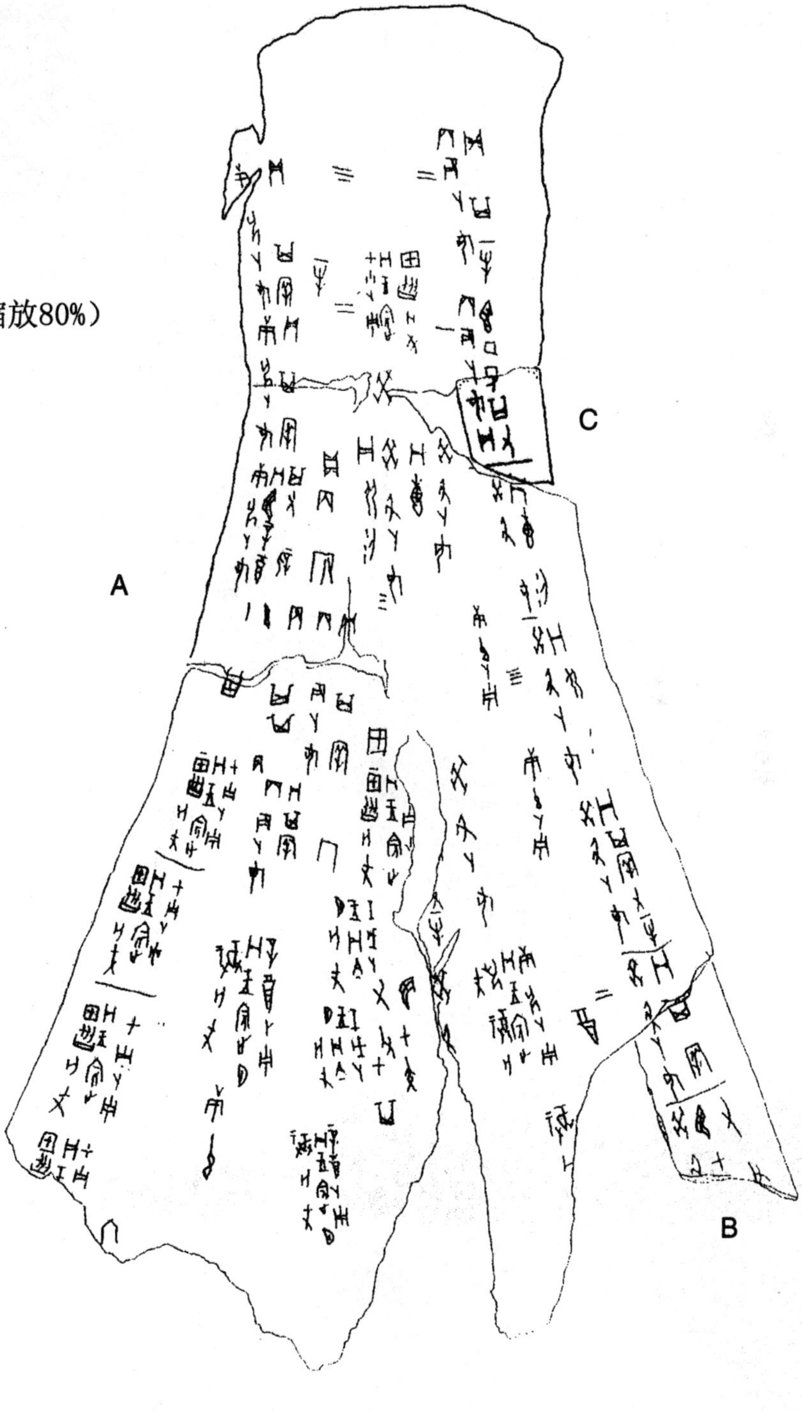

第415則：甲骨拼合第一一一～一一三則（莫伯峰）

A《合》31392+B《合補》9828+C《合》31380

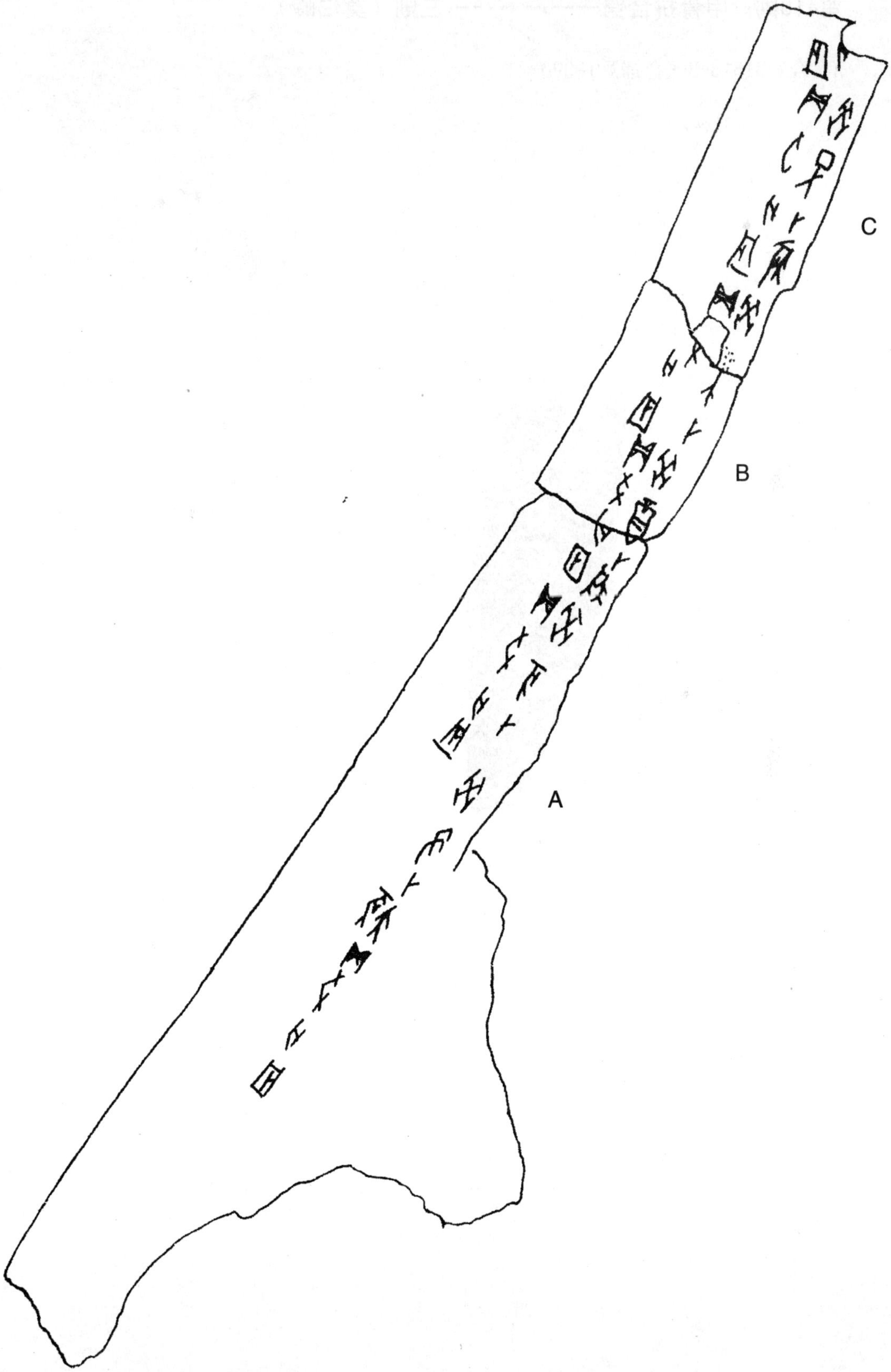
C
B
A

第416則：甲骨拼合第一一一～一一三則（莫伯峰）

A《合》31518+B《合補》10090

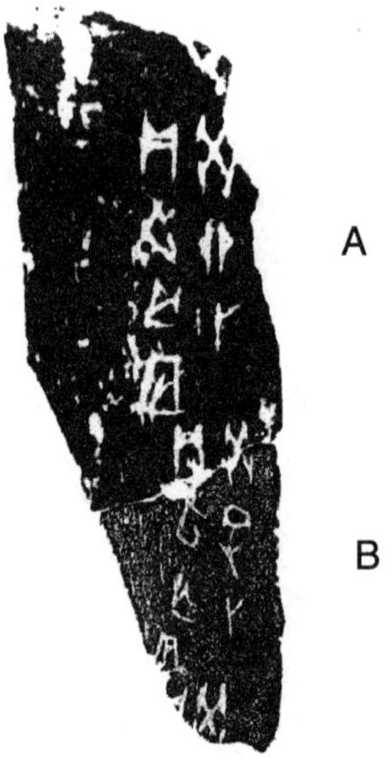

A

B

第417則：甲骨拼合第一一四～一一五則（莫伯峰）

A《上博》17647.684+B《合》22963

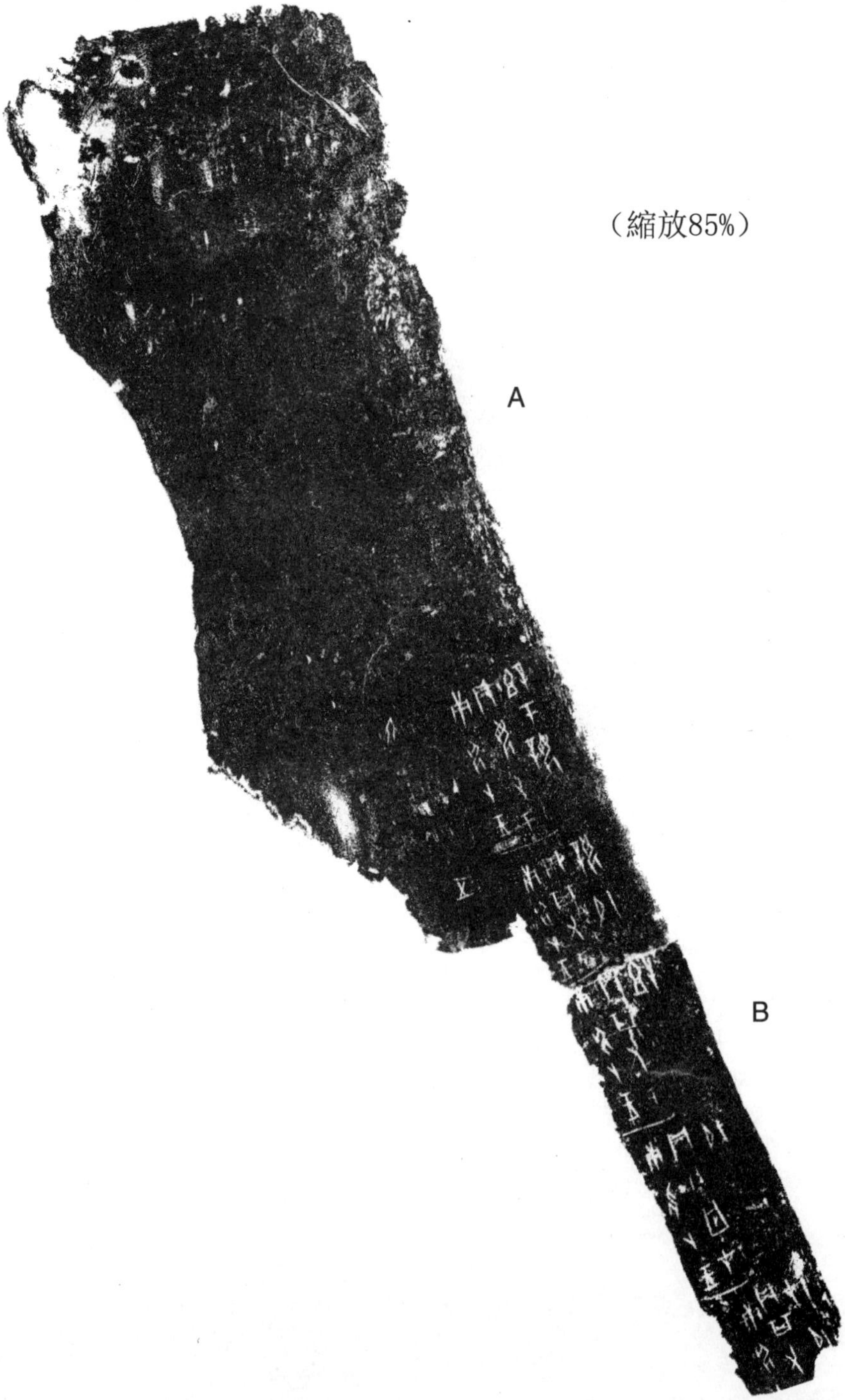

（縮放85%）

(縮放85%)

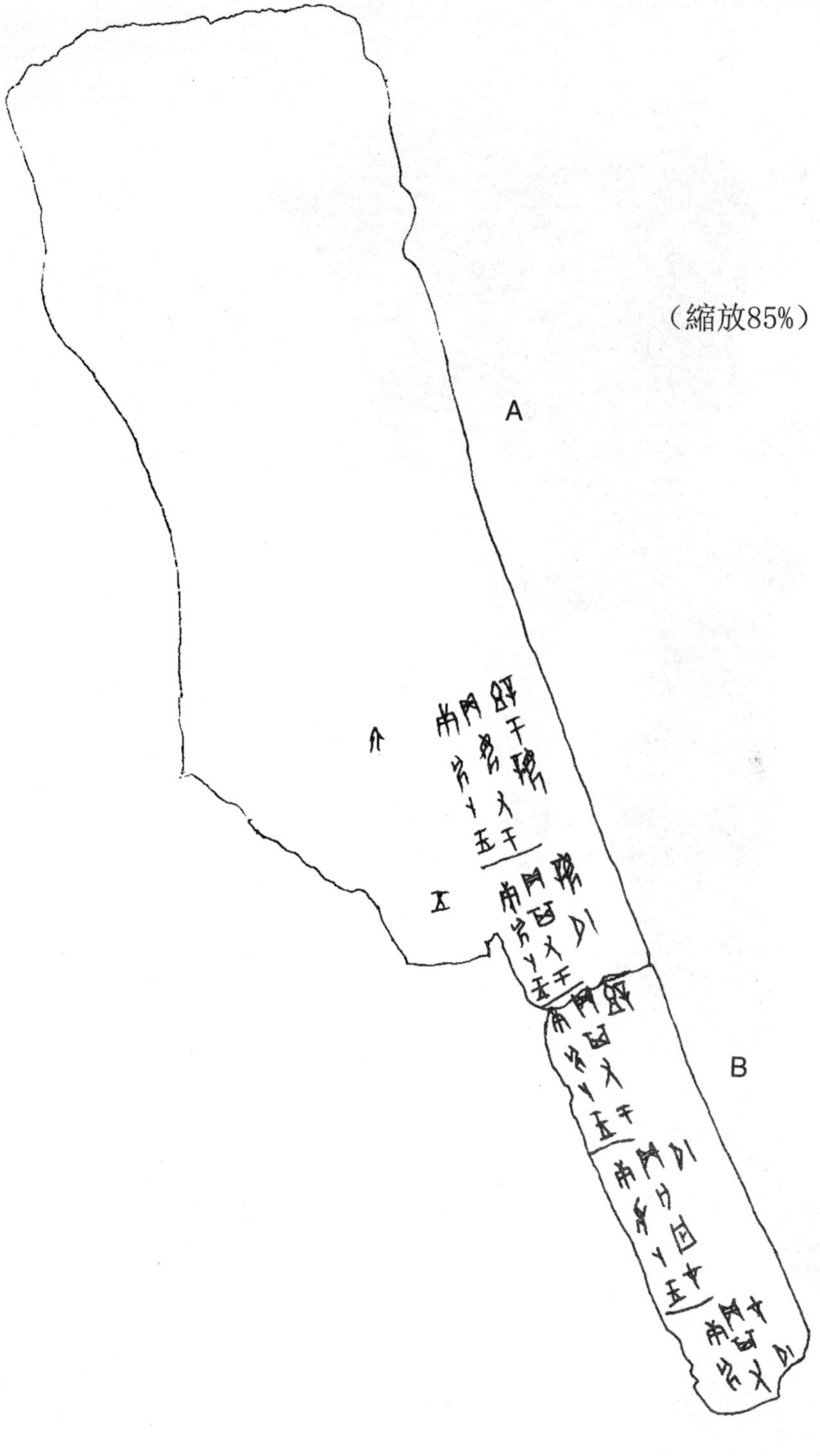

第418則：甲骨拼合第一一四～一一五則（莫伯峰）

A《合》33371+B《合》33372

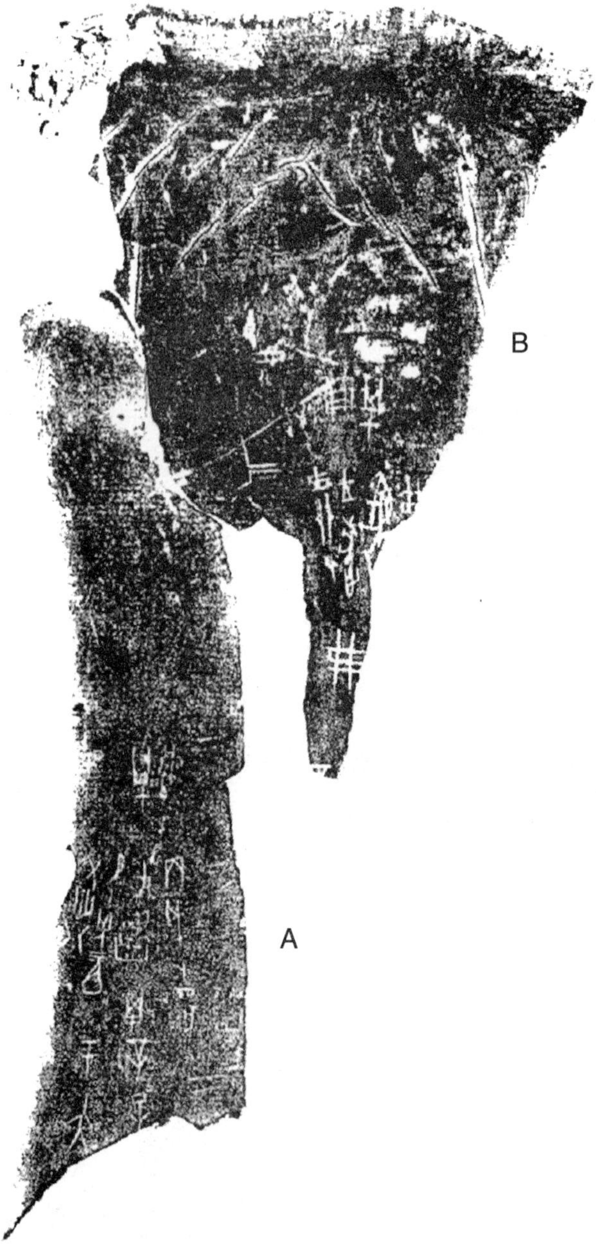

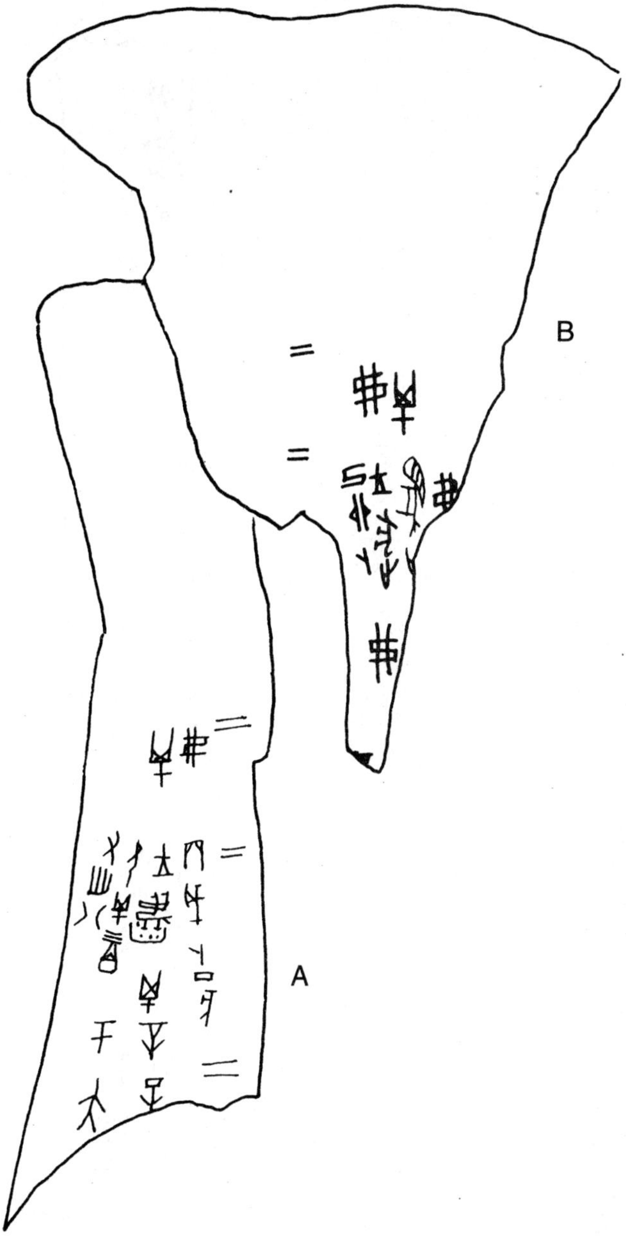
B
A

第419則：甲骨拼合第一一六則（莫伯峰）

A《合》31035+B《合補》9465+C《合補》9211

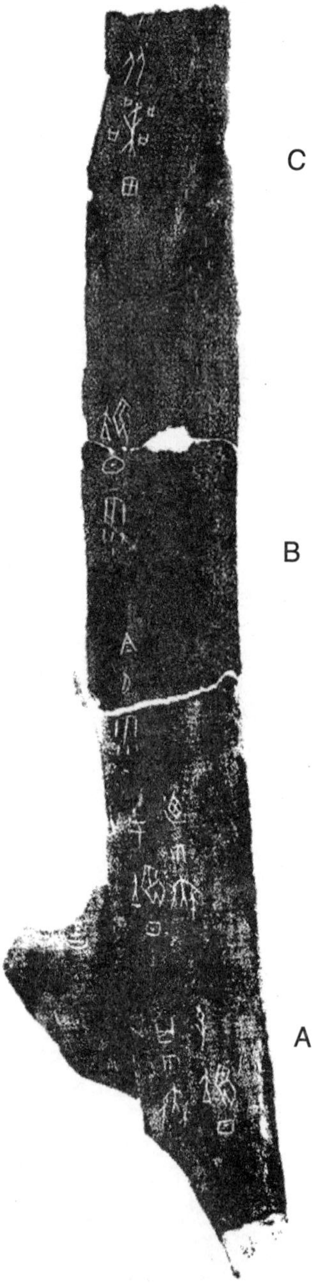

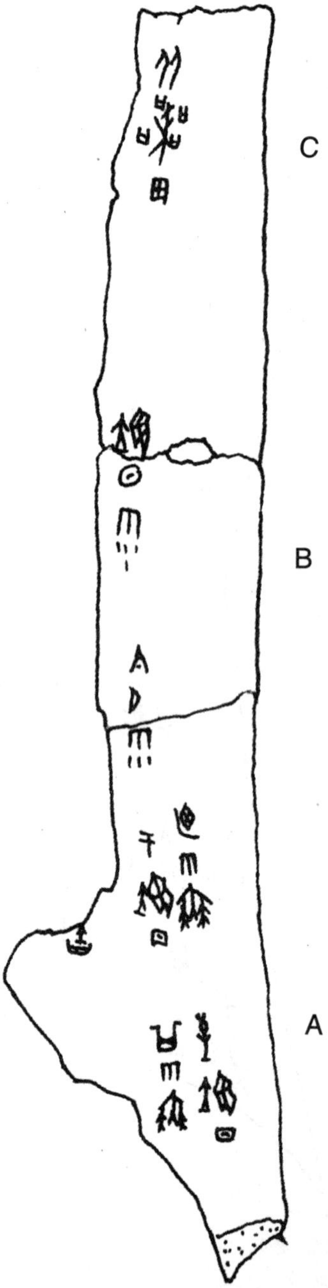

第420則：甲骨拼合第一一七則（莫伯峰）

A《合》30894+B《上博》21691.14

A

B

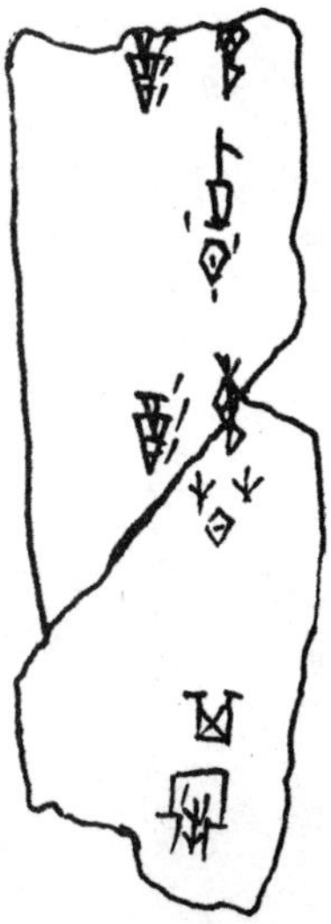

A

B

第421則：自賓間類胛骨新綴一則（王子揚）

A《英藏》1149+B《合》16037

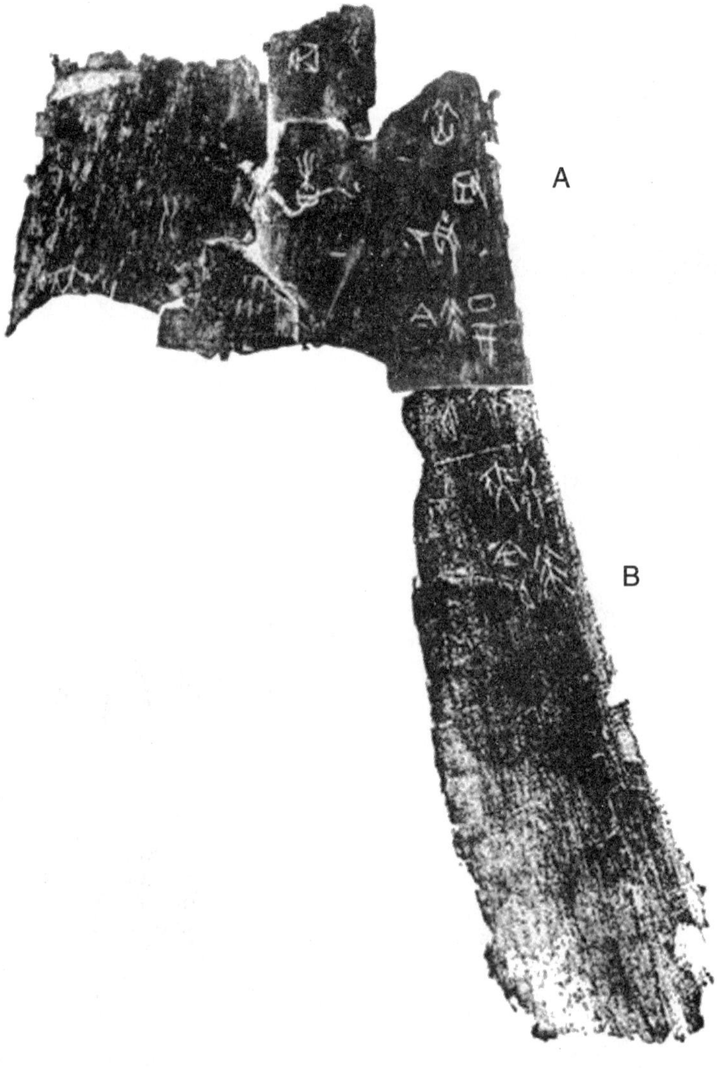

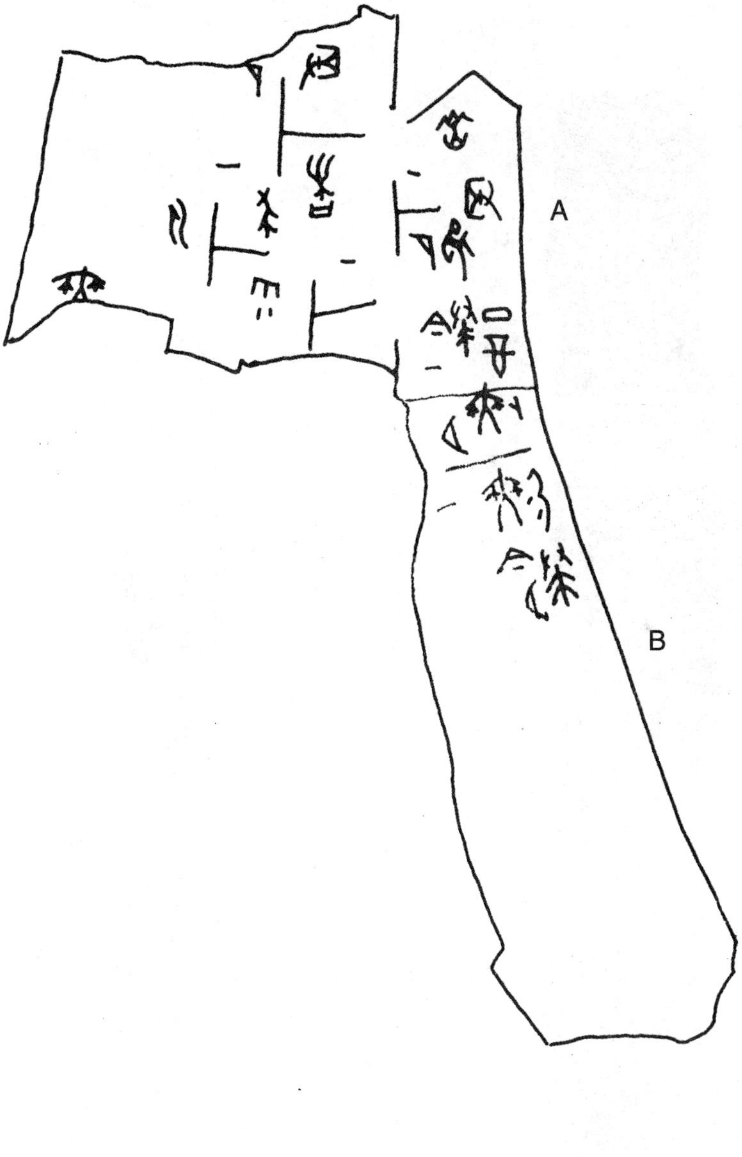
A
B

第422則：歷無名間類卜辭新綴一例（王子揚）

A《合》27339+B《合》27623

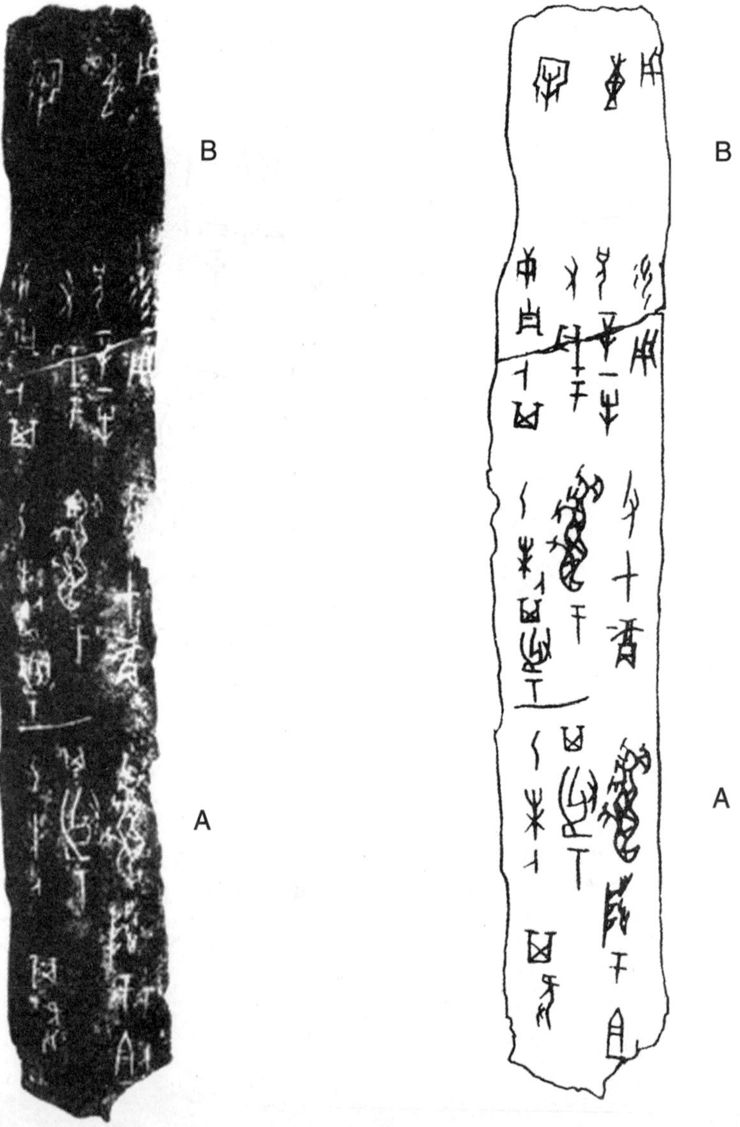

第423則：賓組卜辭新綴一例（王子揚）

A《合》6366+B《合》12803

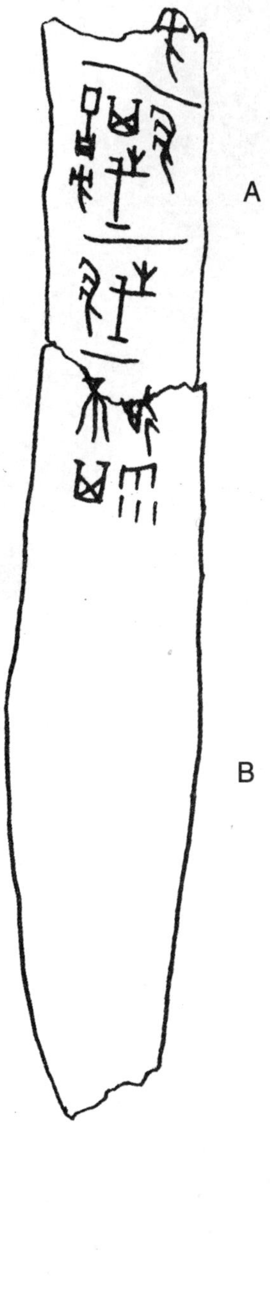

第424則：賓組卜辭綴合一例（王子揚）

A《合》9693+B《英》804

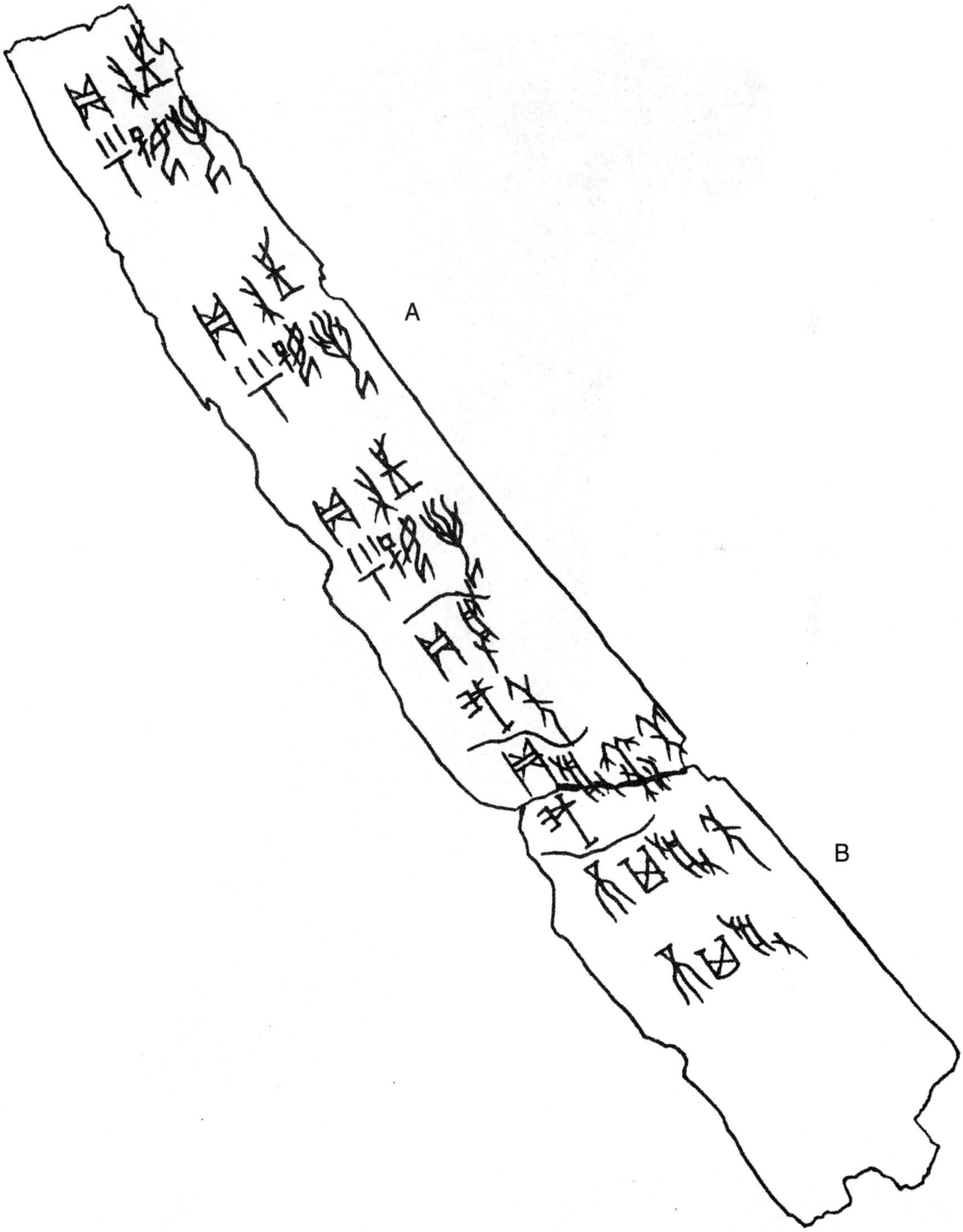
A
B

第425則：賓組胛骨新綴一例（王子揚）

A《合》6553+B《英》669

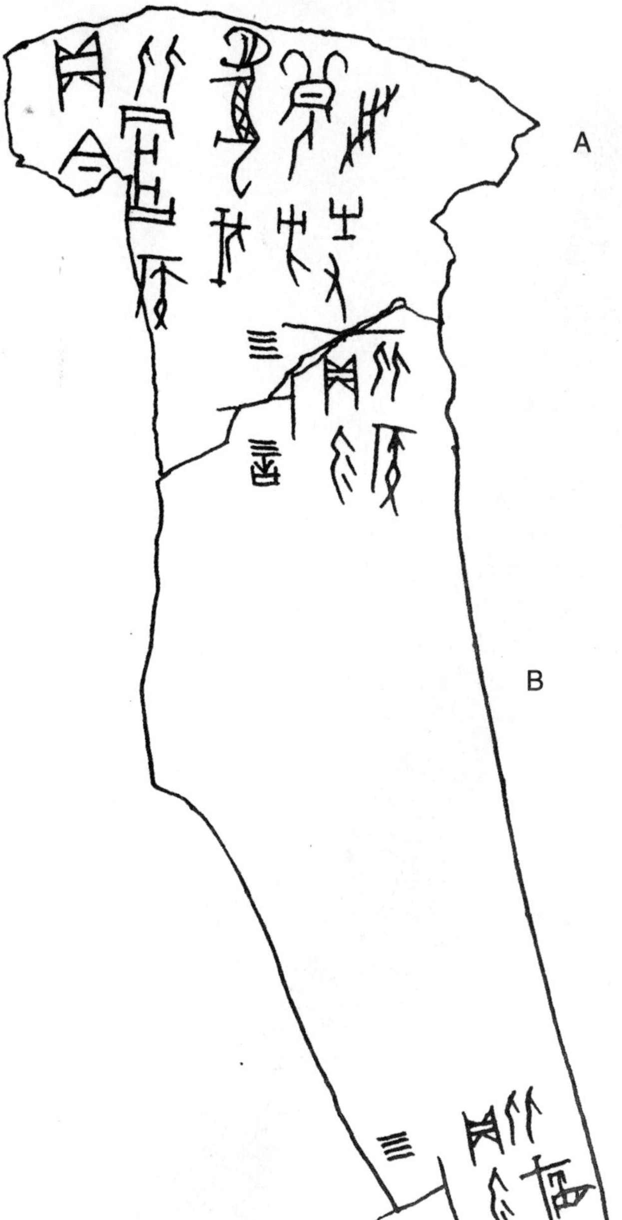
A
B

第426則：賓組胛骨拼合一例（王子揚）

A《合》8996正+B《英》38

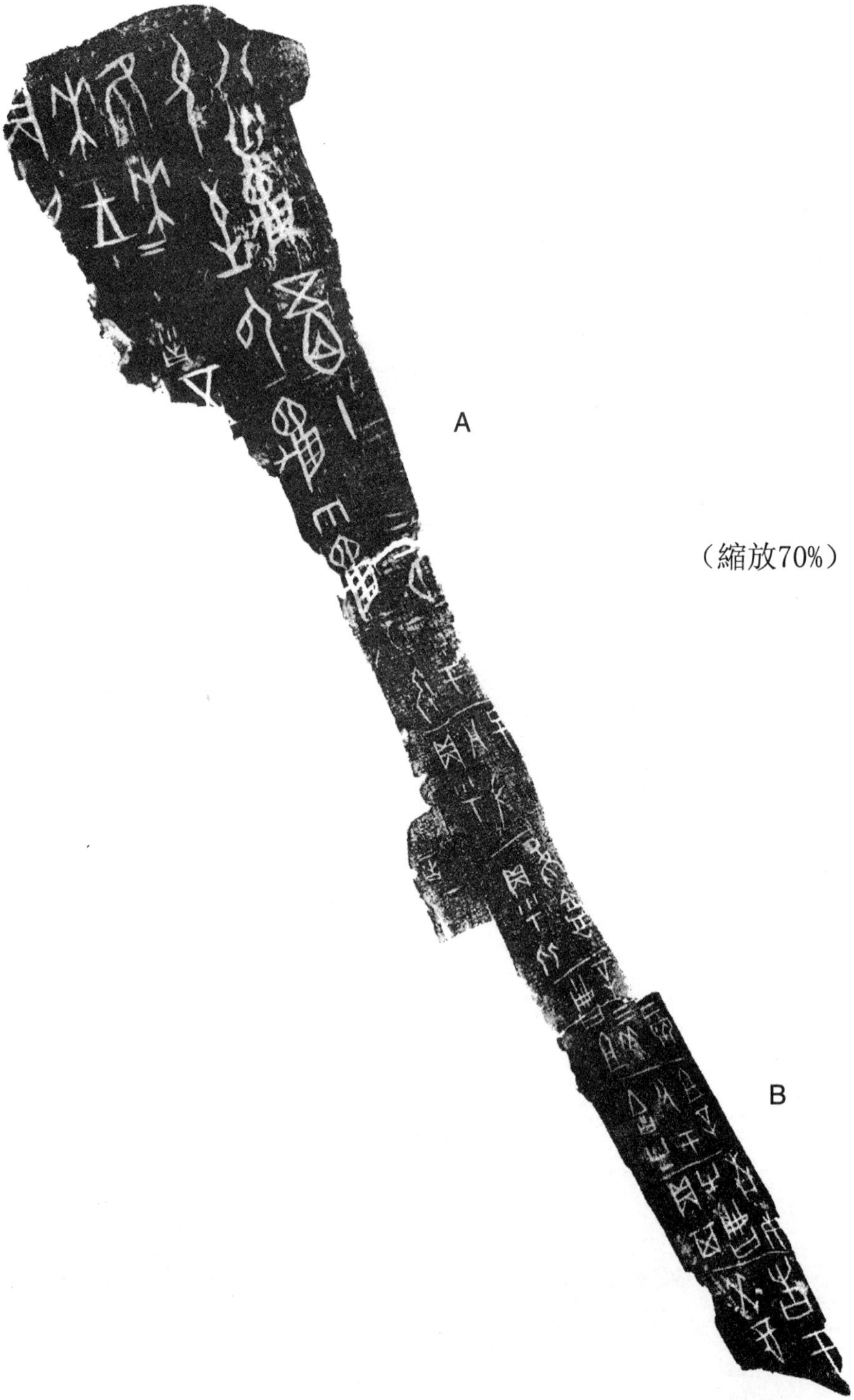

（縮放70%）

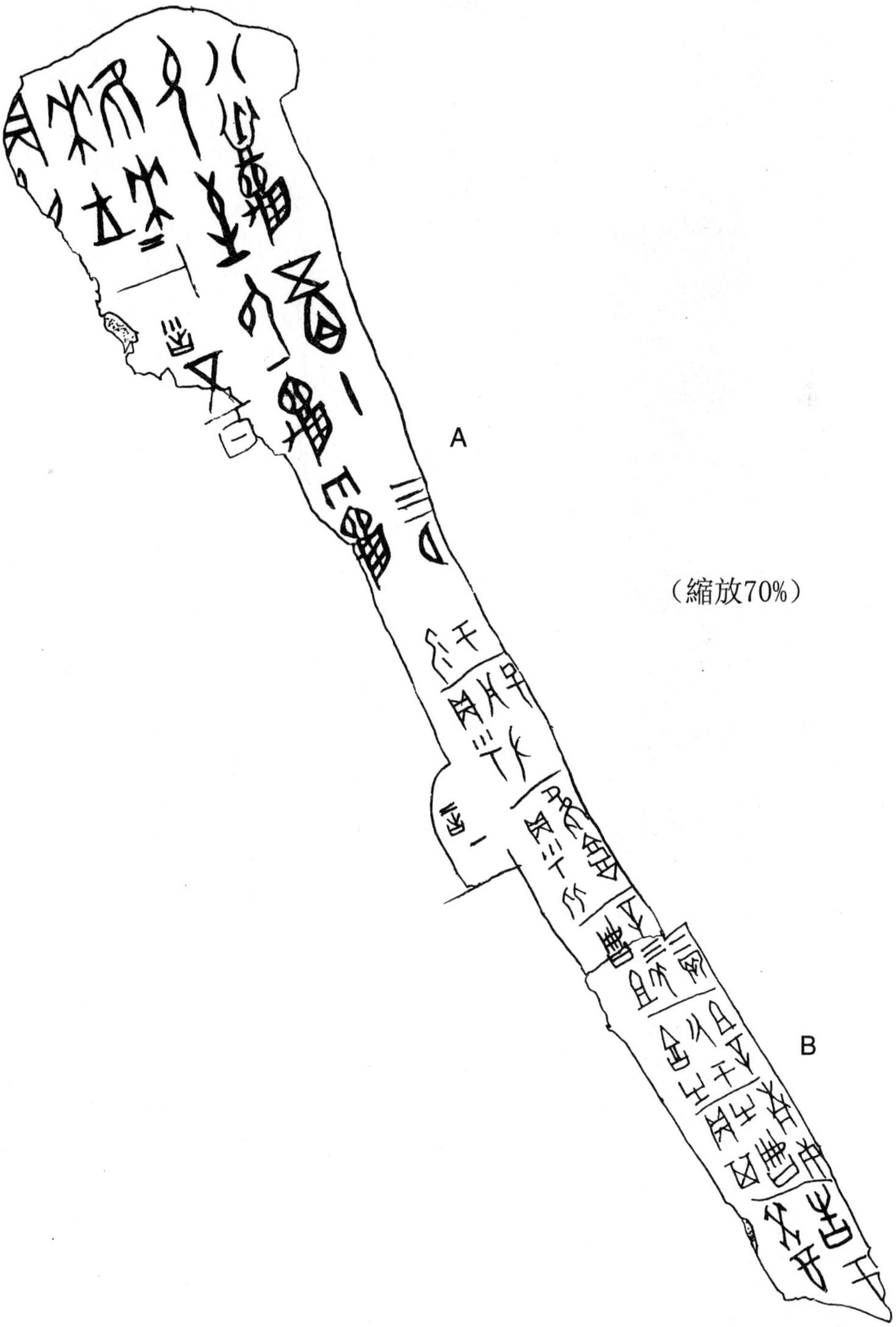

（縮放70%）

第427則：甲骨綴合第七～八例（王子揚）

A《合》9971+B《合》9862

第428則：甲骨綴合第七～八例（王子揚）

A《合》6591+B《合》9535

A

B

A

B

第429則：甲骨綴合第九例（王子揚）

A《合》4632正+B《合》13599+C《合》2192

（縮放80%）

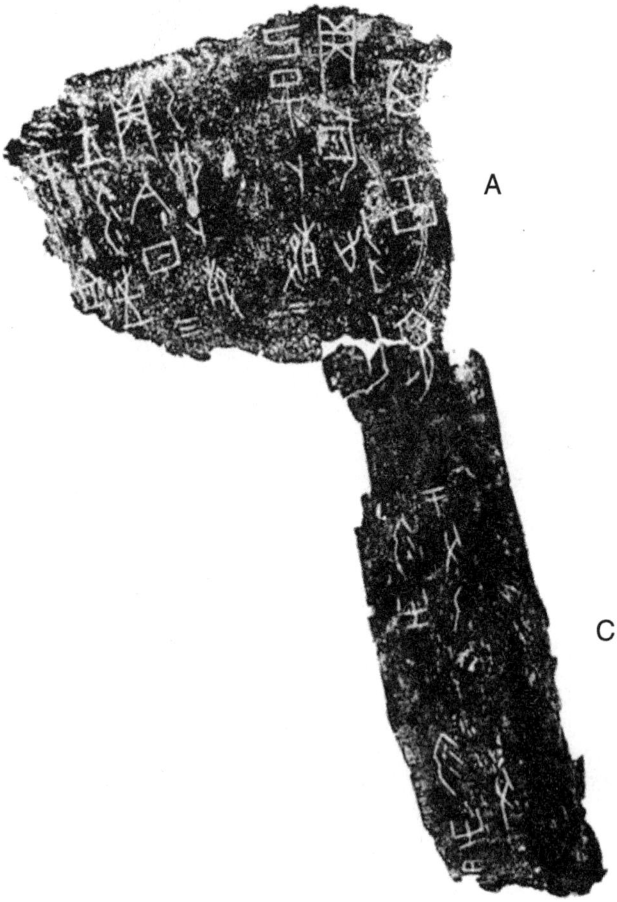

A

C

B

（縮放80%）

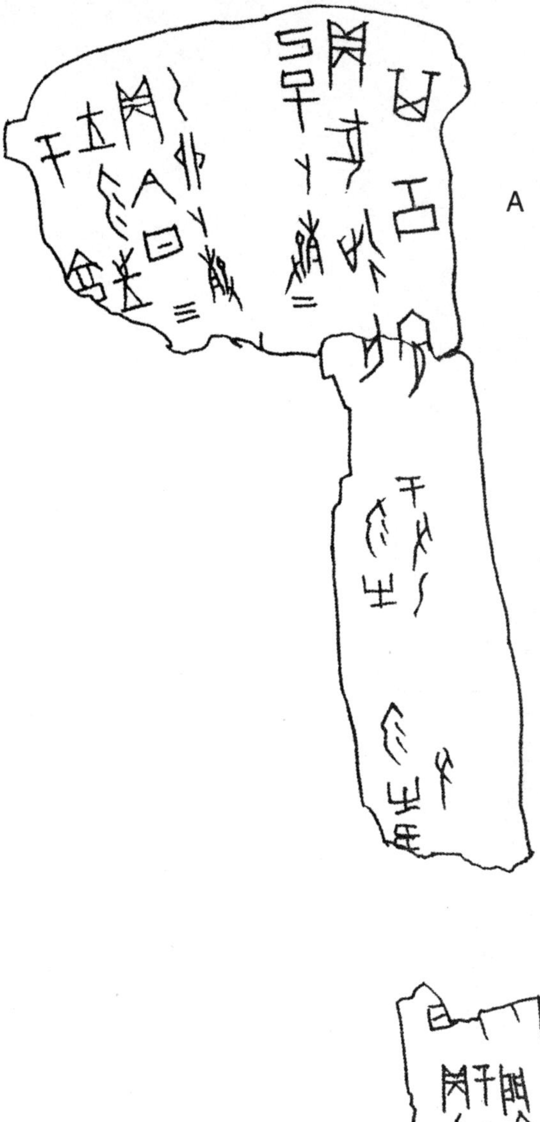

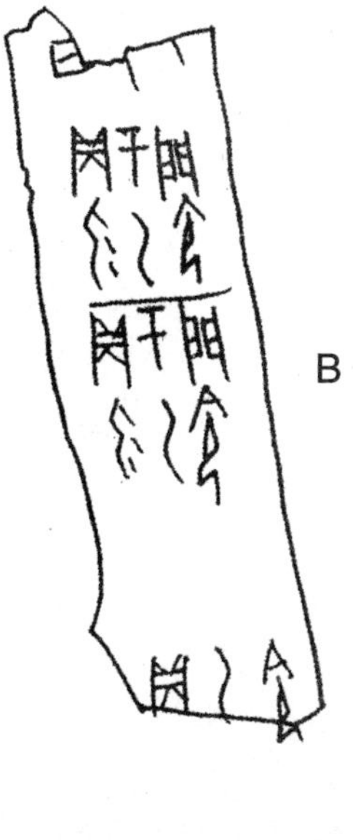

第430則：甲骨綴合第十～十一例（王子揚）

A《合》349+B《合》358+C《合》14737

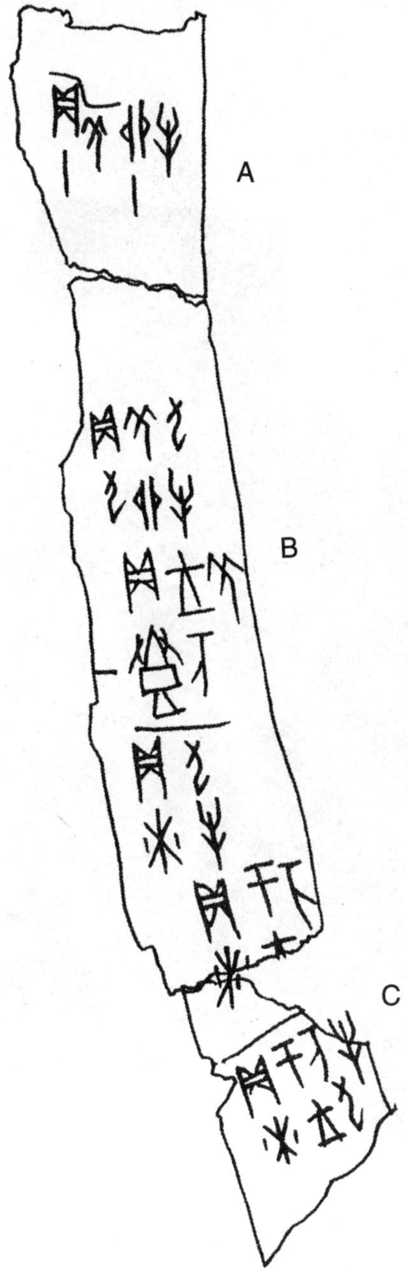
A
B
C

第431則：甲骨綴合第十～十一例（王子揚）

A《合》4595+B《合補》4981正

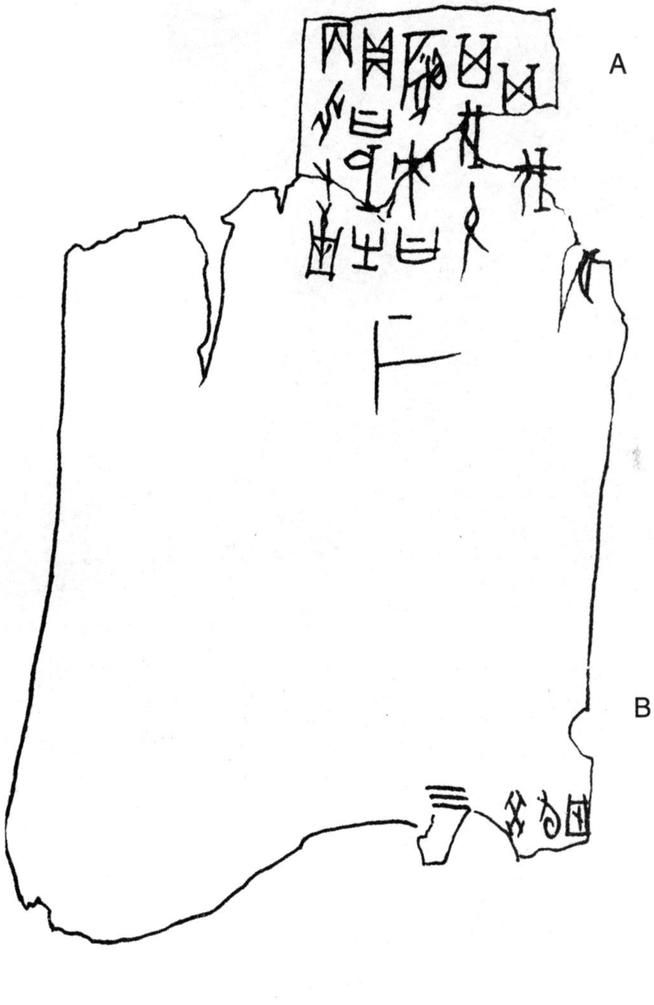
A
B

第432則：龜腹甲新綴第十二則（何會）

A《丙編》284+《乙編》507+B《乙補》306+《乙補》318+C《乙編》5104+D《乙補》4138

（縮放65%）

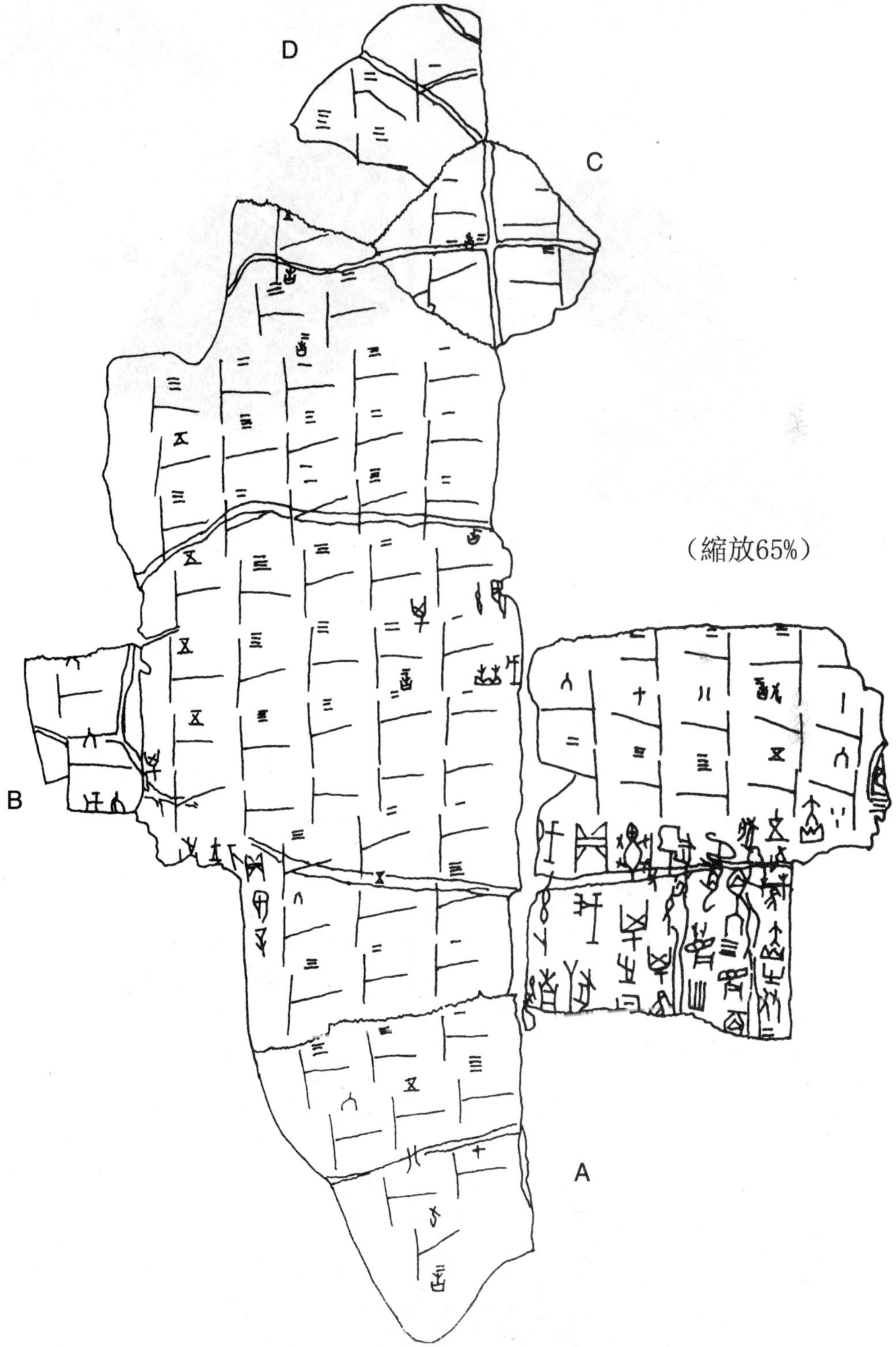

（縮放65%）

第433則：龜腹甲新綴第十三則（何會）

A《合》17059+B《合》17060+C《合補》1502

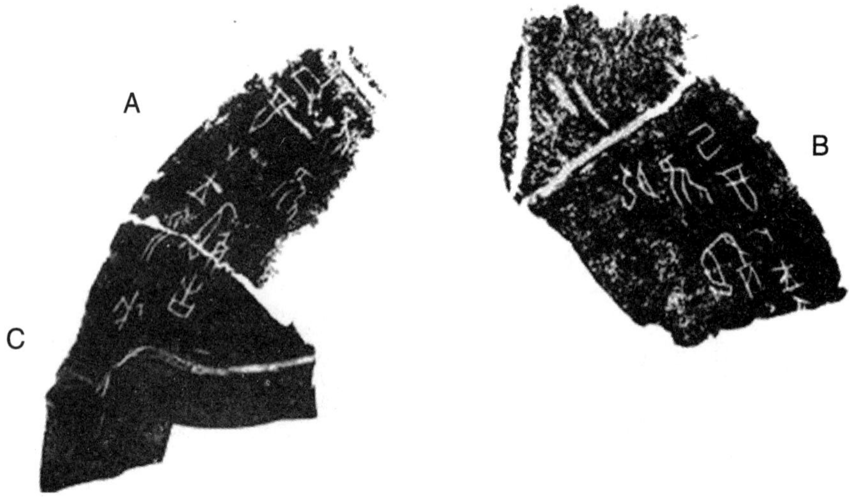

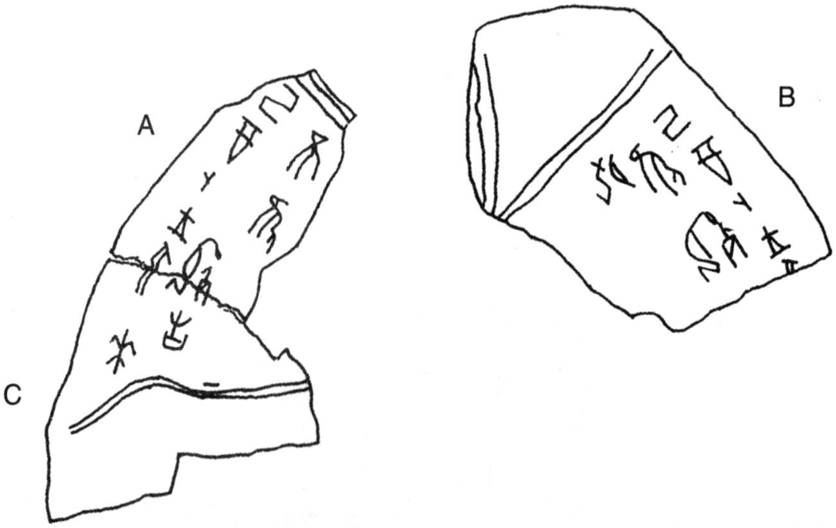

第434則：龜腹甲新綴第十四則（何會）

A《合》8672+B《合補》1327

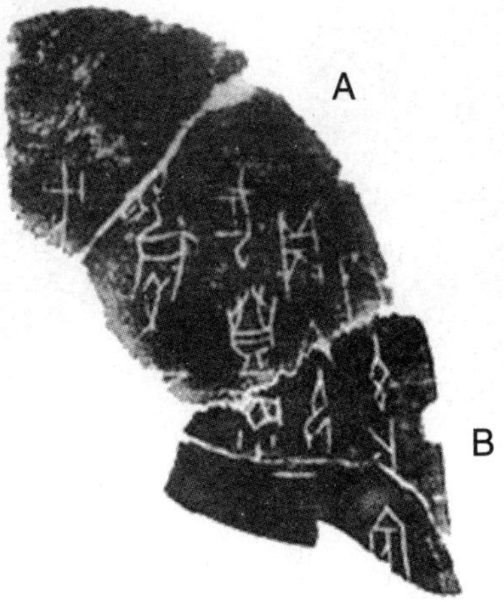

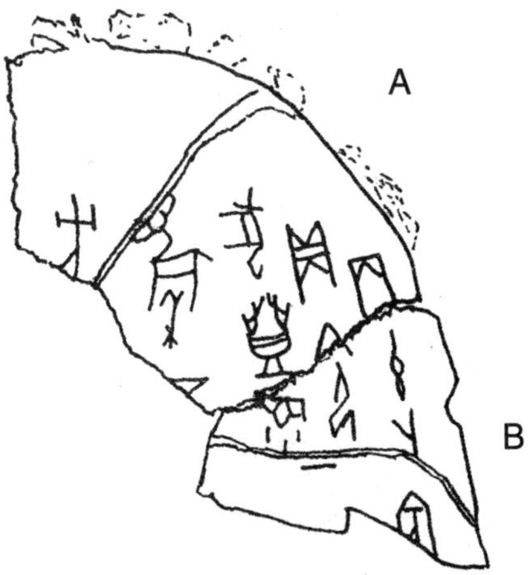

第435則：龜腹甲新綴第十五則（何會）

A《英藏》1545+B《合補》1358

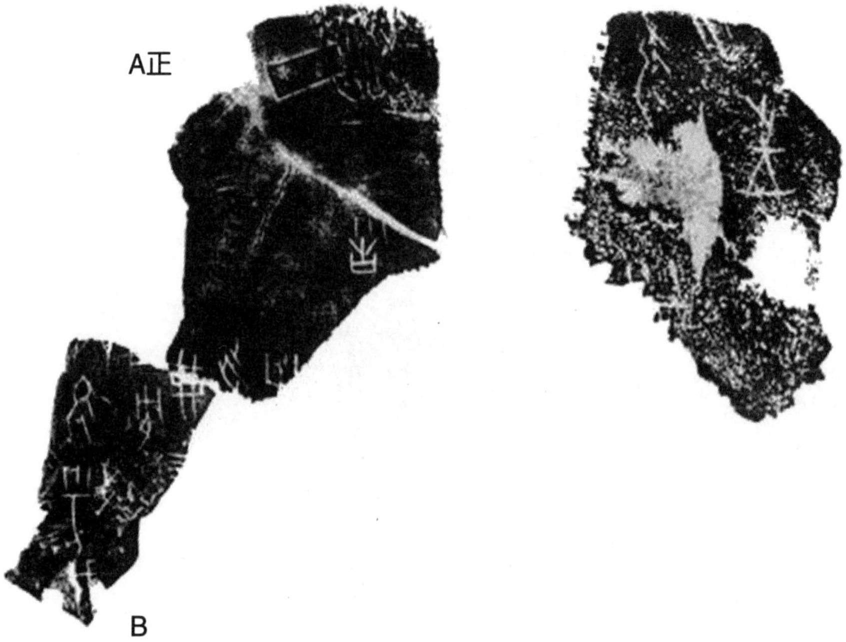

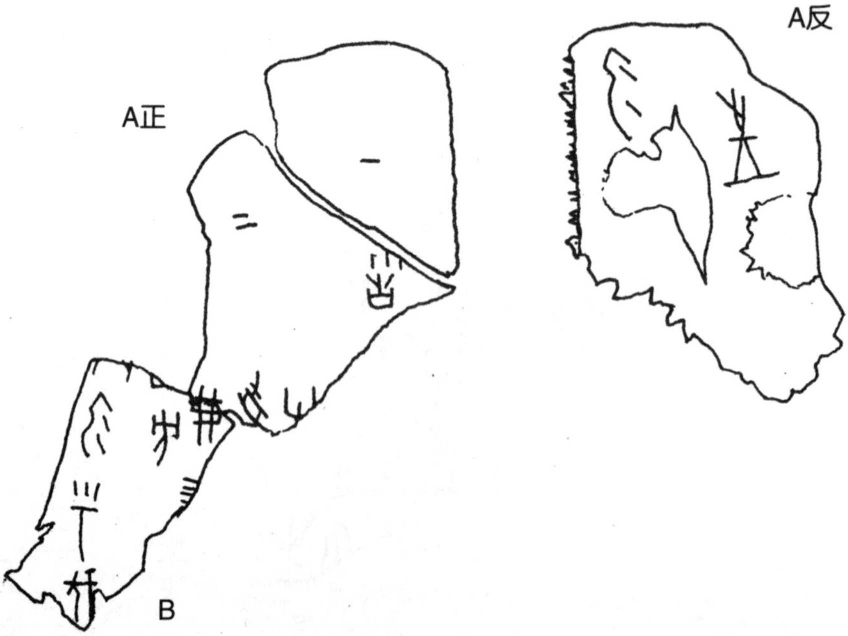

第436則：龜腹甲新綴第十六則（何會）

A《合》8563+B《合補》2039

A

B

A

B

第437則：龜腹甲新綴第十七則（何會）

A《合補》2109+B《合補》2080

A

B

A

B

第438則：龜腹甲新綴第十八則（何會）

A《合》17195+B《合補》2575

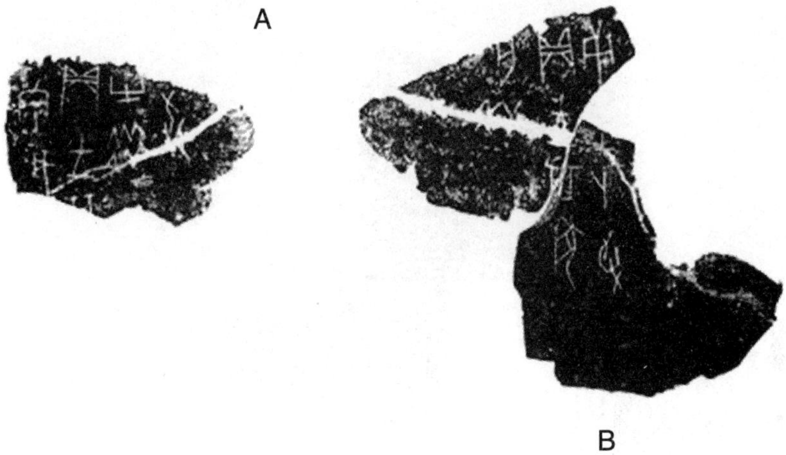

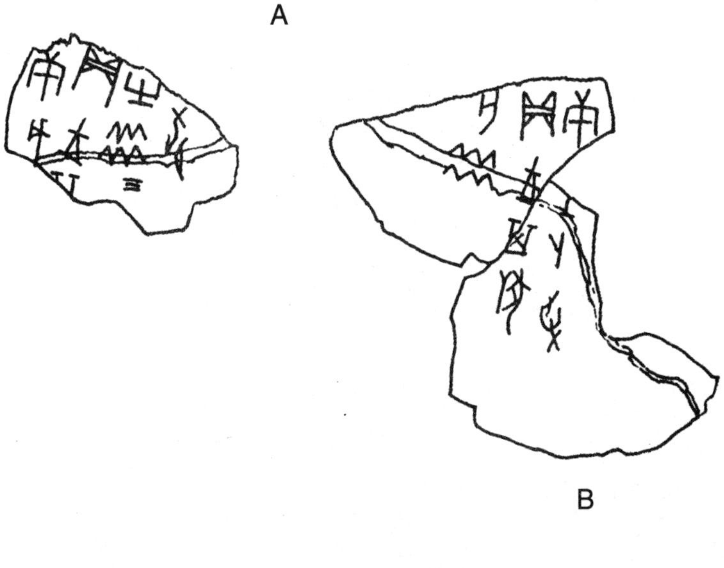

第439則：龜腹甲新綴第十九則（何會）

A《合補》6112+B《合》7627

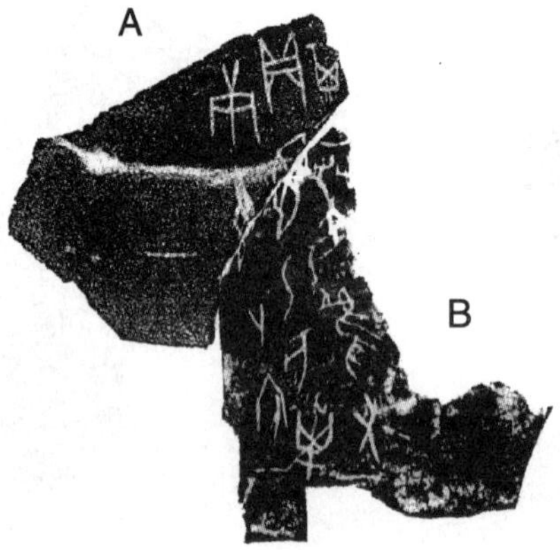

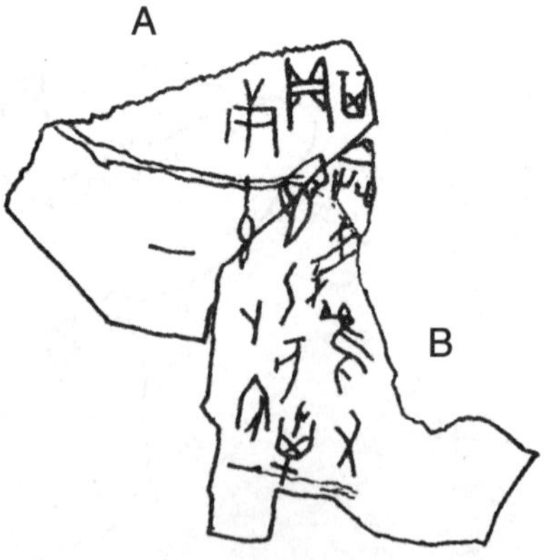

第440則：龜腹甲新綴第二十則（何會）

A《合》2752+B《合補》415+C《合》2733

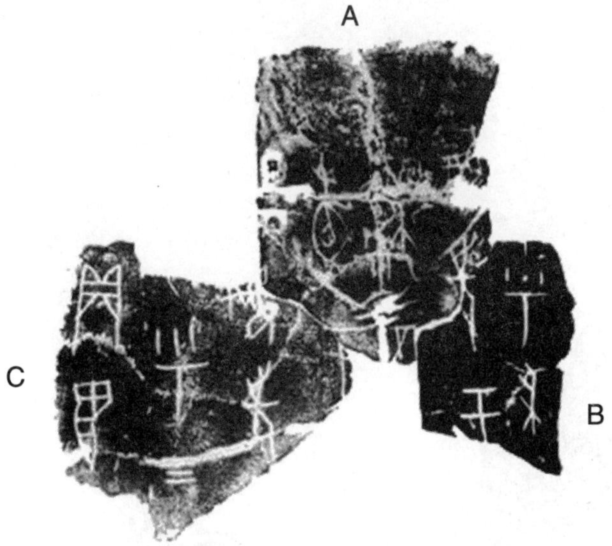

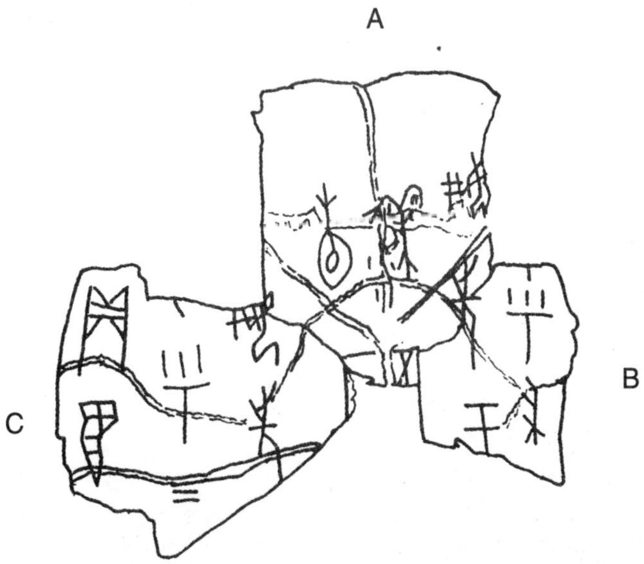

第441則：龜腹甲新綴第二一～二五則（何會）

A《合》3037+B《合》7187正反

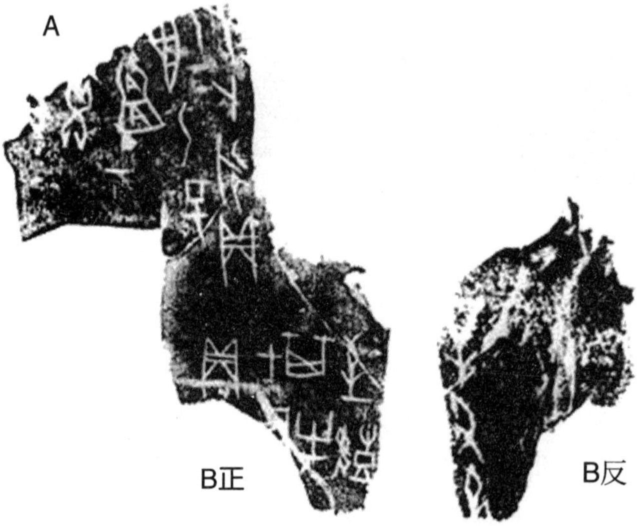

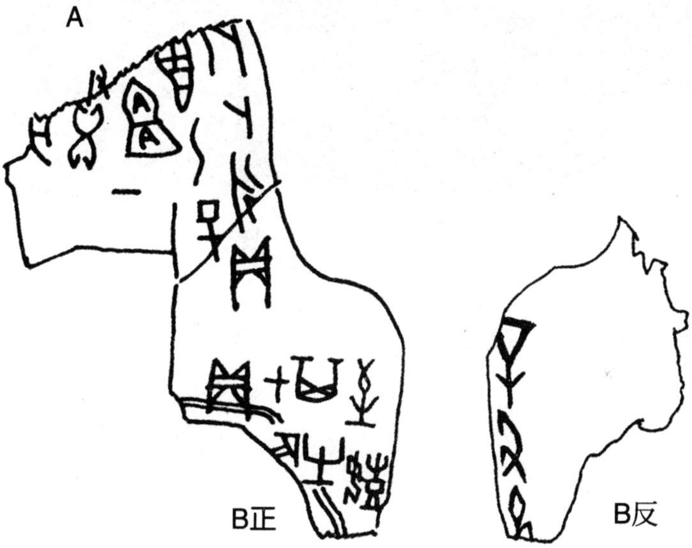
A
B正
B反

第442則：龜腹甲新綴第二一～二五則（何會）

A《英藏》457+B《合補》1420

A　　　　B

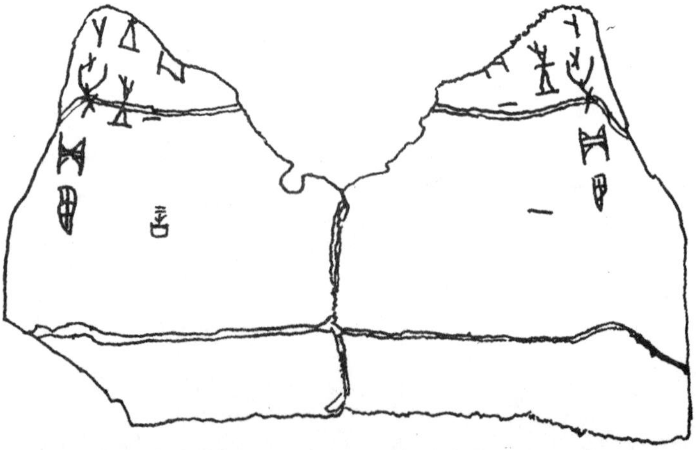

A　　　　B

第443則：龜腹甲新綴第二一～二五則（何會）

A《合》11231+B《合》1438

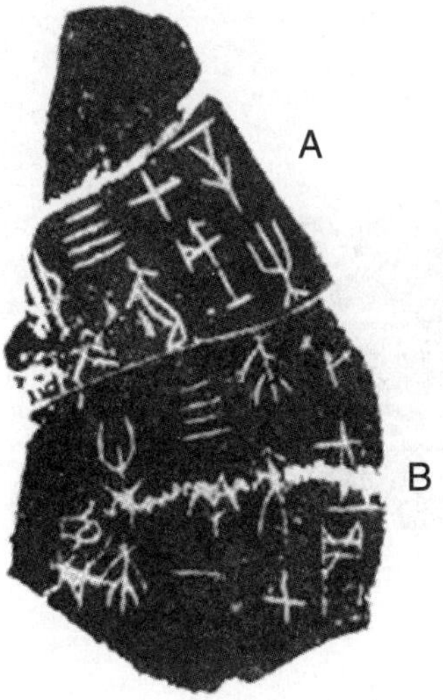

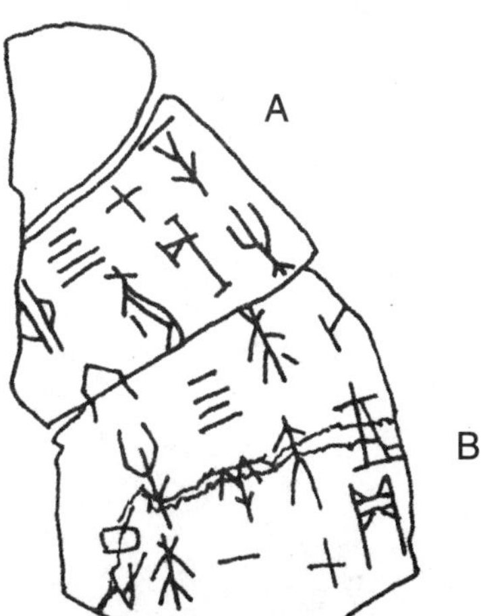

第444則：龜腹甲新綴第二一～二五則（何會）

A《合》1636+B《合》17557正反

A

B正

B反

A

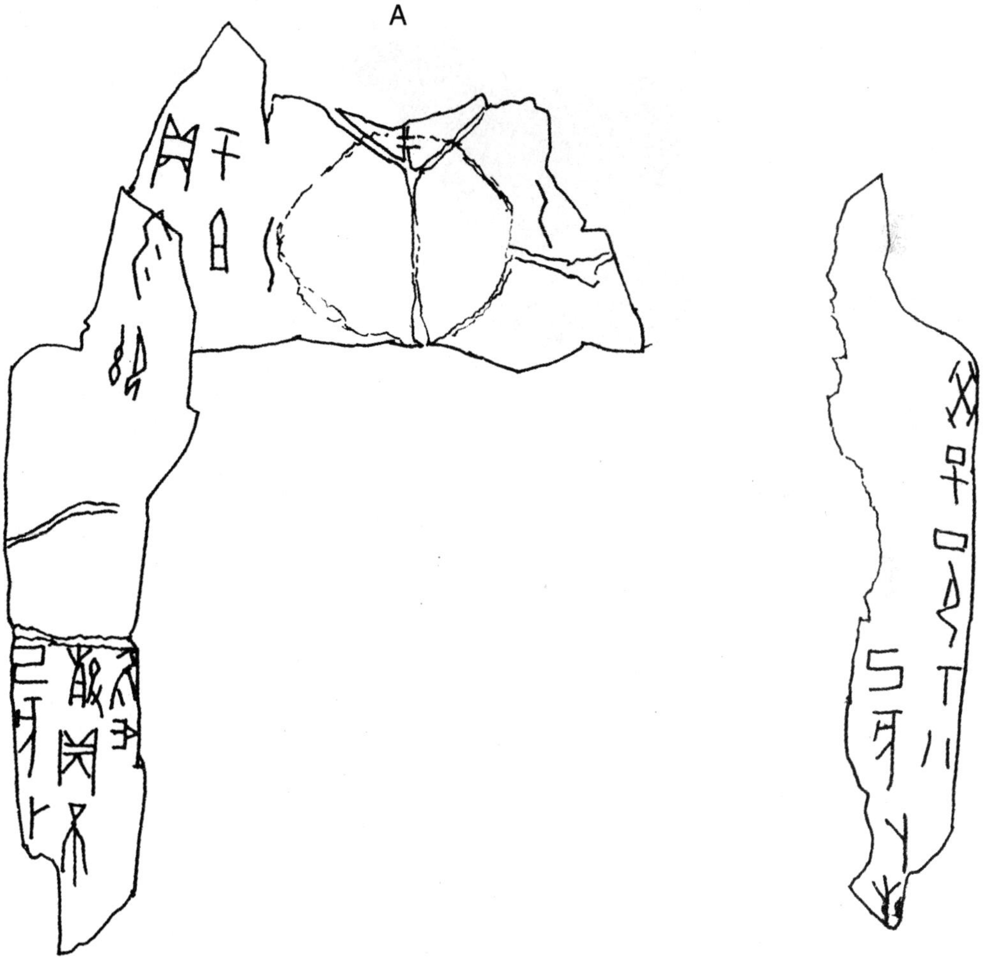

B正　B反

第445則：龜腹甲新綴第二一～二五則（何會）

A《合》11107+B《合》1325

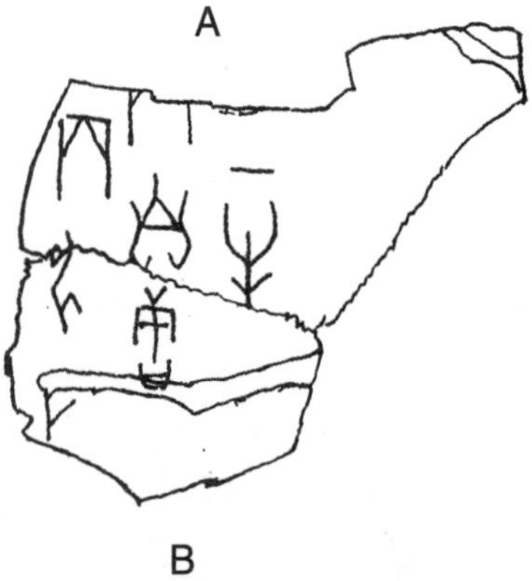

第446則：龜腹甲新綴第二六則（何會）

A《合》43+B《合補》3166

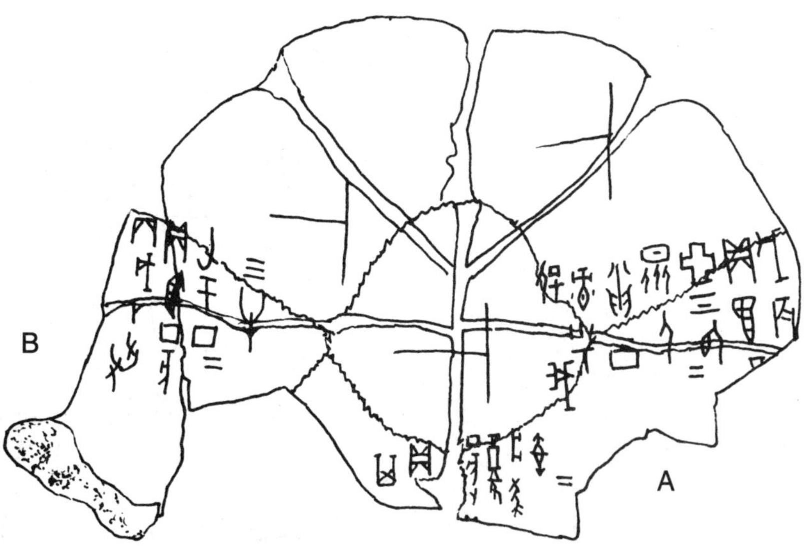

第447則：龜腹甲新綴第二七則（何會）

A《安明》S0589+B《合》5666正反

第448則：龜腹甲新綴第二八則（何會）

A《合》13079+B《合》15236

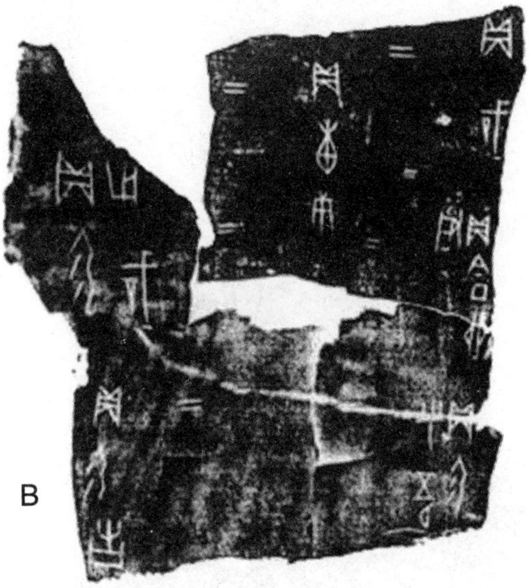

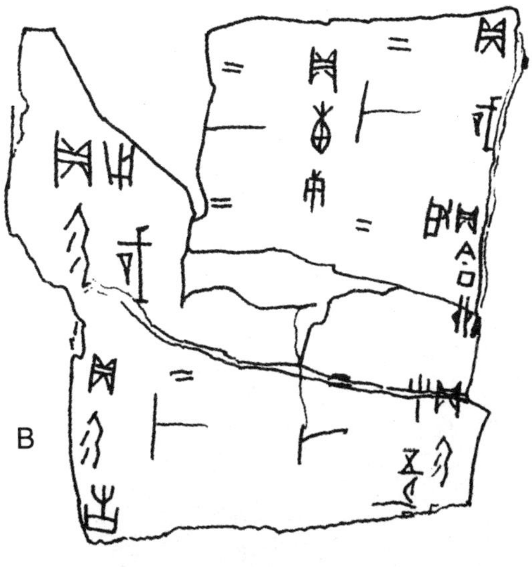

第449則：龜腹甲新綴第二十九、三十則（何會）

A《合補》2793+B《合》4173+C《北大》2341

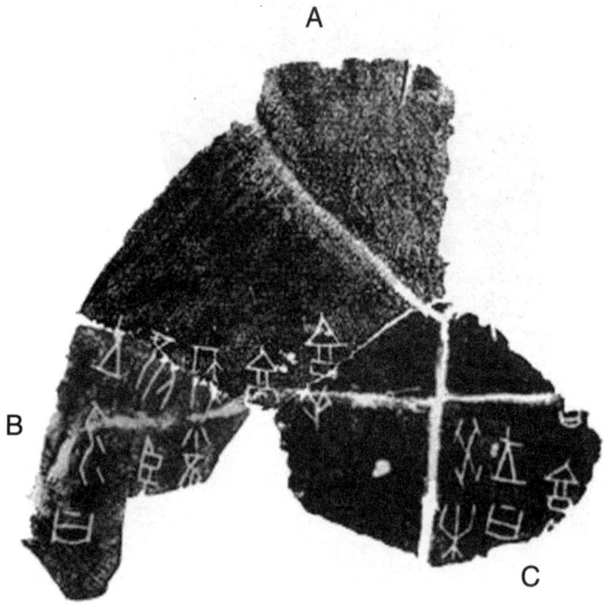

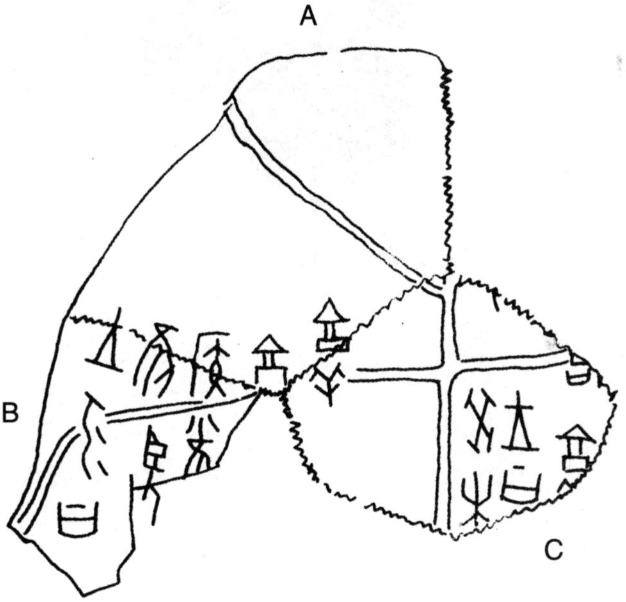
A
B
C

第450則：龜腹甲新綴第二十九、三十則（何會）

A《北大》2455+B《北大》1584

A

B

A

B

第451則：龜腹甲新綴第三十一～三十三則（何會）

A《合》10749+B《合》10362

A

B

A

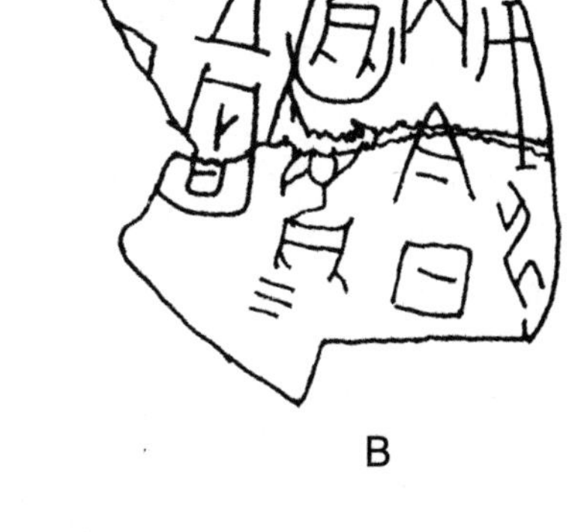

B

第452則：龜腹甲新綴第三十一～三十三則（何會）

A《合》5620+B《合》19479正反

B正 B反

A

B正 B反

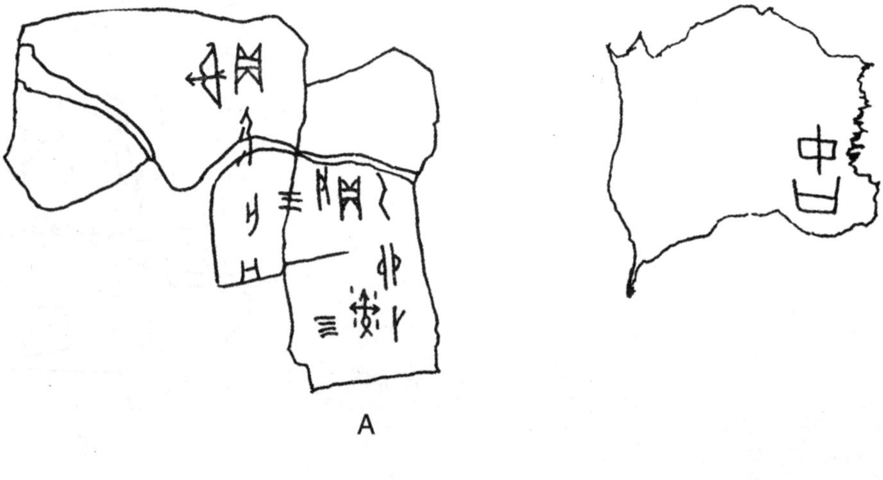

A

第453則：龜腹甲新綴第三十一～三十三則（何會）

A《北大》1798+B《合補》2200

A

B

A

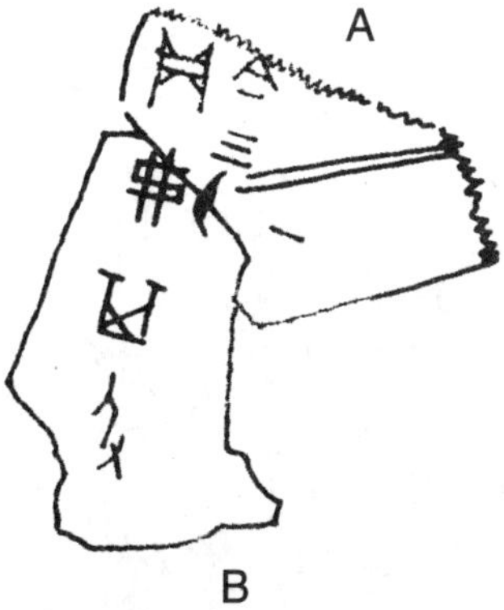

B

第454則：龜腹甲新綴第三十四則（何會）

A《合》10364+B《合》10350

第455則：龜腹甲新綴第三十五則（何會）

A《合》8597+B《合》8014

第456則：龜腹甲新綴第三十五則補綴（何會）

A《合》8597+B《合》8014+C《合》8600+D《合》3750

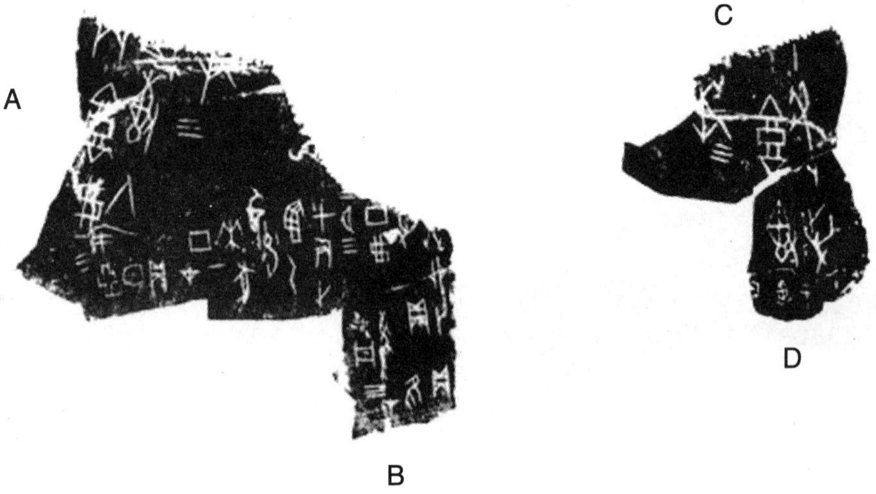

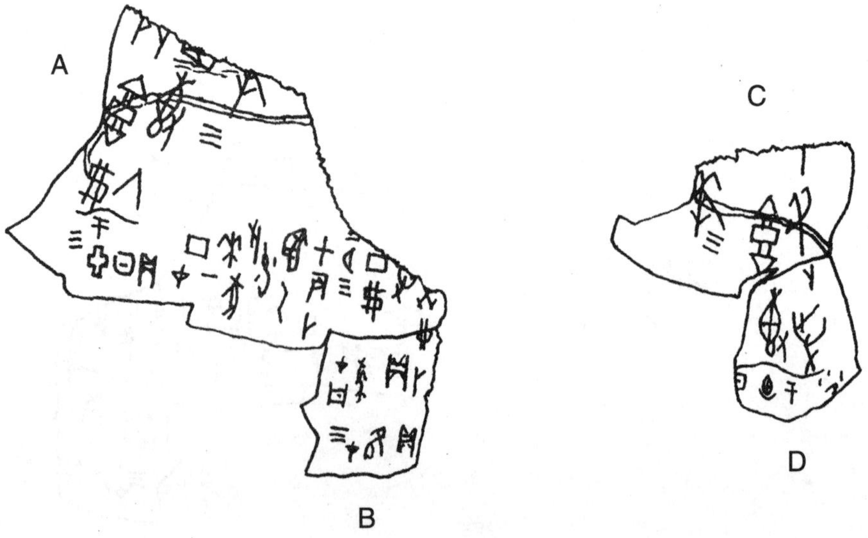

第457則：龜腹甲新綴第三十六則（何會）

A《合》23+B《合》3401

B

A

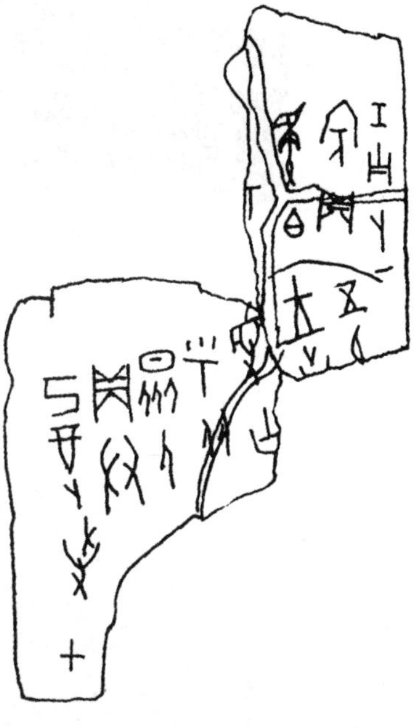

B

A

第458則：龜腹甲新綴第三十七則（何會）

A《合》18792+B《合補》2294+C《合》18795+D《合》13377

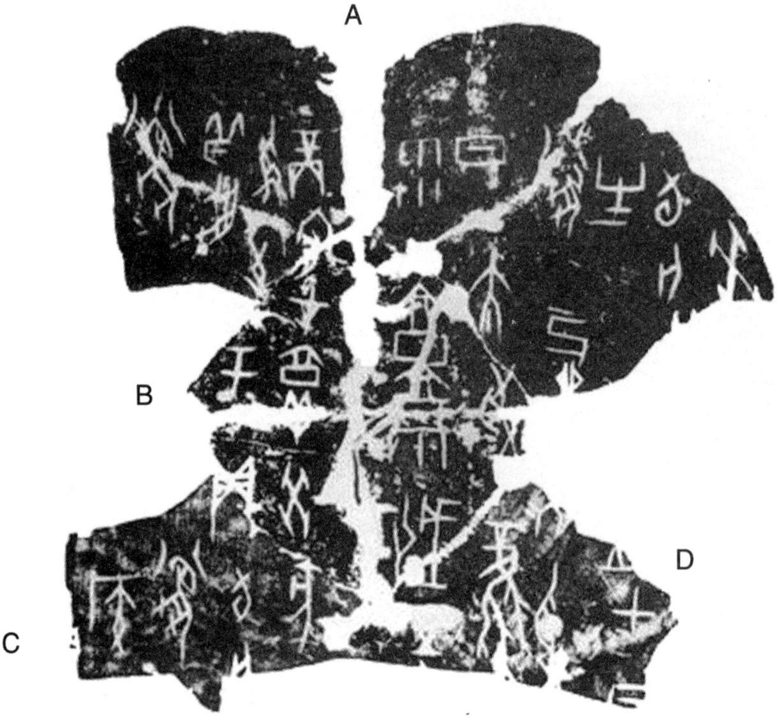

A
B
C
D

第459則：龜腹甲新綴第三十八則（何會）

A《合》5080+B《合》17331+C《合》9572+D《合》16399+E《合》17464

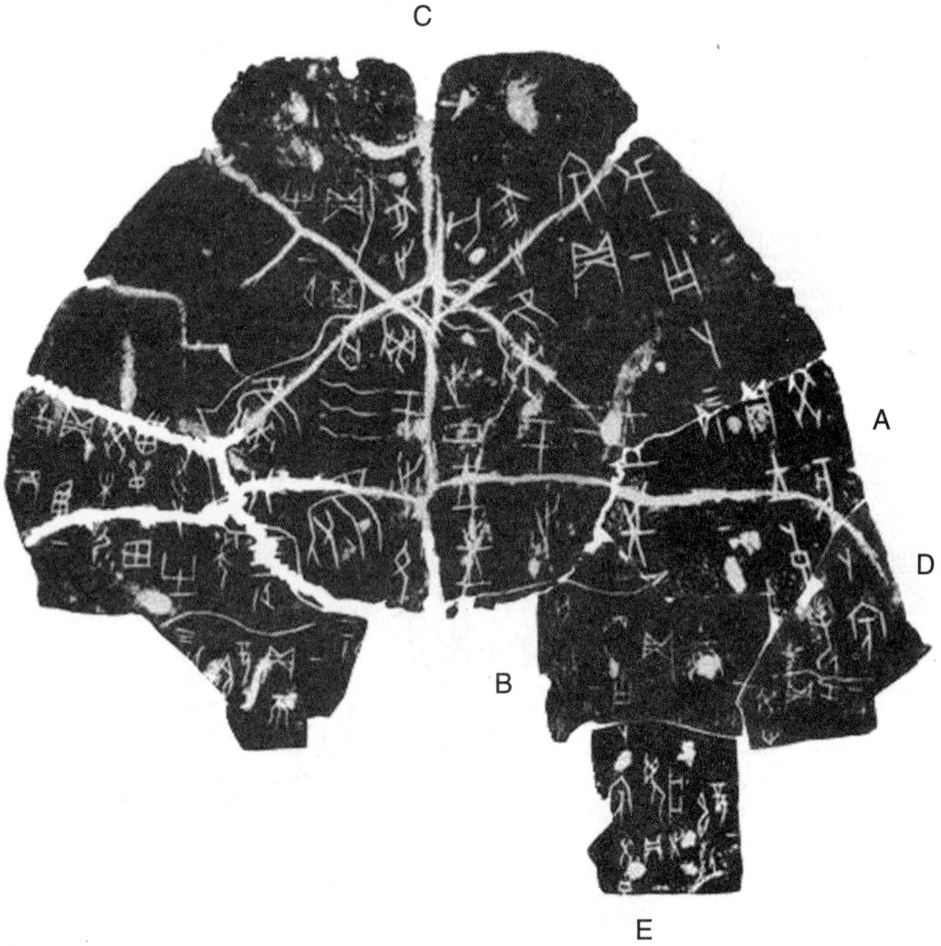

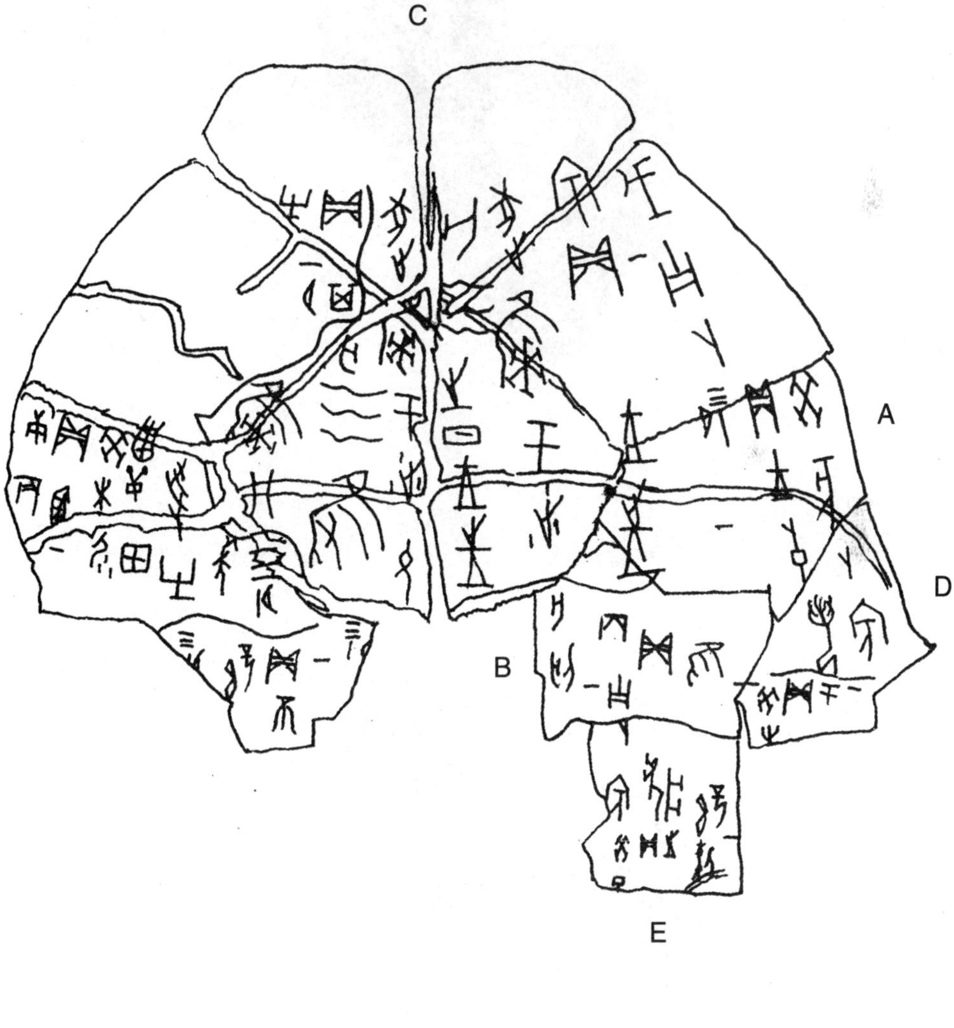
C
A
D
B
E

第460則：龜腹甲新綴第三十九～四十三則（何會）

A《合》22791+B《合》25059

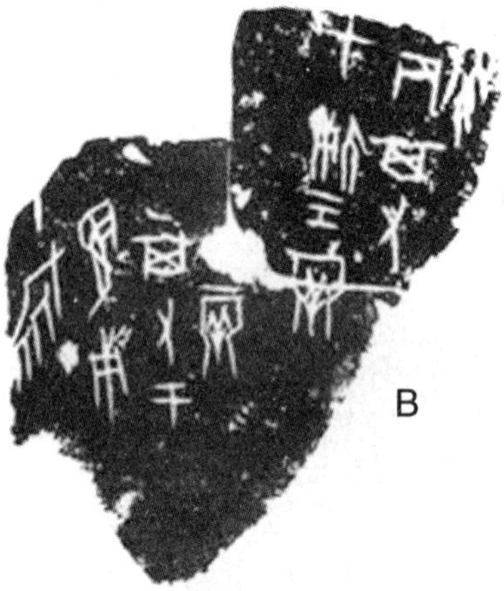

A

B

A

B

第461則：龜腹甲新綴第三十九～四十三則（何會）

A《合補》7005+B《合》23153

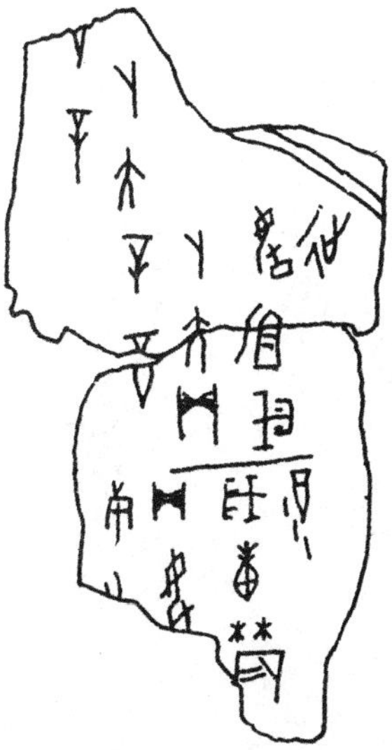

第462則：龜腹甲新綴第三十九～四十三則（何會）

A《合》24325+B《合補》7570

B  A

B 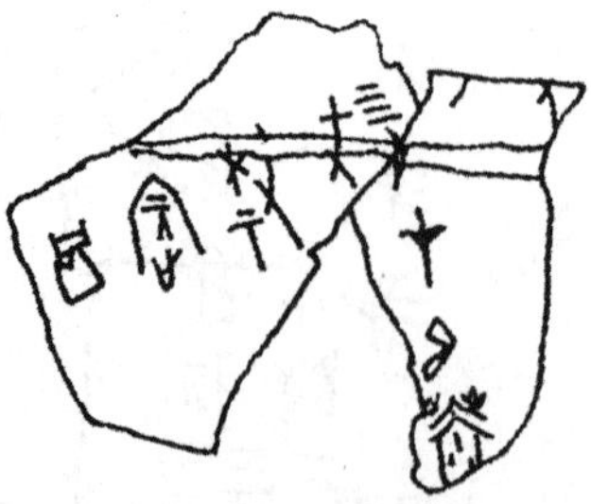 A

第463則：龜腹甲新綴第三十九～四十三則（何會）

A《合》23164+B《合補》8589

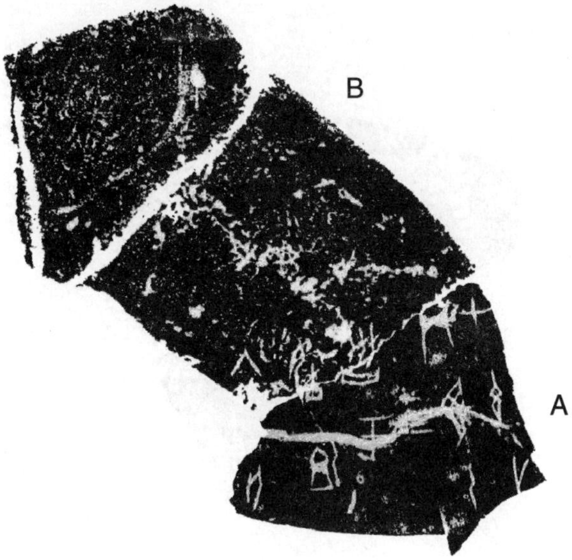

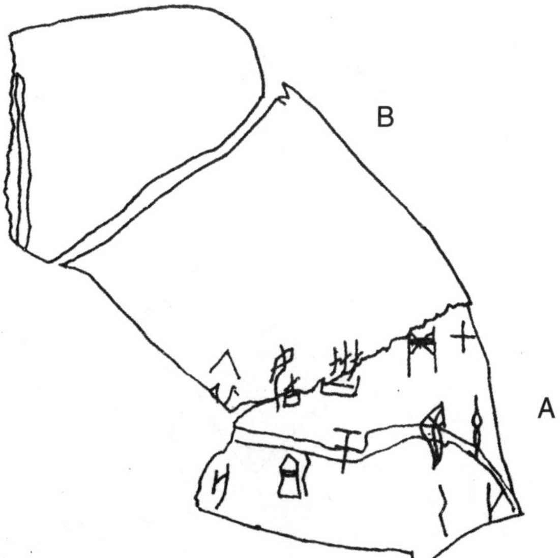

第464則：龜腹甲新綴第三十九～四十三則（何會）

A《合》22734+B《合補》7117

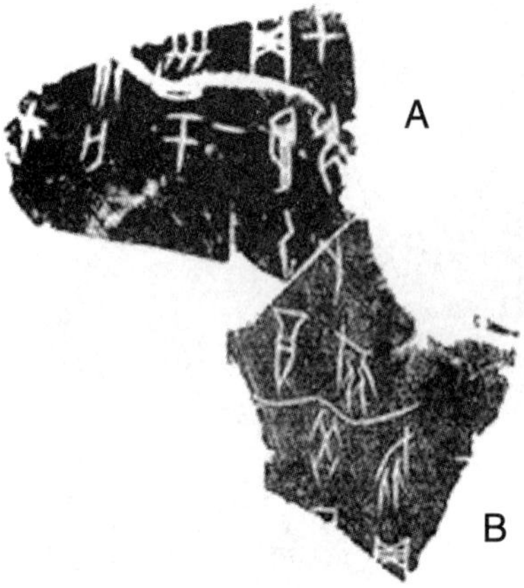

A

B

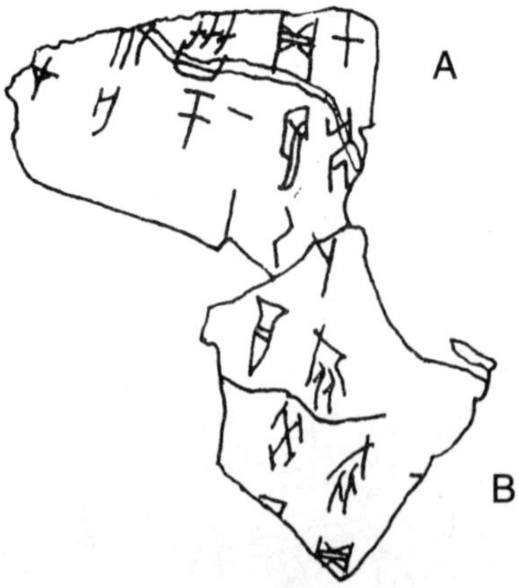

A

B

第465則：龜腹甲新綴第四十四～四十六則（何會）

A《合》23147+B《合補》7860

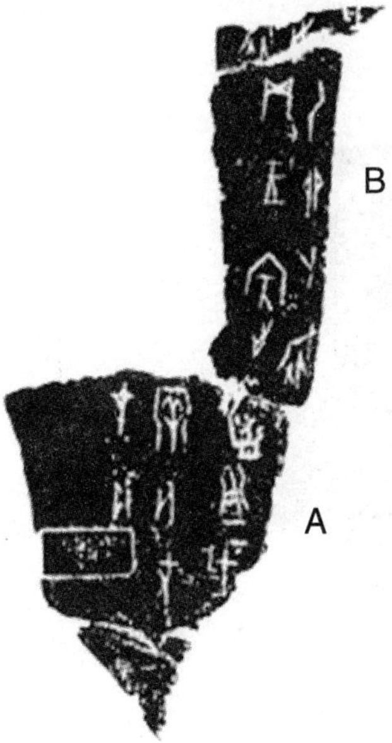

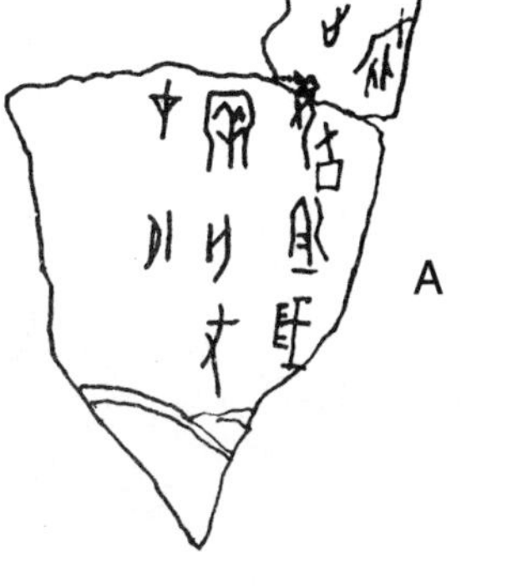

第466則：龜腹甲新綴第四十四～四十六則（何會）

A《合》22785+B《合補》7738

第467則：龜腹甲新綴第四十四～四十六則（何會）

A《合》25819+B《合補》7543

第468則：龜腹甲新綴第四十七～四十九則（何會）

A《合》25967+B《合》23494

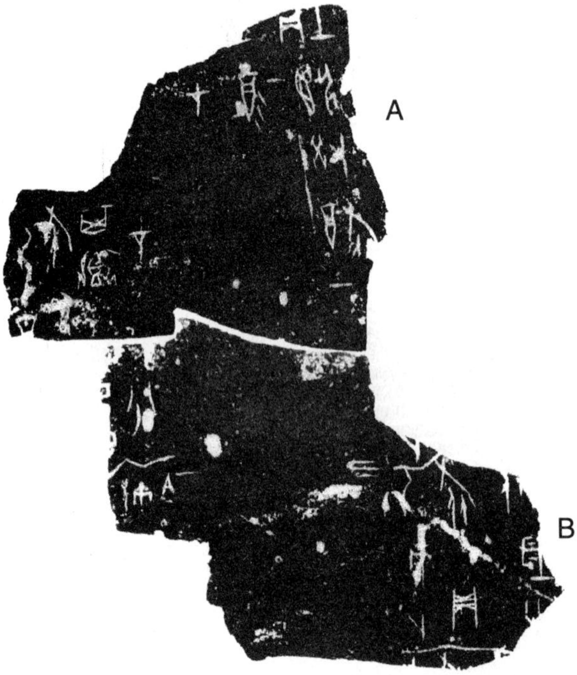

第469則：龜腹甲新綴第四十七～四十九則（何會）

A《合》22664+B《合補》8615

A

B

A

B

第470則：龜腹甲新綴第四十七～四十九則（何會）

A《合》23640+B《美藏》185

A

B

A

B

第471則：龜腹甲新綴第五十則（何會）

A《合》22802+B《合補》3153

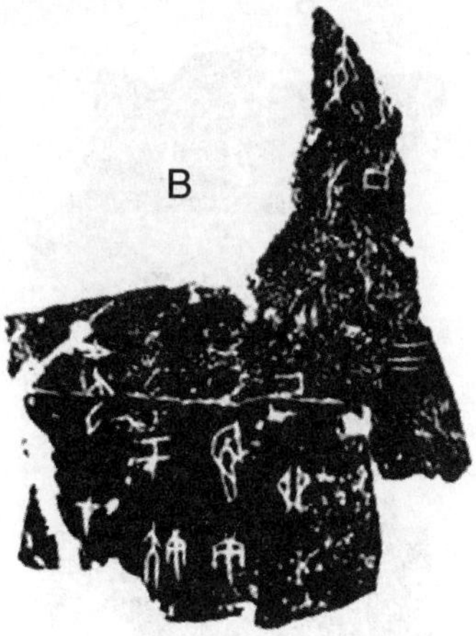

A

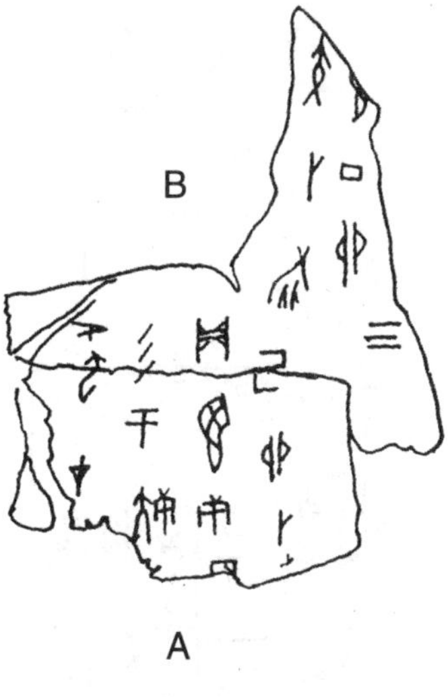

A

第472則：龜腹甲新綴第五十一、五十二則（何會）

A《合》428+B《合》17172

B

A

B

A

第473則：龜腹甲新綴第五十一、五十二則（何會）

A《合》15253+B《合》19290

B

A

B

A

第474則：甲骨拼合第47則（李愛輝）

A《合》14288+B《合》18684

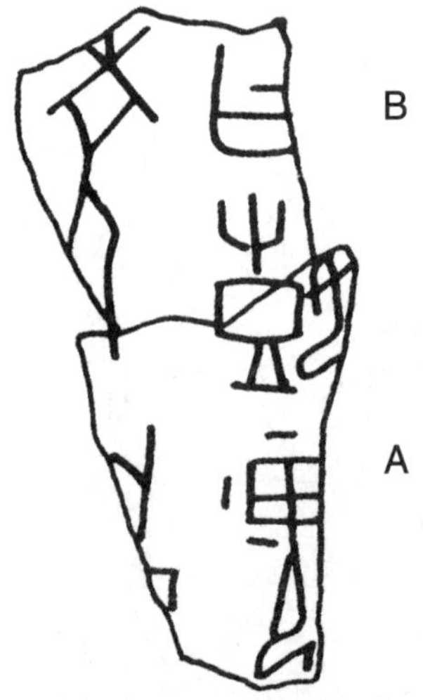

第475則：甲骨拼合第48則（李愛輝）

A《合》35+B《北大》58

A
B

A
B

第476則：甲骨拼合第49則（李愛輝）

A《北大》1715+B《合》3139

A

B

A

B

第477則：甲骨拼合第50則（李愛輝）

A《合補》238正反+B《合補》1751正反

A正

B正

A反

B反

A正 A反

B正 B反

第478則：甲骨拼合第51則（李愛輝）

A《合》253+B《北大》31

第479則：甲骨拼合第52則（李愛輝）

A《合補》6367正反+B《北大》2187正反

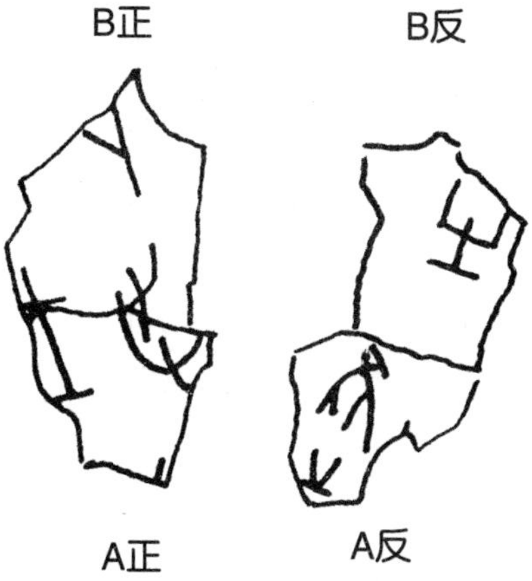

第480則：甲骨拼合第53、54則（李愛輝）

A《合補》6036正+B《合補》6342

A

B

A

B

第481則：甲骨拼合第53、54則（李愛輝）

A《合補》5691+B《合補》5717

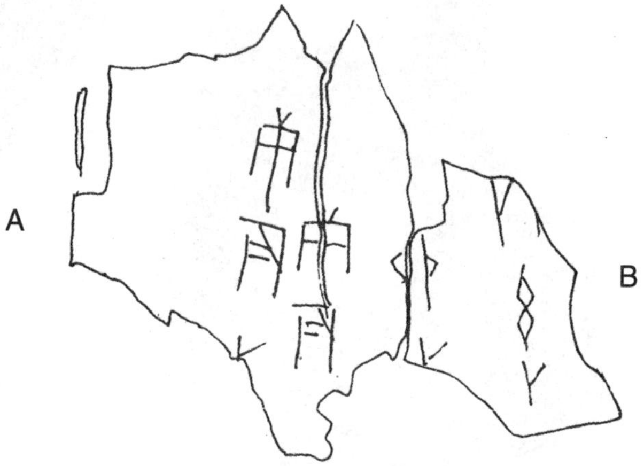

第482則：甲骨拼合第55則（李愛輝）

A《合》2763正+B《合》3524+C《合》4249+D《合》14288+E《合》18684+F《合》18799

（縮放70%）

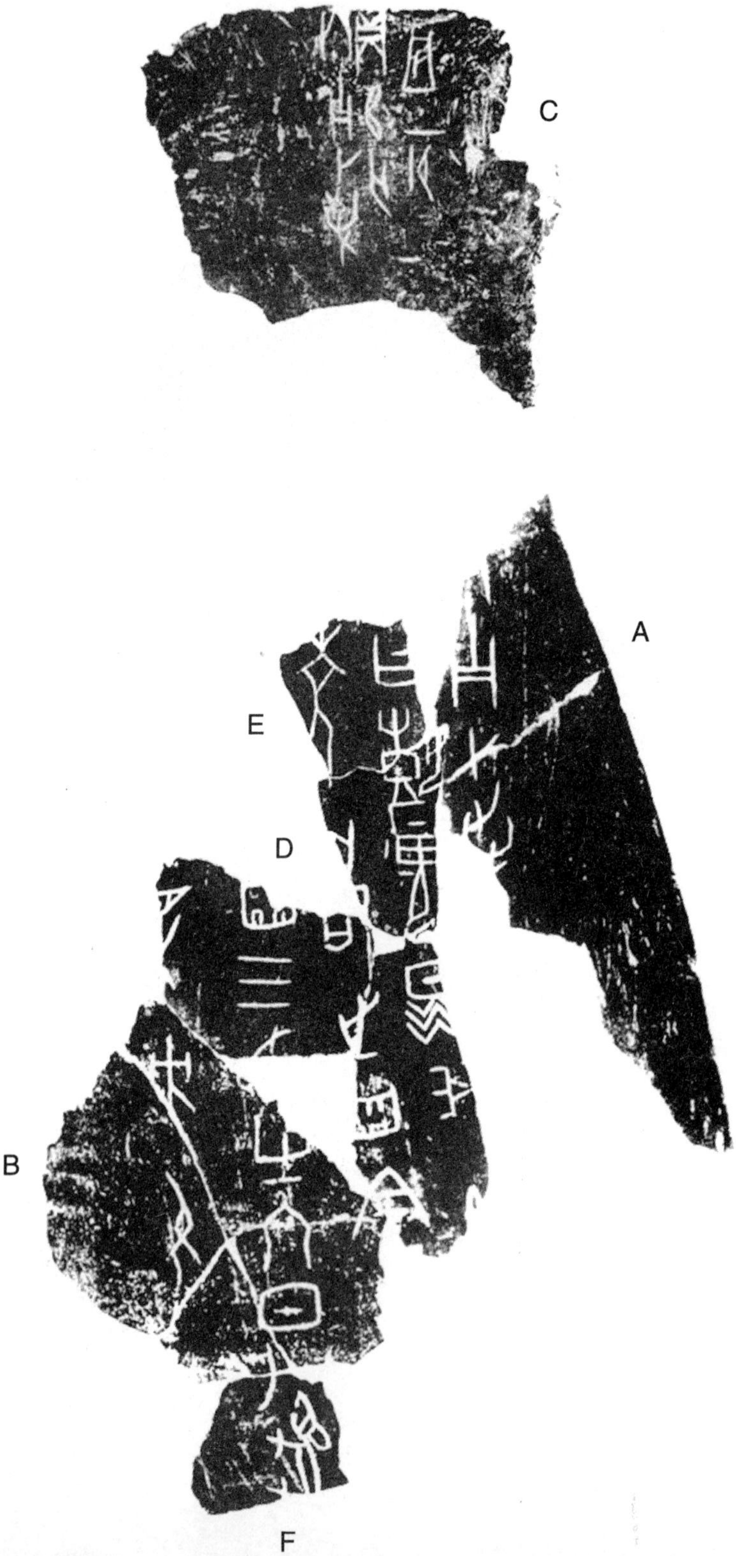

（縮放70%）

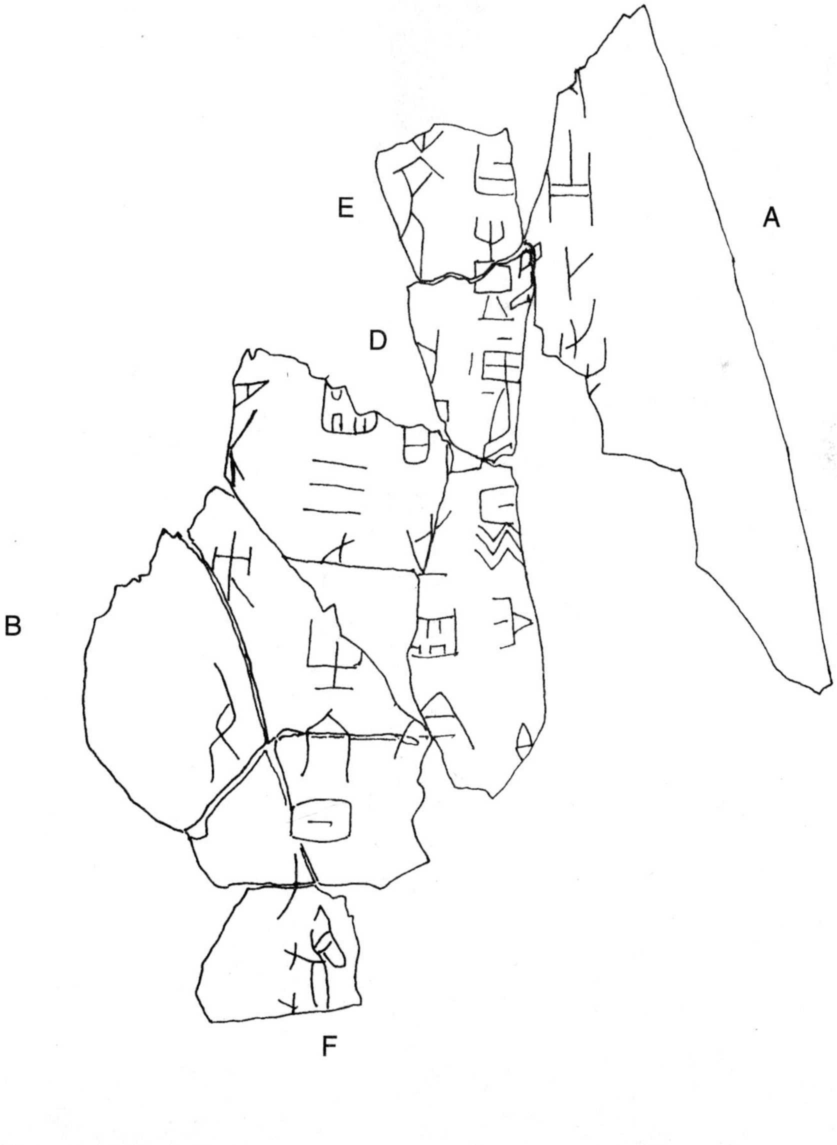

第483則：甲骨拼合第56則（李愛輝）

A《合》10519+B《合》10548

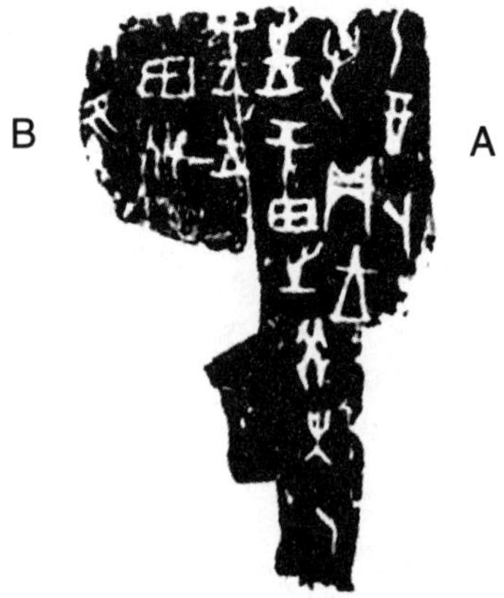

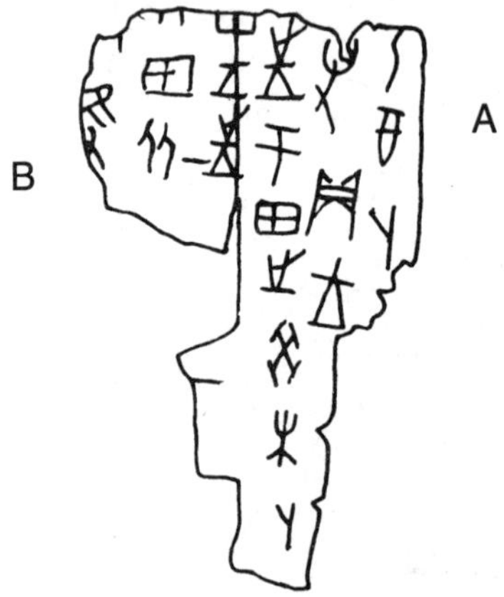

第484則：甲骨拼合第57則（李愛輝）

A《合》12573+B《合補》4481

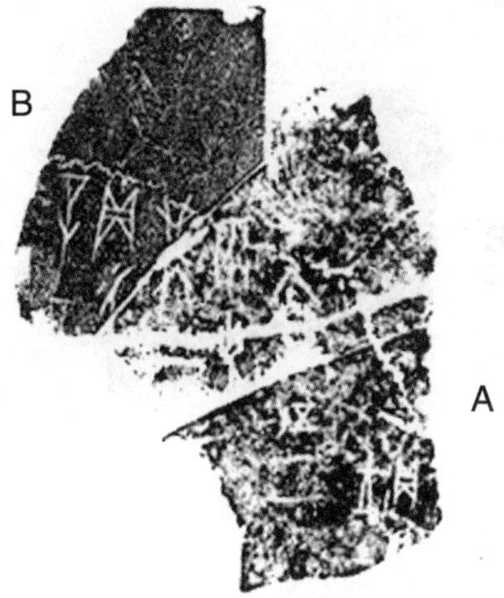

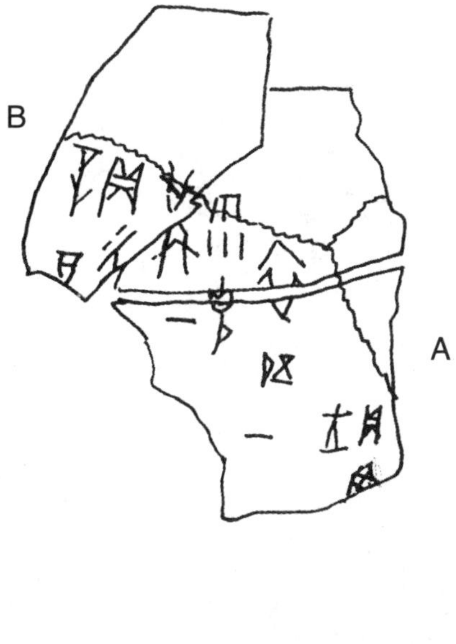

第485則：甲骨拼合第58則（李愛輝）

A《合》10493+B《合》10660

B

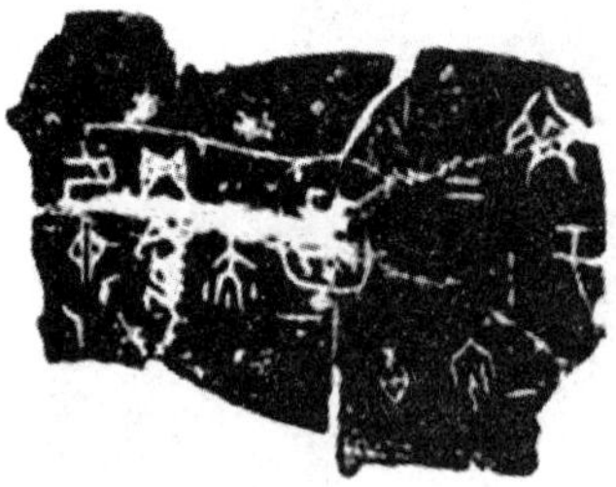

A

B

A

第486則：甲骨拼合第59則（李愛輝）

A《合》12739+B《合》27064

第487則：甲骨拼合第60則（李愛輝）

A《合》28379+B《合補》9210

A

B

A

B

第488則：甲骨拼合第61則（李愛輝）

A《合》27077+B《合》30764

A

B

A

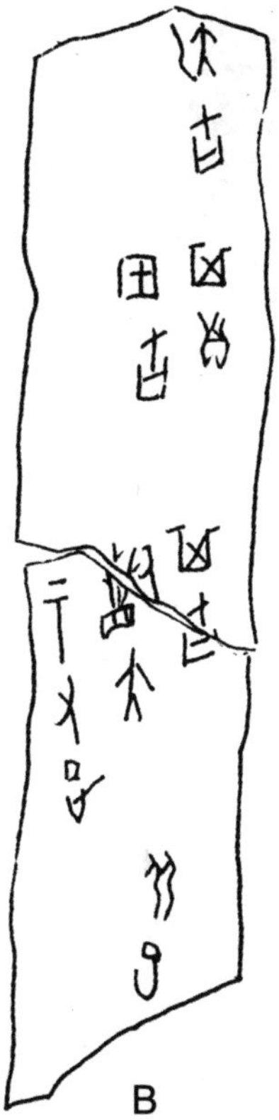

B

第489則：甲骨拼合第62則（李愛輝）

A《合》29036+B《合》29123

A

B

A

B

第490則：甲骨拼合第63～65則（李愛輝）

A《合》22737+B《合》22769

第491則：甲骨拼合第63～65則（李愛輝）

A《合》26262+B《合》26263

A

B

A

B

第492則：甲骨拼合第63～65則（李愛輝）

A《合補》8089+B《合補》8103

B

A

B

A

第493則：甲骨拼合第66、67則（李愛輝）

A《合》26529+B《合》26723

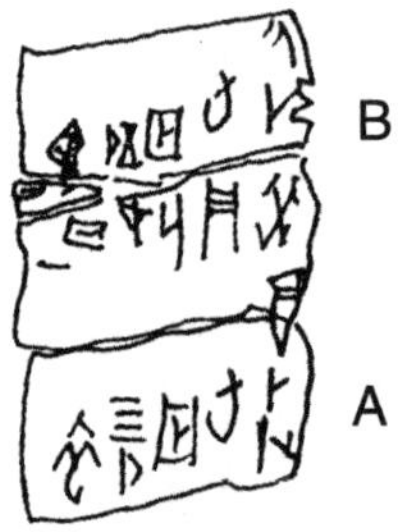

第494則：甲骨拼合第66、67則（李愛輝）

A《懷》1275+B《明後》2099

B

A

B

A

第495則：甲骨拼合第68則（李愛輝）

A《合補》7561+B《合補》7564

A  B

A  B

第496則：甲骨拼合第69則（李愛輝）

A《合補》11270+B《合補》11361

A

B

A

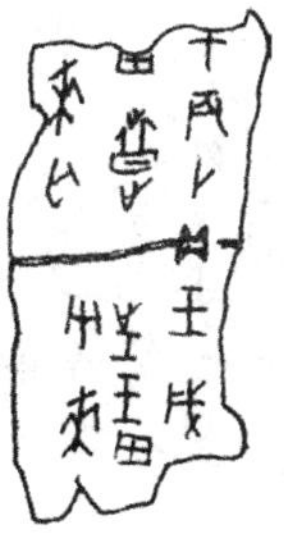

B

第497則：甲骨拼合第70～72則（李愛輝）

A《合補》12707+B《合補》12987

B

A

B

A

第498則：甲骨拼合第70～72則（李愛輝）

A《合補》12792+B《合補》12947

A

B

A

B

第499則：甲骨拼合第70～72則（李愛輝）

A《合補》12610+B《合補》12615

B

A

B

A

第500則：甲骨拼合第73、74則（李愛輝）

A《合》37310+B《北大》725

A

B

A

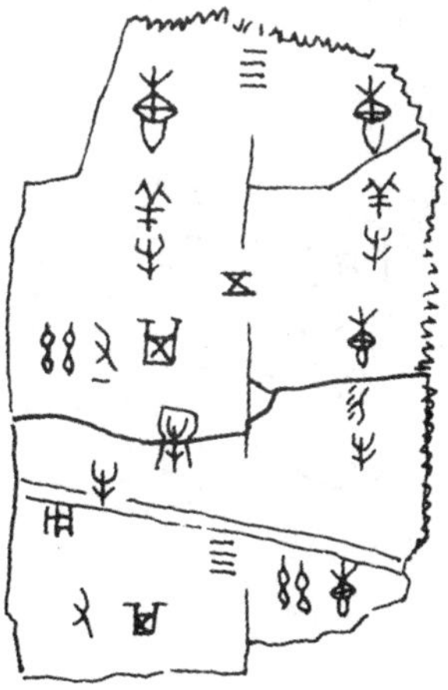

B

第501則：甲骨拼合第73、74則（李愛輝）

A《合補》12645+B《合補》12651

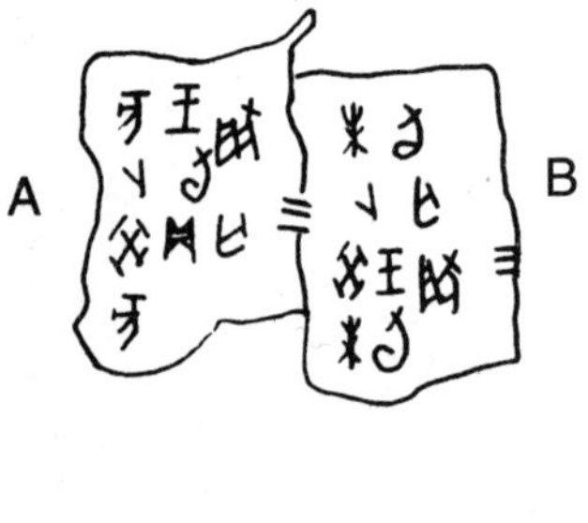

第502則：甲骨拼合第75則（李愛輝）

A《北大》1414+B《北大》1426

B  A

B 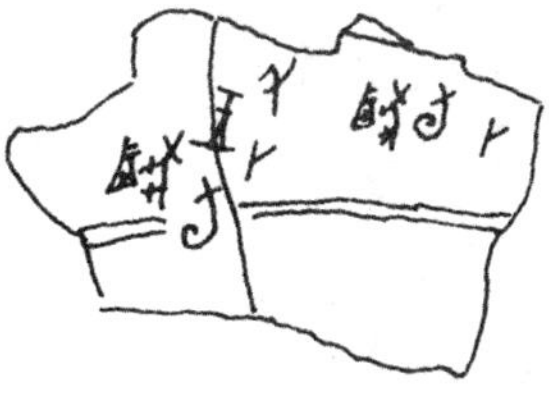 A

第503則：甲骨拼合第76、77則（李愛輝）

A《合》38617+B《北大》505

A

B

A

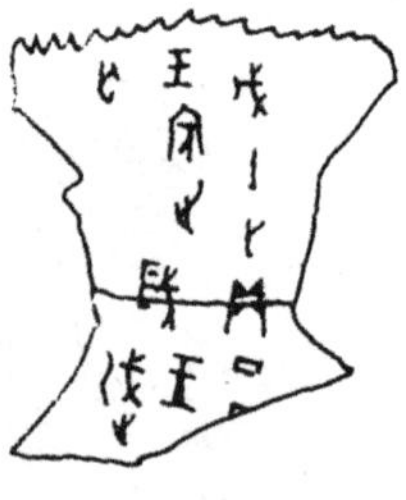

B

第504則：甲骨拼合第76、77則（李愛輝）

A《合》38892+B《北大》653

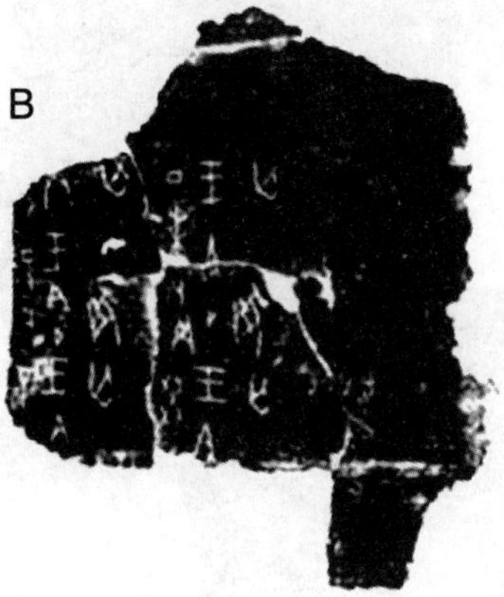

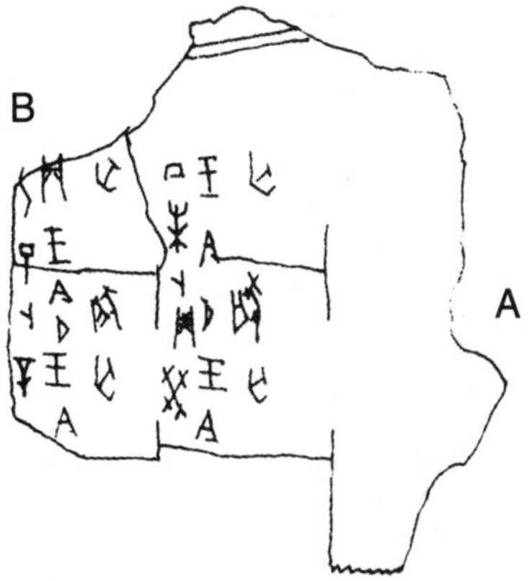

第505則：甲骨拼合第78則（李愛輝）

A《合》38826+B《合補》12405

A

B

A

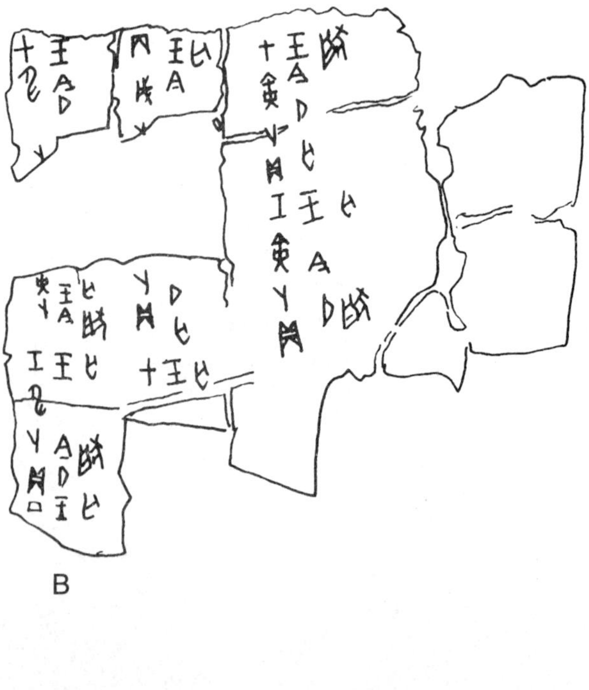

B

第506則：甲骨拼合第79則（李愛輝）

A《合》39055+B《合》39056

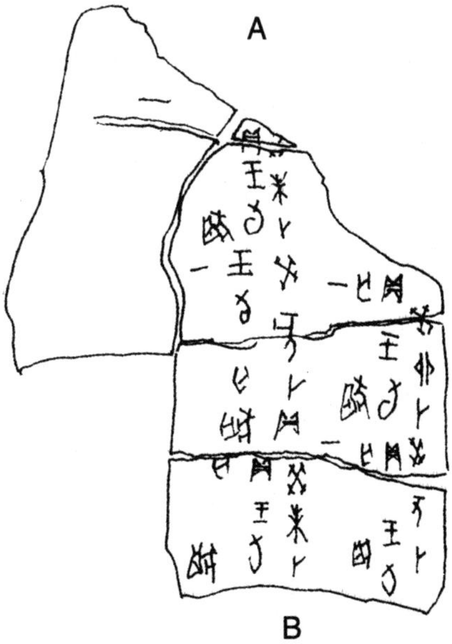

第507則：甲骨拼合第80則（李愛輝）

A《合》38774+B《合補》12517

第508則：甲骨拼合第81、82則（李愛輝）

A《合》37555+B《合》37562

B

A

B

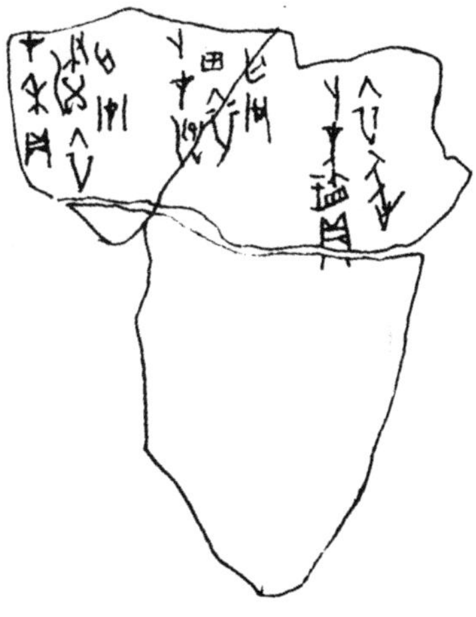

A

第509則：甲骨拼合第81、82則（李愛輝）

A《合》36324+B[《合》36334+《合補》11433]

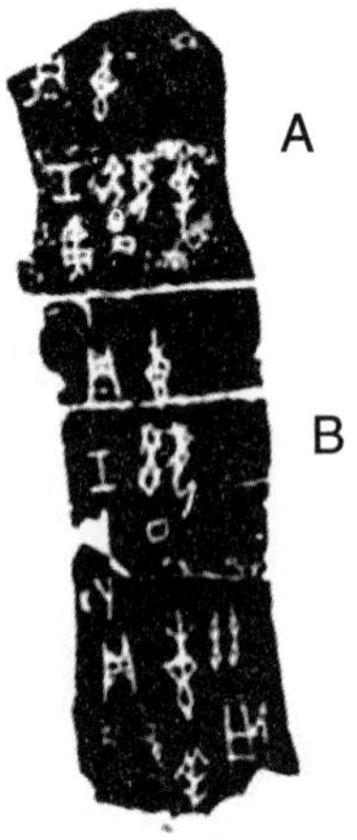

第510則：甲骨拼合第83則（李愛輝）

A《合》37614+B《合》37674

A

B

A

B

第511則：甲骨拼合第84則（李愛輝）

A《合補》11316+B《合補》11369

B

A

B

A

第512則：甲骨拼合第85則（李愛輝）

A《合》38783+B《合補》12413

A

B

A

B

第513則：甲骨拼合第86、87則（李愛輝）

A《合》36039+B《合補》11086

A

B

A

B

第514則：甲骨拼合第86、87則（李愛輝）

A《合補》12266+B《英藏》2617

第515則：甲骨拼合第88則（李愛輝）

A[《合補》12366+《合補》12502]+B《合補》12410

A

B

A

B

第516則：甲骨拼合第89則（李愛輝）

A《合補》12372+B《合補》12515

A  B

A  B

第517則：甲骨拼合第90則（李愛輝）

A《合補》12308+B《合補》12392

A

B

A

B

第518則：甲骨拼合第91、92則（李愛輝）

A《合補》9122+B《合補》9390

A

B

第518則：甲骨拼合第91、92則（李愛輝）

A

B

第519則：甲骨拼合第91、92則（李愛輝）

A《合》37409+B《合》37433

B

A

B

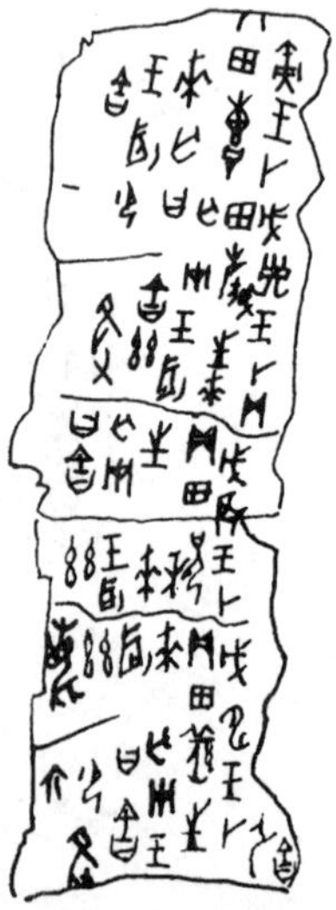

A

第520則：甲骨拼合第93則（李愛輝）

A《北大》650+B《上博》2426.698

第521則：甲骨拼合第94則（李愛輝）

A《合》38756+B《合補》11019

A

B

A

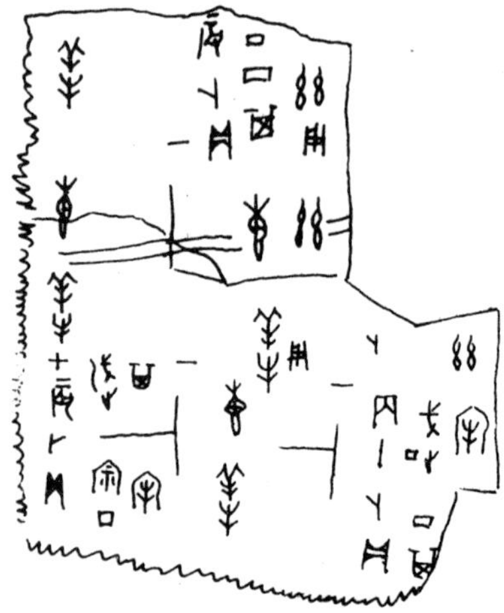

B

第522則：甲骨拼合第95則（李愛輝）

A《合》37320+B《北大》696

A

B

A

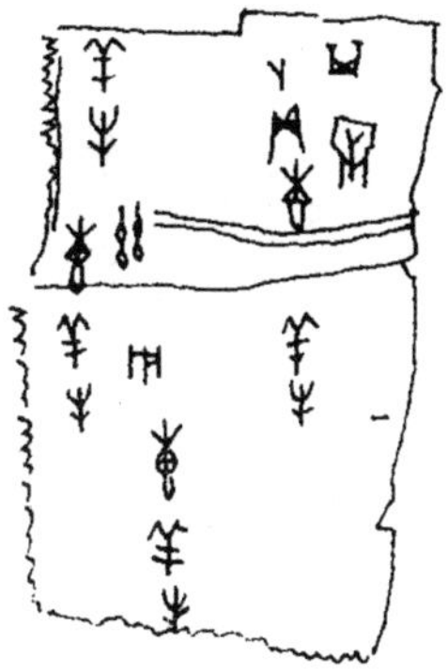

B

第523則：甲骨拼合第96則（李愛輝）

A《合》37172+B《合》37312+C《合》37328

第524則：甲骨拼合第97則（李愛輝）

A《合》36078+B《合》38235+C《合》37308

A

C

B

A

C

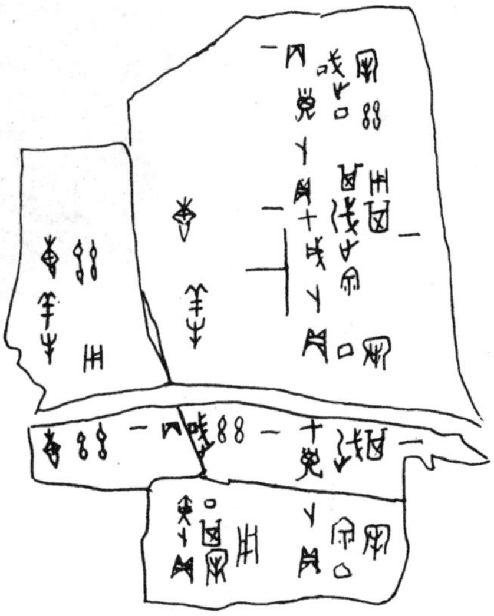

B

第525則：甲骨拼合第98則（李愛輝）

A《合》36591+B《合》36697+C《合》36600

A
B
C

第526則：甲骨拼合第99則（李愛輝）

A《合》37372+B《合》37374

A

B

A
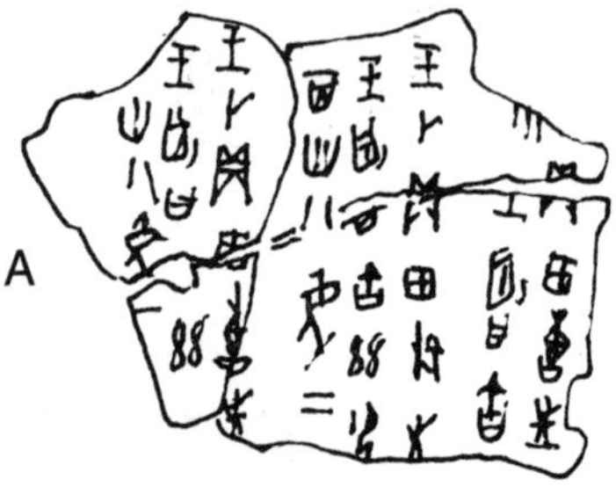
B

第527則：甲骨拼合第100則（李愛輝）

A《合》37603+B《合》37814

第528則：甲骨拼合第101則（李愛輝）

A《合》36415+B《合》37780

B

A

B
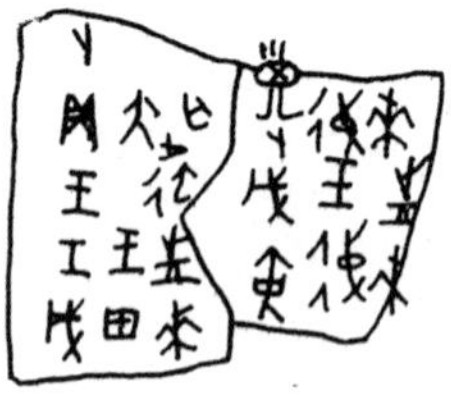
A

第529則：甲骨拼合第102～105則（李愛輝）

A《合》37663+B《合》37749

B

A

B

A

第530則：甲骨拼合第102～105則（李愛輝）

A《合》37759+B《合》37782

第531則：甲骨拼合第102～105則（李愛輝）

A《合》37576+B《合》37713

A

B

A

B

第532則：甲骨拼合第102～105則（李愛輝）

A《合》37668+B《合》37763+C《合》37708+D《合》37709

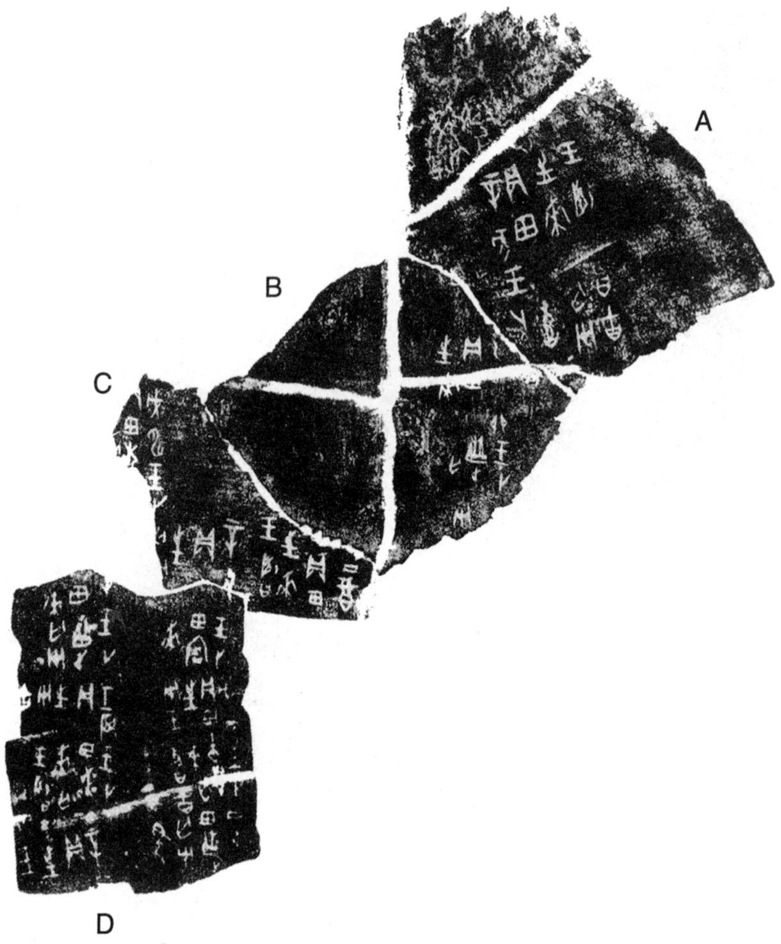

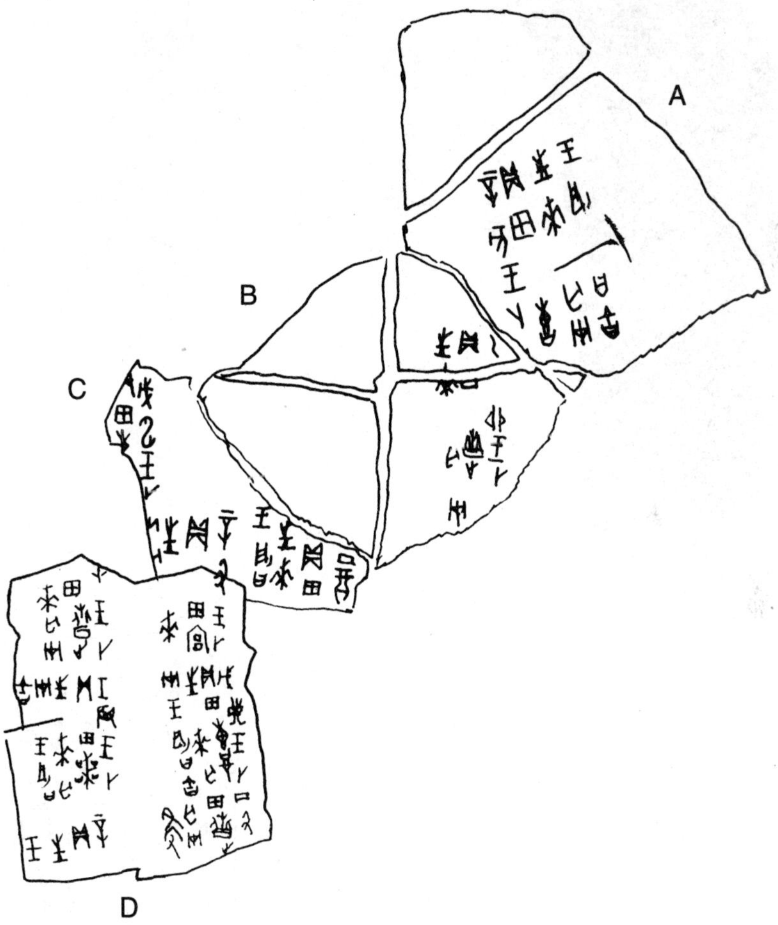
A
B
C
D

第533則：甲骨拼合第106則（李愛輝）

A《合》36415+B《合》37780+C《合》36546+D《合》36622

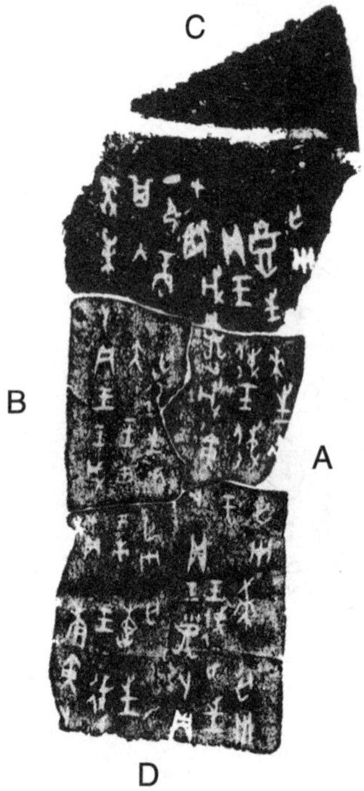

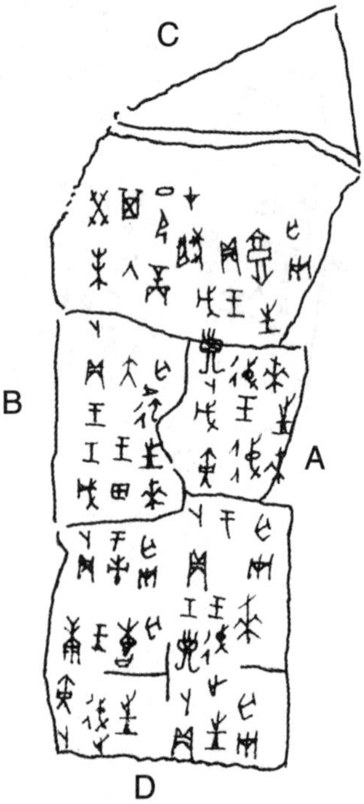

第534則：甲骨拼合第107則（李愛輝）

A《合》36579+B《合》37637

B

A

B

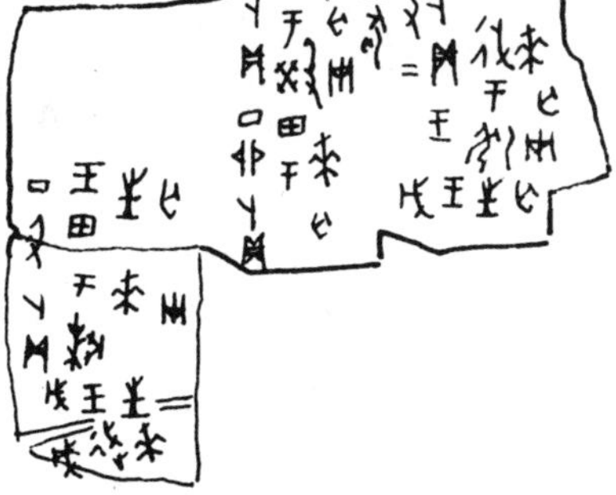

A

第535則：甲骨拼合第108～109則（李愛輝）

A《合》10360+B《合》19345

第536則：甲骨拼合第108～109則（李愛輝）

A《合》36791+B《合》37568

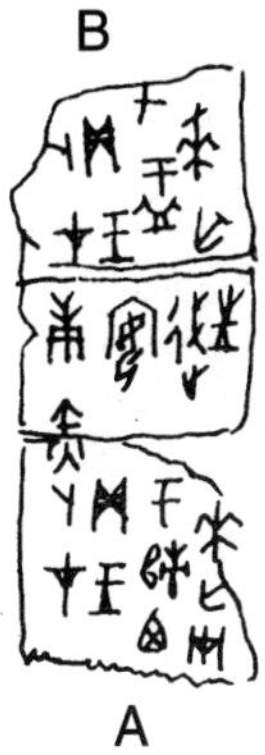

第537則：甲骨拼合第110則（李愛輝）

A《合》36601+B《合》36718+C《合補》11328

A

B
C

A

B
C

第538則：龜腹甲新綴第18則（李延彥）

A《合》6921+B《合補》1387

A

B

A

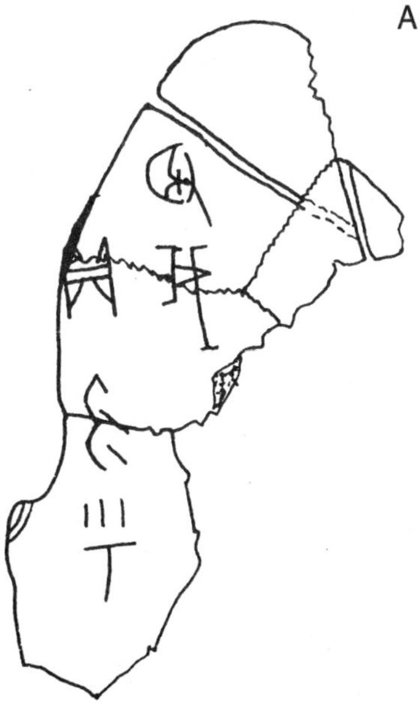

B

第539則：龜腹甲新綴第19則（李延彥）

A《合補》386+B《合補》5783

第540則：龜腹甲新綴第20則（李延彥）

A《合》2246正甲+B《合》18599

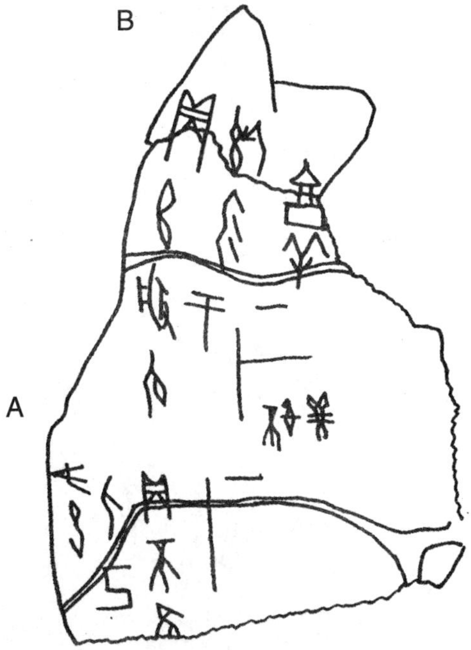

第541則：龜腹甲新綴第21則（李延彥）

A《合補》351正+B《合補》4046

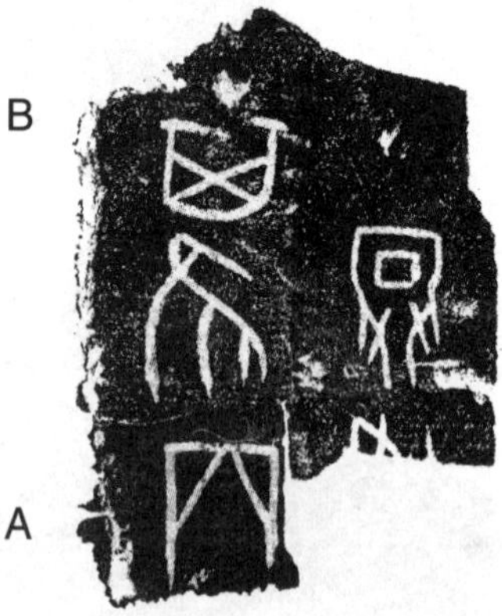

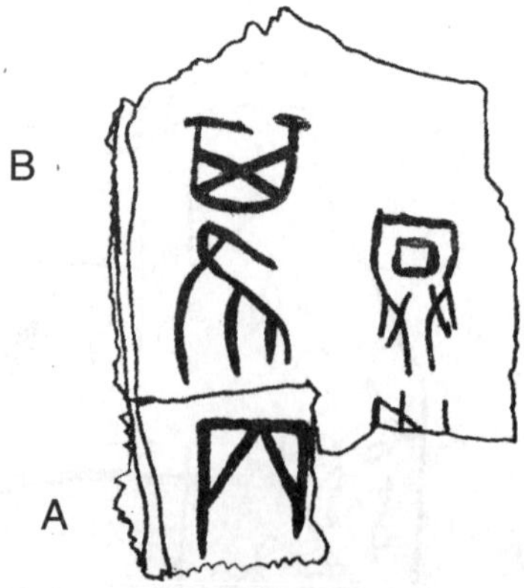

第542則：龜腹甲新綴第22～23則（李延彥）

A《合》9486+B《合》3307+C《合》227

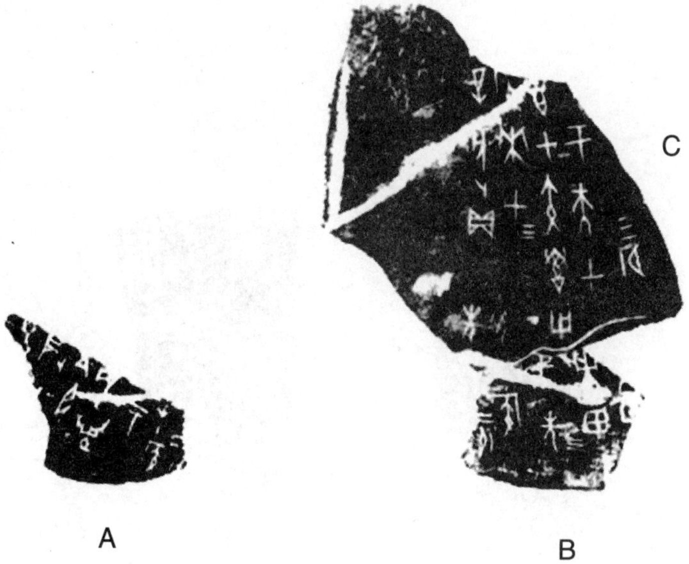

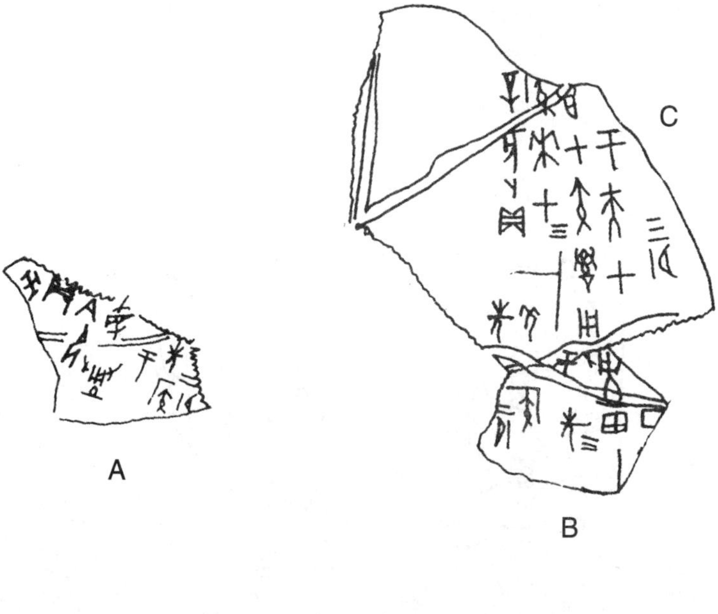

第543則：龜腹甲新綴第22～23則（李延彥）

A《合》2734+B《合》9534+C《掇三》706正

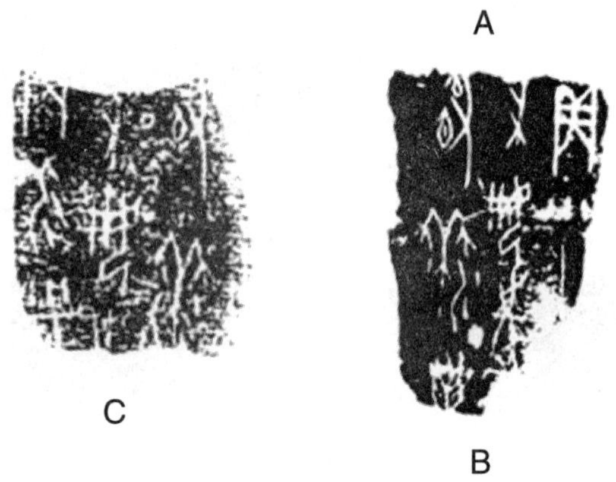

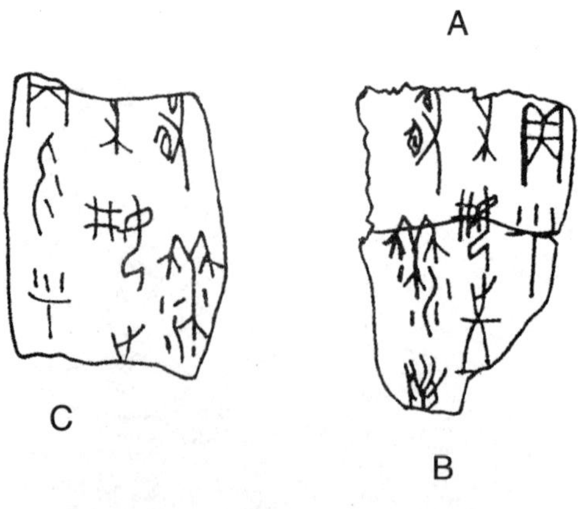

第544則：龜腹甲新綴第24～25則（李延彥）

A《東文庫》19正+B《東文庫》65

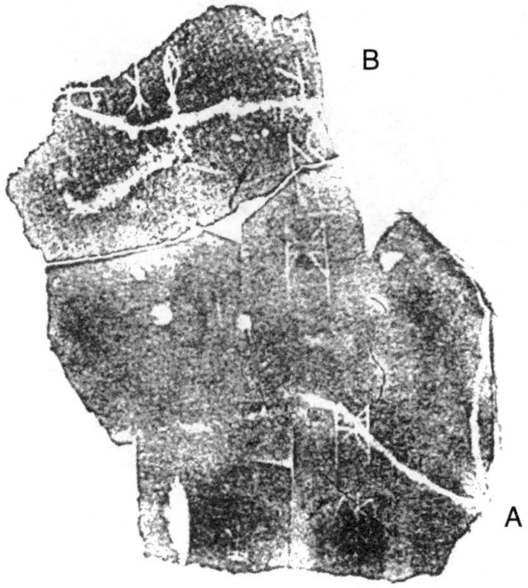

第545則：龜腹甲新綴第24～25則（李延彥）

A《東文庫》57正反+B《合補》2116正反

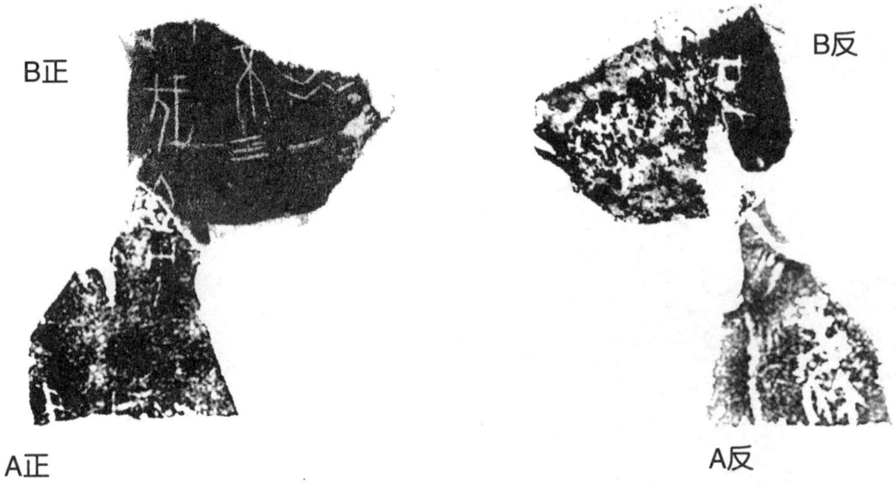

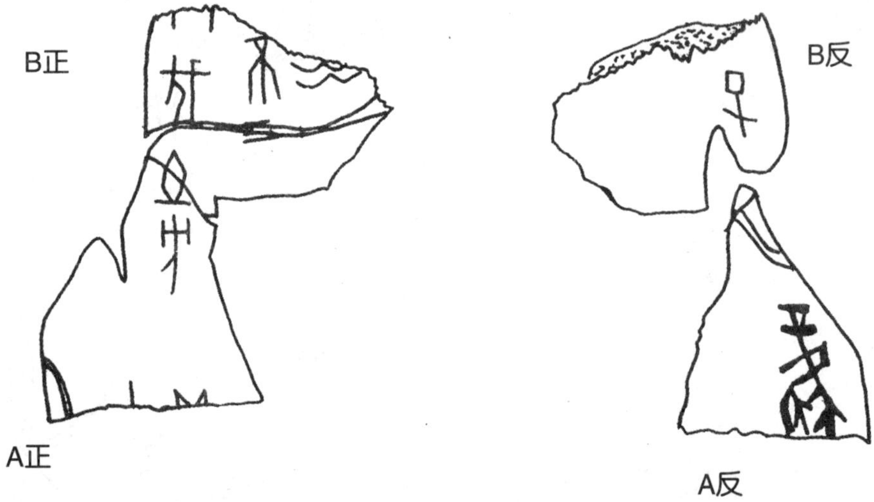

第546則：龜腹甲新綴第26則（李延彥）

A《合》12897+B《合》9059

A

B

A

B

第547則：龜腹甲新綴第27～28則（李延彥）

A《合》16686+B《合》16828

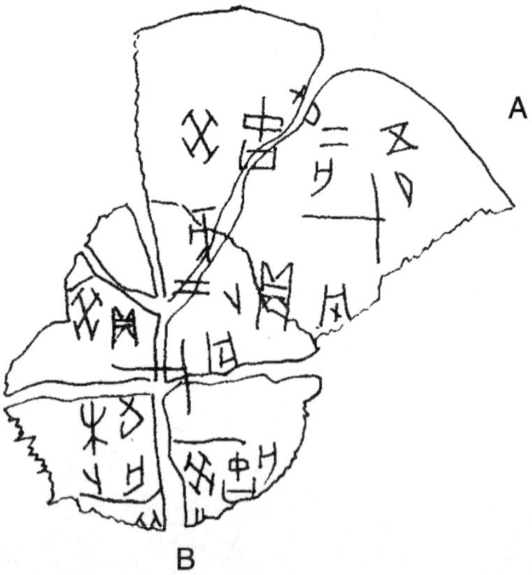

第548則：龜腹甲新綴第27～28則（李延彥）

A《合》15917+B《合》2052正

A

B

A

B

第549則：龜腹甲新綴第29則（李延彥）

A《合》4977+B《北大》1045

A

B

A

B

第550則：龜腹甲新綴第30則（李延彥）

A《輯佚》81+B《輯佚》268

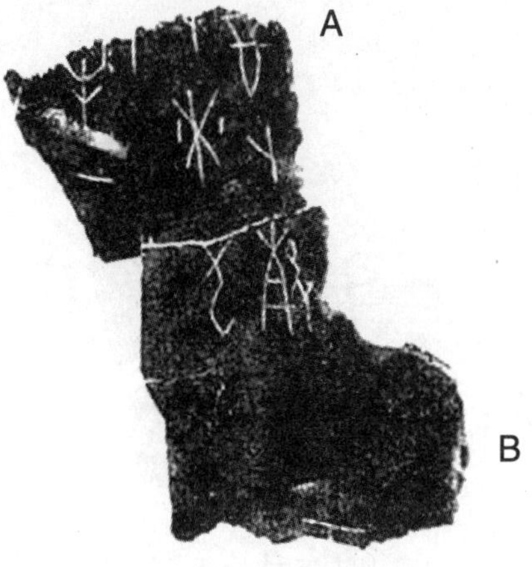

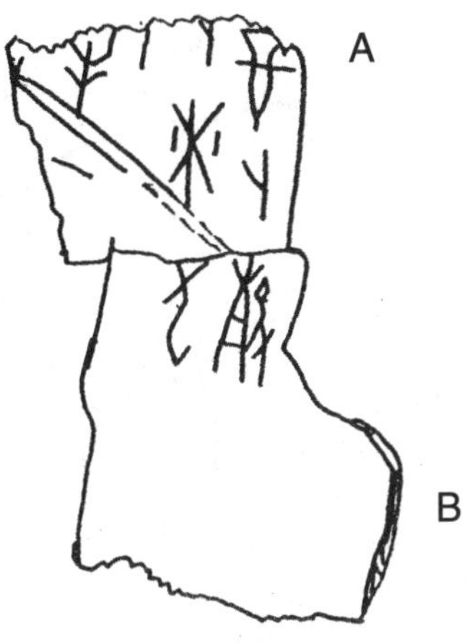

第551則：甲骨新綴第31則（李延彥）

A復旦大學文化人類學數字博物館網站第286件+B復旦大學文化人類學數字博物館網站第283件

A

B

A

B

第552則：龜腹甲新綴第32則（李延彥）

A《合補》1239正反+B《北大》925正反

A正

B正

A反

B反

A正

B正

A反

B反

第553則：龜腹甲新綴第33～35則（李延彥）

A《輯佚》274+B《合》16952

第554則：龜腹甲新綴第33～35則（李延彥）

A《北大》2191+B《安明》39

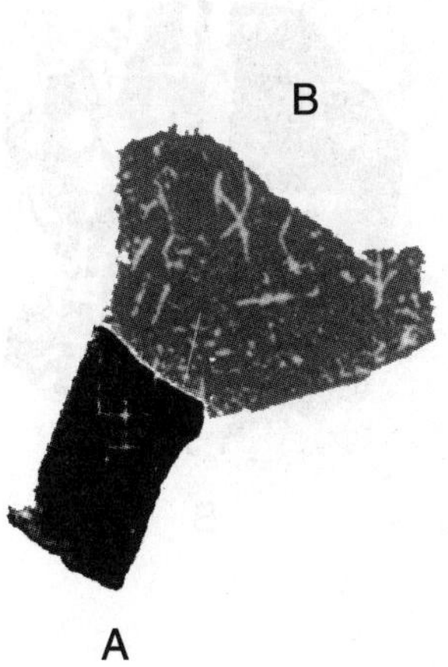

第555則：龜腹甲新綴第33～35則（李延彥）

A《合》11682+B《合補》4359

A

B

A

B

第556則：龜腹甲新綴第36則（李延彥）

A《合補》576正反+B《合》7757正反

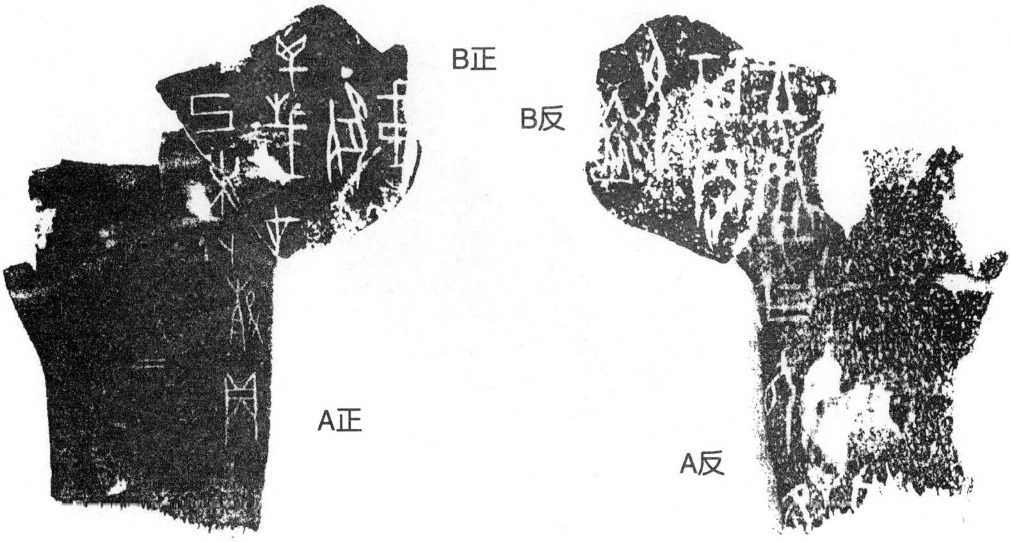

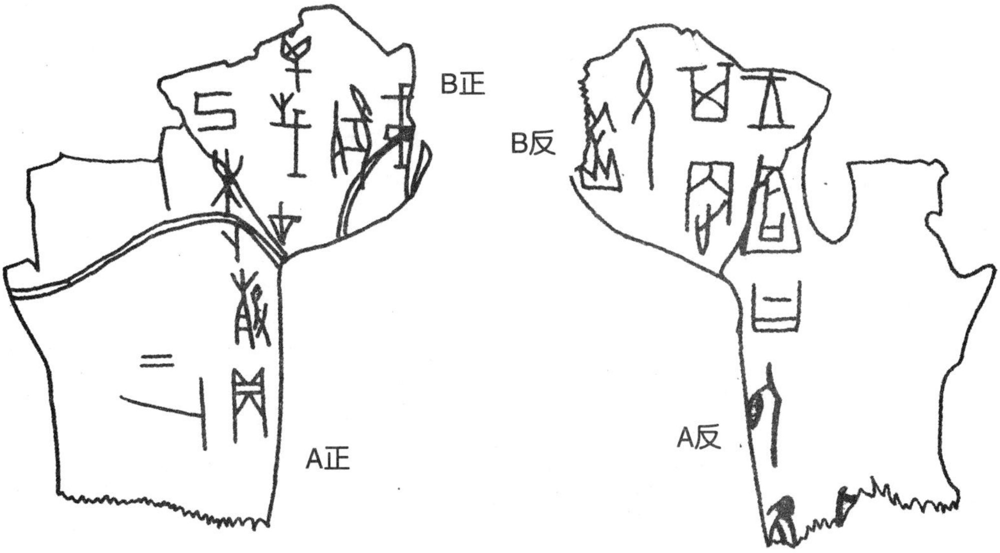

第557則：龜腹甲新綴第37則（李延彥）

A《合補》4005+B《合》13909

A

B

A

B

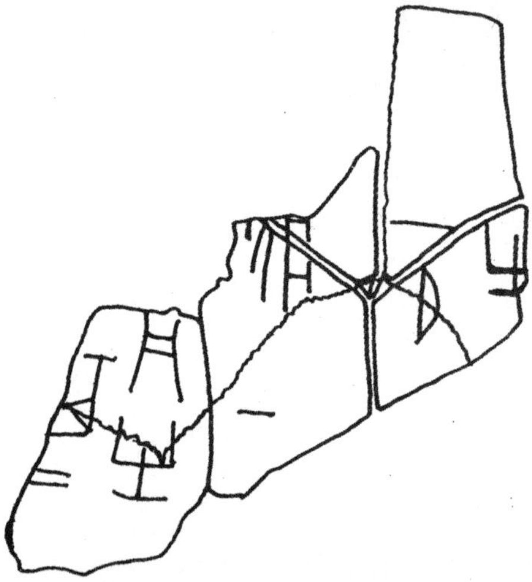

第558則：龜腹甲新綴第38則（李延彥）

A《合補》2782+B《合補》4067

A 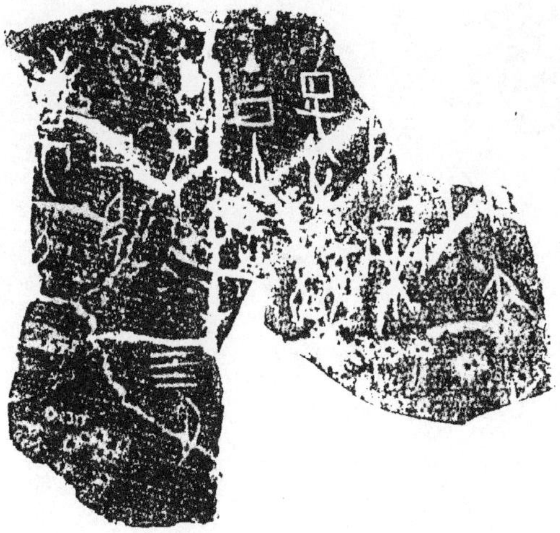 B

A 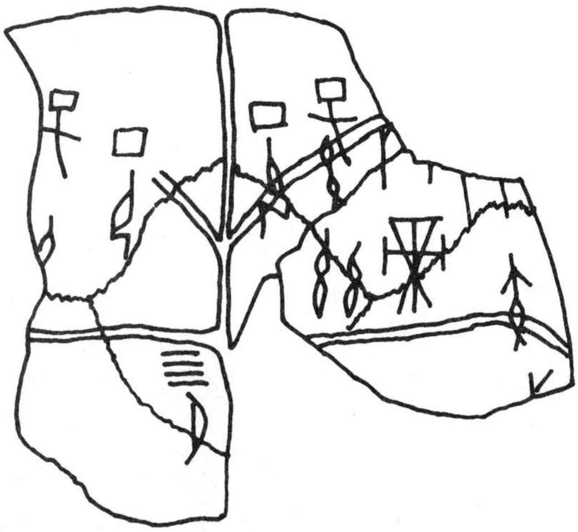 B

第559則：龜腹甲新綴第39則（李延彥）

A《明後》S0875+B《合補》2164

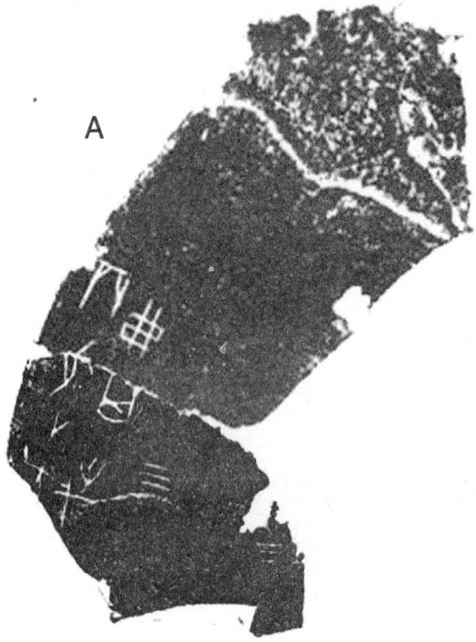

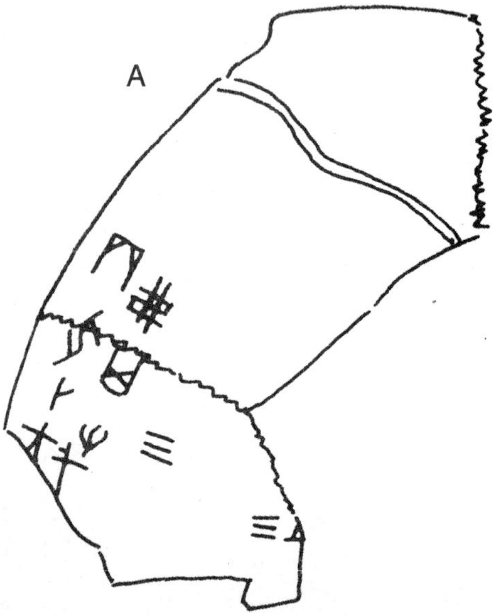

第560則：龜腹甲新綴第40則（李延彥）

A《合》4793+B《合補》1602

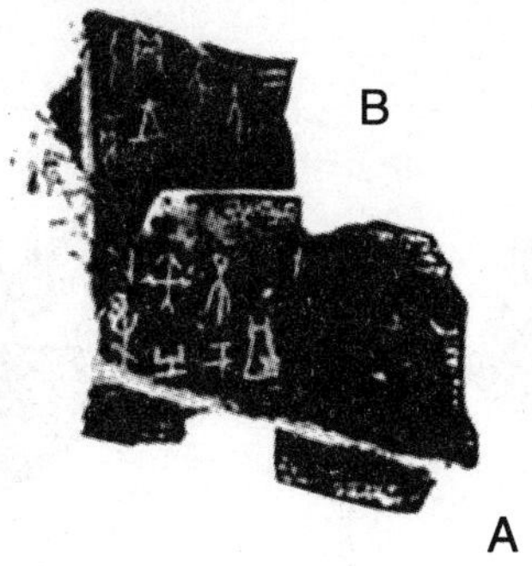

第561則：龜腹甲新綴第41～42則（李延彥）

A《合》17115+B《合》17169

A

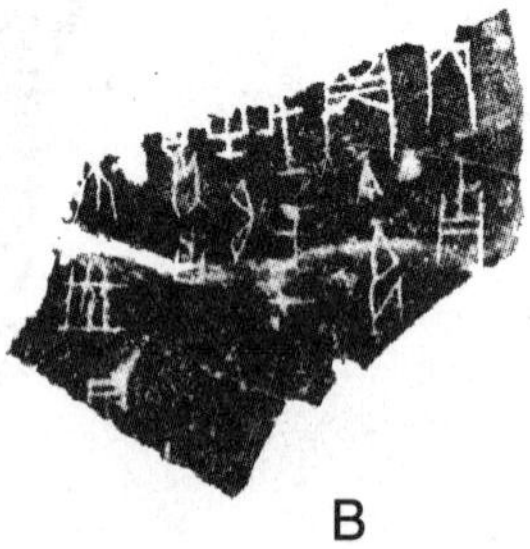

B

A

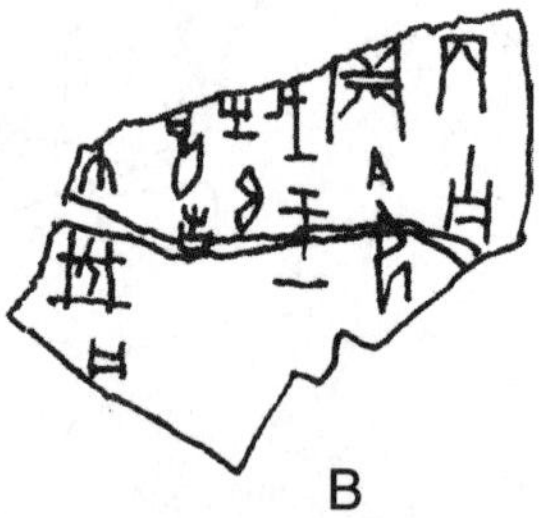

B

第562則：龜腹甲新綴第41～42則（李延彥）

A《合》10181+B《合》10189+C《合》4879

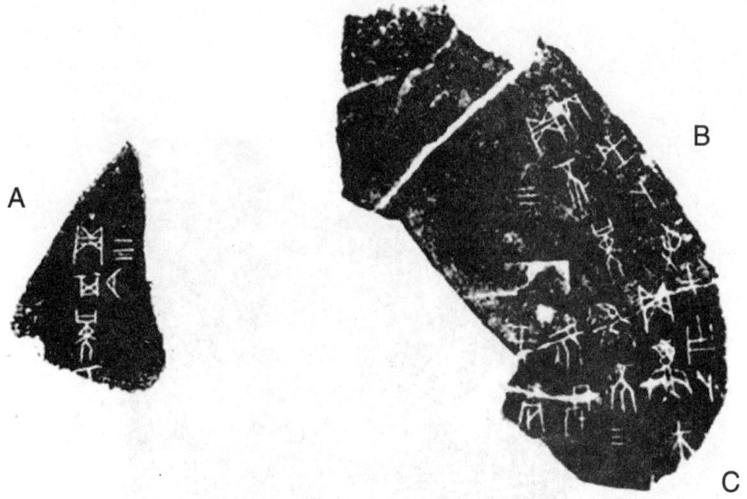

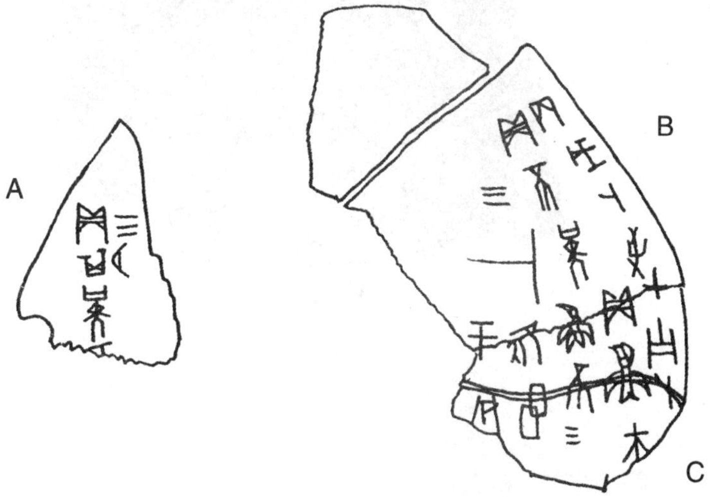

第563則：卜骨新綴第43則（李延彥）

A《合》6129+B《合》17317

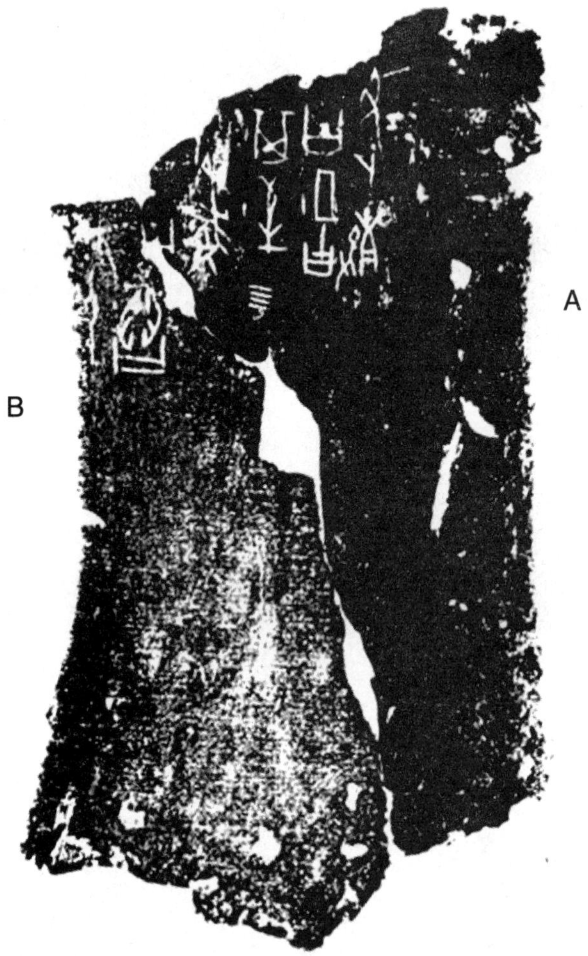

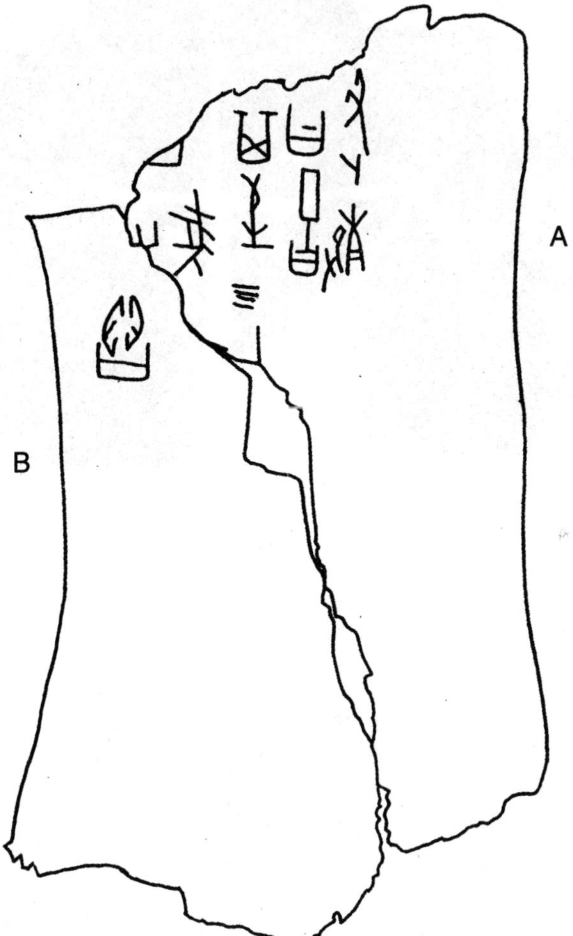
A
B

第564則：龜腹甲新綴第44則（李延彥）

A《合》3650正+B《合補》1505

A

B

A

B

第565則：龜腹甲新綴第45則（李延彥）

A《合》12573+B《合補》4481+C《合》23679

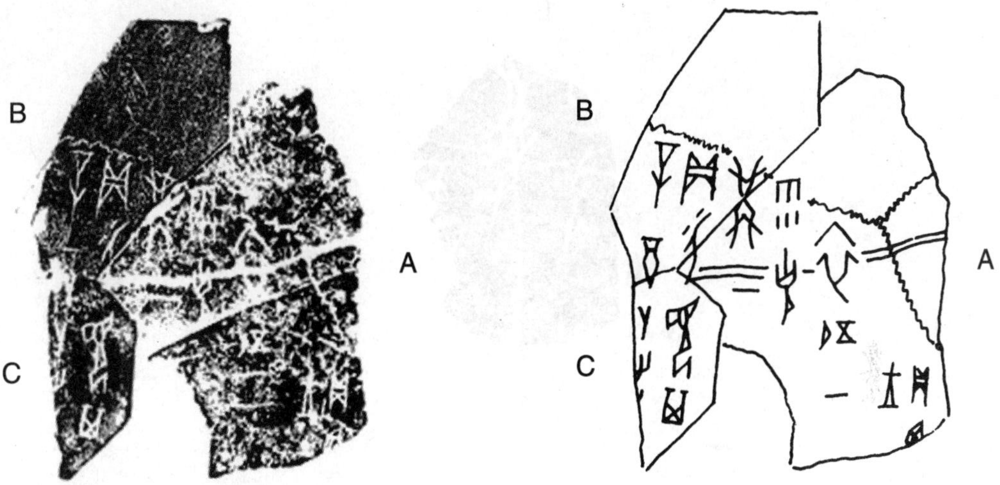

《合》24878

第566則：龜腹甲新綴第46則（李延彥）

A《合補》4536+B《北大》2184

B

A

B

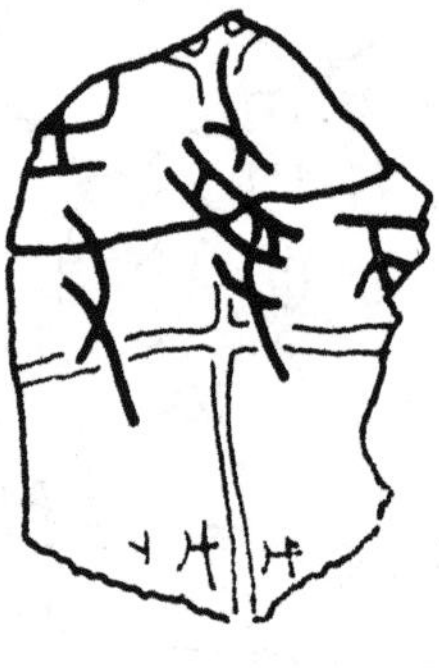

A

第567則：龜腹甲新綴第47則（李延彥）

A《合》5438+B《合》10575

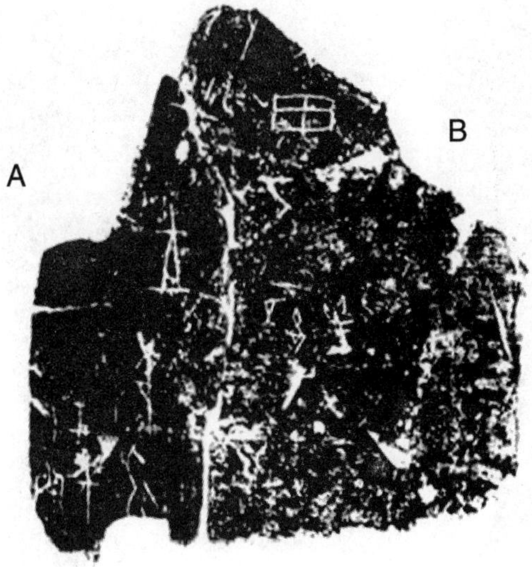

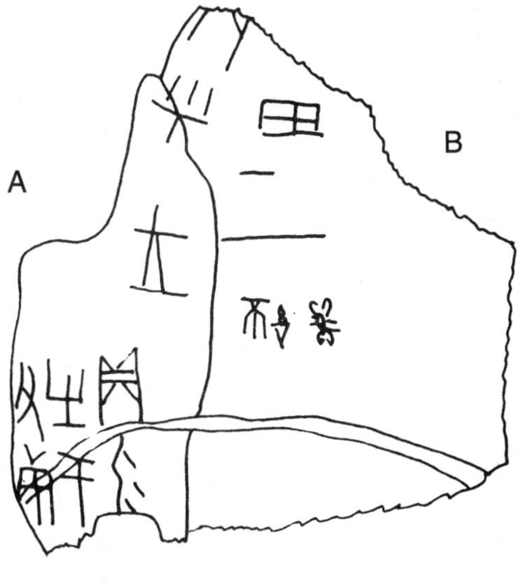

第568則：卜骨新綴第48則（李延彥）

A《合》17697正反+B《合》7159正反+C《合補》4838正反

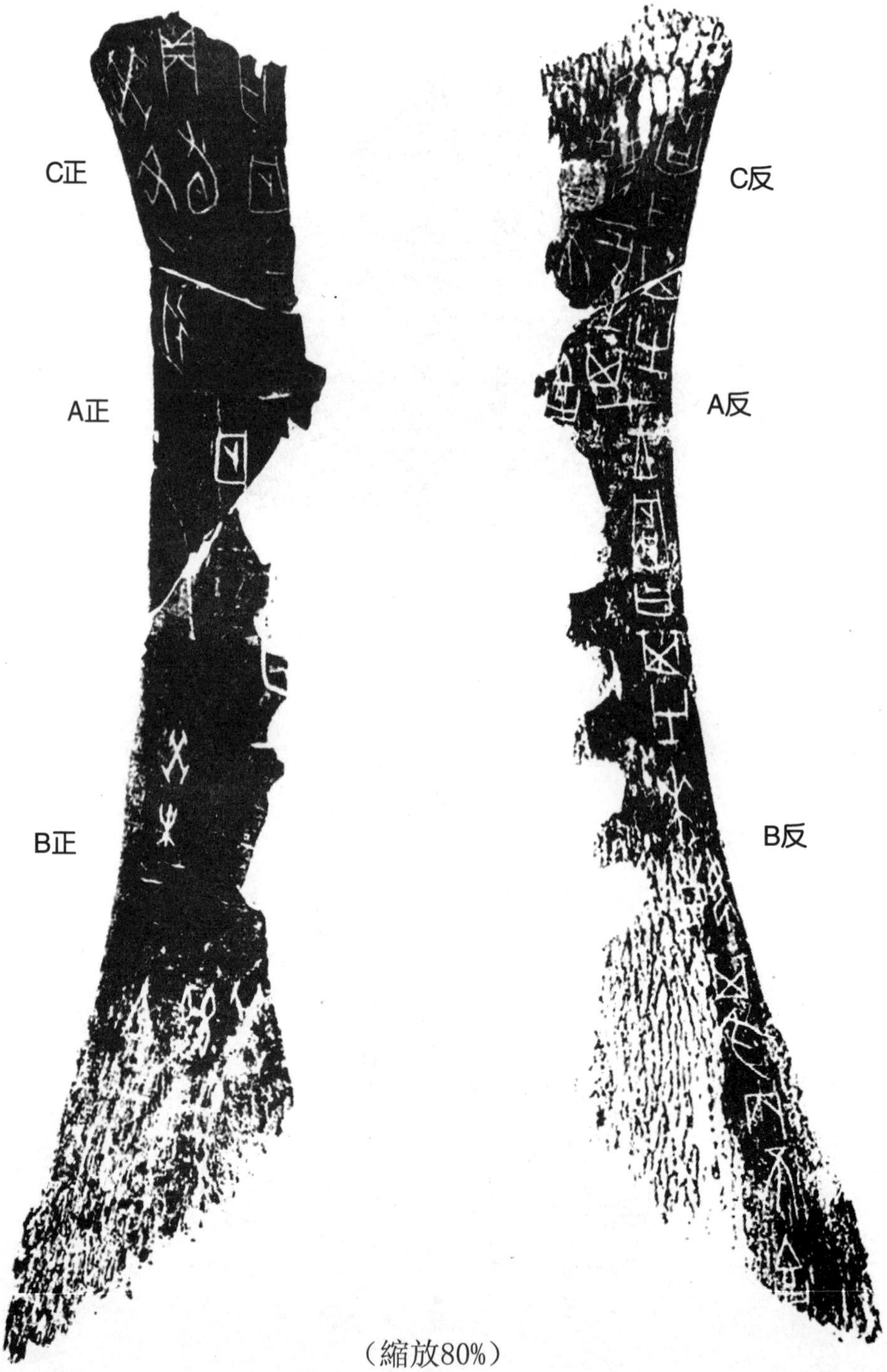

（縮放80%）

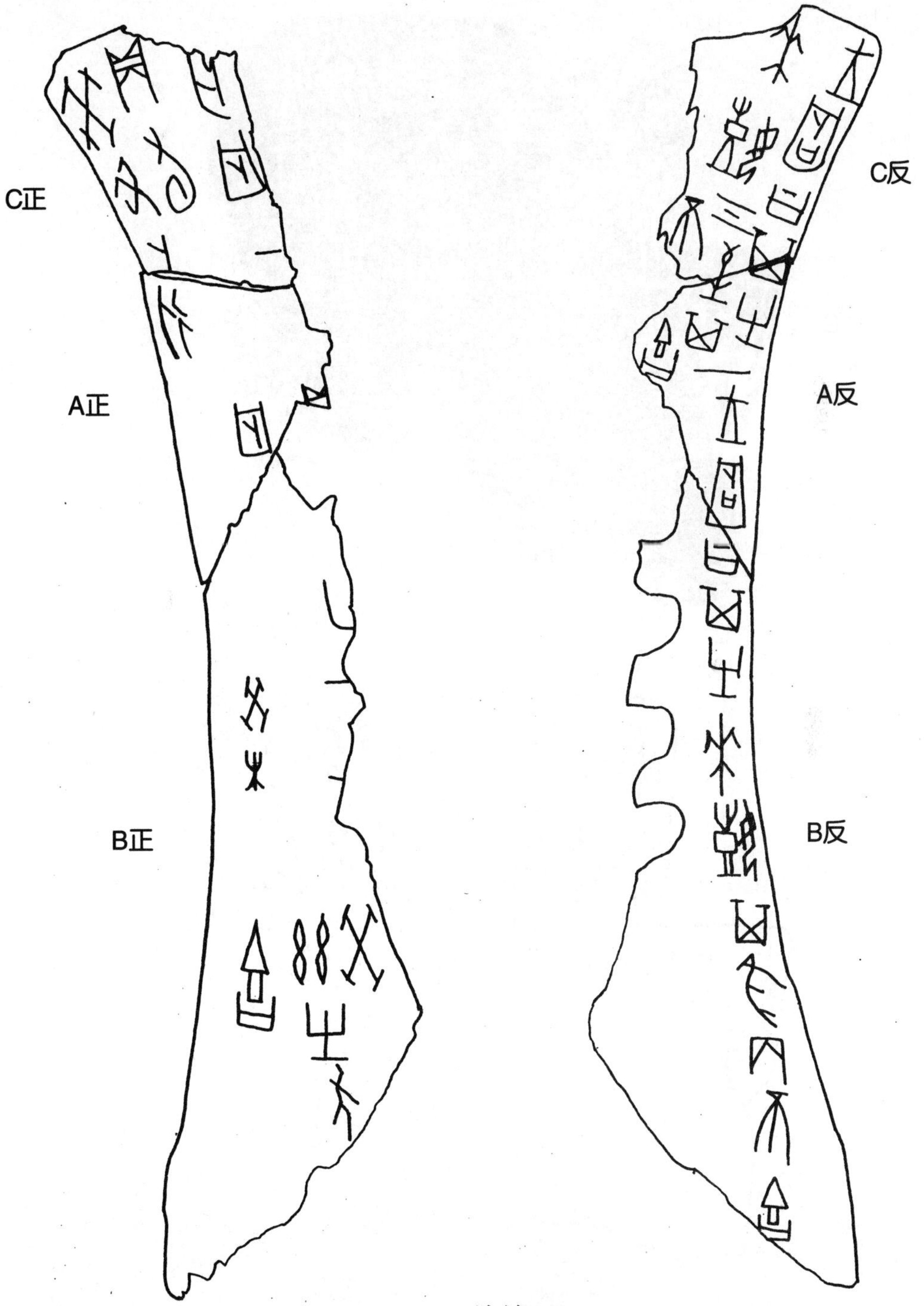

（縮放80%）

第569則：卜骨新綴第49則（李延彥）

A《合》6345+B《合》8026

第570則：甲骨新綴第50～52則（李延彥）

A《合》1976+B《合》5626

A

B

A

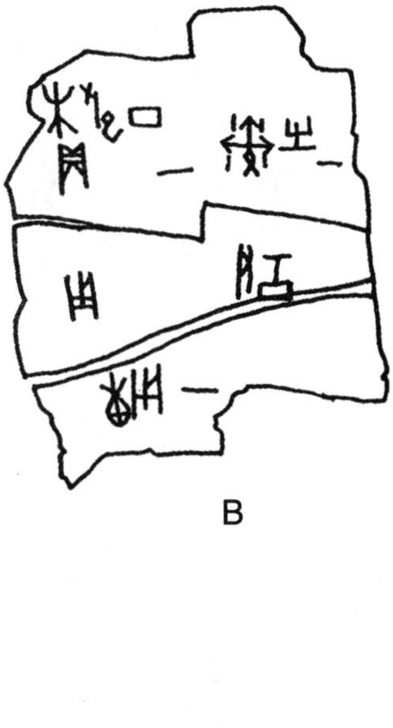

B

第571則：甲骨新綴第50～52則（李延彥）

A《合》5620+B《合》19479正反+C《存補》3・138・1

第572則：甲骨新綴第50～52則（李延彥）

A《合》318+B《合》11150

第573則：龜腹甲新綴第53則（李延彥）

A《合》2978正+B《合》12657正

A

B

A

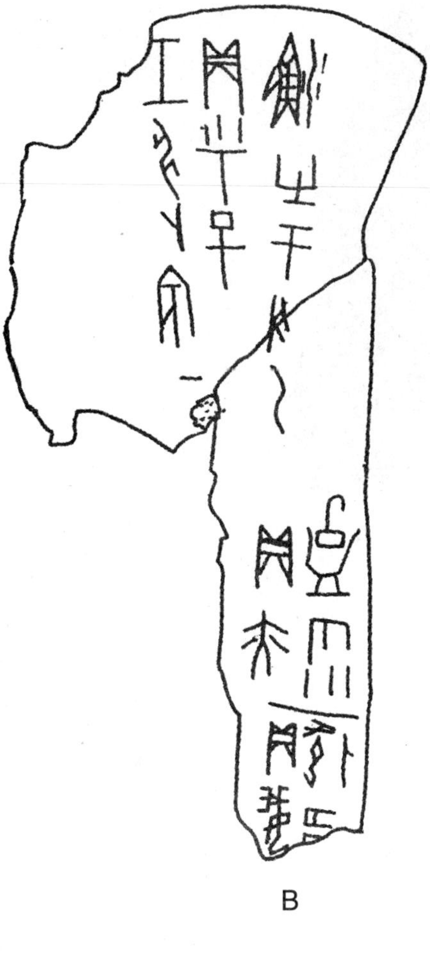

B

第574則：甲骨新綴第54～56則（李延彥）

A《合》8039 +B《合》13308

A

B

A

B

第575則：甲骨新綴第54～56則（李延彥）

A《合》13108+B《合》17927

A

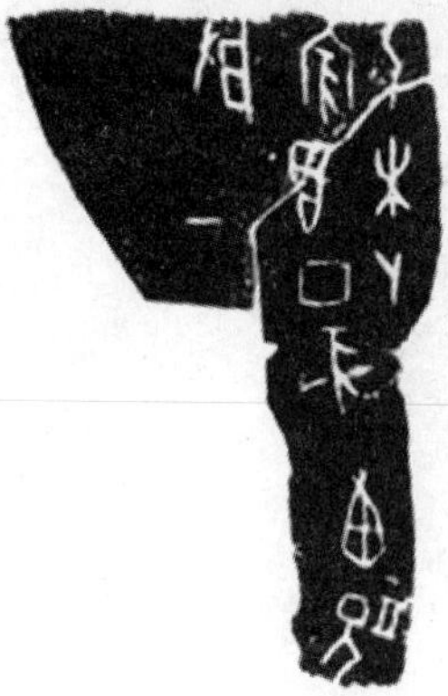

B

A

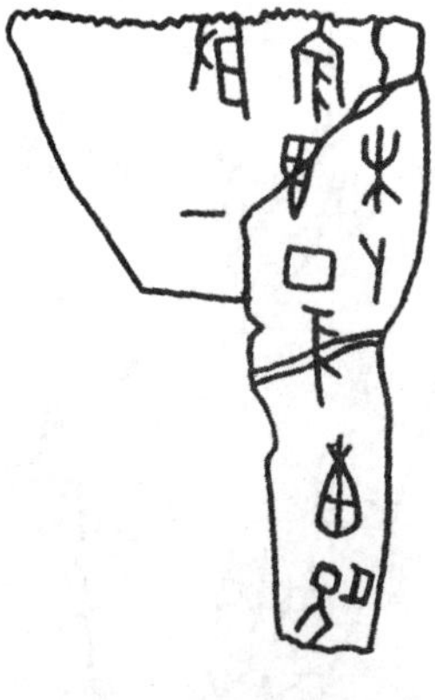

B

第576則：甲骨新綴第54～56則（李延彥）

A《合》6185+B《合補》2873

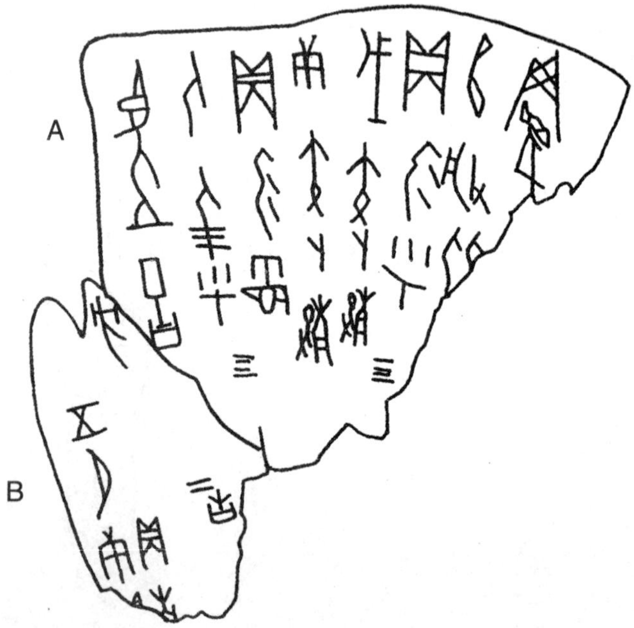

第577則：龜腹甲新綴第57則（李延彥）

A《合補》5854+B《合》18919

第578則：甲骨新綴第58則（李延彥）

A《合》12052正反+B《合》17412正反

A正

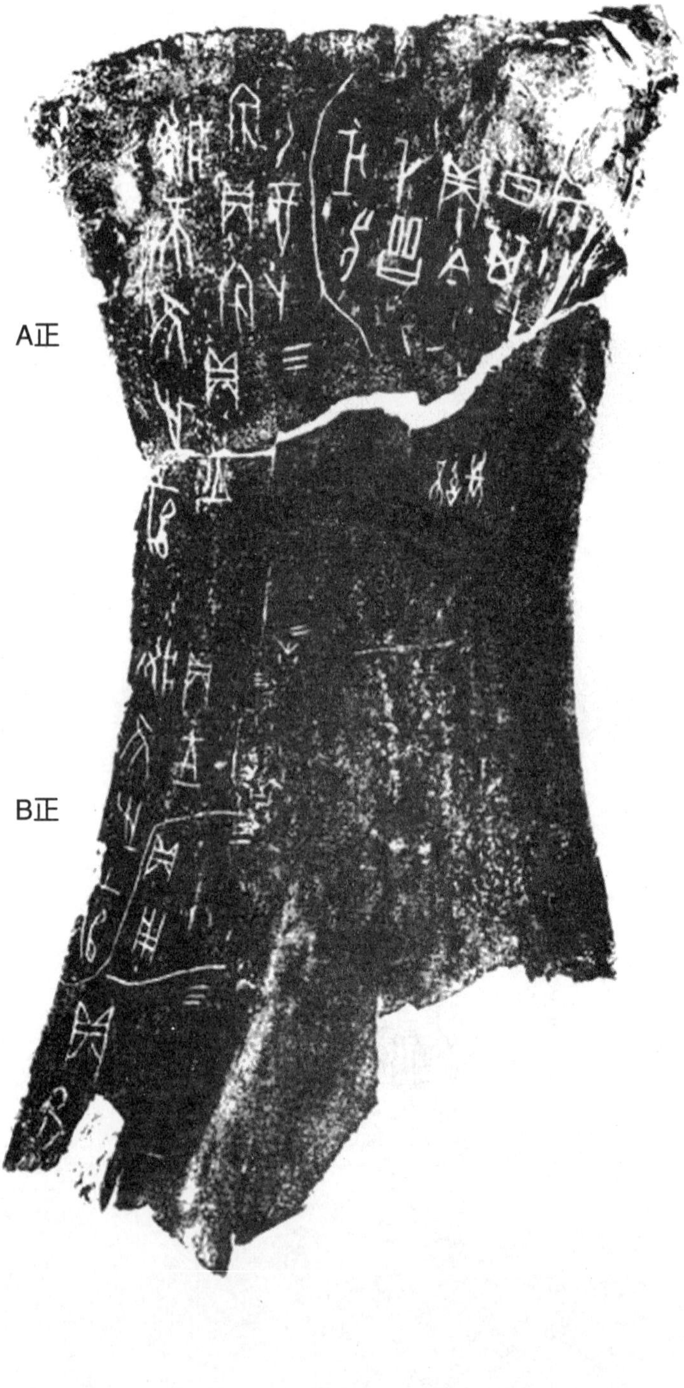

B正

A正

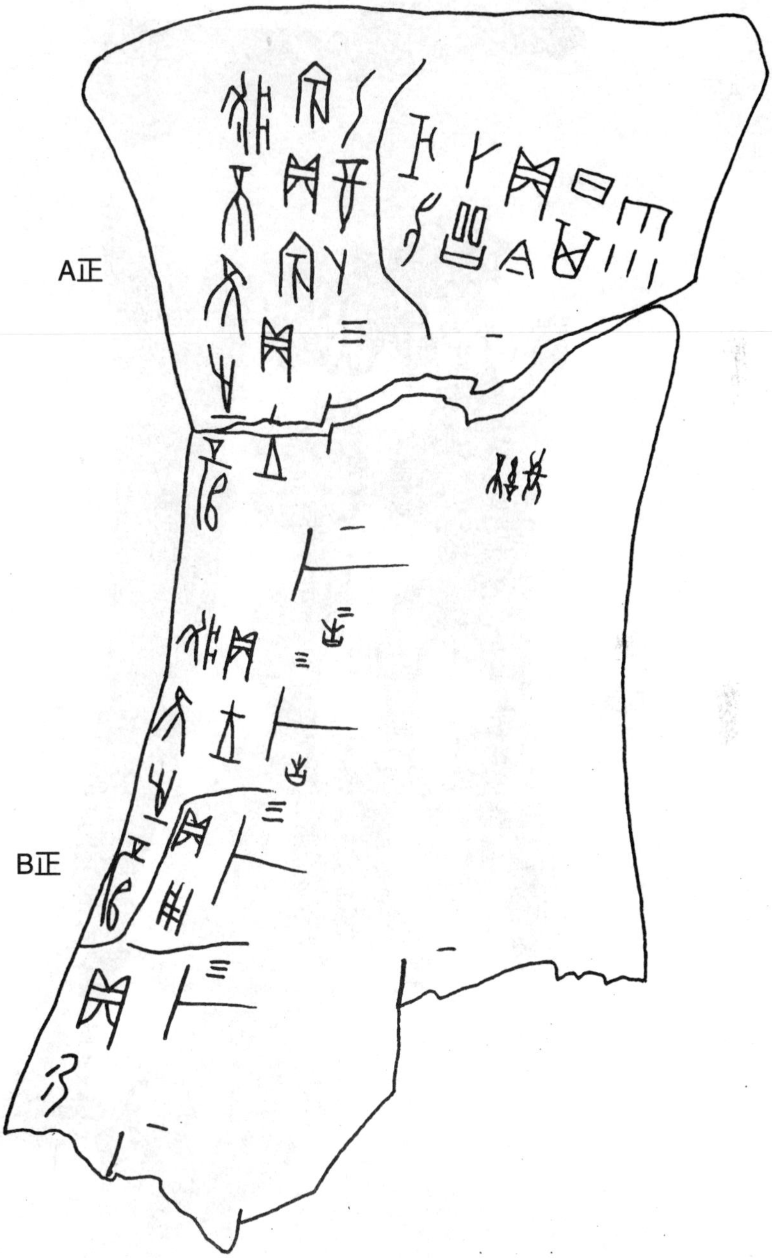

B正

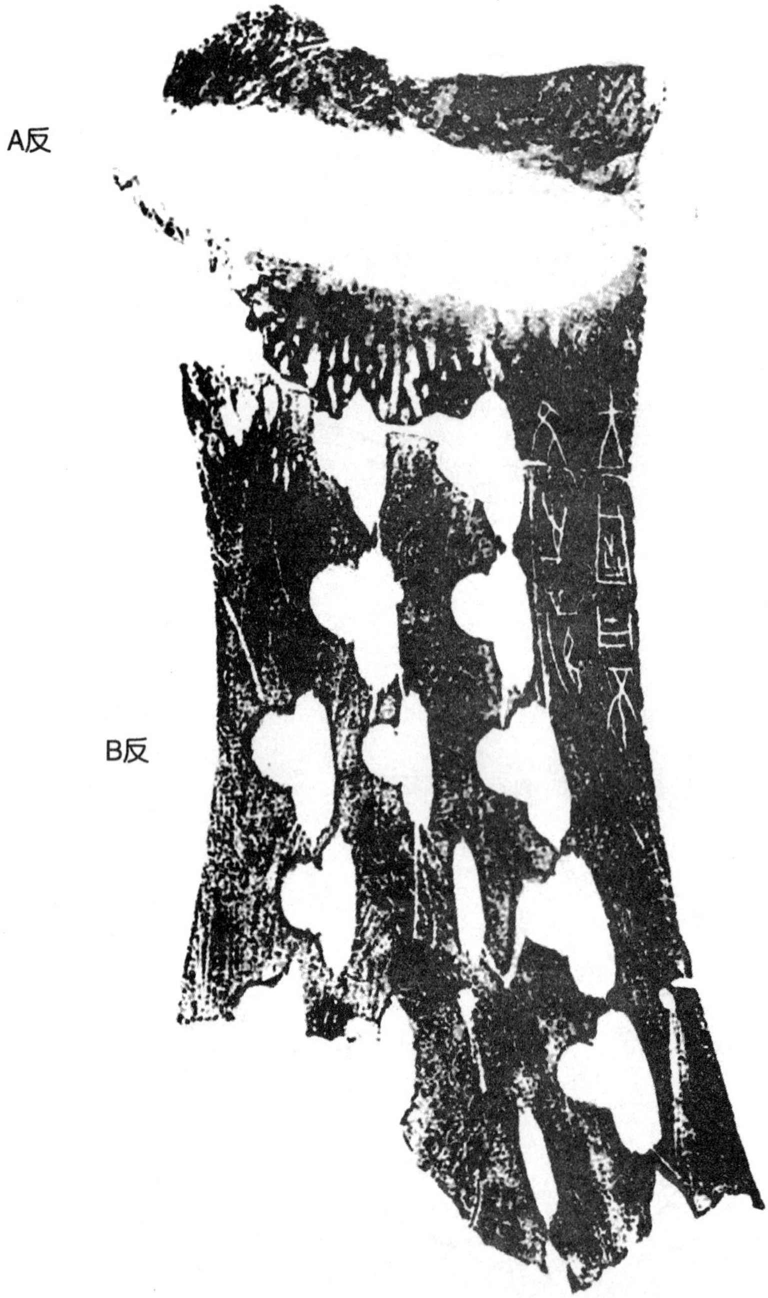
A反
B反

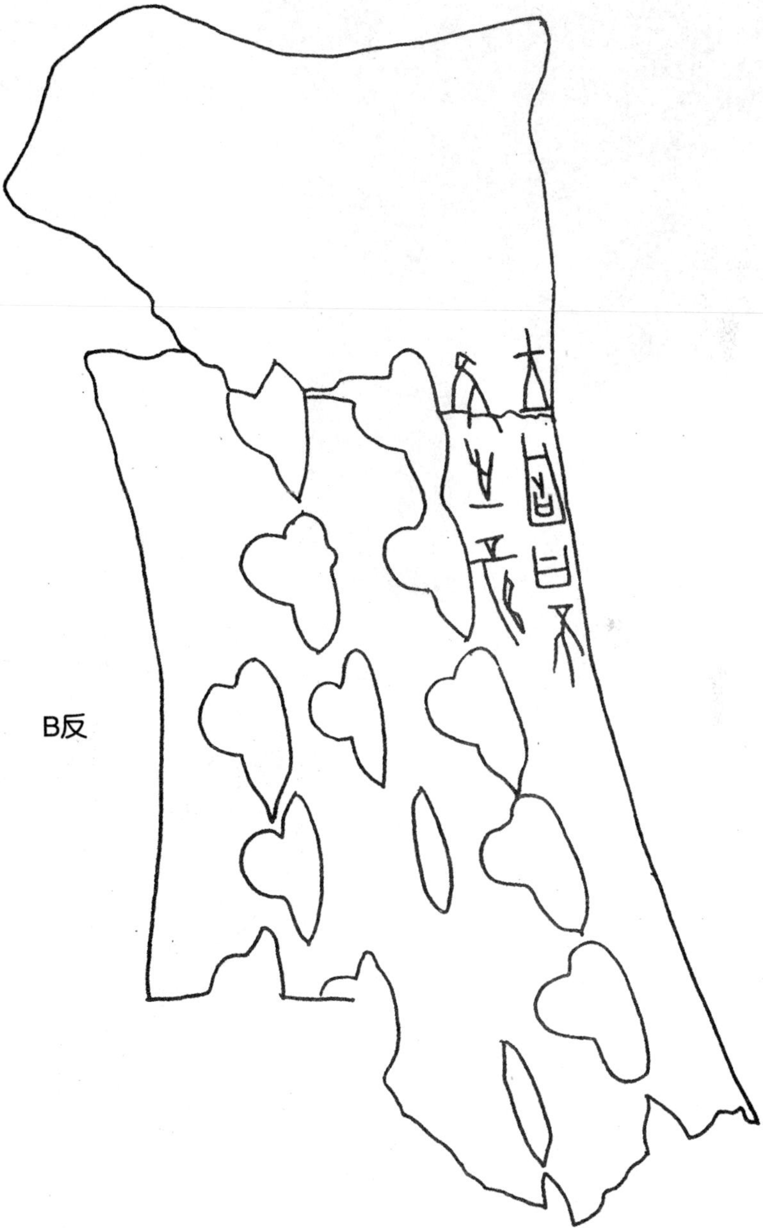
A反
B反

第579則：甲骨新綴第59、60則（李延彥）

A《合》5056正+B《上博》21691.293（P720）振寰閣文物商店

B

A

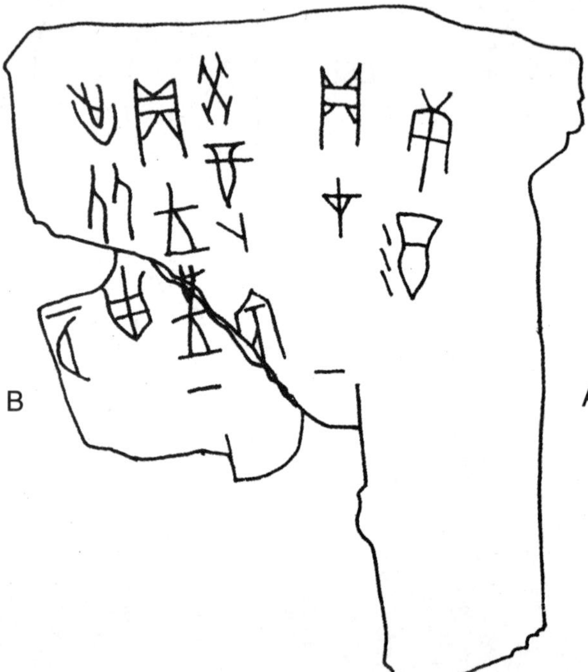

B

A

第580則：甲骨新綴第59、60則（李延彥）

A《合補》4857+B《上博》65640.19（P796）徐元密（徐蓉）藏

A

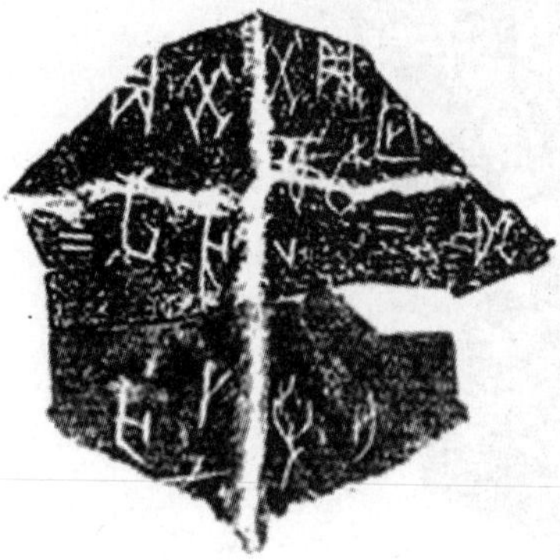

B

A

B

第581則：甲骨新綴第61則（李延彥）

A《合》8309+B《合》17508

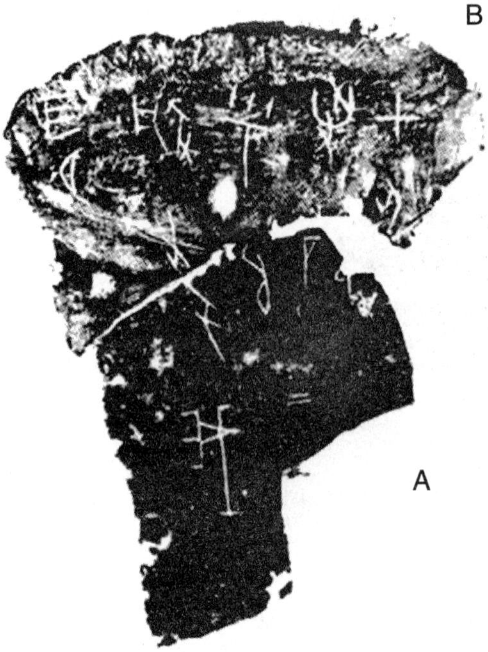

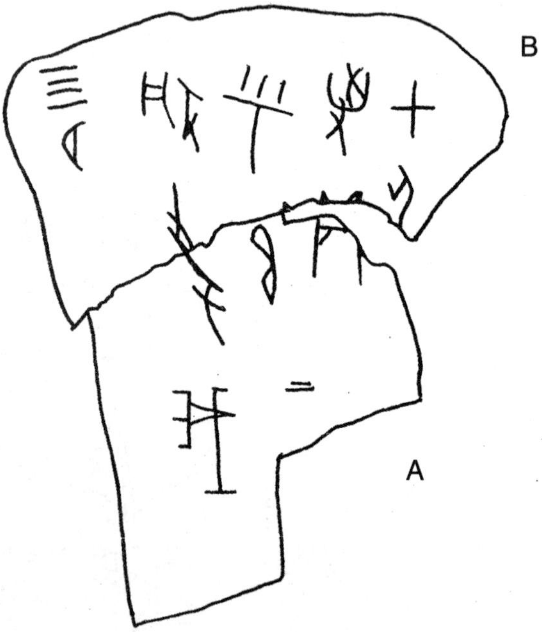

第582則：龜腹甲新綴第62則（李延彥）

A《合》11728正反+B《合》13159正反

A反
B反

A反
B反

第583則：甲骨新綴第63、64則（李延彥）

A《合》22724+B《運台》1.1072

A

B

A

B

第584則：甲骨新綴第63、64則（李延彥）

A《合補》7271+B《合補》8181

第585則：龜腹甲新綴第65則（李延彥）

A《上博》2426・398（P90）孔德+B《上博》2426・880（P152）孔德

第586則：龜腹甲新綴第66、67則（李延彥）

A《合》26037+B《合》22806

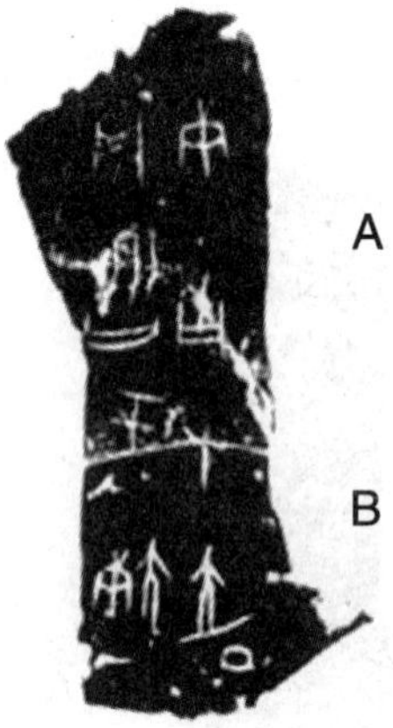

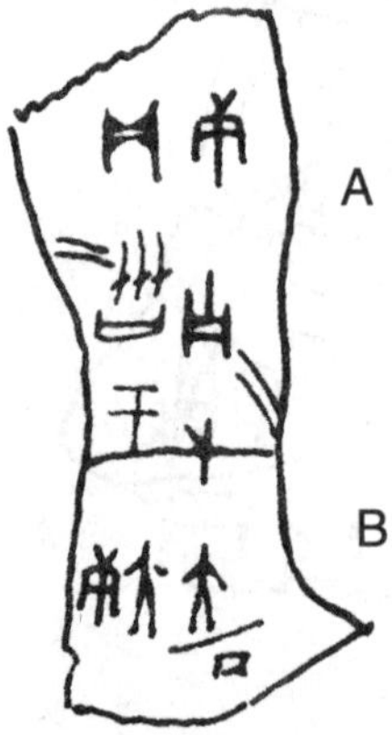

第587則：龜腹甲新綴第66、67則（李延彥）

A《合》5835 +B《USS》545

A

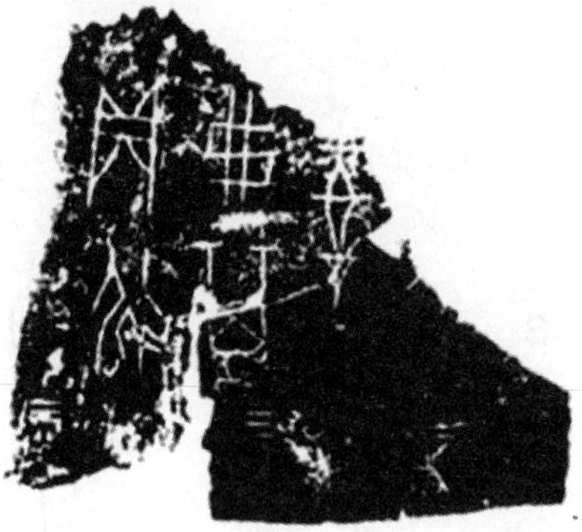

B

A

B

第588則：甲骨新綴第68則（李延彥）

A《合》23928+B《合》23933

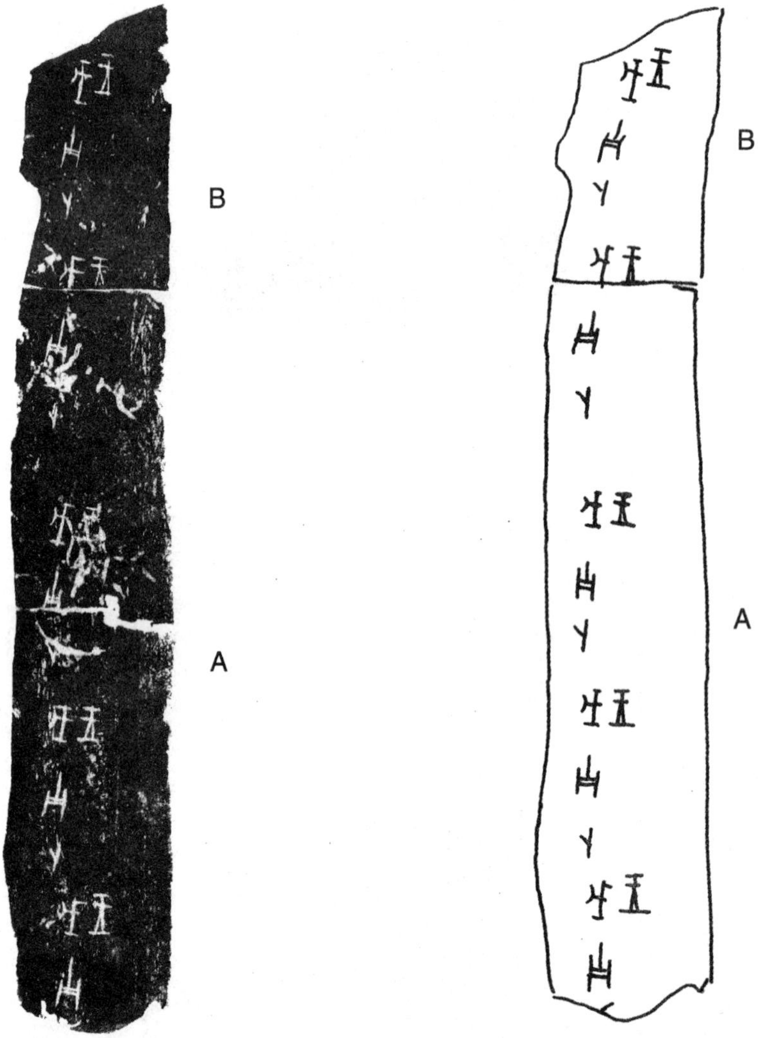

第589則：龜腹甲新綴第69、70則（李延彥）

A《運台摹》1・0194+B《運台摹》1・0338

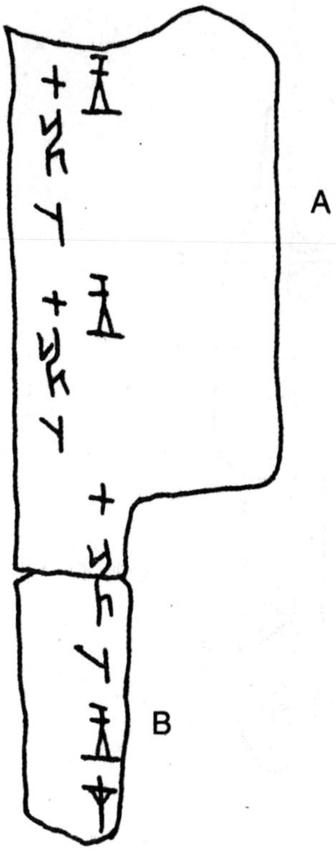

第590則：龜腹甲新綴第69、70則（李延彥）

A《運台摹》1・1014+B《運台摹》1・1012

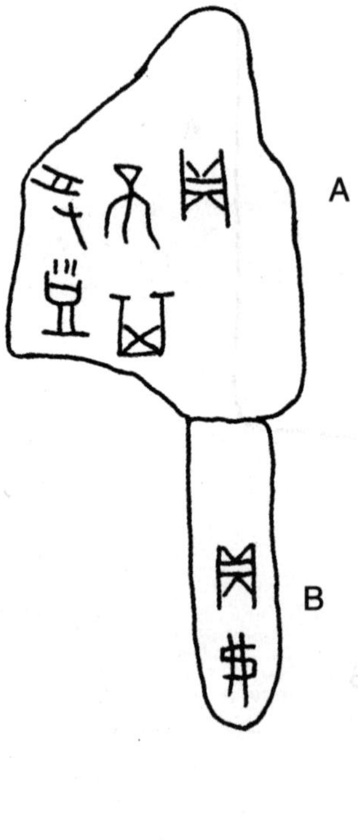

第591則：甲骨新綴第71～73則（李延彥）

A《明後》1762+B《合》5194

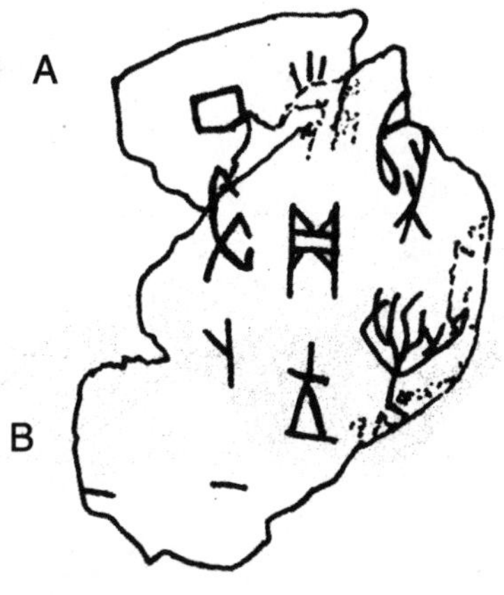

第592則：甲骨新綴第71～73則（李延彥）

A《合》1123+B《上博》2426・798（P142）孔德

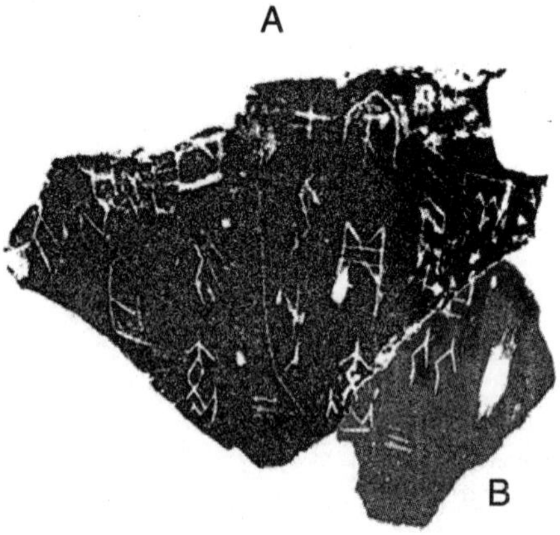

第593則：甲骨新綴第71～73則（李延彥）

A《安明》2934+B《安明》2940

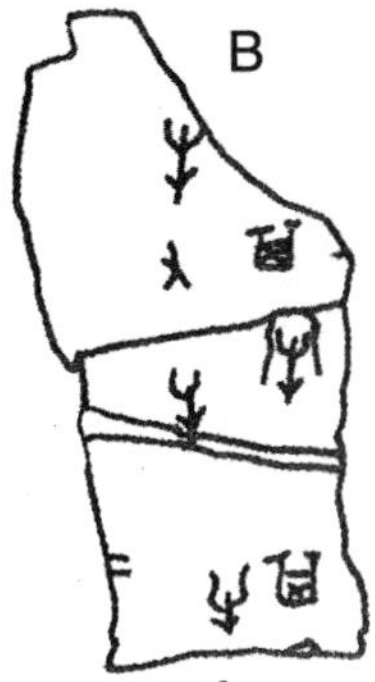

第594則：甲骨新綴一則（黃文）

A《屯南》1006+B《屯南》1398

A

B

A

B

第595則：甲骨綴合第二則（黄文）

A《屯南》947+B《屯南》2853

說明與考釋

①第327則

A：《合》22（《前》7.3.2、《通》726<二>）。

B：《合》10520（《歷拓》10642）。

綴合説明：

A、B兩片殘甲，字體風格相同，均為賓組三類。從殘甲拓片形態看，A、B均為右後甲殘片，二者部位相合，且拼合後，斷痕吻合，辭例暢通，故A、B當爲一版之折，可以實綴。綴合後，卜辭釋文如下：

己酉卜，爭貞：収衆人乎（呼）从受，𠙵（堪）②王事。五月。

甲子卜，𠂤貞：令受𡉚（壅）③田于囗，𠙵（堪）王事。一

丁亥卜，爭貞：王往于田。七月。一

庚寅卜，爭貞：翌丁酉𠦪禱于丁三牛。一

癸卯卜，貞：今日令𠦪取黃丁人。七月。一

戊申卜，爭貞：王往休。一

④第328則

A：《合》17171（《粹》1213、《善》5800）+《合》17168（《簠人》55<不全>、《簠拓》945、《續》5·4·3）。

B：《合》17170（《寧》3·122、《文捃》431）。

---

① 第327則選自黃天樹《龜腹甲新綴一則》。黃文原載“中國社會科學院歷史研究所先秦史研究室網站”，www.xianqin.org，2011年4月7日。博士研究生何會代為製作綴合圖版，並打印文稿，作者十分感謝！

② 從陳劍先生釋。參看陳劍：《釋“𠙵”》，載《出土文獻與古文字研究》第三輯，第1～89頁，復旦大學出版社，2010年7月第1版。

③ “壅”字，從裘錫圭先生釋。參看裘錫圭：《古文字論集》，第180～181頁，中華書局，1992年8月。

④ 第328則選自黃天樹、李延彥《龜腹甲新綴一則》。黃、李文原載“中國社會科學院歷史研究所先秦史研究室網站”，www.xianqin.org，2011年4月25日。

綴合理由及說明：

林宏明先生將《合》17171（《粹》1213）和《合》17168綴合。筆者加綴《合》17170（《寧》3·122）。《合》17168殘甲上有倒“八”字形盾紋，據此可以斷定它是右後甲；《合》17170殘甲上有倒“八”字形盾紋，據此可以斷定它是左後甲（參見本頁形態示意圖）。有關倒“八”字形盾紋的說明，讀者如果有興趣，請參看黃天樹《甲骨形態學》①。《合》17168和《合》17170部位相對，將《合》17170向右水平翻轉，可知二者大小相當，《合》17168以“肩告”與“不盄（殟）”，跟《合》17170 “不其肩告”與“其盄（殟）”左右對貞，因此，筆者懷疑可以遙綴。②

釋文如下：

（1A）乙☑。

（1B）乙亥卜，爭貞：惠邑、並令𡆥（葬）我于㞢自。［十］一月。

（1C）丙子卜，賓貞：令共𡆥（葬）我于㞢自，𠃉（肩）告，不盄（殟）。

（1D）☑貞：戔☑方☑至☑涂，冓（遘）。

（1E）☑。十二月。

（1F）貞：共不其肩告，其盄（殟）。十一月。

《醉古集》208（《合》17168+17171）+《合》17170［賓三］

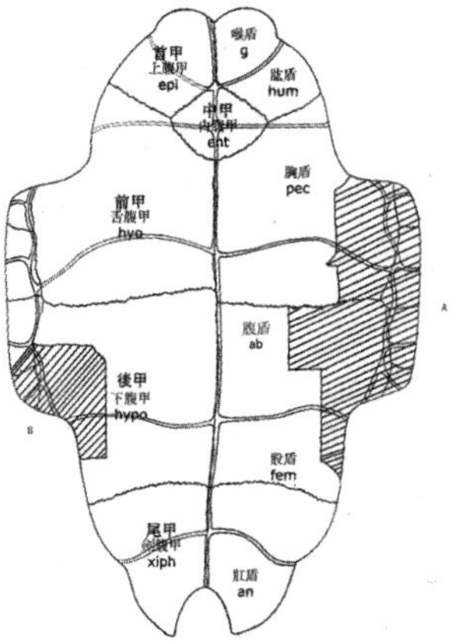

① 參見黃天樹主編：《甲骨拼合集》第519頁，北京：學苑出版社，2010年8月第1版。

② 學生李延彥在《龜腹甲新綴第41～42則——附校重一例》一文的註［1］中，從形態方面認爲它們是一版之折（先秦史研究室網站http://www.xianqin.org/blog/archives/2126.html，2010年11月14日）。

① 第329則

A：《所》29.1455（《歷拓》1794）。
B：無字殘甲，龜腹甲。

〼□〼。

兩版殘甲顏色、厚度相同，殘斷處大部份可以密合。反面燒灼痕密合，側面鑿痕密合。同是來源於蘇州的殘甲。可確信爲一版之折。

② 第330則

A：《合》24380（《所》28.1373、《歷拓》1712）
B：無字殘甲，龜腹甲。

□□［卜］，出貞：〼［子］弖（弘）〼于〼。

兩版殘甲顏色、厚度相同，殘斷處大部份可以密合。反面燒灼痕密合，側面鑿痕密合。同是來源於蘇州的殘甲。可確信爲一版之折。

③ 第331則

A：《合》4016（《上博》86）。
B：《合》4346（《南坊》4.246、《北圖》4154）。
綴合後釋文如下：

［貞］：乎（呼）疒人肖，亡災。

《合》4016+4346（《合》4345同文）［典賓］

④ 第332則

A：《合》11230。

---

① 第329則選自趙鵬《甲骨新綴兩例》第1則。趙文原載“中國社會科學院歷史研究所先秦史研究室網站”，www.xianqin.org，2010年7月14日。2010年5月4日綴合，2010年7月14日改定。

② 第330則選自趙鵬《甲骨新綴兩例》第2則。

③ 第331則選自趙鵬《甲骨試綴一則》。趙文原載“中國社會科學院歷史研究所先秦史研究室網站”，www.xianqin.org，2010年9月13日。本文蒙黄天樹老師、李延彥學妹指教，謹致謝忱！

④ 第332則選自趙鵬《甲骨新綴一則》。趙文原載“中國社會科學院歷史研究所先秦史研究室網站”，www.xianqin.org，2011年1月9日。附記：在《歷史所藏甲骨文》一書的編纂過程中，馬季凡老師給予我種種關照，謹以此文向馬季凡老師致以深深的謝意和敬意！

B：碎骨1。

C：碎骨2。

D：碎骨3。

E：碎骨4。

F：碎骨5。

G：碎骨6。

《合》11230現藏於中國社會科學院歷史研究所，藏號15.854，爲康生舊藏。此爲牛肩胛骨的骨扇部分。現藏狀況見下圖。

其拓本曾經著錄於《續存》上379，又見於《歷拓》740。《歷拓》740拓本同《合》11230，《續存》上379拓本不如《合》11230清晰，但是其左下“東”字全形，“貞”字形全於《合》拓本，見下圖：

《合》11230拓本　　《續存》上379

我們在整理甲骨時，將它與歷史所藏甲骨第18盒中一包碎骨6片綴合，該包碎骨亦爲康生舊藏。其中碎骨1、碎骨2、碎骨3與它綴合後形同《續存》上379。碎骨4骨色與藏號爲854之骨略異，但綴合後完全密合，文例亦通，當屬一骨之折無疑。碎骨5，不能與諸骨密合，但是其骨色、薄厚同於碎骨4，可確信爲一骨之折。碎骨1～6皆從骨正反面中間的疏鬆質處裂開，屬於剝落開裂，即其厚度大概爲骨的一半。碎骨6與該骨反面右下完全密合，並與正面《合》11230+碎骨1+碎骨2+碎骨3的一部份完全密合，反面骨色、骨紋全同，可確信爲一版之折。綴合後，其釋文如下：

（1）貞：燎于東。

（2）己丑卜，爭［貞］：☐十豖、十［羊］☐。

不告黽

一

第333則[①]

A：《歷》20（藏號20.1037、《歷拓》991）。

B：《歷》21（藏號26.1197、《合》19236、《鐵》181.4、《前》5.41.7、《南坊》3.102、《歷拓》1588）。

《歷》20現藏中國社會科學院歷史研究所，來源自易均室，為左前甲的上部。《歷》21現藏中國社會科學院歷史研究所，屬胡厚宣舊藏，為右前甲的上部。兩片骨色相同、正反兩面狀態相似，薄厚一致，皆屬𠂤賓間類字體，內容相關，應為同一龜腹甲沿千里路斷開。綴合後，隸釋如下：

（1）戊□卜☐其☐鬥。　一　二

（2）戊☐［𢍰］☐鬥。　一

（3）□辰☐。

蒙宋鎮豪先生告知，《歷》20是易均室得自劉鐵雲舊藏龜甲，《歷》21是胡厚宣於上海購藏的劉鐵雲舊藏龜甲。

李延彥學妹認爲兩片位置可能如下圖所示：

---

① 第333則選自趙鵬《甲骨新綴一則》。趙文原載“中國社會科學院歷史研究所先秦史研究室網站”，www.xianqin.org，2011年4月18日。本文蒙黄天樹、宋鎮豪、蔣玉斌先生及李延彥師妹審閱，並提出多處修改意見，謹致謝忱！感謝馬季凡老師提供的幫助！

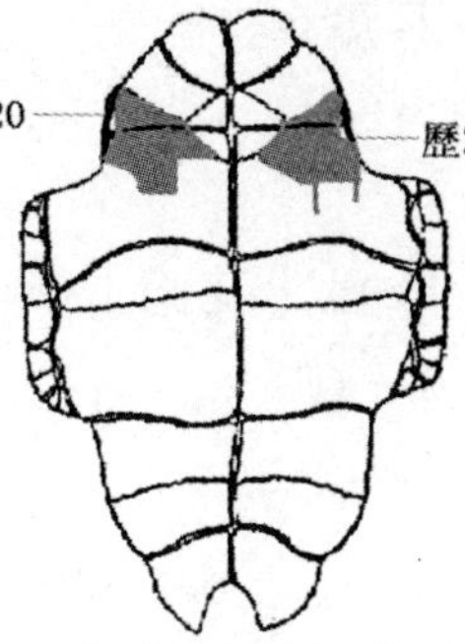

殷墟卜用龜腹甲

蔣玉斌先生認為兩片位置可能靠近千里路，齒縫略有磨損，似可考慮兩片稍稍離開一點距離。作者贊同蔣先生的意見。

2011年3月22日綴合。

第334則[①]

A：《合》34639（《粹》521、《善》5767）。

B：《合補》10572（《歷藏》19838）。

綴合理由及說明：

A、B兩版均為歷組二類字體。兩版斷口相合，綴合後，可以補足一個“辰”字。而且“惠癸［亥禝］”與“于甲子禝”，二者在時間上相繼，為選貞關係。

釋文：

丙辰卜：惠癸［亥禝］。

于甲子禝。兹［用］。

第335則[②]

A：《合》34473（《續存》上1888、《上博》30）。

B：《合》34164（《粹》732、《善》7730、《考白》32）。

綴合理由及說明：

A、B兩版均為歷組二類字體。兩版斷口相合，綴合後，可以補足“癸”、“歲”二字。

釋文：

① 第334則選自劉影《甲骨新綴第83組》。劉文原載“中國社會科學院歷史研究所先秦史研究室網站”，www.xianqin.org，2010年9月11日。綴合得到了黃天樹師的悉心指點，謹致謝忱！

② 第335則選自劉影《甲骨新綴第84組》。劉文原載“中國社會科學院歷史研究所先秦史研究室網站”，www.xianqin.org，2010年9月14日。綴合得到了黃天樹師的悉心指點，謹致謝忱！

癸酉：出入日歲，其燎。

弜燎。

乙亥［卜］，貞：今日［其雨］。

不雨。

第336則[①]

A：《合》20120（《龜》1.20.5、《合補》6577正）。

B：《合》20744（《前》6.11.2）。

綴合理由及說明：

A、B兩版碴口相合，B版殘有“𠂤”字底部，兩版拼合後，恰好補足一個“𠂤”字。

釋文：

己未卜，𠂤：畋▨。一

第337則[②]

A：《合》20460（《甲》955）。

B：《合》20973（《甲》969）。

綴合理由及說明：

A、B均為龜腹甲，自組小字類字體，且均出自《甲編》。兩版碴口相合，也可以補足一個“𠂤”字。兩版現藏於中央研究院歷史語言研究所，綴合是否正確，煩請相關工作人員幫助覆核實物，十分感謝！

釋文：

丙子卜：今日雨舞。

戊戌卜，𠂤：步，今日追方［及］。三月。二

▨卜▨。

---

① 第336則選自劉影《甲骨新綴第85～86組》第85組。劉文原載“中國社會科學院歷史研究所先秦史研究室網站”，www.xianqin.org，2010年10月26日。綴合得到了黃天樹師的悉心指點，以及李延彥、何會師妹的幫助，謹致謝忱！

② 第337則選自劉影《甲骨新綴第85～86組》第86組。

[①] 第338則

A：《合》19796（《京》3079、《善》5462、《掇三》320）。

B：《合》21251（《甲》2825）。

綴合理由及說明：

A、B兩版都是𠂤組肥筆類字體，綴合後，可補足“𢦏”、“父”二字。開始我們認為A版殘有“𢦏”字頭部，B版殘有“𢦏”字底部，但是“𢦏”字中部不能彌合，略有缺憾。後來，蒙李延彥師妹告知，A版拓片又著錄於《掇三》320，且《掇三》320拓片較全較清晰，這樣，兩版就能較好地拼合到一起了。《合集》19798與此相關，可參看。

釋文：

庚子卜，𢦏：夕侑伐父庚，不我。

[②] 第339則

A：《合》35586（《簠典》24、《歷拓》10137）。

B：《合》35493（《珠》248）。

綴合理由及說明：

A、B兩版都是黄類字體，碴口相合。綴合後，可補足“未”、“王”、“亡”、“甲”幾字，且辭例通暢。

釋文：

癸☑王☑甲☑大乙。

癸未卜，貞：王旬亡（無）𡆥，在□[③]月，彡日大乙。一

癸巳卜，貞：王旬亡（無）𡆥，在四月，甲午彡日小甲。一

---

① 第338則選自劉影《甲骨新綴第87組》。劉文原載“中國社會科學院歷史研究所先秦史研究室網站”，www.xianqin.org，2010年11月17日。綴合得到了黄天樹師的悉心指點，以及李延彥師妹的幫助，謹致謝忱！

② 第339則選自劉影《甲骨新綴第88組》。劉文原載“中國社會科學院歷史研究所先秦史研究室網站”，www.xianqin.org，2010年11月24日。綴合得到了黄天樹師的悉心指點，謹致謝忱！

③ “癸巳”所卜一辭的時間是“四月”，所以這裏的月份應當為“三”或“四”。《釋文》釋作“七月”，是將上一辭“小甲”的“甲”字殘劃誤作“七”，不當。另外，從卜辭行款來看，“月”上一字的殘劃明顯不在“月”字正上方，而在其偏左的位置，也可證明“月”上一字與“月”字分屬於不同的卜辭。

① 第340則

A：《合補》12848（《合補》12704重、《歷藏》10897）。

B：《合》37932（《續存上》2593、《善》10267）。

綴合理由及說明：

A、B兩版都是黃類字體，碴口相合。兩版“王”、“旬”二字殘劃可互足。

釋文：

癸未王卜，貞：旬亡畎。在七月。

癸巳王卜，貞：旬亡畎。

［癸卯］王卜，［貞：旬］亡畎。

② 第341則

A：《合》37875（《續存上》2585）。

B：《合》37929（《續存上》2584）。

C：《合》37922（《續存上》2685、《歷拓》10354）。

D：《合補》12871（《文捃》480）。

綴合理由及說明：

B、C兩版為蔡哲茂先生綴合，見《大陸雜誌》第68卷第6期，又見於《甲骨綴合集》③第187組。黃天樹師加綴A版，見《甲骨拼合集》④第11則。D版為筆者加綴，其中，C、D兩版“卯”、“占”二字殘劃可互足。

釋文：

癸卯王卜，貞：旬亡畎。王占曰：“吉。”在六月。王☐𫑡。一

癸丑王卜，貞：旬亡畎。王占曰：“吉。”在六月。

癸亥王卜，貞：旬亡畎。王占曰：“吉。”在六月。

癸酉王卜，貞：旬亡畎。王占曰：“吉。”在七月。

---

① 第340則選自劉影《甲骨新綴第89～90組》第89組。劉文原載“中國社會科學院歷史研究所先秦史研究室網站”，www.xianqin.org，2010年11月27日。綴合得到了黃天樹師的悉心指點，謹致謝忱！

② 第341則選自劉影《甲骨新綴第89～90組》第90組。

③ 蔡哲茂：《甲骨綴合集》，臺北：樂學書局，1999年9月。

④ 黃天樹主編：《甲骨拼合集》，北京：學苑出版社，2010年8月。

癸未王卜，貞：旬亡𡆥。王占曰：“吉。”在［七］月。

癸巳王卜，［貞］：旬亡𡆥。［王］占曰：“吉。”［在］□月。

第342則[①]

A：《合》39147（《簠雜》14、《簠拓》888、《續》6.3.4）。

B：《合》39101（《歷拓》5690、《北大》1324）。

綴合理由及說明：

A、B兩版都是黃類字體，斷口相合。兩版“卯”、“旬”二字殘劃可互足，且兆序辭均為“三”。只是B版拓面沒有A版拓面全，可能是因為施拓時沒有向骨邊一側拓全骨條厚度部分，所以兩版左側原邊不能很好地彌合。A版藏於天津歷史博物館，B版藏於北京大學，如有可能，希望珍藏單位覆核原骨，以檢驗綴合正確性，不勝感激！

釋文：

癸子（巳）王卜，貞：旬亡𡆥。三

癸卯王卜，貞：旬亡𡆥。三

癸丑王卜，貞：旬亡𡆥。

癸亥王卜，貞：旬亡𡆥。

癸酉王卜，貞：旬亡𡆥。

［癸未王卜，貞：旬亡］𡆥。

第343則[②]

A：《合》39099（《續存下》986、《歷拓》3193）。

B：《合》39321（《珠》494）。

綴合理由及說明：

A、B兩版都是黃類字體，斷口相合。兩版“王”字殘劃可以互足，而且

---

① 第342則選自劉影《甲骨新綴第91組》。劉文原載“中國社會科學院歷史研究所先秦史研究室網站”，www.xianqin.org，2010年12月1日。綴合得到了黃天樹師的悉心指點，謹致謝忱！

② 第343則選自劉影《甲骨新綴第92組》。劉文原載“中國社會科學院歷史研究所先秦史研究室網站”，www.xianqin.org，2010年12月3日。綴合得到了黃天樹師的悉心指點，以及莫伯峰師弟的幫助，謹致謝忱！

左側原邊與右側斷邊都拼接得很整齊。

釋文：

癸酉王卜，貞：旬亡𡆥。王占曰："引吉。"

癸未王卜，貞：旬亡𡆥。

癸子（巳）王卜，貞：旬亡𡆥。

癸卯王卜，貞：旬亡𡆥。

［癸丑］王卜，［貞：旬亡］𡆥。

[1] 第344則

A：《合》39384（《西南師院》2）。

B：《合》39363（《續存上》2582）。

綴合理由及説明：

A、B都是黄類字體，斷口相合，而且兩版"癸"、"貞"二字殘劃可以互足。

釋文：

癸未［王卜］，貞：旬亡［𡆥］。王占曰："［吉］。"

癸子（巳）王卜，貞：旬亡𡆥。王占曰："吉。"

癸卯王卜，［貞］：旬亡𡆥。［王占］曰："吉。"

[2] 第345則

A：《合》36474（《虚》1468、《南博拓》1627）。

B：《合》36818（《京》5357、《善》19842）。

C：《合》36457（《歷拓》7387）。

綴合理由及説明：

A、B兩版為門藝女士綴合，C版為筆者加綴[3]。C與A、B斷痕相合，而且

---

① 第344則選自劉影《甲骨新綴第93組》。劉文原載"中國社會科學院歷史研究所先秦史研究室網站"，www.xianqin.org，2010年12月6日。綴合得到了黄天樹師的悉心指點，謹致謝忱！

② 第345則選自劉影《甲骨新綴第94組》。劉文原載"中國社會科學院歷史研究所先秦史研究室網站"，www.xianqin.org，2010年12月10日。綴合得到了黄天樹師的悉心指點，謹致謝忱！

③ 李發先生曾將C版與《合集》36460遥綴，見先秦史研究室網站：http：//www.xianqin.org/blog/archives/1481.html。

三版綴合到一起後，可以補足一條完整的卜辭："癸未卜，在剛觫貞：今夕自亡猷。寧。"

釋文：

癸未卜，在剛觫貞：今夕自亡猷。寧。一

［甲］申卜貞：［今］夕自亡［猷］。寧。

[①] 第346則

A：《合》39367（《鄴》23）。

B：《合》36638（《合補》12784、《龜》2.20.1）。

綴合理由及說明：

A、B兩版均為黄類字體，斷口基本相合，綴合後辭例通暢。

釋文：

癸丑卜，［貞］：王旬亡猷。在十［月］又二。

癸亥卜，貞：王旬亡猷。在十月又二，在。

癸酉卜，在貞：王旬亡猷。在十月又二，在[②]□。

癸未卜，貞：王旬亡猷。在正月。

癸子（巳）卜，貞：王旬亡猷。

［癸卯］卜，貞：［王旬］亡猷。［在］正月。

[③] 第347則

A：《合》36678（《鄴初下》41.12、《歷拓》2966）。

B：《合》36406（《摭續》172、《南上》135）。

綴合理由及說明：

A、B兩版均為黄類字體，可以補足一個"貞"字。由於B版略有殘缺，所

① 第346則選自劉影《甲骨新綴第95～97組》第95組。劉文原載"中國社會科學院歷史研究所先秦史研究室網站"，www.xianqin.org，2010年12月13日。綴合得到了黄天樹師的悉心指點，謹致謝忱！

② 此處有兩個"在"，疑為衍文。

③ 第347則選自劉影《甲骨新綴第95～97組》第96組。

以不見“（召）”字及“災”字下方殘劃。

釋文：

庚戌［卜，貞］：王𨒪[1]［于］□，往來亡［災］。

壬子卜，貞：王𨒪于（召），往來亡災。

乙卯卜，貞：王𨒪于（召），往來亡災。

第348則[2]

A：《合》39259（《珠》1294）。

B：《合》36787（《南師》1.201、《外》97）。

綴合理由及說明：

A、B兩版均為黃類字體，斷口相合，綴合後辭例通暢。

釋文：

癸亥王卜，在潩貞：旬亡䎽。王占曰：“吉。”二

癸酉王卜，貞：旬亡䎽。二

癸未王卜，貞：旬亡䎽。

第349則[3]

A：《合》39396（《續存上》2573）。

B：《英藏》2629。

綴合理由及說明：

A、B兩版均為黃類字體，斷口基本相合，兩版的“曰”、“䎽”二字可以殘劃互足。

釋文：

癸未王［卜］，貞：旬亡［䎽］。王占曰：“［吉］。”

癸子（巳）王卜，貞：旬亡䎽。王占曰：“吉。”

① 裘錫圭：《釋柲》，《古文字論集》，中華書局，1992年，第20～21頁。

② 第348則選自劉影《甲骨新綴第95～97組》第97組。

③ 第349則選自劉影《甲骨新綴第98組》。劉文原載“中國社會科學院歷史研究所先秦史研究室網站”，www.xianqin.org，2010年12月16日。綴合得到了黃天樹師的悉心指點，謹致謝忱！

癸卯王卜，貞：旬亡畎。王占曰：“吉。”

癸丑王卜，貞：旬亡畎。王占曰：“吉。”

［癸］亥王卜，［貞］：旬亡畎。［王占］曰：“吉。”

[1] 第350則

A：《合補》11275（《懷》1904）。

B：《英藏》2556（《合》41763、《金》532）。

綴合理由及說明：

A、B兩版均為黃類字體，弧形斷口基本相合，綴合後辭例通暢。

釋文：

乙未卜，［貞］：王逊[2]［于］亳，往來［亡災］。

丁酉卜，貞：王逊于𠷎，往來亡災。

辛丑卜，貞：王逊于[3]𠷎，往來亡災。

辛亥卜，貞：王逊于𠷎，往來亡災。

戊午卜，貞：王逊于𠷎，往來亡災。

□□［卜，貞］：［王逊于］𠷎，[往]來亡災。

[4] 第351則

A：《合》25310（《京》3371）。

B：《合》23550（《合》41010重、《北圖》4288）。

綴合理由及說明：

A、B兩版均為出組二類字體，斷口相合，綴合後辭例通暢。

---

① 第350則選自劉影《甲骨新綴第99組》。劉文原載“中國社會科學院歷史研究所先秦史研究室網站”，www.xianqin.org，2010年12月19日。綴合得到了黃天樹師的悉心指點，謹致謝忱！

② 裘錫圭：《釋柲》，《古文字論集》，中華書局，1992年，第20～21頁。

③ 《合集》41763將此處的“于”字，摹成了類似“五”的一個字。從拓片及辭例來看，《合集》41763所摹是錯誤的，當為“于”字無疑。

④ 第351則選自劉影《甲骨新綴第100～101組》第100組。劉文原載“中國社會科學院歷史研究所先秦史研究室網站”，www.xianqin.org，2011年1月14日。綴合得到了黃天樹師的悉心指點，以及莫伯峰、王子揚師弟的幫助，謹致謝忱！

釋文：

己酉［卜，行］貞：王［賓］中己歲，［亡］尤。

己酉卜，行貞：王賓叡，亡尤。在正月。

庚戌卜，行貞：王賓☐歲，亡尤。在□［月］。

[1] 第352則

A：《合》4285（《龜》2.3.12）。
B：《合》9807（《旅博》1206）。
綴合理由及說明：
A、B兩版均為典賓類字體，斷口相合，綴合後骨版上的兩條卜辭恰為對貞關係。《合》440、《合》8616為同文卜辭，可參看。
釋文：

戊受祐。四　五

戊弗其受［祐］。

[2] 第353則

A：《合》8546（《契》78）。
B：《合》16017（《歷拓》10399）。
C：《合》13951（《粹》1235、《誠》338）。
綴合理由及說明：
A、B兩版為筆者2009年10月10日所綴，發表於先秦史研究室網站：http：//www.xianqin.org/blog/archives/1694.html，後收入《甲骨拼合集》[3]第125則。C版為筆者加綴。C版與A版相接，斷口相合，可補足一個"婦"字，綴合後，左數第二條卜辭被補足，接近完整。C版又見於《粹》1235，《粹》1235拓面較全，可參看。
釋文：

① 第352則選自劉影《甲骨新綴第100～101組》第101組。

② 第353則選自劉影《甲骨新綴第102組》。劉文原載"中國社會科學院歷史研究所先秦史研究室網站"，www.xianqin.org，2011年5月6日。綴合得到了黃天樹師的悉心指點，謹致謝忱！

③ 黃天樹主編：《甲骨拼合集》，學苑出版社，2010年8月。

甲寅卜，亘貞：婦姘娩☐。

庚寅卜，賓貞：翌甲午宜，易日。

□□卜，爭貞：告舌方于☐。

□□卜，□貞：王奏茲瞽[①]循☐。

[②] 第354則

A：《合》12988（《京人》820）。
B：《合》9900（《善》9079）。
綴合理由及說明：
A、B均為骨扇殘片，兩版斷口相合，可補足一個“受”字。
釋文：

☐允雨。

☐受年。

[③] 第355則

A：《合》14647正（《簠地》40、《簠拓》69、《續》5.15.3+《續》1.38.1）。
B：《合》8968正（《前》1.29.1、《北圖》2180正、《通》131）。
A：《合》14647反（《簠拓》70）。
B：《合》8968反（《北圖》2180反）。
綴合理由及說明：
A、B均典賓類字體，兩版斷口相合，可補足一個“𬨻”字。
釋文：

[辛]未卜，韋貞：呼𬨻視[于]河，以啟。王占[曰：“亡]其來。”之☐，往視于[河]，亡來。

---

① 從裘錫圭先生釋。裘錫圭：《關於殷墟卜辭的瞽》，見王宇信、宋鎮豪、孟憲武主編：《2004年安陽殷商文明國際學術研討會論文集》，社會科學文獻出版社，2004年9月。

② 第354則選自劉影《甲骨新綴第103組》。劉文原載“中國社會科學院歷史研究所先秦史研究室網站”，www.xianqin.org，2011年5月8日。綴合得到了黃天樹師的悉心指點，謹致謝忱！

③ 第355則選自劉影《甲骨新綴第104～105組》第104組。劉文原載“中國社會科學院歷史研究所先秦史研究室網站”，www.xianqin.org，2011年5月19日。綴合得到了黃天樹師的悉心指點，謹致謝忱！

貞：侑于母庚二牛。

貞：于祖丁禦。

貞：以牛五十。（以上正面）

若。

王占曰："亡其來。"（以上背面）

第356则[①]

A：《合》12333正（《前》3.19.4、《續存》下198）。

B：《英藏》1740。

綴合理由及說明：

A、B均為自賓間類字體，兩版斷口相合，可補足一個"至"字；拼合後得到一條完整的卜辭。

釋文：

丙戌卜，貞：自今日至于庚寅雨。不。

丙戌☐。

第357则[②]

A：《合》7029（《歷拓》7295）。

B：《合》6601（《摭》96、《善》5981）。

釋文及說明：

（1）☐敦弜。

（2）弜菁羌。

A、B兩版均為自賓間類字體。兩版綴合後，可以補足一個"菁"字，且綴合後可以得到一條完整的卜辭。卜辭中的"弜"，在這裏是方國名。

① 第356則選自劉影《甲骨新綴第104～105組》第105組。

② 第357則選自劉影、王紅《自賓間類卜骨拼合一則》。劉、王文原載"中國社會科學院歷史研究所先秦史研究室網站"，www.xianqin.org，2011年6月22日。本綴合為劉影首先拼合，但未公布。之後，王紅與師姐劉影不謀而合，也拼綴出此版。綴合得到黃天樹師的悉心指點，謹致謝忱！

① 第358則

A：《合》5533（《續存》下354、《歷拓》3123）。

B：《合》2339（《前》1.46.2、《龜》1.14.1）。

綴合理由及說明：

A、B均典賓類字體，兩版斷口相合，可補足“侑”、“祖”二字。

釋文：

貞：不隹多介父。

勿侑。

貞：侑于祖丁。

貞：使人于[illegible]。

貞：侑。

貞：王徝，若。

② 第359則

A：《合》1452（《龜》1.12.5）。

B：《合》5764（《龜》2.3.10）。

C：《合補》4277（《東大》286）。

綴合理由及說明：

A、B兩版為蔡哲茂先生綴合③，C為筆者加綴。B版與C版綴合後，得到一條完整的卜辭：“貞：侑于大甲”，而且C版的“貞：㞢以射”，與B版的“貞：㞢不其以射”恰為一組對貞卜辭。

釋文：

貞：㞢以射。

燎。

貞：侑于大甲。

① 第358則選自劉影《甲骨新綴第106～108組》第106組。劉文原載“中國社會科學院歷史研究所先秦史研究室網站”，www.xianqin.org，2011年7月9日。綴合得到了黃天樹師的悉心指點，謹致謝忱！

② 第359則選自劉影《甲骨新綴第106～108組》第107組。

③ 蔡哲茂：《甲骨綴合集》第258組，臺北：樂學書局，1999年9月。

貞：𢆶不其以射。

不其受年。

貞：于大甲告。

第360則[①]

A：《合補》1306（《歷拓》10396）。

B：《合》18150（《京》2262、《善》7002）。

綴合理由及說明：

A、B兩版斷口相合，可以補足兩個“勿”字。《合》15179、《合》15185等為同文卜辭，可參看。

釋文：

□□[卜]，[㱿]貞：我勿為[賓]。

□□[卜]，㱿貞：我勿為[賓]。

□□[卜]，[㱿]貞：我勿[為賓]。

第361則[②]

A：《英藏》2259（《合》41312）。

B：《英藏》2261（《合》41320）。

C：《合》26950（《前》8.8.2<不全>、《吉博》145）。

釋文及說明：

（1）丁子（巳）卜：王乎執羌其☐。

（2）自毓祖丁，王受又$_{=}$。

（3）自中宗祖乙，王受又$_{=}$。

（4）自大乙，王受又$_{=}$。

A、B兩版為蔡哲茂先生《甲骨綴合集》中所綴的二二一則，今加綴C版。

① 第360則選自劉影《甲骨新綴第106～108組》第108組。

② 第361則選自莫伯峰《甲骨拼合第五八～六十則》第58則。莫文原載“中國社會科學院歷史研究所先秦史研究室網站”，www.xianqin.org，2010年9月28日。本文得到黃天樹師悉心指導和齊航福師兄幫助，謹致謝忱！

B、C兩版字體相同，拼合後辭例通暢，邊緣密合，故筆者認為二者可以拼合。

第362則[①]

A：《合》27390（《京》3996、《善》1877）。
B：《合補》8745（《日天》482）。
釋文及說明：

（1）戊子卜：祝于妣庚，茲唯宗（？）☐。

（2）于中己舌。

A、B兩版字體相同，斷邊相拼很密合，事類也一致，故筆者認為二者可以拼合。

第363則[②]

A：《合補》9183（《歷藏》6676）。
B：《合補》10378（《歷藏》6784）。
釋文及說明：

（1）惠成☐。

（2）惠盉田，亡災。

A、B兩版字體相同，斷邊相拼密合，辭例通暢，且有殘字“亡 ”可以拼綴，故筆者認為二者可以拼合。

第364則[③]

A：《合》27745（《善》4575、《續存》上2011〈不全〉）。
B：《USB》490。
釋文及說明：

（1）于𨑐立，王弗每，又𢦏。

（2）于𧶠立，王弗每，又𢦏。

① 第362則選自莫伯峰《甲骨拼合第五八～六十則》第59則。

② 第363則選自莫伯峰《甲骨拼合第五八～六十則》第60則。

③ 第364則選自莫伯峰《甲骨拼合第六一、六二則》第61則。莫文原載“中國社會科學院歷史研究所先秦史研究室網站”，www.xianqin.org，2010年11月16日。本文得到黃天樹師悉心指導和王子揚兄幫助，謹致謝忱！

（3）于矣立，王弗每，又𢦏。

（4）于家（？）邑𣏟立，王弗每，又𢦏。

（5）其遲往于之，又𢦏。

（6）达往于之，又𢦏。

A、B兩版字體相同，邊緣基本密合，且有殘字“遲”可以拼合，拼合後辭例通暢。裘錫圭先生曾指出“卜辭‘遷’字的意義跟‘遲’相反。”[①]第五、六兩辭應為對貞關係，第六辭中的“达”字稀見，也似與“遲”字意義相反。

[②] 第365則

A：《合補》9409（《歷藏》7406）。

B：《合》28859（《善》6670）。

釋文及說明：

（1）不𢀛。

（2）不雨。

（3）其雨。

A、B兩版字體相同，斷邊相拼很密合，且有殘字“雨”可以拼合，故筆者認為二者可以拼合。

[③] 第366則

A：《合》26628（《歷拓》7372、《山東》1166）。

B：《合》26630（《續》4.42.5+6.25.4、《佚》942、《歷拓》10134）。

C：《合》17066（《簠典》122+《簠雜》114、《續》4.28.3、《簠拓》943）。

D：《合》26680（《簠雜》34、《簠拓》876）。

---

① 裘錫圭：《古文字論集》，第173頁，中華書局，1992年第一版。

② 第365則選自莫伯峰《甲骨拼合第六一、六二則》第62則。

③ 第366則選自莫伯峰《甲骨拼合第六三則》。莫文原載“中國社會科學院歷史研究所先秦史研究室網站”，www.xianqin.org，2010年12月3日。本文得到黃天樹師悉心指導，並向劉影師姐請教文例，謹致謝忱！

E：《合》26649（《粹》1433、《善》10080）。

釋文：

骨首部分：

（1）癸巳卜，兄貞：旬亡𡆥。 二

（2）癸酉卜，兄貞：旬亡𡆥。九月。二 二告

骨條部分：

（1）癸未卜，兄貞：旬亡［𡆥］。

（2）癸亥卜，兄貞：旬亡𡆥。九月。[①]

（3）癸丑卜，兄貞：旬亡𡆥。七月。

（4）癸亥卜，兄貞：旬亡𡆥。七月。

（5）癸酉卜，兄貞：旬亡𡆥。八月。

（6）癸未卜，兄貞：旬亡𡆥。八月。

（7）癸子（巳）卜，兄貞：旬亡𡆥。八月。

（8）癸卯卜，兄貞：旬亡𡆥。

（9）癸丑卜，兄貞：旬亡𡆥。九月。 二

（10）癸未卜，兄貞：旬亡𡆥。 二

（11）癸卯卜，兄貞：旬亡𡆥。十一月 二

（12）癸丑卜，兄貞：旬亡𡆥。十月[②]二 二告

（13）癸亥卜，兄貞：旬亡𡆥。十一月[③]二 二告

（14）癸酉卜，兄貞：旬亡𡆥。十二月 二

（15）癸子（巳）卜，兄貞：旬亡𡆥。 二

（16）癸丑卜，貞：旬亡𡆥。

① 卜旬卜辭通常各條卜辭月份相接續，但是有時也有不相接續的情況，如《合》26602、《合》26682等，此條卜辭為“九月”，下一條卜辭為“七月”，也應當是這種情況。

② 根據上下卜辭，我們懷疑此“十月”應當為“十一月”之誤刻。

③ 我們認為第11至第14條卜辭中的月份應該屬於同一年，如此第15至第18條卜辭便不能插入其中，否則月份便無法相接續。

（17）癸子（巳）卜，貞：旬亡𡆥。

（18）癸卯卜，貞：旬亡𡆥。

骨扇部分：

癸亥卜，兄貞：旬亡𡆥。旬，壬申［夕皿（向）癸酉］司龔失[1]火，婦娃子殟。甲☐[2]。

說明：

A+B為蔡哲茂先生《甲骨綴合集》第一則，C為蔣玉斌先生加綴。今加綴D、E。B、D間邊緣密合辭例通暢，且有殘字“𡆥”，D、E間邊緣基本密合辭例通暢，且有殘字“貞”，故我們認為可以拼合。“”貞卜辭數量不多，據我們所見有十幾版，為一版之折的可能性較大。

[3] 第367則

A：《合》22638（《合》24873、《合》40929、《美》656、《相》89、《七P》87）。

B：《合補》8025（《日天》393）。

釋文：

（1）癸未［卜，矢］貞：今［夕亡𡆥］。

（2）甲申卜，矢貞：今夕亡𡆥。

（3）乙酉卜，矢貞：今夕亡𡆥。

（4）丙戌卜，中貞：叀上甲祝用。

（5）丙戌卜，中貞：叀王祝之。

（6）丙戌卜，矢貞：今夕亡𡆥。

（7）［丁亥卜］，矢［貞：今］夕［亡］𡆥。

---

① 趙平安：《戰國文字的“遊”與甲骨文“㚔”為一字說》，《古文字研究》第二十二輯，第275～277頁，中華書局，2000年7月。

② 此條釋文參考蔣玉斌先生所做考釋，參蔣玉斌《〈甲骨文合集〉綴合拾遺（第七～十二組）》，中國社會科學院先秦史研究室網站，2009年9月14日。

③ 第367則選自莫伯峰《甲骨拼合第六四、六五則》第64則。莫文原載“中國社會科學院歷史研究所先秦史研究室網站”，www.xianqin.org，2010年12月15日。本文得到黃天樹師悉心指導，謹致謝忱！

說明：

A、B皆為出組二類字體，拼合後邊緣密合辭例通暢，且有殘字“戌”，故我們認為可以拼合。

第368則[①]

A：《合》28688（《善》6613）。

B：《合補》9142（《歷藏》6943）。

釋文：

（1）丁酉卜：翌戊王其田，湄［日亡𢦏］。

（2）弜田，其每。

（3）不［冓］雨。

說明：

A、B皆為無名類字體，拼合後邊緣密合辭例通暢，丁酉翌日正為戊，故我們認為可以拼合。

第369則[②]

A：《合》22817（《佚》871）。

B：《合補》6976（《日天》322）。

釋文：

（1）戊午［卜，行］貞：王［賓］口彡祼，亡囚。

（2）貞：亡尤。

（3）戊午卜，行貞：王賓雍己彡夕，亡囚。

（4）貞：亡尤。

（5）己未卜，行貞：王賓大戊彡龠眔雍己彡祼，亡囚。在十月。

（6）［貞］：亡［尤］。

① 第368則選自莫伯峰《甲骨拼合第六四、六五則》第65則。

② 第369則選自莫伯峰《甲骨拼合第六六～六八則》第66則。莫文原載“中國社會科學院歷史研究所先秦史研究室網站”，www.xianqin.org，2010年12月19日。本文得到黃天樹師悉心指導，謹致謝忱！

說明：

A、B皆為出組二類字體，拼合後邊緣基本密合，辭例通暢，且有殘字“行”可以拼綴，故我們認為可以拼合。《合補》6976（《日天》322）拓本並不清晰，可以參看《日天》322的照片和摹本，《合》22817拓本的上部右側邊緣未能拓全（可參看下部的邊緣寬度），導致了骨條寬度不一。

第370則[①]

A：《合》22828（《合》41118、《海棪》15、《金》31）。

B：《合》22846（《粹》214、《善》482）。

釋文：

（1）戊申［卜，旅］貞：王宊大戊，禱五牛囗盄，亡尤。在十月。

（2）戊申卜，旅貞：王宊叔,亡尤。在十月。

（3）戊午卜，旅貞：王宊大戊，戠，亡尤。

（4）［貞］：亡尤。

說明：

A、B皆為出組二類字體，拼合後邊緣密合辭例通暢，且有殘字“王、叔、在”，故我們認為可以拼合。

第371則[②]

A：《合》25395（《京》3361、《善》831）。

B：《合補》7898（《歷藏》3791）。

釋文：

（1）貞：［亡］尤。

（2）甲戌卜，行貞：王宊夙[③]祼，亡囚。

（3）貞：亡尤。

① 第370則選自莫伯峰《甲骨拼合第六六～六八則》第67則。

② 第371則選自莫伯峰《甲骨拼合第六六～六八則》第68則。

③ “夙”字，從沈培說，參其《說殷墟甲骨卜辭的“柤”》，載《原學》第三輯75至110頁，中國廣播電視出版社，1995年版。

（4）［甲］戌卜，行［貞］：王室［夙］祼，亡［囚］。

說明：

A、B皆為出組二類字體，拼合後邊緣密合辭例通暢，且有殘字“貞、尤”，故我們認為可以拼合。

① 第372則

A：《合補》7003（《合》23157、《歷拓》6818）。

B：《合》23193（《續存上》1506）。

釋文：

（1）乙丑卜，涿貞：王室毓祖乙歲［宰，亡尤］。在口月。

（2）乙丑卜，涿貞：王室叙，亡尤。

（3）丁卯卜，涿貞：王室父丁歲宰，亡尤。

（4）丁卯卜，涿貞：王室叙，亡尤。

（5）己子（巳）卜，涿貞：王室叙，亡尤。

（6）［己子（巳）］卜，涿［貞：王］室妣庚歲宰。

說明：

A、B皆為出組二類字體，拼合後邊緣密合，辭例通暢，且有殘字“涿、貞”可以拼綴，故我們認為可以拼合。《合補》7003圖版較《合》23157更為完整，故我們選用了《合補》的拓本。

② 第373則

A：《合》22900（《南明》344、《歷拓》5235）。

B：《合》25326（《合》41153、《善》973、《南坊》2.73）。

釋文：

（1）☐貞☐辛☐，亡☐。

（2）甲戌卜，涿貞：王室叙，亡尤。

---

① 第372則選自莫伯峰《甲骨拼合第六九～七一則》第69則。莫文原載“中國社會科學院歷史研究所先秦史研究室網站”，www.xianqin.org，2010年12月20日。本文得到黃天樹師悉心指導，謹致謝忱！

② 第373則選自莫伯峰《甲骨拼合第六九～七一則》第70則。

（3）乙亥卜，涿貞：王賓祖乙歲宰，亡尤。

說明：

A、B皆為出組二類字體，拼合後邊緣密合，辭例通暢，且有一條貫穿兩版的界劃線和殘字“貞、宰”，故我們認為可以拼合。

[1] 第374則

A：《合》23335（《京》3312、《善》15297）。
B：《合補》7049（《日天》327）。
釋文：

（1）戊戌☐貞：王☐。

（2）貞：亡尤。

（3）戊戌卜，涿貞：王賓大戊奭妣壬歲宰叙，亡尤。

（4）己亥卜，涿貞：王賓兄己歲宰叙，亡尤。

（5）庚子卜，涿貞：王賓南［庚］歲宰☐歲宰［叙］，亡尤。

說明：

A、B皆為出組二類字體，拼合後邊緣密合，辭例通暢，且有殘字“戊、大”， 故我們認為可以拼合。

[2] 第375則

A：《合》23251（《戩》24.7<不全>、《歷拓》9366、《續》2.21.4<不全>）。
B：《合》25818（《庫》1111、《美》131）。
釋文：

（1）戊辰卜，旅貞：王賓父丁歲二牛，亡尤。在十月戊辰。

（2）［戊］辰卜，旅貞：王賓［叙］，亡尤。

說明：

---

① 第374則選自莫伯峰《甲骨拼合第六九～七一則》第71則。

② 第375則選自莫伯峰《甲骨拼合第七二、七三則》第72則。莫文原載“中國社會科學院歷史研究所先秦史研究室網站”，www.xianqin.org，2010年12月20日。本文得到黃天樹師悉心指導，謹致謝忱！

A、B皆為出組二類字體，拼合後邊緣基本密合，辭例通暢，故我們認為可以拼合。《合》25818為卡內基博物館所藏甲骨，周忠兵先生博士論文《卡內基博物館所藏甲骨的整理與研究》有摹本，列為214號，可以參看。

第376則[①]

A：《合》23594（《戩》33.5、《歷拓》9452、《續》5.27.8）。
B：《合》25943（《錄》524）。
釋文：

（1）壬子卜，喜貞：气酒［翌］。

（2）丙申卜，喜貞▨。

（3）□□卜，矢［貞］：今夕▨。

說明：
A、B皆為出組二類字體，拼合後邊緣密合，辭例通暢，且有殘字“喜”，故我們認為可以拼合。

第377則[②]

A：《合》23380（《虛》540、《南博拓》222）。
B：《合》25313（《戩》18.3、《歷拓》9298、《續》2.9.6<不全>）。
C：《合補》8504（《日天》413）。
釋文：

（1）己［未卜：王］。

（2）己未卜：王。

（3）己未卜：王。

（4）己未卜：王。

（5）庚申卜，行貞：其又于妣庚。

（6）庚申卜，行貞：王穸叙，亡尤。

① 第376則選自莫伯峰《甲骨拼合第七二、七三則》第73則。
② 第377則選自莫伯峰《甲骨拼合第七四則》。莫文原載“中國社會科學院歷史研究所先秦史研究室網站”，www.xianqin.org，2010年12月21日。本文得到黃天樹師悉心指導，謹致謝忱！

說明：

A、C為林宏明先生甲骨新綴第171則，B版為筆者此次新拼合。三版都為出組二類字體，拼合後邊緣密合，辭例通暢，故我們認為可以拼合。

第378則[①]

A：《合》24259（《虛》540、《南博拓》222）。

B：《合補》7601（《懷》1284）。

釋文：

（1）癸丑卜：王。在十一月。在自奠。

（2）癸丑卜：王。

（3）癸丑卜：王。三

（4）癸丑卜：王。三

（5）癸丑卜：王。三

（6）癸丑卜：王。

（7）［丁］子（巳）卜，行貞：王室祼，亡囚。

說明：

A、B皆為出組二類字體，拼合後邊緣密合辭例通暢，且有殘字“王”，故我們認為可以拼合。

第379則[②]

A：《合補》7554（《合》25259〈《真》8.17、《歷拓》12036、《錄》461〉+《合》25092〈《鄴初》下39.7、《歷拓》2983、《京》3351、北大2號〉）。

B：《合》24266（河南博2）。

釋文：

（1）辛酉卜，尹貞：王室歲，亡尤。在四月。在自非卜。一

---

① 第378則選自莫伯峰《甲骨拼合第七五、七六則》第75則。莫文原載“中國社會科學院歷史研究所先秦史研究室網站”，www.xianqin.org，2010年12月23日。本文得到黃天樹師悉心指導，謹致謝忱！

② 第379則選自莫伯峰《甲骨拼合第七五、七六則》第76則。

（2）辛酉卜，尹貞：王宾叙，亡尤。一

（3）辛酉卜，尹貞：王宾叙，亡尤。一

（4）辛酉卜，尹貞：王宾歲，亡尤。在自𣪘卜。

（5）辛酉卜，尹貞：王宾叙，亡尤。

（6）癸亥卜，尹貞：王宾歲叙，亡尤。

（7）甲子卜，尹貞：王宾歲叙，亡尤。

（8）甲子卜，尹貞：王宾歲，亡尤。在四月。

（9）甲子卜，尹貞：王宾叙，亡尤。一

說明：

《合補》7554為《合》25259+《合》25092，是蔡哲茂先生《甲骨綴合集》中的第五十五組，《合》24266為筆者此次加綴。《合》25259藏臺歷博，《合》24266藏河南博、《合》25092則藏清華。A、B皆為出組二類字體，拼合後邊緣密合辭例通暢， 故我們認為可以拼合。

① 第380則

A：《合補》8455（《歷藏》16655）。

B：《合補》8543（《歷藏》14954）。

釋文：

（1）庚午［卜：王］。

（2）庚午卜：王。

（3）庚午卜：王。

（4）庚午卜：王。

（5）☐王。

說明：

A、B皆為出組二類字體，拼合後邊緣密合辭例通暢，且有殘字“午”，故我們認為可以拼合。

① 第380則選自莫伯峰《甲骨拼合第七七則》。莫文原載“中國社會科學院歷史研究所先秦史研究室網站”，www.xianqin.org，2010年12月24日。本文得到黃天樹師悉心指導，謹致謝忱！

[①] 第381則

A：《合》23845（《戩》50.5、《歷拓》9644、《續》6.28.8<不全>）。
B：《合補》8371（《歷拓》1694）。
釋文：

（1）庚午卜：王。

（2）庚午卜：王。

（3）庚午卜：王。

（4）庚午卜：王。

（5）庚午卜：王。

（6）□王。

說明：

A、B皆為出組二類字體，拼合後邊緣密合，辭例通暢，且有殘字“庚”可以拼綴，故我們認為可以拼合。

[②] 第382則

A：《合補》8455（《歷藏》16655）。
B：《合補》8543（《歷藏》14954）。
C：《合》23848（《虛》74、《南博》1276）。
釋文：

（1）庚午卜：王。

（2）庚午卜：王。

（3）庚午卜：王。

（4）庚午卜：王。

（5）庚午卜：王。

（6）□王。

---

① 第381則選自莫伯峰《甲骨拼合第七八～八十則》第78則。莫文原載“中國社會科學院歷史研究所先秦史研究室網站”，www.xianqin.org，2010年12月24日。本文得到黃天樹師悉心指導，謹致謝忱！

② 第382則選自莫伯峰《甲骨拼合第七八～八十則》第79則。

說明：

A、B為筆者所拼合第七七則【編者按：即本書第380則】，C為筆者此次新拼合。三版都為出組二類字體，B、C拼合後邊緣密合，辭例通暢，且有殘字“午”，故我們認為可以拼合。

第383則[①]

A：《合》23846（《真》4.70）。

B：《合》24256（《京》3648、《善》15698）。

釋文：

（1）庚午卜：王。在自虡卜。

（2）庚午卜：王。

（3）[庚]午卜：王。

（4）庚午卜：王。

（5）庚午卜：王。

（6）口口卜：［王］。

說明：

A、B皆為出組二類字體，拼合後邊緣可以密合，辭例通暢，且有殘字“王”，故我們認為可以拼合。

第384則[②]

A：《合》24309（《粹》1209、《善》9163）。

B：《合補》8093（《歷拓》12070）。

釋文：

（1）戊［午卜，行］貞：今［夕］亡囚。

（2）己未卜，行貞：今夕亡囚。在二月。

（3）庚申卜，行貞：今夕亡囚。在自褮（勞）卜。

---

① 第383則選自莫伯峰《甲骨拼合第七八～八十則》第80則。

② 第384則選自莫伯峰《甲骨拼合第八一則》。莫文原載“中國社會科學院歷史研究所先秦史研究室網站”，www.xianqin.org，2010年12月24日。本文得到黃天樹師悉心指導，謹致謝忱！

(4) 辛酉卜，行貞：今夕亡囚。在自裳（勞）[卜]。

說明：

A、B皆為出組二類字體，拼合後邊緣密合辭例通暢，且有殘字“今、囚、裳”，故我們認為可以拼合。

第385則[①]

A：《合》23897（《歷拓》7659）。

B：《合》24493（《歷拓》7498）。

釋文：

(1) 癸未卜，行貞：王其往田，亡災。在十月[②]。

(2) 癸未卜：王。在十二月。

(3) [癸] 未卜☐。

說明：

A、B都為出組二類字體，拼合後邊緣密合辭例通暢，故我們認為可以拼合。兩版皆藏於山博，希望相關學者能目驗原骨加以證實。

第386則[③]

A：《合補》7238（《文捃》1268）。

B：《合補》8243（《摭續》255）。

釋文：

(1) 癸口[卜]，口貞☐。

(2) 癸丑卜，祝貞：旬亡囚。一月。在口。

(3) 癸亥卜，祝貞：旬亡囚。一月。在盧。

(4) 癸子（巳）卜，祝貞：旬亡囚。

---

① 第385則選自莫伯峰《甲骨拼合第八二則》。莫文原載“中國社會科學院歷史研究所先秦史研究室網站”，www.xianqin.org，2010年12月25日。本文得到黃天樹師悉心指導，謹致謝忱！

② 出組的卜王卜辭一版通常都是在同一個月，如《合》24055、《合》24352等。此版第一條卜辭為十月，第二條卜辭為十二月，可能是由于第一條卜辭為田獵卜辭而非卜王卜辭的緣故。

③ 第386則選自莫伯峰《甲骨拼合第八三則》。莫文原載“中國社會科學院歷史研究所先秦史研究室網站”，www.xianqin.org，2010年12月28日。本文得到黃天樹師悉心指導，謹致謝忱！

（5）癸未卜，祝貞：旬亡囚。

（6）□□卜，□貞☐。

說明：

A、B都為出組一類字體，拼合後邊緣密合辭例通暢，且有殘字“旬”，故我們認為可以拼合。

[①] 第387則

A：《合》24535（《戬》42.8、《歷拓》9558、《續》2.22.8、《上博・武》339[②]）。

B：《合》25192（《戬》40.9、《歷拓》9537、《續》2.2.6、《上博・武》318）。

釋文：

（1）貞☐。

（2）庚申卜，即貞：西子歲其牡。

（3）貞：牝。八月[③]。

說明：

A、B皆為出組二類字體，拼合後邊緣密合辭例通暢，且有殘字“牡”，“西子”還見於《合》25169，故我們認為可以拼合【編者按：宋鎮豪、朱德天編集的《雲間朱孔陽藏戬壽堂殷虛文字舊拓（上）》（線裝書局，2009年12月第一版）第182～183頁已將《戬》40.9（及《合》24535）綴合，並附有綴合拓本的摹本，可以參看】。

[④] 第388則

A：《合》25248（《歷拓》9774）。

B：《英藏》2149（《金》44）。

釋文：

① 第387則選自莫伯峰《甲骨拼合第八四、八五則》第84則。莫文原載“中國社會科學院歷史研究所先秦史研究室網站”，www.xianqin.org，2010年12月28日。本文得到黃天樹師悉心指導，謹致謝忱！

② 《上海博物館所藏甲骨文字》中“《合》24535”的圖版應為“《上博・武》339”，而非其附表中所記的“《上博・武》734”。

③ 《合》24535拓本中“月”字有殘，參《上海博物館所藏甲骨文字》拓本可知應為“月”字無疑。

④ 第388則選自莫伯峰《甲骨拼合第八四、八五則》第85則。

（1）乙［未卜，即］貞：［王宊］畬☐。

（2）乙未卜，即貞：王宊叙，亡尤。

（3）庚子卜，即貞：王宊兄庚日，亡尤。

（4）☐即☐宊☐亡☐。

說明：

A、B皆為出組二類字體，拼合後邊緣密合辭例通暢，故我們認為可以拼合。

第389則[①]

A：《合》25696（《歷拓》9776）。
B：《英藏》1954（《合》41145、《金》21）。
釋文：

（1）戊寅卜，［旅］貞：王［宊］父丁五泉，［亡］尤。在正［月］。

（2）戊寅卜，旅貞：王宊叙，亡尤。

（3）戊寅卜，旅貞：王宊戠，亡囚。

（4）貞：亡尤。在正月。

（5）［戊］子卜，旅貞：王宊戠，亡囚。

說明：

A、B皆為出組二類字體，拼合後邊緣密合辭例通暢，故我們認為可以拼合。

第390則[②]

A：《合》23301（《粹》377、《善》855、《京》3291）。
B：《合》24457（《七X》11、《歷拓》7414）。
釋文：

① 第389則選自莫伯峰《甲骨拼合第八六、八七則》第86則。莫文原載“中國社會科學院歷史研究所先秦史研究室網站”，www.xianqin.org，2010年12月28日。本文得到黃天樹師悉心指導，謹致謝忱！

② 第390則選自莫伯峰《甲骨拼合第八六、八七則》第87則。

骨首：

戊辰卜，旅貞：王其田于陮，亡災。一

右側：

（1）戊寅［卜，旅］貞：王其□陮，亡災。在四月。一

（2）戊午卜，旅貞：王其于□，亡災。一

左側：

（1）戊申［卜，旅］貞：王［室］父戊□，亡尤。

（2）戊申卜，旅貞：王室，亡尤。

說明：

A、B皆為出組二類字體，拼合後邊緣密合辭例通暢，故我們認為可以拼合。

第391則[①]

A：《合》25346（《珠》379）。

B：《合》25912（《京》3784、《善》15289）。

釋文：

（1）庚申卜，□貞：王室叔，亡［尤］。

（2）弜用。

說明：

A、B皆為出組二類字體，拼合後邊緣密合辭例通暢，且有殘字“王”，故我們認為可以拼合。

第392則[②]

A：《合》25354（《虛》497、《南博拓》497）。

B：《合補》7487（《合補》7523、《歷拓》1200、《文捃》3137）。

---

① 第391則選自莫伯峰《甲骨拼合第八八、八九則》第88則。莫文原載“中國社會科學院歷史研究所先秦史研究室網站”，www.xianqin.org，2010年12月29日。本文得到黃天樹師悉心指導，謹致謝忱！

② 第392則選自莫伯峰《甲骨拼合第八八、八九則》第89則。

釋文：

（1）乙子（巳）卜，囗貞：王㝉叙，亡［尤］。在囗［月］。

（2）囗丑卜，行[貞]：王㝉囗歲，亡尤。

說明：

A、B皆為出組二類字體，拼合後邊緣密合辭例通暢，故我們認為可以拼合。

[①] 第393則

A：《合》25778（《北圖》4496）。
B：《合補》7685（《歷藏》19006）。
釋文：

（1）貞：亡尤。

（2）丙辰卜，即貞：王㝉戠，亡囚。

（3）［貞］：亡尤。

說明：

A、B都為出組二類字體，拼合後邊緣密合辭例通暢，故我們認為可以拼合。

[②] 第394則

A：《合》25803（《歷拓》9758、《上博·武》501）。
B：《合》25430（《合補》7704、《珠》875、《東大》1214）。
釋文：

（1）甲［申卜，尹］貞☐。

（2）貞：亡尤。

---

① 第393則選自莫伯峰《甲骨拼合第九十則》。莫文原載“中國社會科學院歷史研究所先秦史研究室網站”，www.xianqin.org，2010年12月31日。本文得到黄天樹師悉心指導，謹致謝忱！

② 第394則選自莫伯峰《甲骨拼合第九一則》。莫文原載“中國社會科學院歷史研究所先秦史研究室網站”，www.xianqin.org，2011年1月1日。本文得到黄天樹師悉心指導，謹致謝忱！

（3）乙酉卜，尹貞：王宓夙[①]祼，亡囚。

（4）貞：亡尤。

說明：

A、B都為出組二類字體，拼合後邊緣密合辭例通暢，且有殘字“祼”，故我們認為可以拼合。

第395則[②]

A：《合》23181（《北圖》4493）。
B：《合》25835（《善》1803）。
釋文：

（1）庚寅卜，行貞：王其宓☐。

（2）貞：弜宓。

（3）丁酉卜，行貞：王宓父丁歲宰，亡尤。

（4）丁酉卜，行貞：王宓叙，亡尤。

（5）戊戌卜，行貞：今夕不雨。

（6）貞：其雨。在六月。

說明：

A、B都為出組二類字體，拼合後邊緣密合辭例通暢，故我們認為可以拼合。兩版皆藏於北圖，希望能得以驗證。

第396則[③]

A：《合》22542（《京》3429、《續存》上1605<不全>）。
B：《合補》7362（《歷藏》11127）。
釋文：

（1）丙午［卜，即］貞：又［以羌］翌丁未［其用］。

---

① “夙”字，從沈培說，參其《說殷墟甲骨卜辭的“枏”》，載《原學》第三輯75至110頁，中國廣播電視出版社，1995年版。

② 第395則選自莫伯峰《甲骨拼合第九二則》。莫文原載“中國社會科學院歷史研究所先秦史研究室網站”，www.xianqin.org，2011年1月1日。本文得到黃天樹師悉心指導，謹致謝忱！

③ 第396則選自莫伯峰《甲骨拼合第九三則》。莫文原載“中國社會科學院歷史研究所先秦史研究室網站”，www.xianqin.org，2011年1月4日。本文得到黃天樹師悉心指導，謹致謝忱！

（2）貞：弜用。二月。

（3）丙午卜，即貞：又以羌翌丁未其用。

說明：

A、B都為出組二類字體，拼合後邊緣密合辭例通暢，且有殘字“弜”，故我們認為可以拼合。

[1] 第397則

A：《合》23766（《戩》31.10、《歷拓》9433、《續》4.41.4、《上博·武》254）。

B：《合》25442（《續存》上1574）。

C：《合補》7602（《歷拓》3000）。

釋文：

（1）貞：［亡］尤。［在］六月。

（2）辛未卜，行貞：王宔夙[2]祼，亡囚。

（3）貞：亡尤。在六月。

（4）辛未卜，行貞：王出，亡囚。一

（5）貞：亡尤。在六月。

說明：

A、B為劉影甲骨新綴第67組所拼合【編者按：即《甲骨拼合集》第161則】，C為筆者此次新拼合。三版都為出組二類字體，拼合後邊緣密合辭例通暢，且有殘字“王、夙、囚”，故我們認為可以拼合。

[3] 第398則

A：《合》26147（《掇二》93）。

B：《合補》7617（《日天》356）。

---

① 第397則選自莫伯峰《甲骨拼合第九四則》。莫文原載“中國社會科學院歷史研究所先秦史研究室網站”，www.xianqin.org，2011年1月4日。本文得到黃天樹師悉心指導，謹致謝忱！

② “夙”字，從沈培說，參其《說殷墟甲骨卜辭的“㭒”》，載《原學》第三輯，第75至110頁，中國廣播電視出版社，1995年版。

③ 第398則選自莫伯峰《甲骨拼合第九五、九六則》第95則。莫文原載“中國社會科學院歷史研究所先秦史研究室網站”，www.xianqin.org，2011年1月5日。本文得到黃天樹師悉心指導，謹致謝忱！

釋文：

（1）戊戌卜，尹貞：王室叙，亡尤。

（2）庚子卜，尹貞：王室夙[①]祼，亡𡆥。在口[②]月。

（3）貞：亡尤。

說明：

A、B皆為出組二類字體，拼合後邊緣基本密合辭例通暢，且有殘字“夙、𡆥”，故我們認為可以拼合。

[③] 第399則

A：《合》25504（《續存》上1577、《善》291）。
B：《合補》7683（《歷藏》9004）。
釋文：

（1）戊寅［卜，行］貞：王［室］戠，亡［𡆥］。

（2）貞：亡尤。在三月。

（3）己卯卜，行貞：王室夕祼，亡𡆥。

（4）［貞］：亡［尤］。

說明：

A、B皆為出組二類字體，拼合後邊緣密合辭例通暢，且有殘字“貞、尤、月”，故我們認為可以拼合。

[④] 第400則

A：《合》26585（《上博新拓》77）。
B：《合》26607（《歷拓》4397）。
C：《合》26596（《京》3576、《北圖》3542）。

① “夙”字，從沈培說，參其《說殷墟甲骨卜辭的“𣏩”》，載《原學》第三輯，第75至110頁，中國廣播電視出版社，1995年版。

② 按照“《日天》356”提供的摹本，“月”字上無數字，通過觀察拓本和照片，我們未敢遽定是否如此。

③ 第399則選自莫伯峰《甲骨拼合第九五、九六則》第96則。

④ 第400則選自莫伯峰《甲骨拼合第九七則》。莫文原載“中國社會科學院歷史研究所先秦史研究室網站”，www.xianqin.org，2011年1月7日。本文得到黃天樹師悉心指導，謹致謝忱！

釋文：

（1）癸亥卜，出貞：旬亡[囚]。二

（2）癸☐卜☐。二

（3）癸子（巳）卜，出貞：旬亡囚。二

（4）癸卯卜，出貞：旬［亡囚］。二

（5）癸☐貞☐囚☐。

（6）癸丑卜，出貞：旬亡囚。四月。

（7）癸亥卜，出貞：旬亡囚。五月。

（8）癸酉卜，出貞：旬亡囚。五月。二

說明：

A、B為蔡哲茂先生《甲骨綴合集》第139組，C為筆者此次新拼合。三版都為出組一類字體，拼合後邊緣密合辭例通暢，且月份及干支相接續，故我們認為可以拼合。

① 第401則

A：《合》27104（《京》4053、《善》1038）。

B：《合》30955（《甲》1910）。

釋文：

甲口卜，貞：其鼎父甲眔大乙酒，王受又。

說明：

A、B都為何組二類字體，拼合後邊緣密合辭例通暢，且有殘字“大乙、受”，故我們認為可以拼合。

② 第402則

A：《合補》8333（《歷藏》15064）。

B：《合補》8341（《歷藏》18728）。

---

① 第401則選自莫伯峰《甲骨拼合第九八～一0一則》第98則。莫文原載“中國社會科學院歷史研究所先秦史研究室網站”，www.xianqin.org，2011年1月15日。本文得到黃天樹師悉心指導，謹致謝忱！

② 第402則選自莫伯峰《甲骨拼合第九八～一0一則》第99則。

釋文：

（1）辛丑卜：王。

（2）辛丑卜：王。

（3）辛丑卜：王。

說明：

A、B都為出組二類字體，拼合後邊緣密合辭例通暢，故我們認為可以拼合。

第403則[①]

A：《合補》8014（《歷藏》9392）。
B：《合補》8132（《合補》8044、《歷藏》9540）。
釋文：

（1）甲戌卜，囗貞：今夕亡［旧］。

（2）乙亥卜，矢貞：今夕亡旧。

（3）囗囗卜，矢貞：［今］夕［亡］旧。

說明：

A、B都為出組二類字體，拼合後邊緣基本密合辭例通暢，且干支相接續，故我們認為可以拼合。

第404則[②]

A：《合補》7487（《合補》7523、《歷拓》1200、《文捃》3137）。
B：《合》25354（《虛》497、《南博拓》497）。
C：《輯佚》322。
釋文：

（1）乙子（巳）卜，[行]貞：王室祖乙歲，［亡］尤。在［十一月］。

（2）乙子（巳）卜，行貞：王室叙，亡尤。在十一月。

（3）囗丑卜，行[貞]：王室囗歲，亡尤。

① 第403則選自莫伯峰《甲骨拼合第九八～一0一則》第100則。
② 第404則選自莫伯峰《甲骨拼合第九八～一0一則》第101則。

說明：

A、B為筆者所拼合第八九組【編者按：即本書第392則】，C為筆者此次新拼合。三版都為出組二類字體，拼合後邊緣密合辭例通暢，故我們認為可以拼合。

第405則①

A：《合》27702（《旅博》1857）。

B：《合》30800（《甲》2630）。

釋文：

（1）癸子（巳）卜，彭貞：惠今新用。

（2）貞：口酉◯用。

（3）☐彭☐。

（4）☐祖☐。

說明：

A、B都為何組一類字體，拼合後邊緣密合辭例通暢，且有殘字“彭”，故我們認為可以拼合。

第406則②

A：《合》27857（《契》543）。

B：《合》27869（《虛》63、《南博拓》2076）。

釋文：

（1）丙辰卜，何貞：王燕*惠吉。不冓雨。一

（2）口口卜，何貞：燕* ［惠吉］☐雨。

（3）☐貞：王☐冓［雨］。

說明：

A、B都為事何類字體，拼合後邊緣密合辭例通暢，故我們認為可以拼合。

① 第405則選自莫伯峰《甲骨拼合第一0二、一0三則》第102則。莫文原載“中國社會科學院歷史研究所先秦史研究室網站”，www.xianqin.org，2011年1月17日。本文得到黃天樹師悉心指導，謹致謝忱！

② 第406則選自莫伯峰《甲骨拼合第一0二、一0三則》第103則。

第407則[①]

A：《合》28433（《歷拓》6948）。
B：《合補》9143（《歷藏》6698）。
釋文：

（1）戊申卜，何貞：王其田，亡災。

（2）戊子卜，何貞：王其田，亡災。

（3）□未卜，何［貞］：王其田，亡災。

說明：
A、B都為何組一類字體，拼合後邊緣密合辭例通暢，故我們認為可以拼合

第408則[②]

A：《合》31392（《甲》2499）。
B：《合補》10095（《合補》9828、《京》4705、《歷藏》15606）。
釋文：

（1）癸丑卜，狄貞：旬亡囚。

（2）癸亥卜，貞：旬亡囚。

（3）癸酉卜，狄貞：旬亡囚。

（4）［癸］未卜，［貞］：旬亡囚。

說明：
A、B都為何組一類字體，拼合後邊緣密合辭例通暢，且有殘字“酉、亡”，故我們認為可以拼合。

第409則[③]

A：《合》31565（《佚》304、《美》436）。

---

① 第407則選自莫伯峰《甲骨拼合第一0四則》。莫文原載“中國社會科學院歷史研究所先秦史研究室網站”，www.xianqin.org，2011年1月18日。本文得到黃天樹師悉心指導，謹致謝忱！

② 第408則選自莫伯峰《甲骨拼合第一0五則》。莫文原載“中國社會科學院歷史研究所先秦史研究室網站”，www.xianqin.org，2011年1月20日。本文得到黃天樹師悉心指導，謹致謝忱！

③ 第409則選自莫伯峰《甲骨拼合第一0六則》。莫文原載“中國社會科學院歷史研究所先秦史研究室網站”，www.xianqin.org，2011年1月21日。本文得到黃天樹師悉心指導，謹致謝忱！

B：《合補》9885（《歷藏》9581）。

釋文：

（1）癸亥卜，貞：今夕亡囚。

（2）丁卯卜，壴貞：今夕亡囚。

（3）[癸]酉卜，［貞］：今夕亡囚。

說明：

A、B都為何組一類字體，拼合後邊緣密合辭例通暢，且有殘字“貞”，故我們認為可以拼合。

[1] 第410則

A：《合》27437（《合》25369、《粹》259、《善》18772、《京》3296）。
B：《英藏》2264（《合》41317、《金》14）。

釋文：

（1）庚子［卜，貴］貞：其口口必卩日⧄≣[2]

（2）庚子卜，貴貞：其[illegible]。

（3）辛亥卜，貴貞：其又祖丁己[3]口，其[illegible]泇。

（4）貞：其自帝甲又，逆。

說明：

兩版字體都是何組一類，有殘字“卜、又”可以拼綴，而且邊緣也基本密合，因此我們認為應可以拼合。拼合後共有四條卜辭，出現了多位祖先名。由於辭例稀見以及一些字的辨識仍存在疑問，內容理解還有一些可探討之處。

[4] 第411則

A：《合》41443（《日匯》251）。

---

[1] 第410則選自莫伯峰《甲骨拼合第一0七～一0九則》第107則。莫文原載“中國社會科學院歷史研究所先秦史研究室網站”，www.xianqin.org，2011年1月27日。本文得到黃天樹師細緻指導，深表感謝！

[2] 《英國所藏甲骨集・釋文》第2264片注釋認為此條卜辭第三行行首這些橫線係劃去誤字，而非文字，但僅通過摹拓似乎看不到有什么字被橫線劃去。

[3] 黃師《殷墟王卜辭的分類與斷代》第233頁中總結何組一類卜辭的主要稱謂，有“祖己”（見於《合》32656），此處的“己”很有可能也是指祖己。

[4] 第411則選自莫伯峰《甲骨拼合第一0七～一0九則》第108則。

B：《合補》8773（《甲》1449）。

釋文：

（1）丙辰［卜］，貞：今［夕］亡［囚］。一

（2）丁酉卜，狄貞：今夕亡囚。一

說明：

兩版都是何組一類字體，A版雖為摹本，但通過摹本對邊緣凹凸的細緻描繪，可以看到拼合後邊緣十分密合，而且辭例正好通暢，再者序數辭也都為"一"，因此我們認為兩版可以拼合。

① 第412則

A：《合》28434（《歷拓》10076）。

B：《合補》9115（《歷藏》6834）。

釋文：

（1）辛☐貞：王☐往田☐來☐。

（2）壬申卜，何貞：王其田，亡災。一

（3）丙子卜，何貞：王其田，亡災。一

說明：

兩版都是何組一類字體，通過殘字"申、貞"的拼綴，我們認為可以拼合。

② 第413則

A：《合》31330（《甲》2513+《甲》2529）。

B：《合》31356（《合》31365、《佚》282、《美》430）。

C：《合補》10124（《甲》2425）。

D：《合》31363（《合補》9999、《甲》2701）。

釋文：

（1）［癸丑卜，何貞：旬］亡［囚］。

（2）癸亥卜，何貞：旬亡囚。一月。

① 第412則選自莫伯峰《甲骨拼合第一0七～一0九則》第109則。

② 第413則選自莫伯峰《甲骨拼合第一一0則》。莫文原載"中國社會科學院歷史研究所先秦史研究室網站"，www.xianqin.org，2011年1月28日。本文得到黃天樹師悉心指導，謹致謝忱！

（3）癸酉卜，何貞：旬亡囚。

（4）癸未卜，何貞：旬亡囚。二月。

（5）癸子（巳）卜，何貞：旬亡囚。二

（6）癸卯卜，何貞：旬亡囚。二

（7）癸亥卜，何貞：旬亡囚。二

說明：

A、B為白玉崢先生所綴，C、D為筆者此次加綴，綜合字體、辭例、邊緣等信息，我們認為可以拼合。A、C、D三版皆藏於中研院，盼望能以原骨驗證。

[①] 第414則

A：《合》27042正（《甲》2692+《甲》2880）。
B：《合》41328（《日匯》351）。[②]
C：《合補》10209（《甲》2574）。
釋文：

（1）癸丑☐翌甲☐又父☐。

（2）癸丑卜，何貞：其宰。二

（3）癸丑卜，何貞：其宰又一牛。三

（4）癸丑卜，何貞：弜勿。四

（5）癸丑卜，何貞：叀勿。四

（6）癸丑卜，☐翌甲寅又父甲。

（7）癸丑卜，何貞：☐又一牛。

（8）癸丑卜，何貞：弜勿。

（9）癸丑卜，何貞：叀勿。

（10）丙辰卜，何貞：翌丁巳其又。一

---

① 第414則選自莫伯峰《甲骨拼合第一一一～一一三則》第111則。莫文原載“中國社會科學院歷史研究所先秦史研究室網站”，www.xianqin.org，2011年2月11日。本文得到黃天樹師細緻指導，深表感謝！

② 《合》41328為摹本，拓本據蔡哲茂先生《甲骨綴合續集》中所提供的圖版。

（11）丙辰卜，何貞：其一牛。二

（12）丙辰卜，何貞：其宰。

（13）丙辰卜，何貞：其宰。

（14）庚申卜，何貞：翌辛酉其又妣辛。

（15）庚申卜，何貞：其宰。

（16）庚申卜，何貞：其宰又一牛。三

（17）☑祼，亡尤。

（18）庚申卜，賈貞：王室夙祼，亡尤。

（19）辛酉卜，賈貞：王室夕祼，亡尤。

（20）辛酉卜，賈貞：王室夕祼，亡尤。

（21）壬戌卜，王貞：今夕亡尤。

（22）壬戌卜，王貞：今夕亡尤。

（23）甲子☑貞：王囗報甲劦☑。

（24）甲子卜，賈貞：王室報甲劦，亡尤。

（25）甲子卜，賈貞：王室報甲劦，亡尤。

（26）甲子卜，賈貞：王室上甲劦，亡尤。

（27）囗子卜，囗貞：王室上甲劦，亡尤。

（28）甲子卜，賈貞：王室報甲劦，亡尤。

（29）庚午卜，賈。

（30）庚午卜，賈。

（31）庚午。

說明：

A、B兩版為蔡哲茂先生《甲骨綴合續集》第五三六則所綴，筆者今加綴C版。A、C有殘字“巳”可以拼綴，而且邊緣密合辭例通暢。B、C有界劃線可以拼綴。因此我們認為應可以拼合。A、C兩版都為史語所藏，非常盼望能以實物驗證。

第415則[①]

A：《合》31392（《甲》2499）。

B：《合補》9828（《合補》10095、《京》4705、《歷藏》15606）。

C：《合》31380（《甲》2837）。

釋文：

（1）癸丑卜，狄貞：旬亡𡆥。

（2）癸亥卜，貞：旬亡𡆥。

（3）癸酉卜，狄貞：旬亡𡆥。

（4）癸未卜，貞：旬亡𡆥。

（5）癸子（巳）卜，狄貞：旬亡𡆥。

（6）□亡𡆥。

說明：

A、B為筆者過去所拼合的第一〇五則【編者按：即本書第408則】，今加綴C。三版都是何組一類字體，B、C間有殘字“旬”，而且邊緣十分密合，辭例也通暢。因此我們認為可以拼合。

第416則[②]

A：《合》31518（《甲》2507）。

B：《合補》10090（《合補》10107、《續存上》2101、《歷藏》10895）。

釋文：

（1）癸□貞□。

（2）癸子（巳）卜，貞：旬亡𡆥。

（3）癸卯卜，貞：旬亡𡆥。

說明：

兩版都是何組一類字體，通過殘字“癸”的拼綴，我們認為可以拼合。

---

① 第415則選自莫伯峰《甲骨拼合第一一一～一一三則》第112則。

② 第416則選自莫伯峰《甲骨拼合第一一一～一一三則》第113則。

[①] 第417則

A：《上博》17647.684（《合》22971<不全>、《戩》7.8、《續》1.42.5）。
B：《合》22963（《續存》上1501）。
釋文：

（1）庚申卜，[王]貞：其又☐。在十月。

（2）庚申卜，王貞：亡囚。在十月。

（3）庚申卜，王貞：其又于祖辛。

（4）庚申卜，王貞：其又于母辛。十月。 五

（5）庚申卜，王貞：母（毋）又于祖辛于母辛。 六

說明：

A版在《甲骨文合集》中有收錄，但不全，而且原邊拓得很少，導致與B版很難拼合。《上海博物館藏甲骨文字》拓本更為清晰完整，與B版拼合後邊緣很密合。

[②] 第418則

A：《合》33371（《後下》41.12、《通》24）。
B：《合》33372（《粹》936<不全>、《文捃》1398）。
釋文：

（1）辛子（巳）☐于大☐。二

（2）丙戌卜：丁亥王陷，毕。允毕三百又四十八。 二

（3）弗毕。 二

（4）弗[毕]。

（5）己卯卜：王逐兕☐弗☐。二

（6）弗毕。 二

---

① 第417則選自莫伯峰《甲骨拼合第一一四～一一五則》第114則。莫文原載“中國社會科學院歷史研究所先秦史研究室網站”，www.xianqin.org，2011年5月13日。本文得到黃天樹師指導，深表感謝！

② 第418則選自莫伯峰《甲骨拼合集一一四～一一五則》第115則。

說明：

兩版都是歷一類字體，事類一致，序數辭相同，邊緣密合，所以我們認為可以拼合。

第419則[①]

A：《合》31035（《粹》847、《善》7549、《京》4346）。

B：《合補》9465（《歷藏》7956）。

C：《合補》9211（《歷藏》6948）。

釋文及說明：

（1）其霾至翌日。

（2）于翌日廼霾。

（3）今夕雨。

（4）翌日雨。

（5）[弜]从喪田。

A+B為《甲骨拼合集》第237則，今加綴C版，拼合後辭例通暢，邊緣密合。過去曾補釋第四條卜辭“日雨”上一字為“今”，通過這次拼合來看是錯誤的，今更正。

第420則[②]

A：《合》30894（《庫》1147、《美》157）。

B：《上博》21691.14。

釋文及說明：

（1）其牢。

（2）惠莫（暮）酒。

（3）惠𣅀酒。

A、B兩版都為無名類字體，有殘字“惠”可以拼綴，而且邊緣基本密

---

① 第419則選自莫伯峰《甲骨拼合第一一六則》。莫文原載“中國社會科學院歷史研究所先秦史研究室網站”，www.xianqin.org，2011年5月18日。拼合得到黃天樹師指導，深表感謝！

② 第420則選自莫伯峰《甲骨拼合第一一七則》。莫文原載“中國社會科學院歷史研究所先秦史研究室網站”，www.xianqin.org，2011年5月25日。拼合得到黃天樹師指導，深表感謝！

合，辭例通暢。因此我們認為應可以拼合。

① 第421則

A：《英藏》1149（《金璋》461）。

B：《合》16037（《歷拓》10797）。

釋文與說明：

A、B兩版字體皆為自賓間類，兩版綴合後可補足一條完整的卜辭："丁酉卜：奏舞今夕。"如果仔細觀察《英藏》1149"奏"字下尚存有"舞"字頭部殘畫，且兩版兆序辭都是"一"。據此，兩版應該可以綴合。綴合後釋文如下：

（1）丁酉卜：奏舞今夕②。一

（2）勿奏舞今夕。一

（3）☐芔取保石。一

（4）取早③石。

（5）求雨河。④一

（6）［奏］舞。

下面附帶說說本版讀為"保"的字。

此版"保"字形體奇特，《類纂》、《詁林》編為0168號，並沒有將之置於0085號的"保"字頭下，並說"此字形體似有誤……用義不詳。"⑤李宗焜先生將其編為0567號，與確定無疑的"保"字放在一處，⑥可見李先生是認為這個字為"保"的。參照《合》21494"取保石"之語可以知道，這個形體必為"保"字異體或者與"保"有通用關係的字，李先生的意見非常獨到。

我們知道，甲骨文一般的"保"字作""、""之形，商器"保"

---

① 第421則選自王子揚《自賓間類胛骨新綴一則》。王文原載"中國社會科學院歷史研究所先秦史研究室網站"，www.xianqin.org，2010年9月2日。本組綴合得到了黃天樹老師的悉心指導，莫伯峰師弟在綴合過程中給我很大鼓勵，並為我製作拓本拼圖，在此一併表示真摯的感謝！

② 過去金璋所做的摹本將"今"字下面摹寫為"日"，綴合後知道並沒有"日"字，乃"夕"字。"今"、"夕"二字距離拉得比較開，可能是為了避兆，其間有兆序辭"一"為證。

③ 此字釋讀從陳劍先生的意見。可參看《釋造》，《甲骨金文考釋論集》第127～176頁，綫裝書局，2007年。

④ "求"字在拓本上模糊不清，此據《金璋》摹本釋。"雨"字下面似有短横，可能不是"于"字，"求雨河"同樣可通。

⑤ 于省吾主編、姚孝遂按語編纂：《甲骨文字詁林》第200頁，中華書局，1996年。

⑥ 李宗焜：《殷墟甲骨文字表》第59頁，北京大學博士研究生學位論文（指導教師：裘錫圭教授），1995年。

字寫法更為形象，作“”（保父丁簋）、“”（保父己斝）、（保鼎），反手負子於背之形昭然。本版所謂的“保”字作“”，雙手並未反到身後，背上之子也未見擺動的雙手，與常態的“保”字寫法確實不同。如何解釋這個“保”字形體呢？筆者認為，此字象背負繈褓之形，也可能是“緥（褓）”字的象形初文。由於嬰孩包裹於繈褓之中，所以未見雙手與腿腳之形，僅露出孩子的頭部。又用繩子或布帶將繈褓綁縛在成年人的身後（形體中的“ミ”即是繩子之形）。這樣處理後，背負嬰孩的母親或父親不會影響正常的生產勞動，同時也保養了自己的孩子。如今中國南方的有些民族還保留著這樣背負孩子的方式。

唐蘭先生在《殷虛文字記·釋保》中說：

> 《召誥》曰：“夫知保抱攜持厥婦子”，抱者褢於前，保者負於背，故字象人反手負子於背也。保字孳乳為緥，是為兒衣，繈褓者古亦以負於背。[1]

唐先生說繈褓也可以負於背是很對的，本文討論的“保”字形體就是佳證。但是說“緥”字由“保”孳乳恐怕未必符合實際。筆者認為，本文討論的“”字象人背負繈褓之形，也可能是“緥（褓）”的初文，畫出人形是爲了烘托背後的繈褓，就好比古文字中的“眉”字要連帶畫出眼目甚至人形，古文字中的“瓜”字要連帶畫出瓜的藤蔓。

[2] 第422則

A：《合》27339（《摭續》36、《掇二》77）。

B：《合》27623（《京津》4082、《歷拓》4552）。

釋文與說明：

A、B兩版字體皆為歷無名間類，綴合後可補足一條完整的卜辭：“庚子卜：其又歲于兄辛一牛。茲用。”其全部釋文如下：

其。

乙未卜：其㲋虎陟于祖［丁[3]裸］。

乙未卜：其㲋虎于父甲裸。

庚子卜：其又歲于兄辛一牛。茲用。

---

① 唐蘭：《殷虛文字記》第58～59頁，中華書局，1981年。

② 第422則選自王子揚《歷無名間類卜辭新綴一例》。王文原載“中國社會科學院歷史研究所先秦史研究室網站”，www.xianqin.org，2010年12月19日。本組綴合得到了黃天樹師的悉心指導，在此表示真摯的感謝！

③ “祖”字右側的豎筆，黃師告訴我說可能不是筆畫，非常正確。《合》27364（歷無名間類）“祖丁”、“父甲”連言，可證此處“祖”下殘去的很可能是“丁”。

☑牢☑惠☑用。

綴合後，本版出現“祖丁”、“父甲”、“兄辛”三個聯合稱謂，據此，這些卜辭當爲康丁祭祀其祖武丁、其父祖甲、其兄廩辛的貞卜記錄。黃天樹師過去據《合》27364推定歷無名間類卜辭的時代已經延伸到康丁之世，[①] 是非常正確的。這例綴合又添一佳證。

[②] 第423則

A：《合》6366（《北圖》5046、《文捃》628）。

B：《合》12803（《歷拓》6140、《合補》3787）。

釋文與說明：

A、B兩版字體皆為典賓類，碴口基本密合，且有“不”、“延”二字可以補足，兩版應該可以綴合。綴合後釋文如下：

不其延雨。

㞢翦[③]。

𢀛方其翦㞢。

☑方。

[④] 第424則

A：《合》9693（《珠》168）。

B：《英》804。

釋文與說明：

A、B兩版字體皆為典賓類，碴口基本密合，且有“受”、“黍”二字可以補足，兩版應該可以綴合。綴合後釋文如下：

不其受。

不其受年。

---

① 黃天樹：《殷墟王卜辭的分類與斷代》（繁體版）第245～246頁，台北：文津出版社，1991年。也可參看《殷墟王卜辭的分類與斷代》（簡體版）第244～245頁，科學出版社，2007年。

② 第423則選自王子揚《賓組卜辭新綴一例》。王文原載“中國社會科學院歷史研究所先秦史研究室網站”，www.xianqin.org，2011年1月2日。本組綴合得到了黃天樹師的悉心指導，謹致謝忱！

③ “翦”字從陳劍先生說，參看《甲骨金文“𢦏”字補釋》，《古文字研究》第二十五輯，第40～44頁，中華書局，2004年；又收入《甲骨金文考釋論集》第99～106頁，綫裝書局，2007年。

④ 第424則選自王子揚《賓組卜辭綴合一例》。王文原載“中國社會科學院歷史研究所先秦史研究室網站”，www.xianqin.org，2011年1月4日。本組綴合得到了黃天樹師的悉心指導，謹致謝忱！

貞：我受黍年。

貞：我受年。

貞：呼婦好往，若。

貞：呼婦好往，若。

貞：呼婦好往，若。

① 第425則

A：《合》6553（《前》4.44.5、《歷拓》7125、《通》518）。

B：《英》669（《庫》1541、《合》39706）。

釋文與說明：

A、B兩版字體皆為典賓類，碴口基本密合，兆序辭皆為“四”，兩版應該可以綴合。綴合後釋文如下：

貞：今［早②王］比𢀛侯虎伐方，受㞢又。

貞：弓（勿）比侯。四　三告

貞：弓（勿）比戠。四

《英》669中段四列文字，陳夢家先生在《殷虛卜辭綜述》已經指出為偽刻。③《合》6554為同文。

④ 第426則

A：《合》8996正（《續存》下57+《文捃》1049、《歷拓》7157正、《綜述》21.1）。

B：《英》38（《金》491、《合》39500）。

---

① 第425則選自王子揚《賓組胛骨新綴一例》。王文原載“中國社會科學院歷史研究所先秦史研究室網站”，www.xianqin.org，2011年1月4日。本組綴合得到了黃天樹師的悉心指導，同窗莫伯峰也給予了很大幫助，一併表示感謝！

② 從陳劍先生意見，參看：《釋造》，《出土文獻與古文字研究》第一輯，復旦大學出版社，2006年；後收入《甲骨金文考釋論集》第127～176頁，綫裝書局，2007年。

③ 陳夢家：《殷虛卜辭綜述》第652頁“《庫方甲骨卜辭》的偽刻部份”，中華書局，1988年。

④ 第426則選自王子揚《賓組胛骨拼合一例》。王文原載“中國社會科學院歷史研究所先秦史研究室網站”，www.xianqin.org，2011年1月5日。本組綴合得到了黃天樹師的悉心指導，同窗莫伯峰也給予了很大幫助，一併表示感謝！

釋文與說明：

A、B兩版字體皆為典賓類，碴口基本密合，且有"酉"字可以拼合，兩版應該可以綴合。綴合後可以補足一條完整的卜辭："酉祖辛三羌囗二宰。"全部釋文如下：

癸酉☐告于☐。

貞：其㞢酉南庚。

吉㞢𠂇于祖辛。

酉祖辛三羌囗二宰。

貞：乎（呼）比𢀛郭。一

貞：乎（呼）同[①]左子。二告

弜（勿）于。

☐貞：𠦪☐來。王［固曰］：☐隹（唯）來。五［日］☐允至，以黽龜八，𪓑（鼈）五百丨。四月。一 二 小告

① "同"，過去多釋為"凡"。孫詒讓早在《契文舉例》第35頁指出所謂的"凡"為"同"之省文。唐蘭也指出"凡"在卜辭中讀為"同"（《天壤閣甲骨文存》第5片考釋）。今按："凡"非"同"之省文，"凡"與"同"為同源字，二者形體有細微的差異。卜辭中有些所謂的"凡"就是"同"字，如卜辭中用為地名的"桐"字，就寫成从"木"从所谓的"凡"，作"𣏟"。裘錫圭先生曾經指出，"讀為'同'的'H'，大概本是筒、桶一類東西的象形字。"（裘錫圭：《甲骨文中的幾種樂器名稱——釋"庸""豐""鞀"》，《古文字論集》第196頁，中華書局，1992年）這是非常正確的意見。最近發表了西周成王時期的內史亳同，這件自宋代以來一直稱為"觚"的青銅酒器自名為"同"，與《尚書·顧命》"奉同"、"受同"的記載相合。吳鎮烽、王占奎先生都指出這種青銅酒器"同"來源於竹筒之形，H字的兩側豎筆象竹筒的外壁，中間兩橫象竹節之形。古人以竹筒為水器酒器，後來仿照竹筒之形鑄造青銅器"同"（見下圖），並且添加"口"形，就變成了"同"（吳鎮烽：《內史亳豐同的初步研究》，《考古與文物》2010年第2期，第30～33頁；王占奎：《讀金隨札——內史亳同》，《考古與文物》2010年第2期，第34～39頁）。如果此說可信，就很好的解決了"凡"、"同"的構形問題。

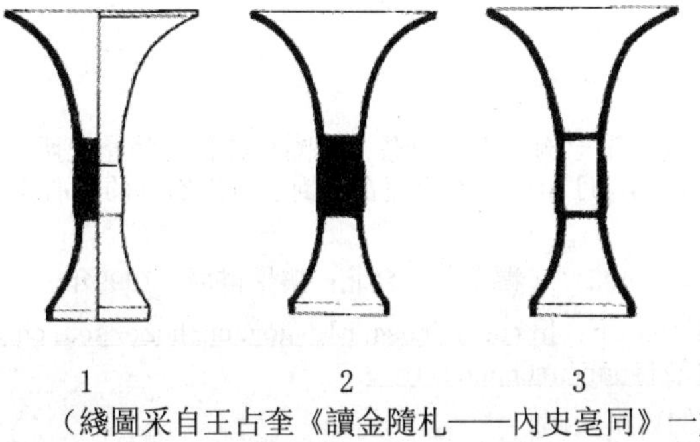

1 2 3

（綫圖采自王占奎《讀金隨札——內史亳同》一文，《考古與文物》2010年第2期第38頁）

第427則[①]

A：《合》9971（《簠歲》6、《簠拓》408）。

B：《合》9862（《北圖》2152正、《文捃》836正）。

釋文與說明：

與國圖網站公佈的2152正的拓本相比，《合》9862右上角似沒有拓全，如果用國圖2152正的拓本，A、B兩版碴口密合無間。綴合後，還原一對對貞卜辭，即“貞：帚（婦）姘黍，受年。〇貞：不其受年”。相同的辭例可以參看蔡哲茂先生《甲骨綴合集》第202組[②]。綜上，兩版應該可以綴合。另外，國圖網站公佈了《合》9862的反面拓本，上有“癸酉卜宊”四字[③]。從其所處位置看，可能與“㞢于祖丁”那條卜辭有關。綴合後釋文如下：

癸酉卜，宊（以上反面）貞：弓（勿）㞢于祖丁（以上正面）。

貞：㞢于祖丁。

貞：不其受年。

貞：帚（婦）姘黍，受年。

第428則[④]

A：《合》6591（《契》34）。

B：《合》9535（《續》2.30.3、《天》55）。

釋文與說明：

A、B兩版字體皆為典賓類，且有“龍”字可以拼合。“乎（呼）爰龍”與“于岳”共版的情形可以參看《合》10075正。綜上，兩版應該可以綴合。綴合後釋文如下：

貞：［不］其［受］年。一

---

① 第427則選自王子揚《甲骨綴合第七～八例》第七例。王文原載“中國社會科學院歷史研究所先秦史研究室網站”，www.xianqin.org，2011年1月10日。本組綴合得到了黃天樹師的悉心指導，謹致謝忱！

② 蔡哲茂：《甲骨綴合集》第229頁（圖版）、402頁（釋文），台北：樂學書局，1999年。

③ 可以登陸中國國家圖書館網站查看，其鏈接如下：http：//res4.nlc.gov.cn/home/search.trs?method=showDetail&channelid=301&id=jg2152T&parentChannelId=9。

④ 第428則選自王子揚《甲骨綴合第七～八例》第八例。

貞：乎（呼）黍于北，受年。

［乎（呼）[1]爰］龍。

☐[2]于岳。

乎（呼）［爰］龍。

10075正

[3] 第429則

A：《合》4632正（《後上》12.9+37.3、《歷拓》7167、《合補》1244正甲）。

B：《合》13599（《佚》582、《歷拓》11643、《六東》55、《合補》1244正乙）。

C：《合》2192（《歷拓》10423）。

釋文與說明：

---

① “呼”字前面也可能有“貞”字。

② “于”上一字似為“燎”。

③ 第429則選自王子揚《甲骨綴合第九例》。王文原載“中國社會科學院歷史研究所先秦史研究室網站”，www.xianqin.org，2011年1月10日。本組綴合得到了黃天樹師的悉心指導，同窗莫伯峰也給予了幫助，一併表示感謝！

A+B為蔡哲茂先生《甲骨綴合集》第325組遙綴[①]，筆者加綴C版《合》2192。《合》2192可以與A實綴，碴口密合，且有"亡"、"六"二字可以拼合。

與本版關係密切的卜辭可以參看《甲骨綴合集》第14組[②]、《合》12814+《合》13601[③]，等等。

綴合後釋文如下：

貞：[于]乙[門]令。

貞：弜（勿）于乙門令。

貞：弜（勿）于乙門令。

[今]日[往于臺]。

弜（勿）㞢多父。

弜（勿）㞢于父乙。

乙卯卜，㱿，貞：今日王弜（勿）往于臺。三

己子（巳）卜，㱿，貞：犬延亡其工。六月。二

[④] 第430則

A：《合》349（《誠》255、《京》1089、《善》1961）。

B：《合》358（《續》1.2.1、《歷拓》5534、《北大》1.33.4、《存補》4.22.1右下）。

C：《合》14737（《續存》上218、《北圖》38、《沐》69）。

釋文與說明：

A+B為蔡哲茂先生《甲骨綴合集》第230組[⑤]。筆者據《拼合集》第

---

① 蔡哲茂：《甲骨綴合集》第317頁（圖版）、426頁（釋文），台北：樂學書局，1999年。

② 林宏明先生又將《甲骨綴合集》第14組與16組綴合，參看《甲骨新綴第四～六例》之第四例，中國社會科學院歷史研究所先秦史研究室網站，http：//www.xianqin.org/blog/archives/1648.html，2009年9月20日。

③ 林宏明：《甲骨新綴第四～六例》之第五例，中國社會科學院歷史研究所先秦史研究室網站，http：//www.xianqin.org/blog/archives/1648.html，2009年9月20日。

④ 第430則選自王子揚《甲骨綴合第十～十一例》第十例。王文原載"中國社會科學院歷史研究所先秦史研究室網站"，www.xianqin.org，2011年1月15日。本組綴合得到了黃天樹師的悉心指導、莫伯峰師弟的幫助，謹致謝忱！

⑤ 蔡哲茂：《甲骨綴合集》第247頁（圖版）、第408～409頁（釋文），台北：樂學書局，1999年。

140則[1]加綴《合》14737。綴合後補足一條卜辭："貞：燎于王亥。"值得注意的是，本條卜辭的"燎"字寫作""，右行的斜筆並不穿過中間豎筆，與本版其他"燎"字寫作""形並不相同。而與之同文的《拼合集》第140則，情形完全相同。相對應的"燎于王亥"之"燎"作""，右行的斜筆同樣不穿透中間豎筆。從這個角度看，這個綴合也是合理的。

綴合後釋文如下：

貞：燎于王亥九牛。

貞：燎于王亥。

貞：燎九牛。

貞：[illegible]王亥羌。一

貞：九羌卯九牛。

貞：十羌卯十牛。

選自《甲骨拼合集》第140則（劉影綴合）

① 黃天樹主編：《甲骨拼合集》第140則，第156頁（圖版），學苑出版社，2010年。

第431則[①]

A：《合》4595（《龜》2.15.3、《前》6.49.4）。

B：《合補》4981正（《合》16184、《龜》2.7.1皆不全，《東大》335正全）。

釋文與說明：

A、B兩版字體皆為典賓類，碴口密合，且有“卜”、“戉”、“方”三字可以拼合，兩版應該可以綴合。《合》6662與之同文，可以參看。需要指出的是，《合》4595出自《前編》，拓影經過了羅振玉的剪裁，所以才呈現出這個樣子。

綴合後釋文如下：

癸☐旬［亡］𡆥。三

丙申卜，𣪘貞：曰戉㞢𢀛方，曰：“其［伐］。”允其［伐］。十月。一

第432則[②]

A：《丙編》284（《乙編》2908+5500+6552、《合集》10198）+《乙編》507。

B：《乙補》306+（《乙補》318=正《乙編》695）。

C：《乙編》5104。

D：《乙補》4138。

綴合說明：

A版為史語所舊綴（見史語所網站甲骨綴合記錄），B版為林宏明先生加綴（見《醉古集》369組），C版為張惟捷先生加綴（見先秦史研究室網站http：//www.xianqin.org/blog/archives/1976.html），今筆者據龜腹甲部位、兆序辭排列、密合程度等加綴D版。後煩請張惟捷先生代為實物驗證，張先生回覆：“綴合是對的，亦已經過蔡哲茂先生目驗，齒縫咬合與尺寸，盾紋接合都沒問題，僅有左下殘去一小部分無法確認，但並不影響結論。”在此對二位先生的幫助，深表感謝！

---

① 第431則選自王子揚《甲骨綴合第十～十一例》第十一例。

② 第432則選自何會《龜腹甲新綴第十二則》。何文原載“中國社會科學院歷史研究所先秦史研究室網站”，www.xianqin.org，2010年7月14日。綴合得到黃天樹師的悉心指導和幫助，在此深表感謝！

①第433則

A：《合》17059（《後下》4.16、《綴》91甲）。

B：《合》17060（《前》5.41.3、《綴》91乙、《山東》491）。

C：《合補》1502（《歷藏》4764）。

綴合說明：

A、B兩片為曾毅公先生遙綴（見曾毅公《甲骨綴合編》91甲、乙），今據龜腹甲部位、盾紋、殘字（“弜”“、死”）等因素，將A片與C片實綴。綴合後卜辭隸釋如下：

己酉卜，王：弜隹（唯）死。九月。

己酉卜，王：弜來告，不隹（唯）死。

②第434則

A：《合》8672③（《合補》6511甲、《重博》9）。

B：《合補》1327。

綴合說明：

A、B兩片字體相同，均為典賓類字體，從龜腹甲部位上看A片為右首甲，B片為右前甲，二者部位相吻合，且拼合處“令”、“眔”二字殘筆亦可補足，故此兩片殘甲可以綴合。綴合後卜辭隸釋如下：

丙午卜，賓貞：令犬登眔麋［視］囗方☒。

④第435則

A：《英藏》1545（《庫方》1919）。

B：《合補》1358（《歷藏》6118）。

---

① 第433則選自何會《龜腹甲新綴第十三則》。何文原載“中國社會科學院歷史研究所先秦史研究室網站”，www.xianqin.org，2010年7月24日。綴合得到黃天樹師的悉心指導和幫助，在此深表感謝！

② 第434則選自何會《龜腹甲新綴第十四則》。何文原載“中國社會科學院歷史研究所先秦史研究室網站”，www.xianqin.org，2010年7月26日。綴合得到黃天樹師的悉心指導和幫助，在此深表感謝！

③ 方稚松師兄在《讀<殷墟甲骨拾遺（續五）>劄記》中將此片與《殷墟甲骨拾遺（續五）》第四片綴合，見先秦史教研室網站http：//www.xianqin.org/blog/archives/1602.html【編者按：方稚松的綴合已收入《甲骨拼合集》第93則】。

④ 第435則選自何會《龜腹甲新綴第十五則》。何文原載“中國社會科學院歷史研究所先秦史研究室網站”，www.xianqin.org，2010年7月30日。綴合得到黃天樹師的悉心指導和幫助，在此深表感謝！

綴合說明：

A、B兩片殘甲，從龜腹甲部位上看A片為左首甲，B片為左前甲，二者部位相合，且拼合處“弗”字殘筆可相互補足。綴合後卜辭隸釋如下：

貞：勿乎伐𢀛方，弗［其］受有［又］。

第436則①

A：《合》8563（《前》6.34.3、《吉博》1）。

B：《合補》2039（《歷藏》5609）。

綴合說明：

A、B兩片字體相同，均為典賓類字體，從龜腹甲部位上看，二者均為右首甲殘片，拼合後斷痕吻合，且“沚”“𢀛”二字殘筆亦可互足。綴合後卜辭隸釋如下：

甲☐沚戠☐𢀛方☐眔土方［其］☐卒［今］☐。

第437則②

A：《合補》2109（《歷拓》12394）。

B：《合補》2080（《歷藏》6399、《誠》341）。

綴合說明：

A、B兩片殘甲字體相同，均為典賓類字體，拼合後斷痕吻合，且“沚”、“余”二字殘筆亦可互足。綴合後卜辭可隸釋如下：

甲子卜，［王］貞：沚戠爯冊余☐。

第438則③

A：《合》17195（《京人》257+《京人》258）。

B：《合補》2575（《歷藏》6942）。

綴合說明：

① 第436則選自何會《龜腹甲新綴第十六則》。何文原載“中國社會科學院歷史研究所先秦史研究室網站”，www.xianqin.org，2010年7月30日。綴合得到黃天樹師的悉心指導和幫助，在此深表感謝！

② 第437則選自何會《龜腹甲新綴第十七則》。何文原載“中國社會科學院歷史研究所先秦史研究室網站”，www.xianqin.org，2010年8月2日。綴合得到黃天樹師的悉心指導和幫助，在此深表感謝！

③ 第438則選自何會《龜腹甲新綴第十八則》。何文原載“中國社會科學院歷史研究所先秦史研究室網站”，www.xianqin.org，2010年8月4日。綴合得到黃天樹師的悉心指導和幫助，在此深表感謝！

《合集》17195將《京人》257與《京人》258遙綴在一起，但其擺放位置有誤，應將左右對調，這一點白玉崢先生已經指出[①]。今據字體特徵、龜腹甲部位、盾紋、斷痕等因素實綴B片。綴合後肱胸溝可貫通，“其”字殘筆亦可互足，且辭例完整，可隸釋如下：

庚戌卜，爭貞：王其狩，亡災。一

庚戌［卜，爭］貞：王其［狩］，［其］㞢災。九月。三

【編者按：林宏明先生在何會綴合基礎上，加綴《合》10593。綴合之後，左前甲部位“庚戌”一辭成為一條完整的卜辭：“庚戌卜，爭貞：王其狩，其㞢災。九月。三”。參看林宏明《甲骨新綴第104～105例》第105例，中國社會科學院歷史研究所先秦史研究室網站，2010年8月4日。】

[②] 第439則

A：《合補》6112（《歷藏》15211）［《合補》5870］[③]。

B：《合》7627（《書》7、《京人》344）。

綴合說明：

A、B兩片均為右前甲殘片，二者字體相同，均為賓組三類字體，拼合後“午”、“翌”、“𠬝”三字殘筆亦可互足，且卜辭辭例完整，可隸釋如下：

庚午卜，賓貞 ：翌乙亥𢀛其𠬝，受萑又。一

此外，據綴合可知其兆序辭為“一”，而同文卜辭《合集》7628兆序辭為“二”，且位於龜腹甲的同一部位，因此，二辭很有可能是成套卜辭。

[④] 第440則

A：《合》2752（《上博》112）。

B：《合補》415（《東大》1124）。

C：《合》2733（《誠》398、《善》11036）。

---

① 見白玉崢《簡論甲骨文合集》，此處參蔡哲茂先生《甲骨綴合續集·〈甲骨文合集〉誤綴號碼表》，133頁，文津出版社，2004年。

② 第439則選自何會《龜腹甲新綴第十九則》。何文原載“中國社會科學院歷史研究所先秦史研究室網站”，www.xianqin.org，2010年8月9日。綴合得到黃天樹師的悉心指導和幫助，在此深表感謝！

③ 此重片為李延彥師妹指出，參看先秦史研究室網站http：//www.xianqin.org/blog/archives/1731.html。

④ 第440則選自何會《龜腹甲新綴第二十則》。何文原載“中國社會科學院歷史研究所先秦史研究室網站”，www.xianqin.org，2010年8月14日。綴合得到黃天樹師的悉心指導和幫助，在此深表感謝！

綴合說明：

A、B、C三片殘甲字體相同，均為典賓類字體，拼合後斷痕吻合，A片右上內縫與B片上內縫可貫通，同時，A片左上內縫與C片上內縫亦可貫通，且“先”、“姘”二字殘筆亦可互足。綴合後卜辭可隸釋如下：

□乎婦姘先于黍，［不］𢀛。一月。一

貞：翌□［勿］乎［婦］姘先□。二

① 第441則

A：《合》3037（《簠典》95、《簠拓》333、《續》2.24.6）。

B：《合》7187正（《歷拓》5761正、《南師》2.11、《續》4.30.8）。

《合》7187反（《歷拓》5761反、《南師》2.12）。

綴合說明：

A、B兩片殘甲字體相同，均為典賓類字體。從龜腹甲部位來說，兩片同為右前甲殘片（B片包括修治的甲橋，其背面有記事刻辭），二者部位相合，且拼合後斷痕吻合，“永”、“子（巳）”二字殘畫亦可互足。綴合後卜辭可隸釋如下：

［甲］辰卜，永貞：翌乙子（巳）宜口畫□。

貞：［翌］甲辰其有至艱。

② 第442則

A：《英藏》457（《庫方》1909）。

B：《合補》1420（《歷藏》4472）。

綴合理由：

A、B兩片殘甲字體相同，均為典賓類字體。從龜腹甲部位來說，A片為左前甲，B片為右前甲，二者部位相合，且拼合後中縫斷痕吻合，第三道盾紋（胸腹溝）[3]亦可貫通。綴合後卜辭可隸釋如下：

口口卜，爭貞：翌□往□。一

---

① 第441則選自何會《龜腹甲新綴第二一～二五則》第二一則。何文原載“中國社會科學院歷史研究所先秦史研究室網站”，www.xianqin.org，2010年8月31日。綴合得到黃天樹師的悉心指導和幫助，在此深表感謝！

② 第442則選自何會《龜腹甲新綴第二一～二五則》第二二則。

③ 術語可參黃天樹先生：《甲骨形態學》一文，見《甲骨拼合集・附錄》，學苑出版社，2010年8月。

口口卜，爭貞：翌⧄王往⧄。一　二告

① 第443則

A：《合》11231（《善》708）。

B：《合》1438（《鐵》175.4、《天理》S019）。

綴合理由：

A、B兩片殘甲字體相同，均為師賓間類字體。從龜腹甲部位來說，A片為右首甲殘片，B片又見於《天理》S019，《天理》拓本較《合集》清晰，可見B片中間為上舌縫，左側有上內縫和內舌縫，因此，B片應為部份右首甲、右前甲和中甲組成的殘片。A、B兩片殘甲部位相合，且拼合後斷痕吻合，“六”字殘畫亦可互足。綴合後卜辭可隸釋如下：

辛未卜，王貞：［翌］甲戌禱大甲四四羊卯六牛禱⧄正。一

② 第444則

A：《合》1636（《歷拓》11014）。

B：《合》17557正（《歷拓》1414正、《南輔》3、《鄴三下》35.4）。

《合》17557反（《歷拓》1414反、《南輔》4）。

綴合理由：

A、B兩片殘甲字體相同，均為典賓類字體。從龜腹甲部位來說，A片為部份首甲、前甲、中甲組成的殘片，B片為左前甲殘片（B片包括修治的甲橋，其背面有記事刻辭），二者部位相合，且拼合後斷痕吻合，“勿”字殘畫亦可互足。綴合後卜辭可隸釋如下：

貞：勿禦于祖乙。

⧄乙。

己亥卜，㱿貞：不隹我⧄。

己亥卜，㱿⧄。

癸子（巳）邑示八。

---

① 第443則選自何會《龜腹甲新綴第二一～二五則》第二三則。

② 第444則選自何會《龜腹甲新綴第二一～二五則》第二四則。

① 第445則

A：《合》11107（《善》1386）。

B：《合》1325（《京》663）。

綴合理由：

A、B兩片殘甲字體相同，均為典賓類字體。從龜腹甲部位來說，A片為左首甲殘片，其上殘有第一道盾紋（喉肱溝），B片為左前甲殘片，其上殘有第二道盾紋（肱胸溝）。A、B兩片殘甲的分離是由於上舌縫的分解造成的。A、B兩片拼合後“申”字殘畫可以互足，卜辭可隸釋如下：

丙申卜，囗貞：自唐☐一牛。

② 第446則

A：《合》43（《歷拓》6375、《前》7.3.1<不全>、《通》504<不全>）。

B：《合補》3166（《歷拓》368）。

綴合理由：

A、B兩片殘甲拼合後斷痕吻合，“貞”、“翼（翌）”二字殘畫亦可互足。從龜腹甲形態來說，B片為左前甲殘片，與A片拼合後第二道盾紋（肱胸溝）可貫通。從字體上來說，A、B兩片綴合後雖然“翼（翌）”字的寫法存在差異（右側接近典賓類“翼（翌）”字的寫法，而左側則更接近於賓組三類“翼（翌）”字的寫法），但從整體風格來看，此版卜辭仍應屬於典賓類，同時，它又體現出典賓類字體向賓組三類字體過渡的特徵。綴合後卜辭可隸釋如下：

戊辰［卜］，囗貞：翼（翌）辛［未］亞气以眔人彡丁彔乎保我。二

丙戌卜，爭貞：翼（翌）丁亥乂于丁三牛。二

丁亥卜，貞：复爿（牀）求，𡴘。二

貞☐其☐。

【編者按：何會又加綴《合》16116。參看《龜腹甲新綴第五十五則》，中國社會科學院歷史研究所先秦史研究室網站，2011年10月13日。】

---

① 第445則選自何會《龜腹甲新綴第二一～二五則》第二五則。

② 第446則選自何會《龜腹甲新綴第二六則》。何文原載“中國社會科學院歷史研究所先秦史研究室網站”，www.xianqin.org，2010年9月5日。綴合得到黃天樹師的悉心指導和幫助，在此深表感謝！

①第447則

A：《安明》S0589。

B：《合》5666正反（《歷拓》10752正反）。

綴合理由：

A、B兩片殘甲字體相同，均為典賓類。從龜腹甲部位上來說，A片為右首甲殘片，B片為右前甲，二者部位相合，且綴合後“旨”字殘畫亦可補足。綴合後卜辭可隸釋如下：

庚戌卜，永貞：令旨以多犬衛从多壘羊（？）。四 五 六

②第448則

A：《合》13079（《歷拓》10079）。

B：《合》15236（《歷拓》10010）。

綴合理由：

A、B兩片殘甲字體相同，均為賓組三類。從龜腹甲部位上來說，A、B為左後甲殘片，A片右側為千里路。A、B兩片綴合後“卯”字殘畫可補足，且可見A、B兩版上的兆序辭均為“二”。綴合後卜辭可隸釋如下：

貞：勿乎。五月。二

貞：勿告。二

貞：今丁卯啟。二

貞：勿用，戠（待）③。二

貞：戠（待）。二

貞：惠庚⧄。二

④第449則

① 第447則選自何會《龜腹甲新綴第二七則》。何文原載“中國社會科學院歷史研究所先秦史研究室網站”，www.xianqin.org，2010年9月11日。綴合得到黃天樹師的悉心指導和幫助，在此深表感謝！

② 第448則選自何會《龜腹甲新綴第二八則》。何文原載“中國社會科學院歷史研究所先秦史研究室網站”，www.xianqin.org，2010年9月13日。綴合得到黃天樹師的悉心指導和幫助，在此深表感謝！

③ 此字從裘錫圭先生釋，見裘錫圭：《說甲骨卜辭中“戠”字的一種用法》，《古文字論集》，第111～116頁，中華書局，1992年。

④ 第449則選自何會《龜腹甲新綴第二十九、三十則》第二十九則。何文原載“中國社會科學院歷史研究所先秦史研究室網站”，www.xianqin.org，2010年9月29日。綴合得到黃天樹師的悉心指導和幫助，在此深表感謝！

A：《合補》2793（《歷藏》20398）。

B：《合》4173（《續存》上1100）。

C：《北大》2341。

綴合說明：

A、B兩片係筆者所綴，見《甲骨拼合集》第256則，今加綴C片。A、B、C三片龜甲字體相同，均屬於師賓間類。加綴C片後，“𦎫”字殘劃可以補足。綴合後卜辭可隸釋如下：

王勿曰隹（？）望囗侯雀囗吕☑𦎫。

癸未☑王曰☑𦎫。

第450則[①]

A：《北大》2455。

B：《北大》1584（《合》18661、《歷拓》5593）。

綴合說明：

A、B兩片字體相同，均為典賓類。從龜腹甲部位來說，A、B兩片均為左首甲殘片，拼合後第一道盾紋（喉肱溝）和界劃綫均可貫通，且“甲”、“余”、“六”、“酒”四字殘劃亦可互足。綴合後卜辭可隸釋如下：

甲申☑余勿☑。六月。在☑。

☑酒肇☑。

第451則[②]

A：《合》10749（《鐵》246.3、《合補》2630正反、《日天》206正反）。

B：《合》10362（《鐵》110.3、《考孫》1）。

綴合說明：

A、B兩片龜甲字體相同，均屬於典賓類。從龜腹甲部位上來說，A片為右首甲殘片，B片為右首甲和右前甲殘片，二者可以綴合，且綴合後“陷”、“占”二字殘筆亦可補足。綴合後卜辭可隸釋如下：

---

① 第450則選自何會《龜腹甲新綴第二十九、三十則》第三十則。

② 第451則選自何會《龜腹甲新綴第三十一～三十三則》第三十一則。何文原載“中國社會科學院歷史研究所先秦史研究室網站”，www.xianqin.org，2010年10月25日。綴合得到黃天樹師的悉心指導和幫助，在此深表感謝！

戊申卜，口貞：今日其陷麋，擒。王占曰：其☐在[1]☐。

[2] 第452則

A：《合》5620（《京》2338、《善》5960）。

B：《合》19479正反（《歷拓》6046正反、《北大》69正反、北大考古與藝術博物館登記號8.1758正反）。

綴合說明：

A、B兩片龜甲，字體相同，均屬於賓組三類。從龜腹甲部位上來說，A、B兩片均為左後甲殘片，二者可以綴合。綴合後斷痕密合，兆序辭"三"的殘筆可以補足，第四道盾紋（腹股溝）亦可貫通，且"乙卯"日占卜之辭辭例亦可完備，有同文卜辭《合集》5621為證，可參看。綴合後卜辭可隸釋如下：

乙卯卜，貞：朿尹亡憂。三　四

貞：勿射。

[3] 第453則

A：《北大》1798（北大考古與藝術博物館登記號8.0597）。

B：《合補》2200（《安明》355）。

綴合說明：

A、B兩片龜甲，字體相同，均屬於賓組。從龜腹甲部位上來說，A、B兩片皆為左前甲殘片，二者可以綴合，且綴合後"弗"、"月"二字殘筆亦可補足。綴合後卜辭可隸釋如下：

貞：弗其及今三月。一

[4] 第454則

A：《合》10364（《歷拓》7008）。

---

① 參《合補》2630正"在"字清晰可見。

② 第452則選自何會《龜腹甲新綴第三十一～三十三則》第三十二則。

③ 第453則選自何會《龜腹甲新綴第三十一～三十三則》第三十三則。

④ 第454則選自何會《龜腹甲新綴第三十四則》。何文原載"中國社會科學院歷史研究所先秦史研究室網站"，www.xianqin.org，2010年11月22日。綴合得到黃天樹師的悉心指導和幫助，在此深表感謝！

B：《合》10350（《歷拓》6254、《契》410、《通》22、《北大》67）。

綴合說明：

A、B兩片殘甲，字體風格相同，均為賓出類。從殘甲拓片形態看，A、B均為右尾甲殘片，二者部位相合，當為一版之折。二者拼合後斷痕吻合，且“擒”、“陷”二字殘筆亦可互足。綴合後，卜辭可隸釋如下：

☐翼（翌）庚辰☐麋擒☐陷。允擒，獲麋八十八、兕一、豕三十又二。

☐貞☐惠☐子☐。

第455則[①]

A：《合》8597（《歷拓》758、《續存》上337）。

B：《合》8014（《歷拓》5821）。

綴合說明：

A、B兩片殘甲，字體風格相同，均為賓組三類。從殘甲拓片形態看，A、B均為左前甲殘片，二者部位相合，當為一版之折。二者拼合後斷痕吻合，辭例完整，且“卯”字殘筆亦可互足。綴合後，卜辭可隸釋如下：

貞：郭弗其專入絴。三

癸卯卜，爭貞：丁弗求。三月。在丹。三

甲辰卜，［貞］：翌乙［巳］施☐來豕口丁在☐。一

貞：☐日☐于亞☐ 。三

貞：☐隹☐在☐。三

第456則[②]

A：《合》8597（《歷拓》758、《續存》上337）。

B：《合》8014（《歷拓》5821）。

① 第455則選自何會《龜腹甲新綴第三十五則》。何文原載“中國社會科學院歷史研究所先秦史研究室網站”，www.xianqin.org，2010年11月26日。綴合得到黃天樹師的悉心指導和趙鵬師姐的幫助，在此深表感謝！

② 第456則選自何會《龜腹甲新綴第三十五則補綴》。何文原載“中國社會科學院歷史研究所先秦史研究室網站”，www.xianqin.org，2010年11月26日。綴合得到黃天樹師的悉心指導和趙鵬師姐的幫助，在此深表感謝！

C:《合》8600(《前》4.50.5)。

D:《合》3750(《前》5.12.1)。

C、D兩片殘甲，從形態看，均為右前甲殘片，二者部位相合，可以實綴。綴合後“[辛]丑卜，爭[貞]：郭專[入]䍧”一辭與A片之辭對貞，且兩辭的兆序辭均為“三”，故C、D又可與 A、B[①]遙綴。A、B、C、D當爲一版之折[②]。C、D綴合後，卜辭可隸釋如下：

[辛]丑卜，爭[貞]：郭專[入]䍧。三

☐[雀][③]☐于☐廼☐日☐。

[④]第457則

A:《合》23(《歷拓》3084、《續存下》321)。

B:《合》3401(《歷拓》9986)。

綴合說明：

A、B兩片殘甲，字體相同，均為賓組三類。從形態看，A為右後甲殘片，B為右甲橋殘片，二者部位相合，可以實綴。綴合後倒“丫”字形盾紋[⑤]左支可貫通，細辨拓本“叜”字殘筆似可互足。卜辭刻寫行款和辭例可參看同文卜辭《合》22【編者按：《合》22可與《合》10520綴合，參看本書第327則】。綴合後，卜辭可隸釋如下：

己酉卜，爭貞：収眾人乎从叜，𠭰王事。五月。

壬子卜，賓貞：☐伯☐。

甲☐。

---

① A、B筆者所綴，見先秦史研究室網站http://www.xianqin.org/blog/archives/2148.html【編者按：即本書第455則】。

② 綴合完成後從黃天樹師處得知，幾乎同時李延彥師妹也有同樣綴合發給黃師。

③ 黃天樹師查閱《前》5.12.1(較清晰)，認為應是“雀”字之殘。

④ 第457則選自何會《龜腹甲新綴第三十六則》。何文原載“中國社會科學院歷史研究所先秦史研究室網站”，www.xianqin.org，2010年12月20日。綴合得到黃天樹師的悉心指導和李延彥師妹的幫助，在此深表感謝！

⑤ 術語參黃天樹師《甲骨形態學》，《甲骨拼合集·附錄》，第519頁，學苑出版社，2010年8月。

《合》22

① 第458則

A：《合》18792（《龜》2.15.8+2.15.9）。

B：《合補》2294（《合》7962+《合》17947、《白簡》17、《東大》68）。

C：《合》18795（《簠雜》115、《簠拓》515、《續》6.7.7）。

D：《合》13377（《歷拓》6935）。

綴合說明：

A、B、C、D四片殘甲，字體相同，均為典賓類。從形態看，A為首甲殘片，B為中甲，C為左前甲殘片，D為右前甲殘片，四者部位相合，可以實綴。綴合後第一道盾紋（喉肱溝）可貫通；“驟”、“六月”、“至”、“”、“貞”等字的殘筆亦可互足。從綴合的情況看，A版《合》18792（《龜》2.15.8+2.15.9）原綴合圖版需稍作調整，左右首甲的位置應該稍微分開一些，使中縫適當變寬，這樣也可以與中甲上的盾紋相呼應。綴合後，卜辭可隸釋如下：

癸☐旬亡［憂］。☐㞢七日己卯［大］采日大驟[②]風，雨。五［月］。

☐☐䵷[③]☐爯，至于商。六月，在敦。

癸亥☐貞：旬亡［憂］。☐☐侯☐。

① 第458則選自何會《龜腹甲新綴第三十七則》。何文原載“中國社會科學院歷史研究所先秦史研究室網站”，www.xianqin.org，2010年12月24日。綴合得到黃天樹師的悉心指導和幫助，在此深表感謝！

② 此字從于省吾先生釋，見《甲骨文字釋林》，第11頁，中華書局，1979年。

③ 此字釋讀可參李學勤先生《夏商周年代學札記》，第72頁，遼寧大學出版社，1999年。

第459則[1]

A：《合》5080（《歷拓》5724、《北大》2318）。

B：《合》17331（《歷拓》5605、《北大》1159）。

C：《合》9572（《歷拓》1151、《續存下》166）。

D：《合》16399（《歷拓》5600、《北大》2033）。

E：《合》17464（《歷拓》10246、《佚》344、《甲零》139、北大1號9）。

綴合說明：

A、B、C為林宏明先生所綴[2]，今加綴D、E片。A、B、C、D、E五片殘甲，字體相同，均為賓組三類。加綴後斷痕密合，辭例暢通，且第二道盾紋（肱胸溝）可以貫通，兆序辭“一”的殘筆亦可補足。綴合後，卜辭可隸釋如下：

癸亥卜，賓貞：王[illegible]，若。十三月。一

丙子卜，賓貞：[illegible]隹孽。一

貞：不［隹］孽。十三月。

庚辰［卜］，囗貞：翌癸未𢊁西單田，受有年。十三月。一

癸未⍁貞：⍁于⍁。一

⍁亡旬。

⍁十三月。一

戊子卜，賓貞：王往逐[illegible]于沚，亡災。之日王往逐[illegible]于沚，允亡災，獲[illegible]八。一

貞：其有。一月。一

癸子（巳）⍁貞：⍁往⍁剢⍁。一

【編者按：比照本書547則“王往逃于𨸏京，若”看，本則“癸亥”條的“[illegible]”字當隸定為“必”，讀為“逃”。蔣王斌先生在本綴合的基礎上又加綴《合》9583，參看中國社會科學院歷史研究所先秦史研究室網站，www.xianqin.org/blog/archives/2227.html。後收於《蔣玉斌甲骨綴合

---

[1] 第459則選自何會《龜腹甲新綴第三十八則》。何文原載“中國社會科學院歷史研究所先秦史研究室網站”，www.xianqin.org，2010年12月25日。綴合得到黃天樹師的悉心指導和幫助，在此深表感謝！

[2] 見先秦史研究室網站：http：//www.xianqin.org/blog/?s=17331。

總表》第287組，中國社會科學院歷史研究所先秦史網站www.xianqin.org/blog/archives/2305.html。】

① 第460則

A：《合》22791（《關西》2）。

B：《合》25059（《安明》1298）。

綴合說明：

A、B兩片殘甲，字體相同，均為出組二類。從形態看，A、B均為右尾甲殘片，二者部位相合，可以實綴。綴合後“宰”字殘筆可以補足，卜辭可隸釋如下：

［己卯卜］，旅［貞］：［翌庚］辰其又于大庚三宰。

［己卯］卜，旅［貞］：翌庚［辰］其又于☐一宰。

② 第461則

A：《合補》7005（《日天》338）。

B：《合》23153（《續》2.2.1、《簠拓》260）。

綴合說明：

A、B兩片殘甲，字體相同，均為出組二類。從形態看，A、B均為右前甲殘片，二者部位相合，可以實綴。綴合後“酉”、“大”、“祖乙”等字的殘筆可以互足，卜辭可隸釋如下：

庚申［卜］，口貞：毓☐歲，惠犙酒。

辛酉卜，大貞：毓祖乙歲延。

口口卜，大［貞］：翌辛☐。

③ 第462則

A：《合》24325（《歷拓》11797、《真》6）。

B：《合補》7570（《歷拓》11806）。

---

① 第460則選自何會《龜腹甲新綴第三十九～四十三則》第三十九則。何文原載“中國社會科學院歷史研究所先秦史研究室網站”，www.xianqin.org，2011年3月9日。綴合得到黃天樹師的悉心指導和謝明文師兄、李延彥師妹幫助，在此深表感謝！

② 第461則選自何會《龜腹甲新綴第三十九～四十三則》第四十則。

③ 第462則選自何會《龜腹甲新綴第三十九～四十三則》第四十一則。

綴合說明：

A、B兩片殘甲，字體相同，均為出組二類。從形態看，A、B均為右尾甲殘片，二者部位相合，可以實綴。拼合後“月”字殘筆可以補足，盾紋亦可貫通。綴合後，卜辭可隸釋如下：

口口卜，肩［貞］：☒宒☒叙☒尤，四月，在師袭（勞）[①]。

[②] 第463則

A：《合》23164（《上博新拓》36）。

B：《合補》8589（《懷》1057）。

綴合說明：

A、B兩片殘甲，字體相同，均為出組二類。從形態看，B為右首甲，A為右前甲殘片，二者部位相合，可以實綴。拼合後“㽙”、“毓”二字殘筆可以補足。綴合後，卜辭可隸釋如下：

甲午卜，口貞：翌乙［未］㽙于毓祖乙，卒亡［害］。

[③] 第464則

A：《合》22734（《上博新拓》129）。

B：《合補》7117（《上博》54803<4>）。

綴合說明：

A、B兩片殘甲，字體相同，均為出組二類。從形態看，A、B均為右前甲殘片，二者部位相合，可以實綴。拼合後“卜”字殘筆可以補足。綴合後，卜辭可隸釋如下：

甲申卜，旅貞：翌乙酉㽙于大乙，亡☒在☒。

癸子（巳）［卜］，旅貞☒。

[④] 第465則

A：《合》23147（《庫》1320、《美》324）。

---

① 此字從李學勤先生釋，見李學勤《從兩條<花東>卜辭看殷禮》，《吉林師範大學學報》2004年第3期。

② 第463則選自何會《龜腹甲新綴第三十九～四十三則》第四十二則。

③ 第464則選自何會《龜腹甲新綴第三十九～四十三則》第四十三則。

④ 第465則選自何會《龜腹甲新綴第四十四～四十六則》第四十四則。何文原載“中國社會科學院歷史研究所先秦史研究室網站”，www.xianqin.org，2011年3月14日。綴合得到黃天樹師的悉心指導和幫助，在此深表感謝！

B：《合補》7860（《懷》1035）。

綴合說明：

A、B兩片殘甲，字體相同，均為出組二類。從形態看，A為右尾甲殘片，B為右後甲殘片，二者部位相合，可以實綴。綴合後“毓”字殘筆可以補足，卜辭可隸釋如下：

乙卯卜，旅貞：王穷毓祖乙歲宰，亡尤。在十月。

口口［卜］，旅［貞］：☐穷☐歲☐。

第466則①

A：《合》22785（《善》1032）。

B：《合補》7738（《懷》1062）。

綴合說明：

A、B兩片殘甲，字體相同，均為出組二類。從形態看，A、B均為右前甲殘片，二者部位相合，可以實綴。綴合後，斷痕密合，辭例暢通，且“貞”、“二”二字殘筆亦可補足，卜辭可隸釋如下：

癸未卜，王貞：翼（翌）甲申曪于大甲，亡憂。在二月。

［甲戌］卜，王［貞］：［翌］乙亥☐。

第467則②

A：《合》25819（《契》323）。

B：《合補》7543（《歷藏》2045）。

綴合說明：

A、B兩片殘甲，字體相同，均為出組二類。綴合後，斷痕密合，辭例暢通，且“旅”、“穷”二字殘筆亦可補足，卜辭可隸釋如下：

乙酉卜，旅貞：王穷觳，亡尤。

口口［卜］：旅［貞］☐。

第468則③

---

① 第466則選自何會《龜腹甲新綴第四十四～四十六則》第四十五則。

② 第467則選自何會《龜腹甲新綴第四十四～四十六則》第四十六則。

③ 第468則選自何會《龜腹甲新綴第四十七～四十九則》第四十七則。何文原載“中國社會科學院歷史研究所先秦史研究室網站”，www.xianqin.org，2011年3月19日。綴合得到黃天樹師的悉心指導和莫伯峰師兄的幫助，在此深表感謝！

A：《合》25967（《珠》12）。

B：《合》23494（《續存》上1542、《善》775）。

綴合說明：

A、B兩片殘甲，字體風格相同，均為出組二類。從殘甲拓片形態看，A、B均為右前甲殘片，二者部位相合，可以實綴。拼合後，斷痕吻合，且可以看出A、B兩片殘甲是沿“兆邊”斷裂的。綴合後，卜辭可隸釋如下：

壬申卜，旅貞：翌癸酉［气］酒。在口［月］。一

乙酉［卜］，旅［貞］：其饗☐。在八月。一

乙亥卜，旅貞：妣［庚］歲牛☐。三

☐兄庚☐今☐。一

口口［卜］，旅［貞］：☐。

第469則[①]

A：《合》22664（《善》2104）。

B：《合補》8615（《歷藏》11045）。

綴合說明：

A、B兩片殘甲，字體風格相同，均為出組二類。從殘甲拓片形態看，A、B均為左尾甲殘片，二者部位相合，可以實綴。拼合後，斷痕吻合，且“酒”、“卒”、“害”三字殘筆亦可互足。綴合後，卜辭可隸釋如下：

口口［卜］，旅貞：［翌］口口［气］酒𣋡［自］上甲卒至于［多毓］，亡害。在口［月］。

第470則[②]

A：《合》23640（《海巴》17）。

B：《美藏》185。

綴合說明：

A、B兩片殘甲，字體風格相同，均為出組二類。從殘甲拓片形態看，A、B均為右前甲殘片，二者部位相合，可以實綴。拼合後，斷痕吻合，盾紋

① 第469則選自何會《龜腹甲新綴第四十七～四十九則》第四十八則。

② 第470則選自何會《龜腹甲新綴第四十七～四十九則》第四十九則。

貫通，辭例完整，且“子”、“丑”二字殘筆亦可互足。但因A片屬“輾轉所得外來縮影胶捲，且無比例尺，難以按實物原大翻印”①之列，故我們所做的綴合圖版可能不甚完美。綴合後，卜辭可隸釋如下：

丁酉卜，旅貞：其柰西子。六月。

庚子卜，旅貞：翌辛丑其又于祖辛。

□□卜，旅☐。

補記：綴合發出後，承蒙王子揚師兄告知《合》23640不全，並提供《海外所見甲骨錄》中收錄的圖版，現附於此。深表感謝！

② 第471則

A：《合》22802（《佚》334、《歷拓》585）。

B：《合補》3153（《掇二》205）。

綴合說明：

A、B兩片殘甲，字體風格相同，均為出組二類。從殘甲拓片形態看，A、B均為左前甲殘片，二者部位相合，可以實綴。拼合後，斷痕吻合，辭例暢通，且“己”、“彡”、“害”三字的殘筆亦可補足。綴合後，卜辭可隸釋如下：

［丙］寅卜，旅［貞］：翌丁卯☐。

己卯卜，□貞：翌庚辰彡于大庚，［卒亡］害。在□［月］。

---

① 見《甲骨文合集·編輯凡例》，第1頁，中華書局，1982年。

② 第471則選自何會《龜腹甲新綴第五十則》。何文原載“中國社會科學院歷史研究所先秦史研究室網站”，www.xianqin.org，2011年3月30日。綴合得到黃天樹師的悉心指導和謝明文、莫伯峰師兄的幫助，在此深表感謝！

[①] 第472則

A：《合》428（《歷拓》6270、《契》290、《北大》339）

B：《合》17172（《京》1698、《善》18593）

綴合說明：

A、B兩片殘甲，字體風格相同，均為賓組三類。拼合後，斷痕吻合，界劃綫亦可貫通，且“㞢”、“上甲”等字的殘筆亦可互足。故A、B當爲一版之折，可以實綴。綴合後，卜辭可隸釋如下：

甲辰卜，貞：惠翌乙巳告上甲。

□卯［卜］，⍁葬⍁于㞢自。

貞：㞢羌于丁。十三月。二

貞：令介𠂤師般。十三月。二

⍁牢。

貞：⍁受⍁。二

⍁十［二］月。二

[②] 第473則

A：《合》15253（《簠典》29、《簠拓》358）。

B：《合》19290（《歷拓》12117）。

綴合說明：

A、B兩片殘甲，字體風格相同，均為典賓類。從殘甲拓片形態看，A、B均為右前甲殘片，二者部位相合。且拼合後，斷痕吻合，辭例暢通，“辰”、“令”二字的殘筆亦可互足。故A、B當爲一版之折，可以實綴。綴合後，卜辭可隸釋如下：

甲辰卜，爭貞：令□[③]往于。七［月］。

⍁翌⍁［令］㝵⍁告于⍁一牛。

---

① 第472則選自何會《龜腹甲新綴第五十一、五十二則》第五十一則。何文原載“中國社會科學院歷史研究所先秦史研究室網站”，www.xianqin.org，2011年4月15日。綴合得到黃天樹師的悉心指導和幫助，在此深表感謝！

② 第473則選自何會《龜腹甲新綴第五十一、五十二則》第五十二則。

③ 此字下部殘缺，又見於《合集》23684中“令”下面的那個字。

第474則[①]

A：《合》14288（《甲》2914）。

B：《合》18684（《京》1331、《善》21190）。

說明：

兩版甲骨斷邊吻合，且有兩個殘字可以拼合。

釋文：

☐曰：鼓雲☐麦☐。

第475則[②]

A：《合》35（《續存下》377、《歷拓》10251、《甲零》108）。

B：《北大》58。

說明：

綴合後的圖版字體（賓出）、辭例、拼合處均合，且斷處有一殘字“翌”可拼合。

釋文：

丁未卜，貞：惠亞以眾人步。二月。一

貞：翌辛亥王涉在壴虎。

第476則[③]

A：《北大》1715。

B：《合》3139（《簠文》81、《簠拓》339）。

釋文：

甲子子豪衔畗牡三、牝☐[④]。

① 第474則選自李愛輝《甲骨拼合第47則》。李文原載“中國社會科學院歷史研究所先秦史研究室網站”，www.xianqin.org，2010年8月4日。綴合得到黃天樹師的悉心指導，謹致謝忱！本組綴合收入李愛輝《賓組胛骨新綴二則》，見《故宮博物院院刊》，2011年1期。

② 第475則選自李愛輝《甲骨拼合第48則》。李文原載“中國社會科學院歷史研究所先秦史研究室網站”，www.xianqin.org，2010年8月10日。綴合得到黃天樹師的悉心指導和謝明文師兄的幫助，謹致謝忱！

③ 第476則選自李愛輝《甲骨拼合第49則》。李文原載“中國社會科學院歷史研究所先秦史研究室網站”，www.xianqin.org，2010年8月31日。綴合得到黃天樹師的悉心指導，謹致謝忱！

④ 記事刻辭，詳見李學勤先生的《論賓組胛骨的幾種記事刻辭》，刊《英國所藏甲骨集》下編上冊，第161～166頁，中華書局，1991年。

☑旬亡𡆥。

☑亡𡆥。

[①] **第477則**

A：《合補》238正反（《歷藏》19650正反）。
B：《合補》1751正反（《歷藏》7250正反）。
釋文：

甲辰［卜］，爭貞：☑豕☑。（正）

☑妣庚勿☑。

☑執☑。（反）

[②] **第478則**

A：《合》253（《契》642）。
B：《北大》31。
釋文：

口口卜，賓［貞］：口來羌☑。

壬戌卜，貞：不隹出左。二月。一

貞：☑年☑。一

[③] **第479則**

A：《合補》6367正反（《歷藏》22240正反）。
B：《北大》2187正反。
釋文：

口口卜，爭［貞］：☑王☑。

---

① 第477則選自李愛輝《甲骨拼合第50則》。李文原載"中國社會科學院歷史研究所先秦史研究室網站"，www.xianqin.org，2010年9月5日。綴合得到黃天樹師的悉心指導，謹致謝忱！

② 第478則選自李愛輝《甲骨拼合第51則》。李文原載"中國社會科學院歷史研究所先秦史研究室網站"，www.xianqin.org，2010年10月21日。綴合得到黃天樹師的悉心指導，謹致謝忱！

③ 第479則選自李愛輝《甲骨拼合第52則》。李文原載"中國社會科學院歷史研究所先秦史研究室網站"，www.xianqin.org，2010年10月25日。綴合得到黃天樹師的悉心指導，謹致謝忱！

第480則[①]

A：《合補》6036正（《歷藏》18829正）。

B：《合補》6342（《歷藏》15503）。

釋文：

壬申卜，賓貞：不隹□。

第481則[②]

A：《合補》5691（《歷藏》14851）。

B：《合補》5717（《歷藏》15576）。

說明：

由綴合後的骨版來看，甲骨是沿“卯”字的豎筆發生的斷裂。兩片甲骨均為歷藏，煩請相關的工作人員幫助覆核實物，在此深表感謝。

釋文：

庚辰卜□。

庚辰卜□。

□卯卜□。

丙午卜□。

第482則[③]

A：《合》2763正（《甲》2911正）。

B：《合》3524（《甲》2913+《甲》2915）。

C：《合》4249（《甲》2935）。

D：《合》14288（《甲》2914）。

E：《合》18684（《京》1331、《善》21190）。

F：《合》18799（《文捃》1219）。

---

① 第480則選自李愛輝《甲骨拼合第53、54則》第53則。李文原載“中國社會科學院歷史研究所先秦史研究室網站”，www.xianqin.org，2010年10月31日。綴合得到黃天樹師的悉心指導，謹致謝忱！

② 第481則選自李愛輝《甲骨拼合第53、54則》第54則。

③ 第482則選自李愛輝《甲骨拼合第55則》。李文原載“中國社會科學院歷史研究所先秦史研究室網站”，www.xianqin.org，2010年11月1日。綴合得到黃天樹師的悉心指導，謹致謝忱！本組綴合收入李愛輝《賓組胛骨新綴二則》，見《故宮博物院院刊》，2011年1期。

說明：

《合》2763正+《合》3524+《合》4249為董作賓先生綴合，《合》14288為林宏明先生加綴[①]，《合》18684為筆者加綴的[②]。今根據與之同文的卜辭《合》3523、《合》3723+《合》39720（《英》1186）、《合》8628、《京》1358，加綴《合》18799。綴合後卜辭的行款整齊，字體一致，文例相符，且復原後的[illegible]與《合》3723+《合》39720（《英》1186）上的該字字形相同，故《合》18799有可能是從《合》2763正+《合》3524+《合》4249+《合》14288+《合》18684上斷裂下來的。釋文補釋如下：

丙子卜，爭貞：自亡囚。十一月。一

丙子卜，爭［貞］：［自其虫囚］。〼曰：艱[illegible]昔我舊［臣］〼麦□石之，齒；今之［虫由］〼，齒。三旬虫六日[illegible]［辛丑］〼相方允〼。

[③] 第483則

A：《合》10519（《北圖》2333）。

B：《合》10548（《京人》294）。

說明：

兩版字體均為賓組三類。由“王”和“从”之間的“一”來看，這版右後甲應是沿卜兆發生的斷裂。相關卜辭可參看《合》10904、《佚》990。

釋文：

乙酉卜，爭貞：王往于田。之日王往于田从〼獲〼。一

癸未卜〼。一

[④] 第484則

A：《合》12573(《鐵零》22）。

B：《合補》4481（《歷拓》4304）。

說明：

① 林宏明：《醉古集》第231組。

② http://www.xianqin.org/blog/archives/2009.htmlcomment-2672【編者按：參看本書第474則】。

③ 第483則選自李愛輝《甲骨拼合第56則》。李文原載“中國社會科學院歷史研究所先秦史研究室網站”，www.xianqin.org，2010年11月17日。綴合得到黃天樹師的悉心指導，謹致謝忱！

④ 第484則選自李愛輝《甲骨拼合第57則》。李文原載“中國社會科學院歷史研究所先秦史研究室網站”，www.xianqin.org，2010年11月18日。綴合得到黃天樹師的悉心指導，謹致謝忱！

《合》12573與《合補》4481字體相同，均為出組一類。兩版拼合後與《合》24878為重片。拼合後的圖版雖沒有《合》24878的完整，但其清晰度要好於後者。因為《合》24878的拓本比較模糊，所以《合集釋文》據其所寫的釋文亦存在問題。比照同文卜辭《合》12738，這組重片的釋文可釋為：

辛酉卜，出貞：勿見，其遘雨，克卒。五月。一

貞：翌⍁王⍁。一

【編者按：《鐵雲藏龜》是石印本，甲骨拓本多不清晰。嚴一萍所撰《鐵雲藏龜新編》（藝文印書館，1975年7月出版）是很有用的甲骨著錄書。該書從後出的著錄書中輯出比《鐵雲藏龜》清晰的拓本替換《鐵》中拓本漫漶者，並附有摹本。本書第484則綴合可參看《鐵雲藏龜新編》第428頁拓本和摹本。奇怪的是，“辛酉”在《新編》作“癸未”，是否嚴氏重印本，對不清晰的拓本用粉重摹，以致失真。】

① 第485則

A：《合》10493（《京》1512、《善》1893）。

B：《合》10660（《摭》73、《善》18483、《京》1428）。

說明：

甲骨綴合後斷痕密合，界劃綫和盾紋皆可貫通，“陷”字殘筆亦可補足。綴合後卜辭可隸釋如下：

己卯卜，囗貞：令［子］汏陷。一

⍁惠⍁[illegible]⍁。一

⍁魚于⍁。二

② 第486則

A：《合》12739（《前》6.40.3）。

B：《合》27064（《佚》369、《歷拓》9020、《甲零》19）。

說明：

① 第485則選自李愛輝《甲骨拼合第58則》。李文原載“中國社會科學院歷史研究所先秦史研究室網站”，www.xianqin.org，2010年11月25日。綴合得到黃天樹師的悉心指導，謹致謝忱！

② 第486則選自李愛輝《甲骨拼合第59則》。李文原載“中國社會科學院歷史研究所先秦史研究室網站”，www.xianqin.org，2010年12月2日。綴合得到黃天樹師的悉心指導，謹致謝忱！

《合》12739與《合》27064字體相同，均為何組事何類。甲骨綴合後斷痕密合，“遘”、“雨”二字殘筆亦可補足。

釋文：

癸子（巳）卜，何貞：王枂祼上甲遘雨。吉。

[1] 第487則

A：《合》28379（《京》4507、《善》21929）。

B：《合補》9210（《歷藏》7222）。

說明：

《合》28379與《合補》9210字體相同，均為何組二類。甲骨綴合後斷痕密合，“翌”、“𪍿”[2]二字殘筆亦可補足。

釋文：

翌日壬[惠]𪍿田，亡災。吉。

☐麇☐亡［災］。

[3] 第488則

A：《合》27077（《續存下》751、《歷拓》10495）。

B：《合》30764（《安明》2389）。

釋文：

弜巳。

其舌智大示，又（有）正。[4]

其自上甲舌。

［其自］大乙舌。

① 第487則選自李愛輝《甲骨拼合第60則》。李文原載“中國社會科學院歷史研究所先秦史研究室網站”，www.xianqin.org，2010年12月8日。綴合得到黃天樹師的悉心指導，謹致謝忱！

② 陳劍：《甲骨金文考釋論集》頁193，線裝書局，2007年4月。

③ 第488則選自李愛輝《甲骨拼合第61則》。李文原載“中國社會科學院歷史研究所先秦史研究室網站”，www.xianqin.org，2010年12月16日。綴合得到黃天樹師的悉心指導，謹致謝忱！

④ 陳劍先生的《甲骨金文考釋論集》第185頁對這兩版卜辭進行過考釋。由綴合後的圖版來看，其文中的（29B）釋文是不正確的。

① 第489則

A：《合》29036（《善》4830）。
B：《合》29123（《京人》2035）。
說明：
《合》29036與《合》29123字體相同，均屬無名類。綴合後“逊”、“戋”二字殘筆可補足。綴合後卜辭可隸釋如下：

于□。

于盂，亡戋。

乙王其逊于喪，亡戋。

② 第490則

A：《合》22737（《粹》156、《善》1434、《京》3234）。
B：《合》22769（《庫》1316、《美》319）。
釋文：

丁酉卜，尹貞：王宓父丁歲三宰眔大丁升歲五宰，亡尤。在三［月］。

口口卜，尹［貞：王］宓大乙□。

③ 第491則

A：《合》26262（《珠》497）。
B：《合》26263（《庫》1155、《美》163）。
釋文：

［戊］申卜，行貞：今夕［亡囗］。

己酉卜，行貞：今夕亡囗。在口月。

庚戌卜，行貞：今夕亡囗。

① 第489則選自李愛輝《甲骨拼合第62則》。李文原載“中國社會科學院歷史研究所先秦史研究室網站”，www.xianqin.org，2010年12月17日。綴合得到黃天樹師的悉心指導，謹致謝忱！

② 第490則選自李愛輝《甲骨拼合第63～65則》第63則。李文原載“中國社會科學院歷史研究所先秦史研究室網站”，www.xianqin.org，2010年12月23日。綴合得到黃天樹師的悉心指導，謹致謝忱！

③ 第491則選自李愛輝《甲骨拼合第63～65則》第64則。

壬［子卜］，［行］貞：［今夕］亡［囚］。

① 第492則

A：《合補》8089（《歷拓》4425）。
B：《合補》8103（《歷拓》4387）。
釋文：

辛亥卜，即貞：今夕亡囚。

口辰卜，即［貞］：今夕［亡］囚。

② 第493則

A：《合》26529（《續存》下701）。
B：《合》26723（《京》1785、《善》10646、《續存》上948）。
釋文：

癸酉卜，尹貞：旬亡囚。在四月日卒。一

［癸］丑卜，［尹貞］：旬［亡］囚。［在］五月口翌。一

③ 第494則

A：《懷》1275。
B：《明後》2099。
釋文：

壬戌卜，疑貞：今夕亡囚。

癸亥卜，貞：今夕亡囚。

［甲］子卜，疑貞：今夕亡囚。

---

① 第492則選自李愛輝《甲骨拼合第63～65則》第65則。

② 第493則選自李愛輝《甲骨拼合第66、67則》第66則。李文原載“中國社會科學院歷史研究所先秦史研究室網站”，www.xianqin.org，2010年12月28日。綴合得到黃天樹師的悉心指導和莫伯峰師兄的幫助，謹致謝忱！

③ 第494則選自李愛輝《甲骨拼合第66、67則》第67則。

第495則[①]

A：《合補》7561（《歷拓》1008）。

B：《合補》7564（《歷藏》2283）。

說明：

兩版皆為出組二類字體，拼合後邊緣密合辭例通暢，殘字“𠬝”可以拼合。

釋文：

乙丑卜，旅貞：王宾𠬝，亡尤。一

☐丁☐。一

甲戌［卜，旅］貞：王［宾］𠬝，［亡］尤。

第496則[②]

A：《合補》11270（《懷》1859）。

B：《合補》11361（《歷藏》5092）。

釋文：

甲辰卜，貞：王田𡨦，往來亡災。

戊口［卜］，［貞］：王田口，［往］來［亡災］。

第497則[③]

A：《合補》12707（《續存》上2674）。

B：《合補》12987（《歷藏》15669）。

釋文：

癸口［卜］，［貞］：王［旬亡］畎。一

癸口［卜］，［貞］：王旬［亡畎］。在［口月］。［一］

① 第495則選自李愛輝《甲骨拼合第68則》。李文原載“中國社會科學院歷史研究所先秦史研究室網站”，www.xianqin.org，2011年2月21日。綴合得到黃天樹師的悉心指導，謹致謝忱！

② 第496則選自李愛輝《甲骨拼合第69則》。李文原載“中國社會科學院歷史研究所先秦史研究室網站”，www.xianqin.org，2011年3月4日。綴合得到黃天樹師的悉心指導，謹致謝忱！

③ 第497則選自李愛輝《甲骨拼合第70～72則》第70則。李文原載“中國社會科學院歷史研究所先秦史研究室網站”，www.xianqin.org，2011年3月7日。綴合得到黃天樹師的悉心指導，謹致謝忱！

癸子（巳）卜，貞：王旬亡𡆥。一

癸丑卜，貞：王旬亡𡆥。一

［癸］口卜，貞：［王旬］亡𡆥。［一］

［癸］口卜，貞：［王旬］亡𡆥。［一］

① 第498則

A：《合補》12792（《歷藏》10878）。
B：《合補》12947（12999重）（《歷藏》19068）。
釋文：

癸口［卜］，貞：王［旬］亡［𡆥］。三

癸口［卜］，貞：［王旬亡𡆥］。［三］

癸亥卜，貞：王旬亡𡆥。［三］

癸未卜，在叀貞：王［旬］亡𡆥。［三］

② 第499則

A：《合補》12610（《歷藏》10794）。
B：《合補》12615（《甲》97）。
釋文：

［癸未］卜，［貞］：［王］旬［亡𡆥］。二

癸未卜，貞：王旬亡𡆥。二

癸［未卜］，［貞］：王［旬］亡［𡆥］。二

③ 第500則

A：《合》37310（《歷拓》6059、《北大》687、北大考古與藝術博物館登記號8.0528）。

① 第498則選自李愛輝《甲骨拼合第70～72則》第71則。

② 第499則選自李愛輝《甲骨拼合第70～72則》第72則。

③ 第500則選自李愛輝《甲骨拼合第73、74則》第73則。李文原載"中國社會科學院歷史研究所先秦史研究室網站"，www.xianqin.org，2011年3月15日。綴合得到黃天樹師的悉心指導，謹致謝忱！

B：《北大》725（北大考古與藝術博物館登記號0351）。
釋文：

其［牢］又［一牛］。

叀［口］。兹［用］。四

其牢又一牛。 兹用。

叀勿牛。五

叀羊。

叀羊。四

第501則[①]

A：《合補》12645（《歷藏》10945）。
B：《合補》12651（《續存》上2523）。
釋文：

癸亥［卜］，貞：［王旬］亡［畎］。三

癸未［卜］，［貞］：［王］旬亡畎。三

［癸］亥卜，［貞］：王旬［亡］畎。［三］

［癸］未卜，［貞］：［王］旬亡［畎］。［三］

第502則[②]

A：《北大》1414（北大考古與藝術博物館登記號8.0696）。
B：《北大》1426（北大考古與藝術博物館登記號8.0665）。
釋文：

口口卜，［貞］：［王］旬［亡］畎。

口丑卜，［貞］：王旬［亡］畎。

① 第501則選自李愛輝《甲骨拼合第73、74則》第74則。

② 第502則選自李愛輝《甲骨拼合第75則》。李文原載“中國社會科學院歷史研究所先秦史研究室網站”，www.xianqin.org，2011年3月15日。綴合得到黃天樹師的悉心指導，謹致謝忱！

① 第503則

A：《合》38617（《續編》2.4.8、《北大》555、北大考古與藝術博物館登記號8.0175）。

B：《北大》505（北大考古與藝術博物館登記號8.0375）。

釋文：

丁子（巳）[卜]，[貞]：王[穷]武乙〼，[亡尤]。

戊午卜，貞：王穷歲，亡尤。

② 第504則

A：《合》38892（《南師》2.262、《北大》1273、北大考古與藝術博物館登記號8.0235）。

B：《北大》653（北大考古與藝術博物館登記號8.0392）。

釋文：

辛[丑卜]，[貞]：王今[夕]亡[畎]。

癸[卯卜]，[貞]：王今[夕]亡[畎]。

乙子（巳）卜，貞：王今夕亡畎。

丁未卜，貞：王今夕亡畎。

③ 第505則

A：《合》38826（《安明》3099）。

B：《合補》12405（《歷藏》9603）。

說明：

綴後斷痕密合，辭例暢通，且第四道盾紋（腹股溝）可以貫通。"申"字互足。

釋文：

① 第503則選自李愛輝《甲骨拼合第76、77則》第76則。李文原載"中國社會科學院歷史研究所先秦史研究室網站"，www.xianqin.org，2011年3月20日。綴合得到黃天樹師的悉心指導，謹致謝忱！

② 第504則選自李愛輝《甲骨拼合第76、77則》第77則。

③ 第505則選自李愛輝《甲骨拼合第78則》。李文原載"中國社會科學院歷史研究所先秦史研究室網站"，www.xianqin.org，2011年3月26日。綴合得到黃天樹師的悉心指導，謹致謝忱！

丁口[卜]，[貞]：王[今夕]亡[畎]。[一]

壬申卜，貞：王今夕亡畎。一

甲口[卜]，[貞]：王[今夕]亡[畎]。一

口寅卜，[貞]：王今[夕]亡畎。[一]

口口卜，貞：[王今]夕亡[畎]。[一]

壬寅卜，貞：王今夕亡畎。一

甲申卜，[貞]：王今夕[亡畎]。[一]

丙戌卜，[貞]：王今[夕]亡[畎]。[一]

甲寅卜，貞：王今夕亡畎。一

① 第506則

A：《合》39055（《善》10203、《摭》29）。
B：《合》39056（《善》10270、《京》5479）。
說明：
兩版兆序辭均為“一”。綴後斷痕密合，辭例暢通。“癸”、“亥”二字互足。
釋文：

癸亥卜，貞：王旬亡畎。一

癸未卜，貞：王旬亡畎。[一]

癸卯卜，貞：王旬亡畎。一

癸亥卜，貞：王旬亡畎。一

癸未卜，貞：王旬亡畎。一

② 第507則

---

① 第506則選自李愛輝《甲骨拼合第79則》。李文原載“中國社會科學院歷史研究所先秦史研究室網站”，www.xianqin.org，2011年4月1日。綴合得到黃天樹師的悉心指導，謹致謝忱！

② 第507則選自李愛輝《甲骨拼合第80則》。李文原載“中國社會科學院歷史研究所先秦史研究室網站”，www.xianqin.org，2011年4月4日。綴合得到黃天樹師的悉心指導，謹致謝忱！

A：《合》38774（《粹》1405、《善》9486、《京》5361）。
B：《合補》12517（《歷藏》9530）。
釋文：

［乙卯卜］，［貞］：［王今夕亡］畎。

丁巳［卜］，貞：［王］今夕［亡畎］。

己未［卜］，貞：［王］今夕［亡畎］。

［辛酉卜］，［貞］：［王今夕亡畎］。

癸亥卜，貞：王今夕亡畎。

乙丑卜，貞：王今夕亡畎。

［丁卯卜］，［貞］：［王今夕亡畎］。

［己子（巳）］卜，貞：［王今夕］亡畎。

［辛］未卜，［貞］：［王］今夕［亡］畎。

乙未卜，貞：［王今夕亡畎］。

第508則①

A：《合》37555（《契》591、《歷拓》6277）。
B：《合》37562（《龜》2.20.9）。
釋文：

口口卜，在禾貞：［王田］湕，卒［逐］亡災。

口口卜，在澫［貞］：［王］田，卒［逐］亡災。

口口卜，在㻌貞：［王田］，卒逐［亡災］。

第509則②

A：《合》36324（《掇二》236）。

① 第508則選自李愛輝《甲骨拼合第81、82則》第81則。李文原載“中國社會科學院歷史研究所先秦史研究室網站”，www.xianqin.org，2011年4月8日。綴合得到黃天樹師的悉心指導，謹致謝忱！

② 第509則選自李愛輝《甲骨拼合第81、82則》第82則。

B：［《合》36334（《前》4.37.5、《通》591）+《合補》11433（《歷藏》2817）］[①]。

釋文：

壬午卜，貞：母癸祊惠羊。茲用。一

壬寅卜，貞：母癸祊惠羊。

口口［卜］，貞：［母癸祊］惠［羊］。

[②] 第510則

A：《合》37614（《龜》2.1.2）。

B：《合》37674（《珠》1129）。

說明：

綴後斷痕密合，辭例暢通，盾紋貫通。"卯"字互足。

釋文：

口卯卜，貞：［王］田于宮，［往］來亡災。

口亥卜，貞：［王田］于𡆥，［往］來亡災。

乙卯卜，貞：王其田于宮，往來［亡災］。

丁酉［卜］，貞：其［田］于宮，［往來］亡［災］。

壬寅［卜］，［貞］：［王］迻［于口］，［往］來［亡災］。

[③] 第511則

A：《合補》11316（《懷》1856）。

B：《合補》11369（《歷藏》7187）。

釋文：

乙子（巳）王卜，貞：田𦎫，往來亡災。曰："吉。"茲孚。

---

① 《合集》36334+《合補》11433為門藝博士綴合。

② 第510則選自李愛輝《甲骨拼合第83則》。李文原載"中國社會科學院歷史研究所先秦史研究室網站"，www.xianqin.org，2011年4月11日。綴合得到黃天樹師的悉心指導，謹致謝忱！

③ 第511則選自李愛輝《甲骨拼合第84則》。李文原載"中國社會科學院歷史研究所先秦史研究室網站"，www.xianqin.org，2011年4月15日。綴合得到黃天樹師的悉心指導，謹致謝忱！

隻☐。

辛口［王］卜，［貞］：田口，往［來］亡［災］。

① **第512則**

A：《合》38783（《龜卜》79、《龜拓》79）。
B：《合補》12413（《歷藏》9566）。
釋文：

庚申［卜］，貞：王［今夕］亡［畎］。

壬戌［卜］，［貞］：王［今夕］亡［畎］。

甲子卜，貞：王今夕亡畎。

［丙寅］卜，貞：王今夕亡畎。

［戊辰］卜，貞：［王］今夕［亡］畎。

庚午卜，貞：王今夕亡畎。

② **第513則**

A：《合》36039（《河南博》18）。
B：《合補》11086（《文捃》1553）。
釋文：

甲子卜，貞：武祖乙⿰𠂤⿱宀又祊其牢。茲用。

丙寅［卜］，［貞］：文武☐祊其［牢］。茲［用］。

③ **第514則**

A：《合補》12266（《歷藏》17389）。
B：《英藏》2617。

---

① 第512則選自李愛輝《甲骨拼合第85則》。李文原載“中國社會科學院歷史研究所先秦史研究室網站”，www.xianqin.org，2011年4月18日。綴合得到黃天樹師的悉心指導，謹致謝忱！

② 第513則選自李愛輝《甲骨拼合第86、87則》第86則。李文原載“中國社會科學院歷史研究所先秦史研究室網站”，www.xianqin.org，2011年4月22日。綴合得到黃天樹師的悉心指導，謹致謝忱！

③ 第514則選自李愛輝《甲骨拼合第86、87則》第87則。

釋文：

甲寅［卜］，［貞］：王［今夕］亡［畎］。

丙辰卜，貞：王今夕亡畎。

［庚申］卜，［貞］：王今［夕］亡畎。

［壬戌］卜，貞：［王今夕］亡畎。

[①] 第515則

A：［《合補》12366（《歷藏》9851）+《合補》12502（《歷藏》9785）］[②]。

B：《合補》12410（《歷藏》15333）。

釋文：

丁酉卜，貞：王今夕亡畎。

口子卜，［貞］：王今夕[亡]畎。

口口［卜］，貞：［王今］夕亡［畎］。

[③] 第516則

A：《合補》12372（《歷藏》9699）。

B：《合補》12515（《歷藏》9531）。

釋文：

口卯卜，貞：［王］今夕［亡］畎。

口子（巳）卜，貞：［王］今夕［亡］畎。

[④] 第517則

① 第515則選自李愛輝《甲骨拼合第88則》。李文原載“中國社會科學院歷史研究所先秦史研究室網站”，www.xianqin.org，2011年4月25日。綴合得到黃天樹師的悉心指導，謹致謝忱！

② 林宏明博士《甲骨新綴第208例》http：//www.xianqin.org/blog/archives/2329.html。

③ 第516則選自李愛輝《甲骨拼合第89則》。李文原載“中國社會科學院歷史研究所先秦史研究室網站”，www.xianqin.org，2011年4月26日。綴合得到黃天樹師的悉心指導，謹致謝忱！

④ 第517則選自李愛輝《甲骨拼合第90則》。李文原載“中國社會科學院歷史研究所先秦史研究室網站”，www.xianqin.org，2011年4月27日。綴合得到黃天樹師的悉心指導，謹致謝忱！

A：《合補》12308（《歷藏》9812）。
B：《合補》12392（《懷》1820）。
釋文：

戊午卜，貞：王今夕亡畎。

口戌卜，貞：［王］今夕[亡]畎。

第518則[①]

A：《合補》9122（《歷藏》6999）。
B：《合補》9390（《歷藏》8673）[②]。
釋文：

口口卜，狄[貞]：［王］其田口口日不雨。

丁酉［卜］，[狄]貞：王［其田］分，不遘雨。

第519則[③]

A：《合》37409（《珠》120）。
B：《合》37433（《前》2.44.4、《慶甲》6.13、《通》686）。
釋文：

戊申王卜，貞：田耋，往來亡災。王占曰："吉。"茲孚。獲麑六。

戊辰王卜，貞：田朹，往來亡災。王占曰："吉。"茲[孚]。

戊子王卜，貞：田鼒，往來亡災。王占曰："吉。"茲孚。獲□。

[戊]寅王卜，[貞]：田𦎫，[往]來亡[災]。王占[曰]："吉。"

第520則[④]

① 第518則選自李愛輝《甲骨拼合第91、92則》第91則。李文原載"中國社會科學院歷史研究所先秦史研究室網站"，www.xianqin.org，2011年5月8日。綴合得到黃天樹師的悉心指導，謹致謝忱！

② 何組二類的"酉"，有時會在其上加一橫筆，可參見《合集》28227。

③ 第519則選自李愛輝《甲骨拼合第91、92則》第92則。

④ 第520則選自李愛輝《甲骨拼合第93則》。李文原載"中國社會科學院歷史研究所先秦史研究室網站"，www.xianqin.org，2011年5月16日。綴合得到黃天樹師的悉心指導，謹致謝忱！

A：《北大》650。
B：《上博》2426.698。
釋文：

癸酉卜，貞：王旬亡𡆥。二

癸□卜，[貞]：[王旬亡𡆥]。

第521則[①]

A：《合》38756（《北圖》2098）。
B：《合補》11019（《文捃》1528）。
釋文：

丙午卜，貞：武丁其牢。

叀羊。一

甲辰卜，貞：武乙宗祊其牢。一

□□［卜］，［貞］：☒。［茲］用。

叀羊。茲用

叀羊。

□辰卜，貞：□丁祊其[牢]。茲用。

[叀]羊。

第522則[②]

A：《合》37320（《善》1628）。
B：《北大》696。
釋文：

叀羊。一

叀羊。一

① 第521則選自李愛輝《甲骨拼合第94則》。李文原載“中國社會科學院歷史研究所先秦史研究室網站”，www.xianqin.org，2011年5月23日。綴合得到黃天樹師的悉心指導，謹致謝忱！

② 第522則選自李愛輝《甲骨拼合第95則》。李文原載“中國社會科學院歷史研究所先秦史研究室網站”，www.xianqin.org，2011年5月25日。綴合得到黃天樹師的悉心指導，謹致謝忱！

惠羊。茲用。一

□□卜，貞：☐其牢。一

[惠]羊。一

[1] 第523則

A：《合》37172（《續存》下907、《歷拓》3112）。
B[2]：《合》37312（《歷拓》6059）。
C：《合》37328（《續存》下911、《歷拓》3156）。
釋文：

其[牢]又一[牛]。二

[惠羊]。茲[用]。四

其牢又一牛。茲用。二

惠羊。四

[其]牢[又一]牛。

[惠]羊。

[3] 第524則

A：《合》36078（《前》1.21.3、《通》78）。
B[4]：《合》38235（《龜》1.1.5、《龜卜》54）。
C：《合》37308（《龜卜》51）。
釋文：

甲子卜，貞：武乙宗祊其牢。一

丙寅卜，貞：武丁祊其牢。茲用。一

---

① 第523則選自李愛輝《甲骨拼合第96則》。李文原載“中國社會科學院歷史研究所先秦史研究網站”，www.xianqin.org，2011年5月26日。綴合得到黃天樹師的悉心指導，謹致謝忱！

② 門藝：《殷墟黃組甲骨刻辭的整理與研究》（鄭州大學博士學位論文）第五十一組，頁264。

③ 第524則選自李愛輝《甲骨拼合第97則》。李文原載“中國社會科學院歷史研究所先秦史研究室網站”，www.xianqin.org，2011年5月30日。綴合得到黃天樹師的悉心指導，謹致謝忱！

④ 門藝：《殷墟黃組甲骨刻辭的整理與研究》（鄭州大學博士學位論文）第四十七組，頁264。

惠[羊]。茲[用]。一

甲戌卜，貞：武乙宗祊其牢。一

惠羊。一

惠羊。茲用。一

丙子卜，貞：武丁祊其牢。茲用。一

[①] 第525則

A：《合》36591（《簠游》43、《簠拓》612）。
B[②]：《合》36697（《續》3.22.8、《歷拓》5728）。
C：《合》36600（《續》3.22.9、《歷拓》5722）。
釋文：

壬子[卜，貞]：[王]巡于口，往來[亡災]。一

丁巳卜，[貞]：王巡[于]口，往來[亡]災。一

[己]未卜，貞：王巡于雍，往來亡災。

乙丑卜，貞：王巡[于]雍，往來亡災。

戊辰卜，貞：王巡[于]召，往來亡災。一

壬申卜，貞：[王]巡于召，往來亡災。一

丁丑卜，貞：王巡于雍，往來亡災。

己卯卜，貞：王巡于雍，往來亡災。一

辛子（巳）卜，貞：王巡于雍，往來亡災。一

乙酉卜，貞：王巡于雍，往來亡災。

戊子卜，貞：王巡于雍，往來亡災。一

辛卯卜，貞：王巡于召，往來亡災。一

---

① 第525則選自李愛輝《甲骨拼合第98則》。李文原載“中國社會科學院歷史研究所先秦史研究室網站”，www.xianqin.org，2011年6月2日。綴合得到黃天樹師的悉心指導，謹致謝忱！

② 劉影博士綴合，詳見黃天樹主編：《甲骨拼合集》第96則，頁105，學苑出版社，2010年。

①第526則

A:《合》37372(《前》2.33.2、《通》21)。
B:《合》37374(《北圖》2365、《文捃》1595[《文捃》1597])。
釋文:

口口[王卜],貞:田叀,往[來亡災]。王占曰:"吉。"

口口王卜,貞:田梌,往[來亡災]。王占曰:"吉。"茲孚。☐百四十八,兔二☐。

口口王卜,貞:田叀,往[來亡災]。王占曰:"吉。"茲[孚]。☐三十八,兔一。

②第527則

A:《合》37603(《前》2.43.7、《通》658)。
B:《合》37814(《簠拓》685)。
釋文:

壬辰[卜,貞]:王[田口],[往]來[亡災]。

口口[卜,貞]:王[田口],往[來亡災]。

戊申卜,貞:王田殸,往來亡災。茲孚。

戊午卜,貞:王田宮,往來亡災。

③第528則

A:《合》36415(《簠拓》599)。
B:《合》37780(《簠拓》676)。
釋文:

口口卜,貞:王☐大☐亡[徃(害)在畎]☐。

---

① 第526則選自李愛輝《甲骨拼合第99則》。李文原載"中國社會科學院歷史研究所先秦史研究室網站",www.xianqin.org,2011年6月4日。綴合得到黃天樹師的悉心指導,謹致謝忱!

② 第527則選自李愛輝《甲骨拼合第100則》。李文原載"中國社會科學院歷史研究所先秦史研究室網站",www.xianqin.org,2011年6月6日。綴合得到黃天樹師的悉心指導,謹致謝忱!

③ 第528則選自李愛輝《甲骨拼合第101則》。李文原載"中國社會科學院歷史研究所先秦史研究室網站",www.xianqin.org,2011年6月9日。綴合得到黃天樹師的悉心指導,謹致謝忱!

口子[卜，貞：王]巡口，[往]來[亡災]。

壬戌[卜]，[貞]：王田[于口]，往來[亡災]。

戊寅[卜]，[貞]：王巡☐，往來[亡災]。

第529則[1]

A：《合》37663（《簠游》97、《簠拓》654、《續》3.17.1）。
B：《合》37749（《前》2.39.3）。
釋文：

戊寅[王卜]，[貞]：田[口]，[往]來[亡災]。[王占]曰："吉。"

壬午[王卜]，[貞]：[田]疐，[往來亡災]。王[占曰："吉。"]

壬辰王卜，[貞]：田疐，往來亡災。王占曰："吉。"

丁酉王卜，[貞]：田喪，往來亡災。王占曰："吉。"

乙巳王卜，貞：田疐，往來亡[災]。王占曰："吉。"

壬子王卜，貞：田梌，往來亡災。

口口王卜，貞：[田]梌，往[來]亡災。王[占]曰："吉。"

口口王卜，貞：田疐，往[來]亡災。[王]占曰："吉。"

第530則[2]

A：《合》37759（《前》2.39.8）。
B：《合》37782（《北圖》1932）。
釋文：

口子卜，貞：[王]田疐，[往來]亡[災]。

壬寅卜，貞：王田𣎆，往來亡災。

辛卯[卜，貞]：王田口，[往]來[亡災]。一

---

① 第529則選自李愛輝《甲骨拼合第102～105則》第102則。李文原載"中國社會科學院歷史研究所先秦史研究室網站"，www.xianqin.org，2011年6月16日。綴合得到黃天樹師的悉心指導，謹致謝忱！

② 第530則選自李愛輝《甲骨拼合第102～105則》第103則。

[①] 第531則

A：《合》37576（《前》2.41.7、《通》648）。
B：《合》37713（《前》2.40.8）。
釋文：

口口卜，貞：[王]田斿，[往]來亡[災]。茲孚。

乙酉卜，貞：王田喪，往來亡災。

辛酉卜，貞：王田𦎫，往來亡災。

辛丑[卜]，[貞]：王田口，往[來]亡災。

[②] 第532則

A：《合》37668(《歷拓》4515)。
B[③]：《合》37763（《歷拓》4526）。
C[④]：《合》37708（《善》4614）。
D：《合》37709（《前》2・41・2、《通》639）。
釋文：

乙卯王卜，貞：田疐，往來亡災。

辛亥王卜，貞：田惠，往來亡災。王占曰："吉。"

戊申王卜，貞：田惠，[往來亡災]。

丁酉[王卜]，貞：田口，往來[亡災]。王占曰："吉。"

辛丑王卜，貞：田宮，往來亡災。

口巳王卜，[貞]：田疐，[往]來亡災。

戊子王卜，貞：田𦎫，往來亡災。王占曰："吉。"

壬辰王卜，貞：田喪，往來亡災。王占曰："吉。"

---

① 第531則選自李愛輝《甲骨拼合第102～105則》第104則。

② 第532則選自李愛輝《甲骨拼合第102～105則》第105則。

③ 門藝博士綴合：《黃組綴合一組》，http：//www.xianqin.org/blog/archives/1790.html。

④ 李延彥綴合：《黃組龜腹甲試綴一則》，http：//www.xianqin.org/blog/archives/1820.html。

丁丑[王卜]，[貞]：田𩃬，[往來]亡災。隻☐。

辛囗[王卜]，貞：[田囗]，往[來亡災]。王[占曰："吉。"]

第533則[①]

A：《合》36415（《簠拓》599）。
B[②]：《合》37780（《簠拓》676）。
C[③]：《合》36546（《珠》418）。
D：《合》36622（《簠游》53、《簠拓》653、《續》3.18.7）。
釋文：

癸未卜，貞：王其入大邑商，亡徭（害）在畎。

戊子卜，貞：王过郭，往來亡災。

壬戌卜，貞：王田于𠂤，往來亡災。

戊寅卜，貞：王过于囗，往來亡災。

庚寅卜，[貞]：王过[于]啬，往[來]亡[災]。

壬子卜，貞：王过，往來亡災。

第534則[④]

A：《合》36579（《後上》10.14）。
B：《合》37637（《前》2.21.1、《通》713）。
釋文：

戊戌[卜，貞]：王过[于]囗，往來[亡災]。

丁丑卜，貞：王田于𣪘，往來亡災。

① 第533則選自李愛輝《甲骨拼合第106則》。李文原載"中國社會科學院歷史研究所先秦史研究室網站"，www.xianqin.org，2011年6月18日。綴合得到黃天樹師的悉心指導，謹致謝忱！

② 筆者綴合《甲骨拼合第101則》http：//www.xianqin.org/blog/archives/2376.html。

③ 林宏明先生加綴《甲骨新綴240～241例》http：//www.xianqin.org/blog/archives/2378.html。

④ 第534則選自李愛輝《甲骨拼合第107則》。李文原載"中國社會科學院歷史研究所先秦史研究室網站"，www.xianqin.org，2011年6月23日。綴合得到黃天樹師的悉心指導，謹致謝忱！

丁卯卜，貞：王田于口，[往]來亡[災]。

戊口[卜]，[貞]：王[田于口]，往[來]亡[災]。

口口卜，貞：[王]口于㲋，[往來]亡災。[隻]犺[十]又二。

口口卜，貞：[王]逊于口，[往]來亡災。二

① 第535則

A：《合》10360（《佚》930）。
B：《合》19345（《故宫》223、《明後》599）。
釋文：

戊戌卜，賓貞：〼災。之日，王〼則射麇〼麇〼。

② 第536則

A：《合》36791（《虚》1928、《南博》873）。
B：《合》37568（《後上》9.13）。
釋文：

庚寅卜，在安貞：王逊于𠂤西，往來亡災。

口口卜，在口貞：王[逊]于盂，[往]來亡災。

③ 第537則

A：《合》36601（《虚》1457、《南博》260）。
B：《合》36718（《前》2.20.3、《通》628）。
C：《合補》11328（《文捃》1622）。
釋文：

壬辰卜，貞：王逊于雍，往來亡災。一

① 第535則選自李愛輝《甲骨拼合第108～109則》第108則。李文原載“中國社會科學院歷史研究所先秦史研究室網站”，www.xianqin.org，2011年6月27日。綴合得到黃天樹師的悉心指導，謹致謝忱！

② 第536則選自李愛輝《甲骨拼合第108～109則》第109則。

③ 第537則選自李愛輝《甲骨拼合第110則》。李文原載“中國社會科學院歷史研究所先秦史研究室網站”，www.xianqin.org，2011年7月1日。綴合得到黃天樹師的悉心指導，謹致謝忱！

壬寅卜，貞：王䢒于召，往來亡災。一

戊申卜，貞：[王䢒]于口，往[來]亡[災]。

口卯卜，貞：[王䢒]于雍，[往來]亡災。

丁丑王［卜］，［貞］：▨▨。

第538則[①]

A：《合》6921（《鐵》61・3）。

B：《合補》1387（《東大》1125正）。

綴合理由及說明：

A、B兩版字體均為典賓類，A版由左首甲、左前甲和中甲組成，B版為左前甲。綴合後斷邊基本密合，能夠拼合出“勿”字，《合集》6920與此同文。

釋文如下：

貞：勿乎取我。

第539則[②]

A：《合補》386（《慶甲》82正）。

B：《合補》5783（《歷拓》4197）。

綴合理由及說明：

A、B兩版字體均為典賓類，且均為右前甲。綴合後斷邊基本密合，能夠拼合出“卜”字。

釋文如下：

口寅卜，爭［貞］：王▨肩▨。二

第540則[③]

A：《合》2246正甲（《簠帝》224、《簠拓》492、《續》

---

① 第538則選自李延彥《龜腹甲新綴第18則》。李文原載“中國社會科學院歷史研究所先秦史研究室網站”，www.xianqin.org，2010年7月23日。本文得到黃天樹師的悉心指導，謹致謝忱！

② 第539則選自李延彥《龜腹甲新綴第19則》。李文原載“中國社會科學院歷史研究所先秦史研究室網站”，www.xianqin.org，2010年7月24日。本組綴合得到黃天樹師的悉心指導，謹致謝忱！

③ 第540則選自李延彥《龜腹甲新綴第20則》。李文原載“中國社會科學院歷史研究所先秦史研究室網站”，www.xianqin.org，2010年12月7日。本文得到黃天樹師的悉心指導，謹致謝忱！

1·38·5）。

B：《合》18599（《歷拓》6668）。

綴合理由及説明：

A、B兩版字體都是典賓類。A版是左前甲龜縫片，B版是左首甲龜縫片。拼合後上舌縫密合，能夠拼合出“貞”和“𦎫”字。

釋文如下：

貞：自般以絊勿于𦎫。 一 不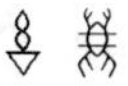

貞：不隹妣己害。 一

① 第541則

A：《合補》351正（《歷藏》16144正）。

B：《合補》4046（《歷藏》24526）。

綴合理由及説明：

A、B兩版字體均為典賓類，且均為右前甲。綴合後斷邊密合，左側千里路（中縫）和中溝拼接完整，辭例通暢。《合集》454正、《合集》14009文例與此條卜辭相同。

釋文如下：

□其隹丙娩嘉。

② 第542則

A：《合》9486（《前》6·14·6、《通》726<三>）。

B：《合》3307（《虛》620、《南博拓》284）。

C：《合》227（《前》4·7·6、<不全>、《歷拓》6475、《通》229）。

綴合理由及説明：

A、B、C三版字體均為賓三類， A、B兩版為趙鵬女士所綴③，今加綴C

---

① 第541則選自李延彥《龜腹甲新綴第21則》。李文原載“中國社會科學院歷史研究所先秦史研究室網站”，www.xianqin.org，2010年7月29日。本文得到黃天樹師的悉心指導，謹致謝忱！

② 第542則選自李延彥《龜腹甲新綴第22～23則》第22則。李文原載“中國社會科學院歷史研究所先秦史研究室網站”，www.xianqin.org，2010年8月18日。本文得到黃天樹師的悉心指導，謹致謝忱！

③ 趙鵬：《甲骨新綴二例》，先秦史研究室網站http：//www.xianqin.org/blog/archives/57.html，2008年06月12日，又見黃天樹師主編：《甲骨拼合集》第60則，學苑出版社，【編者按：2010年8月第1版】。

版。C版是標準右首甲，B版為右前甲，綴合後上舌縫密合，肱胸溝拼接完整，可以拼合出“于”字。

釋文如下：

辛亥卜，貞：[illegible]侯來七羌，翌甲寅[illegible]用于夫（大）甲。十三月。三

□□［卜］，□［貞］：今日［令受］𦤎（墾）[1]田于[illegible]侯。十二月。三

癸□［卜］，□貞：［今日勿］令受𦤎（墾）［田］于[illegible]侯。十二月。三

[2] 第543則

A：《合》2734（《續存》下210正、《歷拓》11391）。

B：《合》9534（《京》563正、《善》21557）。

C：《掇三》706正（《南坊》3・17、《南坊》3・31、《存補》5・73・5、《合》40078[3]）。

綴合理由及說明：

A、B、C三版字體均為典賓類，A、B兩版為林宏明先生所綴[4]，今加綴C版。A、B兩版是右後甲，C版為左後甲，它們部位對應，辭例相合，可以遙綴。

釋文如下：

貞：乎（呼）婦姘往[illegible]黍，若。

貞：勿乎（呼）婦姘往[illegible]黍〼。

[5] 第544則

A：《東文庫》19正。

---

① “𦤎”從裘錫圭先生釋，義指平整土地、修築田壟等工作。參見裘錫圭：《甲骨文中所見的商代農業》，《古文字論集》，第179～182頁，中華書局，1992年8月。

② 第543則選自李延彥《龜腹甲新綴第22～23則》第23則。

③ 《掇三》與舊著錄書對照號碼參見蔡哲茂：《殷契拾掇》三編與舊著錄對照表，先秦史研究室網站http：//www.xianqin.org/blog/archives/810.html，2006年04月12日。

④ 林宏明：《甲骨新綴第八七～八八例》，先秦史研究室網站http：//www.xianqin.org/blog/archives/1946.html，2010年06月14日。

⑤ 第544則選自李延彥《龜腹甲新綴第24～25則》第24則。李文原載“中國社會科學院歷史研究所先秦史研究室網站”，www.xianqin.org，2010年8月31日。本文得到黃天樹師的悉心指導，謹致謝忱！

B：《東文庫》65（《合》3896、《林》1・7・7、《掇三》172[①]）。

綴合理由及說明：

A、B兩版字體均為典賓類，且都是右前甲，綴合後斷邊基本密合，可以拼合出“永”字。《合》2766與此同文[②]。

釋文如下：

□申卜，永貞：☑畀婦井［啓］。一

貞：來。一　二告

[③] 第545則

A：《東文庫》57正反。

B：《合補》2116正反（《歷藏》5589）。

綴合理由及說明：

A、B兩版字體均為典賓類，且都是左前甲，綴合後斷邊密合，可以拼合出“土”字。

釋文如下：

正面：

☑貞：伐土方□不☑災。三

貞☑。

反面：

☑子☑風☑。

[④] 第546則

A：《合》12897（《掇一》241、《上博》10）。

B：《合》9059（《浙博》39正反）。

① 參見蔡哲茂先生：《<殷契拾掇>三編與舊著錄對照表》，先秦史研究室網站http：//www.xianqin.org/blog/archives/810.html，2006年04月12日。

② 此版同文為黃天樹師在審閱文章過程中指出的。

③ 第545則選自李延彥《龜腹甲新綴第24～25則》第25則。

④ 第546則選自李延彥《龜腹甲新綴第26則》。李文原載“中國社會科學院歷史研究所先秦史研究室網站”，www.xianqin.org，2010年8月31日。本組綴合得到黃天樹師的悉心指導，謹致謝忱！

綴合理由及説明：

A、B兩版字體均為典賓類。A版由左首甲、左前甲組成，上面“隹”字和“田”字之間的斜形齒縫是上舌縫，“田”字所在部位是左首甲，“玆”字所壓盾紋是肱胸溝。B版為左前甲，“貞”字所壓盾紋是胸腹溝①。A、B兩版形態相合，綴合後斷邊密合，可以拼合出“雨”字。

釋文如下：

正面：

［貞］：玆雨不隹□田▨。一

甲□［卜］，□貞▨。

反面：

邑以▨。

② **第547則**

A：《合》16686（《珠》1220）。

B：《合》16828（《續存》下418）。

綴合理由及説明：

A、B兩版字體均為賓組三類。A版是右首甲龜縫片，B版是中甲龜縫片，它們從上舌縫分離。綴合後上舌縫密合，喉肱溝拼接完整，可以拼合出“亥”、“貞”和“𡆥”三個字。

釋文如下：

癸亥卜，古貞：旬亡𡆥。五月。二

癸未卜，貞：旬亡𡆥。二

癸卯［卜］，古［貞：旬］亡［𡆥］。

癸□［卜］，□［貞］：［旬亡𡆥］。

① 相關術語參見黃天樹師：《甲骨形態學》，見《甲骨拼合集·附録》，學苑出版社，2010年8月。

② 第547則選自李延彥《龜腹甲新綴第27～28則》第27則。李文原載“中國社會科學院歷史研究所先秦史研究室網站”，www.xianqin.org，2010年9月2日。本文得到黃天樹師的悉心指導和趙鵬師姐的幫助，謹致謝忱！

① 第548則

A：《合》15917（《契》743）。

B：《合》2052正（《歷拓》10426正）。

綴合理由及說明：

A、B兩版字體均為典賓類。A版是左前甲，B版是右前甲，形態相合。卜辭正反對貞，兆序辭均為一。將A版水平翻轉，可知兩版大小相當。綜上所論，它們應為一版之折。

釋文如下：

口申卜，㱿［貞］：王取［唐］褉〼 。一

［貞］：王勿［取］唐褉〼。一

貞：虫于祖口勿牛口豕。一

貞：王〼从〼。一

② 第549則

A：《合》4977（《京》2662、《續存》上338）。

B：《北大》1045。

綴合理由及說明：

A、B兩版字體均為賓三類。它們均為左前甲，形態相合。綴合後斷邊密合，肱胸溝拼接完整，辭例通暢，可以拼合出“其”字。同文卜辭可參看《合集》4976、《合集》4978。

釋文如下：

貞：其于一人囚。十一月。三

〼𢦏〼。十二月。三

③ 第550則

① 第548則選自李延彥《龜腹甲新綴第27～28則》第28則。

② 第549則選自李延彥《龜腹甲新綴第29則》。李文原載“中國社會科學院歷史研究所先秦史研究室網站”，www.xianqin.org，2010年9月10日。本組綴合得到黃天樹師的悉心指導和謝明文師兄的幫助，謹致謝忱！

③ 第550則選自李延彥《龜腹甲新綴第30則》。李文原載“中國社會科學院歷史研究所先秦史研究室網站”，www.xianqin.org，2010年9月17日。綴合得到黃天樹師的悉心指導，謹致謝忱！

A：《輯佚》81。

B：《輯佚》268。

綴合理由及説明：

A、B兩版字體均為典賓類。從形態來看，它們都是右前甲。綴合後斷邊密合，肱胸溝拼接完整，辭例通暢。同文例可參看《合集》358、《合集》360、《合集》15612、《合集》15619、《合集》15620。

釋文如下：

口酉卜，殻貞：燎九牛。一

[①] 第551則

A：復旦大學文化人類學數字博物館網站第286件。

B：復旦大學文化人類學數字博物館網站第283件。

近日筆者在搜索甲骨實物照片時，無意中瀏覽到復旦大學文化人類學數字博物館網站[②]公佈的彩色照片，發現其中第283件（B）和第286件（A）甲骨可以綴合。煩請相關工作人員幫助覆核實物，非常感謝！

綴合理由及説明：

A、B兩版骨版顏色和字體都相同。綴合後可以拼合出“戊”和“勿”字。斷邊不完全密合大概是拍攝角度不同所致。

釋文如下：

戊申［卜］☐勿呼☐。

---

① 第551則選自李延彥《甲骨新綴第31則》。李文原載“中國社會科學院歷史研究所先秦史研究室網站”，www.xianqin.org，2010年9月27日。本組綴合得到黃天樹師的悉心指導，謹致謝忱！

② 復旦大學文化人類學數字博物館·虛擬庫房大類檢索·R骨蚌牙角类·G甲骨卜辭·D字骨：http：//www.digmus.fudan.edu.cn/Green.asp?Jsh=RGD，A件地址如下：

http：//www.digmus.fudan.edu.cn/green.asp，B件地址如下：

http：//www.digmus.fudan.edu.cn/green.asp。

A、B兩版又見於中國數字科技館：http：//www.cdstm.cn/c9/search.jsp?id=780，

圖版A詳細信息見如下地址：http：//www.cdstm.cn/c9/info.jsp?id=244967，大圖見於：

http：//www.cdstm.cn/Mediumfile/C.9_mshowpiece/20080809/f5ffec32-eefc-4b9f-bfdb-e7328f946505_1/R1686-1.jpg

圖版B詳細信息見如下地址：http：//www.cdstm.cn/c9/info.jsp?id=245330，大圖見於：

http：//www.cdstm.cn/Mediumfile/C.9_mshowpiece/20080809/b39de960-c7a1-42b6-9e8d-be11f9230ecf_1/R1683-1.jpg

[1] 第552則

A：《合補》1239正反（《歷藏》15135正反）。

B：《北大》925正反。

綴合理由及說明：

A、B兩版字體均為典賓類。它們都是右前甲，形態相合。綴合後斷邊密合，能夠拼合出"亘"字。反面鑽鑿相合，辭例通暢。

釋文如下：

囗子卜，亘貞：囗竝☐幸（執）。一（正面）

☐王固曰[2]：幸(執)。(反面)

[3] 第553則

A：《輯佚》274。

B：《合》16952（《合補》5046、《續存》上867）。

綴合理由及說明：

A、B兩版字體均為賓三類。它們都是右首甲。綴合後邊緣密合，辭例通暢，能夠拼合出"子（巳）"字。同文卜辭參見《合集》4979、《合集》4980。

釋文如下：

癸子（巳）卜，賓貞：旬㞢求（咎）不［于］一人［囚］。

☐牢☐帚☐。

[4] 第554則

A：《北大》2191。

① 第552則選自李延彥《龜腹甲新綴第32則》。李文原載"中國社會科學院歷史研究所先秦史研究室網站"，www.xianqin.org，2010年9月29日。本組綴合得到黃天樹師的悉心指導，謹致謝忱！

② 《合補釋文》將《合補》1239反釋讀為：……王固曰……。齊航福師兄在其碩士論文《〈甲骨文合集補編·釋文〉校勘》中說："［0383］1239反…王固曰：…拓片中'曰'字不見，故應在'曰'字外加'［］'號"。參見齊航福師兄：《〈甲骨文合集補編·釋文〉》校勘第17頁，鄭州大學碩士論文，指導教師：王蘊智，2003年。

③ 第553則選自李延彥《龜腹甲新綴第33～35則》第33則。李文原載"中國社會科學院歷史研究所先秦史研究室網站"，www.xianqin.org，2010年10月21日。本文得到黃天樹師的悉心指導，謹致謝忱！

④ 第554則選自李延彥《龜腹甲新綴第33～35則》第34則。

B：《安明》39。

緻合理由及說明：

A、B兩版字體均為典賓類。它們都是左前甲。綴合後斷邊密合，能夠拼合出"㞢"字。

釋文如下：

［貞］：勿㞢［于］父乙牛。

第555則[①]

A：《合》11682（《續存》上388）。

B：《合補》4359（《掇二》92）。

綴合理由及說明：

A、B兩版字體均為典賓類。它們都是中甲，因卜兆而分離。綴合後斷邊密合，能夠拼合出"卜"和"子"字。值得注意的是，兩版拼合後與《合集》911相重，但是沒有《合集》911完整。新綴拓本上的喉肱溝和肱胸溝相對清晰些。《合集》911曾著錄為《鐵》108·1，由此可知，該版中甲在流傳過程中破碎。

釋文如下：

壬戌卜，爭［貞］：翌甲子酒☐十伐☐。

第556則[②]

A：《合補》576正反（《歷藏》16876正反）。

B：《合》7757正反（《北圖》5182正反）。

綴合理由及說明：

A、B兩版字體均為典賓類。它們都是右後甲，形態相合。綴合後斷邊密合，正面能夠拼合出"未"字。反面拼合出"固"字，鑽鑿相合，辭例通暢。

釋文如下：

己未卜，㱿貞：𠂤𢦏在𫶧戎。（正面）

---

① 第555則選自李延彥《龜腹甲新綴第33～35則》第35則。

② 第556則選自李延彥《龜腹甲新綴第36則》。李文原載"中國社會科學院歷史研究所先秦史研究室網站"，www.xianqin.org，2010年10月27日。本組綴合得到黃天樹師的悉心指導，謹致謝忱！

王固曰：以隹☐其☐。允☐。

岳。（反面）

第557則[①]

A：《合補》4005（《掇一》527、《續存》上829）。

B：《合》13909（《湖南博》5）。

綴合理由及說明：

A、B兩版字體均為典賓類。A版由左首甲、右首甲、中甲組成，B版由左首甲、左前甲、中甲組成，形態相合。綴合後斷邊密合，左上內縫拼接完整，兆序辭相連，辭例通暢。

釋文如下：

☐㞢☐。一月。

☐其［肩］興有疾。一 二

第558則[②]

A：《合補》2782（《天理》183）。

B：《合補》4067（《天理》2）。

綴合理由及說明：

A、B兩版字體均為典賓類。A版由左首甲、右首甲、中甲、左前甲組成，B版由右首甲、右前甲、中甲組成，形態相合。綴合後斷邊密合，能夠拼合出“貞”和“孜”字，右上內縫拼接完整。《合集》14211、《合集》14212與此同卜一事。

釋文如下：

丙寅卜，囗貞：帝孜兹邑。

［貞：帝弗］孜兹邑。四月。

① 第557則選自李延彥《龜腹甲新綴第37則》。李文原載“中國社會科學院歷史研究所先秦史研究室網站”，www.xianqin.org，2010年10月28日。本組綴合得到黃天樹師的悉心指導，謹致謝忱！

② 第558則選自李延彥《龜腹甲新綴第38則》。李文原載“中國社會科學院歷史研究所先秦史研究室網站”，www.xianqin.org，2010年11月10日。本組綴合得到黃天樹師的悉心指導，謹致謝忱！

① 第559則

A：《明後》S0875。

B：《合補》2164（《歷藏》15140）。

綴合理由及說明：

A、B兩版字體均為自賓間類。A版是左首甲龜縫片，B版是左前甲，二者從左上舌縫分離。綴合後齒邊密合，能夠拼合出“申”字。同文卜辭參看《合補》2170+《合補》2178。

釋文如下：

丙申卜，王［貞］：☐弗其𢦔☐。三

② 第560則

A：《合》4793（《歷拓》379）。

B：《合補》1602（《歷藏》15893）。

綴合理由及說明：

A、B兩版字體都是賓三類。它們因卜兆而分離。綴合後斷邊和兆邊均可以密合，能夠拼合出“卜”字。同文卜辭參見《合集》4978。

釋文如下：

乙亥卜，爭貞：王朿有求（咎），不于［一］③人囚。二

④ 第561則

A：《合》17115（《契》742、《歷拓》6301）。

B：《合》17169（《歷拓》6071）。

綴合理由及說明：

---

① 第559則選自李延彥《龜腹甲新綴第39則》。李文原載“中國社會科學院歷史研究所先秦史研究室網站”，www.xianqin.org，2010年11月10日。本組綴合得到黃天樹師的悉心指導，謹致謝忱！

② 第560則選自李延彥《龜腹甲新綴第40則》。李文原載“中國社會科學院歷史研究所先秦史研究室網站”，www.xianqin.org，2010年11月12日。本組綴合得到黃天樹師的悉心指導，謹致謝忱！

③ 卜辭習見“不于一人囚”，《合集》4978［賓三］、《合集》4793+《合補》1602［賓三］、《合集》34086［歷二］均做“不于人囚”，未見“一”字。《合集》4978、《合補》1602上邊的邊緣都是傾斜的，很可能“一”字斷掉了。參照《合集》34085同文卜辭，《合集》34086很可能缺刻了“一”字。

④ 第561則選自李延彥《龜腹甲新綴第41～42則》第41則。李文原載“中國社會科學院歷史研究所先秦史研究室網站”，www.xianqin.org，2010年11月14日。本文得到黃天樹師的悉心指導和劉影師姐、李愛輝的幫助，謹致謝忱！

A、B兩版字體都是賓三類。A版是左前甲，B版是右前甲，將A版向右水平翻轉，可知兩版形態相合。兆序辭都是一，卜辭辭例相合，可以遙綴。同文卜辭可參看《合集》17168+《合集》17171、《合集》17170[①]。

釋文如下：

丙子［卜，賓］貞：令［𠔏葬］我于㞢𠂤，肩告不𥁐。一

［貞：𠔏不其］肩告其𥁐。十一月。一

[②] 第562則

A：《合》10181（《歷拓》6731）。

B：《合》10189（《簠雜》101、《簠拓》982、《續》6·27·2<不全>）。

C：《合》4879（《前》6.44.8、《龜》2.2.14）。

綴合理由及說明：

A、B、C三版字體均為賓三類。B、C兩版為林宏明先生所綴[③]，今加綴A版。A版為左首甲，B版為右首甲。卜辭左右对貞，辭例相合。將A版向右水平翻轉，可知兩版大小相當。綜上所論，A、B兩版應為一版之折。

釋文如下：

丙戌卜，爭貞：不莫。三

貞：其莫。三月。

甲子卜，□貞：夫（？）不隹（唯）于𡆧。

[④] 第563則

A：《合》6129（《北大》782、《續存》上551）。

B：《合》17317（《續存》上866）。

綴合理由及說明：

A、B兩版字體都是典賓類。綴合後斷邊和兆邊均可以密合。同文卜辭參見《合集》4620、《合集》6128、《合集》6130+《合集》18377正。

---

① 將《合集》17170向右水平翻轉，可知它與《合集》17168+《合集》17171形態相當，它們很可能是一版之折。

② 第562則選自李延彥《龜腹甲新綴第41～42則》第42則。

③ 林宏明：《甲骨新綴第九二例（附合集重片二例）》，先秦史研究室網站http：//www.xianqin.org/blog/archives/1983.html，2010年7月21日。

④ 第563則選自李延彥《卜骨新綴第43則》。李文原載“中國社會科學院歷史研究所先秦史研究室網站”，www.xianqin.org，2010年11月15日。本組綴合得到黃天樹師的悉心指導，謹致謝忱！

《合集》3298與此版同卜一事。

釋文如下：

［乙］丑卜，㱿［貞］：曰舌［方］其至于遼［土］，［其］㞢咼。四

① 第564則

A：《合》3650正（《南誠》20、《歷拓》9663正）。

B：《合補》1505（《浙博》2、《掇二》154②）。

綴合理由及説明：

A、B兩版字體都是典賓類。A版由左首甲和左前甲組成，B版由左首甲、右首甲、中甲、右前甲組成。綴合後斷邊密合，且與《合集》5054（《續》5・33・1）相重，但是没有《合集》5054完整。

釋文如下：

☐王出。三

庚子卜，賓貞：不③。小告

貞：王出。三

三　不

④ 第565則

A：《合》12573(《鐵零》22）。

B：《合補》4481（《歷拓》4304）。

C：《合》23679（《歷拓》4418）。

A+B+C＝《合》24878（《鐵》74・3）。

綴合理由及説明：

A、B兩版為李愛輝女士所綴⑤，今加綴C版。B、C兩版能夠拼合出“酉”

① 第564則選自李延彦《龜腹甲新綴第44則》。李文原載“中國社會科學院歷史研究所先秦史研究室網站”，www.xianqin.org，2010年11月17日。本組綴合得到黄天樹師的悉心指導和齊航福師兄的幫助，謹致謝忱！

② 《掇二》154拓本清晰，可見上舌縫和内舌縫。

③ 從拓本來看，庚子這條卜辭是完整的。

④ 第565則選自李延彦《龜腹甲新綴第45則》。李文原載“中國社會科學院歷史研究所先秦史研究室網站”，www.xianqin.org，2010年11月18日。本文得到黄天樹師的悉心指導，謹致謝忱！

⑤ 李愛輝：《甲骨新綴第57則》，先秦史網站http：//www.xianqin.org/blog/archives/2138.html，2010年11月18日。

和“勿”字。與《合集》24878重片相比，此版左首甲、左前甲仍然缺一小塊，可見此版腹甲在流傳過程中碎裂。嚴一萍《鐵雲藏龜新編》收錄《合集》24878拓本和摹本，干支均作“癸未”，從新綴拓本來看，嚴文有誤。①其他信息見李文。

釋文參見李文【編者按：參看本書第484則綴合】。

② 第566則

A：《合補》4536（《歷藏》15858）。

B：《北大》2184（北大考古與藝術博物館登記號8.0837）。

綴合理由及說明：

A、B兩版都是中甲的殘片。綴合後斷邊密合，¥形盾紋拼接完整，左上和右上邊緣是上內縫，左下和右下邊緣是內舌縫，能夠拼合出“受”和“又”字。

釋文如下：

⧄受㞢又。

戊□[卜]⧄。

戊□卜⧄。

③ 第567則

A：《合》5438（《京人》35）。

B：《合》10575（《京人》303）。

綴合理由及說明：

A、B兩版字體都是典賓類。它們都是左前甲殘片。拼合後是基本完整的左前甲龜縫片，斷邊密合，肱胸溝和胸腹溝拼接完整，能夠拼合出“乎”字。兩版現藏京都大學人文科學研究所，煩請相關人員幫助覆核實物，十分感謝！

釋文如下：

貞：乎王⧄田。一　不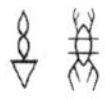

---

① 參見嚴一萍：《鐵雲藏龜新編》第428頁，臺北：藝文印書館，1975年7月第1版。

② 第566則選自李延彥《龜腹甲新綴第46則》。李文原載“中國社會科學院歷史研究所先秦史研究室網站”，www.xianqin.org，2010年11月25日。本文得到黃天樹師的悉心指導，謹致謝忱！

③ 第567則選自李延彥《龜腹甲新綴第47則》。李文原載“中國社會科學院歷史研究所先秦史研究室網站”，www.xianqin.org，2010年11月26日。本文得到黃天樹師的悉心指導，謹致謝忱！

貞：勿㞢于父庚[①]。

[②] 第568則

A：《合》17697正反（《誠》386正反、《善》20275正反）。

B：《合》7159正反（《粹》1136甲乙、《善》19883正反）。

C：《合補》4838正反（《歷藏》10242正反）。

綴合理由及說明：

A、B兩版為蔡哲茂先生所綴[③]，筆者加綴C版。三版字體都是典賓類，且質料均是卜骨。拼合後斷邊密合，正面辭例通暢，反面能夠拼合出“其”和“至”字。

釋文如下：

癸未☐兹㞢求（咎）☐。吉。

癸未。

貞：☐𡆥。

癸丑卜，永貞：旬無𡆥。（正面）

王固曰：其㞢來媗（艱），其隹丙，不吉。

王固曰：其㞢來媗（艱），乞至，其☐丙☐，不吉。（反面）

[④] 第569則

A：《合》6345（《歷拓》7063）。

B：《合》8026（《旅博》1657）。

綴合理由及說明：

---

① 參見貝塚茂樹摹本。貝塚茂樹：《京都大學人文科學研究所藏甲骨文字·釋文》，［日本］：寫真印刷株式會社，1960年；又見於《甲骨文獻集成》（第八冊）第339頁PLATE1，四川大學出版社，2001年。

② 第568則選自李延彥《卜骨新綴第48則》。李文原載“中國社會科學院歷史研究所先秦史研究室網站”，www.xianqin.org，2010年11月27日。本文得到黃天樹師的悉心指導，謹致謝忱！

③ 蔡哲茂先生：《<殷契粹編>新綴一則》，先秦史研究室網站http：//www.xianqin.org/blog/archives/1560.html，2007年5月9日。

④ 第569則選自李延彥《卜骨新綴第49則》。李文原載“中國社會科學院歷史研究所先秦史研究室網站”，www.xianqin.org，2010年12月3日。本文得到黃天樹師的悉心指導，謹致謝忱！

A、B兩版字體都是典賓類。從形態上來講，它們都是骨首殘片。拼合後斷邊密合，辭例通暢，能夠拼合出“誖”字。同文卜辭可參看《合集》6145、《合集》6344、《合集》6347、《合集》6349、《合集》8991、《英藏》162正。

釋文如下：

甲申卜，㱿貞：勿乎婦姘以朿先于誖，七月。四

乙酉卜，㱿貞：𢀛方[illegible]率伐不，王其正，勿告于祖乙。四

① 第570則

A：《合》1976（《京》2303）。

B：《合》5626（《善》19953）。

綴合理由及說明：

A、B兩版字體均為賓三類。從形態來看，它們都是右腹甲。拼合後兆邊密合，辭例通暢。

釋文如下：

口未：⍁鼓⍁丁⍁。

貞：用。一

朿尹有𢀛（工）。一

惠⍁用⍁。一

② 第571則

A：《合》5620（《京》2338、《善》5960）。

B：《合》19479正反（《歷拓》6046正反、《北大》69正反、北大考古與藝術博物館登記號8.1758正反）。

C：《存補》3·138·1。

綴合理由及說明：

---

① 第570則選自李延彥《甲骨新綴第50～52則》第50則。李文原載“中國社會科學院歷史研究所先秦史研究室網站”，www.xianqin.org，2010年12月16日。本文得到黃天樹師的悉心指導和趙鵬師姐的幫助，謹致謝忱！

② 第571則選自李延彥《甲骨新綴第50～52則》第51則。

A、B兩版為何會師姐所綴[①]，筆者加綴C版。三版字體都是賓三類，且都是左後甲。拼合後兆邊密合，能夠補足“囚”字。

釋文如下：

乙卯卜，貞：朿尹亡囚。 三

貞：勿射。

癸卯卜：〼。 四

[②] 第572則

A：《合》318（《簠拓》332）。

B：《合》11150（《京人》754）。

綴合理由及説明：

A、B兩版字體都是典賓類，從形態來看，它們都是骨首【編者按：賓組牛胛骨上，有一種記載“祭祀”一類事情的記事刻辭（詳見李學勤《論賓組胛骨的幾種記事刻辭》，刊於《英國所藏甲骨集》下編上冊，第161～166頁，中華書局，1992年）。《合集》390是一版較完整的牛胛骨，其上有一條關於“祭祀”的記事刻辭是刻在胛骨正面骨扇底部的“脊角”處。據此可以推知，《合集》318+11150也應是倒刻在骨扇底部的“脊角”處，而不是刻在骨首部位】。拼合後斷邊密合，同文記事刻辭可參看《合集》317。

釋文如下：

丁亥，宜于磬京羌三十卯〼牡〼。

[③] 第573則

A：《合》2978正（《鐵》184·1、《歷拓》9567正、《戩》43·8、《續》3·48·4）。

B：《合》12657正（《鐵》66·1、《歷拓》1171正、《戩》17·16、《續》4·16·5<正，不全>、《國博》51）。

---

① 何會：《龜腹甲新綴第三十一～三十三則》第三十二則，先秦史研究室網站http：//www.xianqin.org/blog/archives/2103.html，2010年10月25日【編者按：本書第452則】。

② 第572則選自李延彥《甲骨新綴第50～52則》第52則。

③ 第573則選自李延彥《龜腹甲新綴第53則》。李文原載“中國社會科學院歷史研究所先秦史研究室網站”，www.xianqin.org，2010年12月18日。本文得到黃天樹師的悉心指導，謹致謝忱！

綴合理由及説明：

A、B兩版字體都是典賓類。拼合後斷邊密合，能夠拼合出“父”字。同文卜辭可以參看《合集》2976、《合集》2977。

釋文如下：

壬申卜，賓貞：乎子漁㞢于父乙。 一

貞：亦𢀛雨。

貞：娥害多妣。

① 第574則

A：《合》8039（《鄴初下》33·11、《歷拓》763、《存上》744）。

B：《合》13308（《歷拓》10447）。

綴合理由及説明：

A、B兩版字體都是賓三類。A版是右首甲龜縫片，B版是右前甲，形態相合。綴合後上舌縫密合，肱胸溝相連，能夠拼合出“易”和“允”字。

釋文如下：

乙卯卜,賓貞：三卜，王往逊于㐆京，若。六月。

癸丑卜，賓貞：翌乙卯易日。之日允易日。 二

戊☐貞☐母☐夫☐。

② 第575則

A：《合》13108（《善》7976）。

B：《合》17927（《歷拓》99）。

綴合理由及説明：

A、B兩版字體都是賓一類，且都是右後甲，形態相合。綴合後斷邊密合，能夠拼合出“乙”和“翌”字。

釋文如下：

---

① 第574則選自李延彥《甲骨新綴第54～56則》第54則。李文原載“中國社會科學院歷史研究所先秦史研究室網站”，www.xianqin.org，2010年12月22日。本文得到黃天樹師的悉心指導，謹致謝忱！

② 第575則選自李延彥《甲骨新綴第54～56則》第55則。

乙未卜賓：翌丁亥啓。 一

惠[illegible]⧄。

[1] 第576則

A：《合》6185（《南師》1·63、《歷拓》3015、《外》107）。

B：《合補》2873（《文捃》837）。

綴合理由及說明：

A、B兩版字體都是典賓類。從形態來講，它們都是骨首，形態相合。綴合後斷邊和兆邊密合。同文卜辭可參看：《合集》6176+《合集》7219[2]。

釋文如下：

戊寅卜，㱿貞：勿乎師般比[illegible]⧄。

庚寅卜，㱿貞：勿冒人三千乎望舌方。五月。 四 二告

庚⧄貞⧄。

[3] 第577則

A：《合補》5854(《歷藏》19410）。

B：《合》18919（《歷拓》6851）。

綴合理由及說明：

A、B兩版字體都是賓三類。拼合後斷邊密合，辭例通暢。綴合後釋文如下：

貞：弗其肩興㞢（有）疾。

[4] 第578則

A：《合》12052正反(《歷拓》7228正反）。

---

① 第576則選自李延彥《甲骨新綴第54～56則》第56則。

② 參見劉影師姐：《典賓類卜辭新綴五則》第三則，先秦史研究室網站http：//www.xianqin.org/blog/archives/1612.html，2009年08月31日。

③ 第577則選自李延彥《龜腹甲新綴第57則》。李文原載“中國社會科學院歷史研究所先秦史研究室網站”，www.xianqin.org，2010年12月27日。本文得到黃天樹師的悉心指導，謹致謝忱！

④ 第578則選自李延彥《甲骨新綴第58則》。李文原載“中國社會科學院歷史研究所先秦史研究室網站”，www.xianqin.org，2011年1月6日。本文得到黃天樹師的悉心指導，謹致謝忱！

B：《合》17412正反（《歷拓》496正反、《掇二》473正反、《南坊》5·40<正>《南坊》5·41<反>）。

綴合理由及説明：

A、B兩版字體都是典賓類。拼合後斷邊密合，辭例通暢，正面能夠拼合出“王”字，反面能夠拼合出“隹”字，且鑽鑿相合。

釋文如下：

戊申卜：𠱼貞：今日其雨。　一　不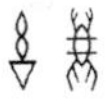

乙酉卜：賓貞（賓貞[①]）：王夢，不隹之孽。　三

貞：王夢，隹之孽。　三

一　二告

王固曰：“不隹之孽。”

貞：用。　三

貞：勿［用］。　三

一

[②] 第579則

A：《合》5056正（《佚》996正、《歷拓》9955）。

B：《上博》21691.293（P720）振寰閣文物商店　。

綴合理由及説明：

A、B兩版字體都是典賓類。綴合後斷邊密合，能夠拼合出“往”字，辭例通暢。

釋文如下：

癸酉卜，賓貞：王往出从西。一月[③]。一

貞：在庚酒。一

---

① 此處“賓貞”為衍文。

② 第579則選自李延彥《甲骨新綴第59、60則》第59則。李文原載“中國社會科學院歷史研究所先秦史研究室網站”，www.xianqin.org，2010年12月30日。本文得到黃天樹師的悉心指導，謹致謝忱！

③ 由於甲骨上方殘斷，也可能不是一月。

第580則[①]

A：《合補》4857（《合補》4964、《歷拓》10459、《河北大》31）。

B：《上博》65640.19（P796）徐元密（徐蓉）藏。

綴合理由及說明：

A、B兩版字體都是典賓類。它們都是中甲殘片。綴合後兆邊密合，十字形盾紋可以貫穿，辭例通暢。十字形盾紋橫支偏上的中甲可以參看《合集》37763、《合補》865等。

釋文如下：

癸酉卜，爭貞：旬亡憂。九月。 二

癸亥卜，貞：旬亡［憂］。 二

第581則[②]

A：《合》8309（《鐵》107·1）。

B：《合》17508（《存上》64）。

綴合理由及說明：

A、B兩版字體都是典賓類。拼合後斷邊密合，辭例通暢，能夠拼合出“爰”字。“貞”字由於《合集》8309上部殘斷而無法拼合完整。“爰我”一詞還見於《懷特》762。

釋文如下：

甲申［卜］，爭貞：乎㠯般爰我。四月。 二

第582則[③]

A：《合》11728正反（《契》790正反）。

B：《合》13159正反（《契》488正反）。

綴合理由及說明：

A、B兩版字體都是賓一類。它們都來源於《殷契卜辭》一書。拼合後斷

---

① 第580則選自李延彥《甲骨新綴第59、60則》第60則。

② 第581則選自李延彥《甲骨新綴第61則》。李文原載“中國社會科學院歷史研究所先秦史研究室網站”，www.xianqin.org，2011年1月2日。本文得到黃天樹師的悉心指導，謹致謝忱！

③ 第582則選自李延彥《龜腹甲新綴第62則》。李文原載“中國社會科學院歷史研究所先秦史研究室網站”，www.xianqin.org，2011年1月8日。本文得到黃天樹師的悉心指導和王子揚師兄的幫助，謹致謝忱！

邊密合，辭例通暢。正面能夠拼合出“辛”字，股肛溝拼接完整。反面能夠拼合出“其”和“椎”字，且鑽鑿相合。

釋文如下：

貞：翌辛巳易日。（正面）

☐勿啓，其☐云[1]椎☐其椎☐于（？）昃日。（反面）

[2] 第583則

A：《合》22724(《真》5.3、《録》269)

B：《運台》1.1072

綴合理由及説明：

A、B兩版字體都是出組二類。拼合後斷邊密合，辭例通暢。

釋文如下：

辛未卜，旅貞：翼（翌）乙亥其又升［歲］于大乙。

[3] 第584則

A：《合補》7271(《歷藏》21505）。

B：《合補》8181（《歷藏》10984）。

綴合理由及説明：

A、B兩版字體都是出組二類。拼合後下劍縫密合，能夠拼合出“旅”和“憂”字，辭例通暢。

釋文如下：

癸卯卜，旅貞：旬亡憂。二月。

[4] 第585則

A：《上博》2426・398（P90）孔德。

① 此字從裘錫圭先生釋。參見黃天樹師：《黃天樹古文字論集》第216頁，學苑出版社，2006年。

② 第583則選自李延彥《甲骨新綴第63、64則》第63則。李文原載“中國社會科學院歷史研究所先秦史研究室網站”，www.xianqin.org，2011年4月1日。本文得到黃天樹師的悉心指導，謹致謝忱！

③ 第584則選自李延彥《甲骨新綴第63、64則》第64則。

④ 第585則選自李延彥《龜腹甲新綴第65則》。李文原載“中國社會科學院歷史研究所先秦史研究室網站”，www.xianqin.org，2011年4月6日。本文得到黃天樹師的悉心指導，謹致謝忱！

B：《上博》2426·880（P152）孔德。

綴合理由及說明：

A、B兩版字體都是典賓類。拼合後斷邊密合，能夠拼合出“卜”和“酉”字，辭例通暢。

釋文如下：

口子（巳）卜，殻［貞］：屮酉于☐。

己☐貞☐。

[1] **第586則**

A：《合》26037（《善》3822）。

B：《合》22806（《前》1·6·4）。

綴合理由及說明：

A、B兩版字體都是出組二類。拼合後斷邊密合，能夠拼合出“卜”字，辭例通暢。

釋文如下：

庚子卜，大貞：㞢于大庚☐。

丁☐。

[2] **第587則**

A：《合》5835（《拾》9·14、《上博》116、《上博》21569·65（P644）傅高順藏<不全>）。

B：《USS》545。

綴合理由及說明：

A、B兩版字體都是典賓類。拼合後斷邊密合，能夠拼合出“其”和“幸”字。

釋文如下：

貞：伲弗其卒。二　三

---

① 第586則選自李延彥《龜腹甲新綴第66、67則》第66則。李文原載“中國社會科學院歷史研究所先秦史研究室網站”，www.xianqin.org，2011年4月18日。本文得到黃天樹師的悉心指導和方稚松師兄的幫助，謹致謝忱！

② 第587則選自李延彥《龜腹甲新綴第66、67則》第67則。

① 第588則

A：《合》23928（《真》4・60、《錄》227）。
B：《合》23933（《真》8・71）。
綴合理由及說明：
A、B兩版字體都是出組二類。拼合後斷邊密合，能夠拼合出“戊”字。
釋文如下：

戊子［卜］：王。

戊子卜：王。

戊子卜：王。

戊子卜：王。

戊子卜：王。

② 第589則

A：《運台摹》1・0194。
B：《運台摹》1・0338。
綴合理由及說明：
A、B兩版字體都是出組二類。拼合後斷邊密合，能夠拼合出“申”字。
釋文如下：

甲申卜：王。

甲申卜：王。

甲申卜：王。在☑。

③ 第590則

A：《運台摹》1・1014。

---

① 第588則選自李延彥《甲骨新綴第68則》。李文原載“中國社會科學院歷史研究所先秦史研究室網站”，www.xianqin.org，2011年4月19日。本文得到黃天樹師的悉心指導，謹致謝忱！

② 第589則選自李延彥《龜腹甲新綴第69、70則》第69則。李文原載“中國社會科學院歷史研究所先秦史研究室網站”，www.xianqin.org，2011年5月8日。本文得到黃天樹師的悉心指導，謹致謝忱！

③ 第590則選自李延彥《龜腹甲新綴第69、70則》第70則。

B：《運台摹》1·1012。

綴合理由及說明：

A、B兩版字體都是典賓類。《運台摹》1·1014漏摹“我”字，“受”字上方的“又”字筆畫漏摹，“受”下“𦎫”[①]字摹寫有誤。拼合後斷邊密合，即《運台拓》1·1112。

釋文如下：

貞：弗☐。

貞：不其受𦎫☐。

[②] 第591則

A：《明後》1762。

B：《合》5194（《虛》684、《南博拓》864）。

綴合理由及說明：

A、B兩版字體都是典賓類。綴合後斷邊密合，能夠拼合出“丑”和“㱿”字。

釋文如下：

丁丑卜，㱿貞：王歸，若。一

[③] 第592則

A：《合》1123（《前》6·27·1<不全>、《歷拓》7108）。

B：《上博》2426·798（P142）孔德。

綴合理由及說明：

A、B兩版字體都是典賓類。綴合後斷邊密合，能夠拼合出“焚”和“㞢”字。相關卜辭可參《合集》1121、《合集》1124、《合集》1125。

釋文如下：

甲申卜，賓貞：焚婞，㞢从[雨]。三

---

① 此字從裘錫圭先生釋。參見裘錫圭：《甲骨文中所見的商代農業》，《古文字論集》第160頁，中華書局，1992年。

② 第591則選自李延彥《龜腹甲新綴第71～73則》第71則。李文原載“中國社會科學院歷史研究所先秦史研究室網站”，www.xianqin.org，2011年5月26日。本文得到黃天樹師的悉心指導，謹致謝忱！

③ 第592則選自李延彥《龜腹甲新綴第71～73則》第72則。

貞，勿焚婞，亡[其]从[雨]。三

① 第593則

A：《安明》2934。

B：《安明》2940。

綴合理由及說明：

A、B兩版字體都是黃類。拼合後斷邊密合，辭例通暢，能夠拼合出“牢”字。

釋文如下：

［其牢又一］牛。

其牢又一牛。

其［牢又一］牛。

② 第594則

A：《屯南》1006。

B：《屯南》1398。

說明與釋文：

《屯南》1006與《屯南》1398均為歷組二類字體。

1006與1398殘斷的“貞”字可以綴合，其邊緣也較為密合，應該為同一骨條之折。綴合後，卜辭可以隸釋如下：

癸子（巳）貞：[旬亡囗（憂）。]

癸卯貞：旬亡囗（憂）。

癸丑貞：旬亡囗（憂）。

癸亥貞：旬亡囗（憂）。

---

① 第593則選自李延彥《龜腹甲新綴第71～73則》第73則。

② 第594則選自黃文《甲骨新綴一則》。黃文原載“中國社會科學院歷史研究所先秦史研究室網站”，www.xianqin.org，2011年7月2日。綴合得到黃天樹師的悉心指導，謹致謝忱！

① 第595則

A：《屯南》947。

B：《屯南》2853。

說明：

《屯南》947與《屯南》2857殘斷的“旬”與“亥”字可以綴合，應該為同一骨之折。

釋文如下：

［癸卯］貞：［旬］亡囚（憂）。

癸［丑］貞：旬亡囚（憂）。

癸亥貞：旬亡囚（憂）。

癸酉貞：旬亡囚（憂）。

癸未貞：旬亡囚（憂）。

癸子（巳）貞：旬亡囚（憂）。

③ 第595則選自黃文《甲骨綴合第二則》。黃文原載“中國社會科學院歷史研究所先秦史研究室網站”，www.xianqin.org，2011年7月2日。綴合得到黃天樹師的悉心指導，謹致謝忱！

附錄一

《甲骨拼合續集》索引表

說明：本表“綴合者”欄僅列最新加綴者，此前綴合者未列出。本表注明甲骨文出處時，書名用簡稱。簡稱請參看書後《本書引用甲骨著錄簡稱表》。

拼合號碼							綴合者	序列號
合22	合10520						黃天樹	本書第327則
合23	合3401						何會	本書第457則
合35	北大58						李愛輝	本書第475則
合43	合補3166						何會	本書第446則
合227	合3307	合9486					李延彥	本書第542則
合253	北大31						李愛輝	本書第478則
合318	合11150						李延彥	本書第572則
合349	合358	合14737					王子揚	本書第430則
合358	合349	合14737					王子揚	本書第430則
合428	合17172						何會	本書第472則
合1123	上博2426・798（P142）						李延彥	本書第592則
合1325	合11107						何會	本書第445則
合1438	合11231						何會	本書第443則
合1452	合5764	合補4277					劉影	本書第359則
合1636	合17557						何會	本書第444則
合1976	合5626						李延彥	本書第570則
合2052	合15917						李延彥	本書第548則
合2192	合13599（合補1244正乙）	合4632正（合補1244正甲）					王子揚	本書第429則
合2246正甲	合18599						李延彥	本書第540則
合2339	合5533						劉影	本書第358則
合2733	合2752	合補415					何會	本書第440則

拼合號碼							綴合者	序列號
合2734	合9534	掇三706正					李延彥	本書第543則
合2752	合2733	合補415					何會	本書第440則
合2763正	合18799	合18684	合14288	合3524	合4249		李愛輝	本書第482則
合2978正	合12657正						李延彥	本書第573則
合3037	合7187						何會	本書第441則
合3139	北大1715						李愛輝	本書第476則
合3307	合227	合9486					李延彥	本書第542則
合3401	合23						何會	本書第457則
合3524	合2763正	合18799	合18684	合14288	合4249		李愛輝	本書第482則
合3650正	合補1505						李延彥	本書第564則
合3750	合8600	合8014	合8597				何會	本書第456則
合3896（東文庫65）	東文庫19正						李延彥	本書第544則
合4016	合4346						趙鵬	本書第331則
合4173	合補2793	北大2341					何會	本書第449則
合4249	合2763正	合18684	合18799	合3524	合14288		李愛輝	本書第482則
合4285	合9807						劉影	本書第352則
合4346	合4016						趙鵬	本書第331則
合4595	合補4981正（合16184）						王子揚	本書第431則
合4632正（合補1244正甲）	合13599（合補1244正乙）	合2192					王子揚	本書第429則
合4793	合補1602						李延彥	本書第560則
合4879	合10189	合10181					李延彥	本書第562則
合4977	北大1045						李延彥	本書第549則
合5056正	上博21691.293（P720）						李延彥	本書第579則

拼合號碼							綴合者	序列號
合5080	合17331	合9572	合16399	合17464			何會	本書第459則
合5194	明後1762						李延彥	本書第591則
合5438	合10575						李延彥	本書第567則
合5533	合2339						劉影	本書第358則
合5620	合19479正反						何會	本書第452則
合5620	合19479正反	存補3・138・1					李延彥	本書第571則
合5626	合1976						李延彥	本書第570則
合5666	安明589						何會	本書第447則
合5764	合1452	合補4277					劉影	本書第359則
合5835	USS545						李延彥	本書第587則
合6129	合17317						李延彥	本書第563則
合6185	合補2873						李延彥	本書第576則
合6345	合8026						李延彥	本書第569則
合6366	合12803（合補3787）						王子揚	本書第423則
合6553	英藏669（合39706）						王子揚	本書第425則
合6591	合9535						王子揚	本書第428則
合6601	合7029						劉影、王紅	本書第357則
合6921	合補1387正						李延彥	本書第538則
合7029	合6601						劉影、王紅	本書第357則
合7159正反	合17697正反	合補4838正反					李延彥	本書第568則
合7187	合3037						何會	本書第441則
合7627	合補6112（合補5870）						何會	本書第439則
合7757正反	合補576正反						李延彥	本書第556則
合8014	合8597						何會	本書第455則

拼合號碼							綴合者	序列號
合8014	合8597	合8600	合3750				何會	本書第456則
合8026	合6345						李延彥	本書第569則
合8039	合13308						李延彥	本書第574則
合8309	合17508						李延彥	本書第581則
合8546	合16017	合13951					劉影	本書第353則
合8563	合補2039						何會	本書第436則
合8597	合8014						何會	本書第455則
合8597	合8014	合8600	合3750				何會	本書第456則
合8600	合8014	合8597	合3750				何會	本書第456則
合8672（合補6511甲）	合補1327						何會	本書第434則
合8968正反	合14647正反						劉影	本書第355則
合8996正	英藏38（合39500）						王子揚	本書第426則
合9059	合12897						李延彥	本書第546則
合9486	合3307	合227					李延彥	本書第542則
合9534	合2734	掇三706正					李延彥	本書第543則
合9535	合6591						王子揚	本書第428則
合9572	合17464	合5080	合17331	合16399			何會	本書第459則
合9693	英藏804						王子揚	本書第424則
合9807	合4285						劉影	本書第352則
合9862	合9971						王子揚	本書第427則
合9900	合12988						劉影	本書第354則
合9971	合9862						王子揚	本書第427則
合10181	合10189	合4879					李延彥	本書第562則
合10189	合4879	合10181					李延彥	本書第562則
合10350	合10364						何會	本書第454則

拼合號碼							綴合者	序列號
合10360	合19345						李愛輝	本書第535則
合10362	合10749（合補2630正）						何會	本書第451則
合10364	合10350						何會	本書第454則
合10493	合10660						李愛輝	本書第485則
合10519	合10548						李愛輝	本書第483則
合10520	合22						黃天樹	本書第327則
合10548	合10519						李愛輝	本書第483則
合10575	合5438						李延彥	本書第567則
合10660	合10493						李愛輝	本書第485則
合10749（合補2630正）	合10362						何會	本書第451則
合11107	合1325						何會	本書第445則
合11150	合318						李延彥	本書第572則
合11230	碎骨1	碎骨2	碎骨3	碎骨4	碎骨5	碎骨6	趙鵬	本書第332則
合11231	合1438						何會	本書第443則
合11682	合補4359						李延彥	本書第555則
合11728正反	合13159正反						李延彥	本書第582則
合12052正反	合17412正反						李延彥	本書第578則
合12333正	英藏1740						劉影	本書第356則
合12573	合補4481						李愛輝	本書第484則
合12573	合23679	合補4481					李延彥	本書第565則
合12657正	合2978正						李延彥	本書第573則
合12739	合27064						李愛輝	本書第486則
合12803（合補3787）	合6366						王子揚	本書第423則
合12897	合9059						李延彥	本書第546則
合12988	合9900						劉影	本書第354則
合13079	合15236						何會	本書第448則

拼合號碼							綴合者	序列號
合13108	合17927						李延彥	本書第575則
合13159正反	合11728正反						李延彥	本書第582則
合13308	合8039						李延彥	本書第574則
合13377	合補2294	合18792	合18795				何會	本書第458則
合13599（合補1244正乙）	合2192	合4632正（合補1244正甲）					王子揚	本書第429則
合13909	合補4005						李延彥	本書第557則
合13951	合16017	合8546					劉影	本書第353則
合14288	合18684						李愛輝	本書第474則
合14288	合18684	合18799	合2763正	合4249	合3524		李愛輝	本書第482則
合14647正反	合8968正反						劉影	本書第355則
合14737	合358	合349					王子揚	本書第430則
合15236	合13079						何會	本書第448則
合15253	合19290						何會	本書第473則
合15917	合2052						李延彥	本書第548則
合16017	合8546	合13951					劉影	本書第353則
合16037	英藏1149						王子揚	本書第421則
合16184(合補4981正)	合4595						王子揚	本書第431則
合16399	合17464	合9572	合5080	合17331			何會	本書第459則
合16686	合16828						李延彥	本書第547則
合16828	合16686						李延彥	本書第547則
合16952	輯佚274						李延彥	本書第553則
合17059	合17060	合補1502					何會	本書第433則
合17060	合17059	合補1502					何會	本書第433則

拼合號碼							綴合者	序列號
合17066	合26680	合26628	合26630	合26649			莫伯峰	本書第366則
合17115	合17169						李延彥	本書第561則
合17168	合17171	合17170					黃天樹、李延彥	本書第328則
合17169	合17115						李延彥	本書第561則
合17170	合17171	合17168					黃天樹、李延彥	本書第328則
合17171	合17170	合17168					黃天樹、李延彥	本書第328則
合17172	合428						何會	本書第472則
合17195	合補2575						何會	本書第438則
合17317	合6129						李延彥	本書第563則
合17331	合5080	合9572	合16399	合17464			何會	本書第459則
合17412正反	合12052正反						李延彥	本書第578則
合17464	合16399	合9572	合17331	合5080			何會	本書第459則
合17508	合8309						李延彥	本書第581則
合17557	合1636						何會	本書第444則
合17697正反	合7159正反	合補4838正反					李延彥	本書第568則
合17927	合13108						李延彥	本書第575則
合18150	合補1306						劉影	本書第360則
合18599	合2246正甲						李延彥	本書第540則
合18661(北大1584)	北大2455						何會	本書第450則
合18684	合14288						李愛輝	本書第474則
合18684	合14288	合18799	合2763正	合3524	合4249		李愛輝	本書第482則
合18792	合18795	合補2294	合13377				何會	本書第458則

拼合號碼							綴合者	序列號
合18795	合18792	合補2294	合13377				何會	本書第458則
合18799	合18684	合14288	合2763正	合3524	合4249		李愛輝	本書第482則
合18919	合補5854						李延彥	本書第577則
合19290	合15253						何會	本書第473則
合19345	合10360						李愛輝	本書第535則
合19479正反	合5620						何會	本書第452則
合19479正反	合5620	存補3·138·1					李延彥	本書第571則
合19796	合21251						劉影	本書第338則
合20120(合補6577正)	合20744						劉影	本書第336則
合20460	合20973						劉影	本書第337則
合20744	合20120(合補6577正)						劉影	本書第336則
合20973	合20460						劉影	本書第337則
合21251	合19796						劉影	本書第338則
合22542	合補7362						莫伯峰	本書第396則
合22638(合24873、合40929)	合補8025						莫伯峰	本書第367則
合22664	合補8615						何會	本書第469則
合22724	運台1.1072						李延彥	本書第583則
合22734	合補7117						何會	本書第464則
合22737	合22769						李愛輝	本書第490則
合22769	合22737						李愛輝	本書第490則
合22785	合補7738						何會	本書第466則
合22791	合25059						何會	本書第460則
合22802	合補3153						何會	本書第471則

拼合號碼							綴合者	序列號
合22806	合26037						李延彥	本書第586則
合22817	合補6976						莫伯峰	本書第369則
合22828（合41118）	合22846						莫伯峰	本書第370則
合22846	合22828（合41118）						莫伯峰	本書第370則
合22900	合25326（合41153）						莫伯峰	本書第373則
合22963	上博17647.684						莫伯峰	本書第417則
合23147	合補7860						何會	本書第465則
合23153	合補7005						何會	本書第461則
合23157（合補7003）	合23193						莫伯峰	本書第372則
合23164	合補8589						何會	本書第463則
合23181	合25835						莫伯峰	本書第395則
合23193	合補7003（合23157）						莫伯峰	本書第372則
合23251	合25818						莫伯峰	本書第375則
合23301	合24457						莫伯峰	本書第390則
合23335	合補7049						莫伯峰	本書第374則
合23380	合25313	合補8504					莫伯峰	本書第377則
合23494	合25967						何會	本書第468則
合23550(合41010）	合25310						劉影	本書第351則
合23594	合25943						莫伯峰	本書第376則
合23640	美藏185						何會	本書第470則
合23679	合12573	合補4481					李延彥	本書第565則
合23766	合25442	合補7602					莫伯峰	本書第397則
合23845	合補8371						莫伯峰	本書第381則
合23846	合24256						莫伯峰	本書第383則
合23848	合補8455	合補8543					莫伯峰	本書第382則

拼合號碼							綴合者	序列號
合23897	合24493						莫伯峰	本書第385則
合23928	合23933						李延彥	本書第588則
合23933	合23928						李延彥	本書第588則
合24256	合23846						莫伯峰	本書第383則
合24259	合補7601						莫伯峰	本書第378則
合24266	合補7554						莫伯峰	本書第379則
合24309	合補8093						莫伯峰	本書第384則
合24325	合補7570						何會	本書第462則
合24380	無字殘甲						趙鵬	本書第330則
合24457	合23301						莫伯峰	本書第390則
合24493	合23897						莫伯峰	本書第385則
合24535	合25192						莫伯峰	本書第387則
合24873（合22638、合40929）	合補8025						莫伯峰	本書第367則
合25059	合22791						何會	本書第460則
合25192	合24535						莫伯峰	本書第387則
合25248	英藏2149						莫伯峰	本書第388則
合25310	合23550（合41010）						劉影	本書第351則
合25313	合23380	合補8504					莫伯峰	本書第377則
合25326（合41153）	合22900						莫伯峰	本書第373則
合25346	合25912						莫伯峰	本書第391則
合25354	合補7487						莫伯峰	本書第392則
合25354	合補7487（合補7523）	輯佚322					莫伯峰	本書第404則
合25369(合27437）	合41317（英藏2264）						莫伯峰	本書第410則
合25395	合補7898						莫伯峰	本書第371則

拼合號碼							綴合者	序列號
合25430（合補7704）	合25803						莫伯峰	本書第394則
合25442	合23766	合補7602					莫伯峰	本書第397則
合25504	合補7683						莫伯峰	本書第399則
合25696	英藏1954（合41145）						莫伯峰	本書第389則
合25778	合補7685						莫伯峰	本書第393則
合25803	合25430（合補7704）						莫伯峰	本書第394則
合25818	合23251						莫伯峰	本書第375則
合25819	合補7543						何會	本書第467則
合25835	合23181						莫伯峰	本書第395則
合25912	合25346						莫伯峰	本書第391則
合25943	合23594						莫伯峰	本書第376則
合25967	合23494						何會	本書第468則
合26037	合22806						李延彥	本書第586則
合26147	合補7617						莫伯峰	本書第398則
合26262	合26263						李愛輝	本書第491則
合26263	合26262						李愛輝	本書第491則
合26529	合26723						李愛輝	本書第493則
合26585	合26607	合26596					莫伯峰	本書第400則
合26596	合26607	合26585					莫伯峰	本書第400則
合26607	合26585	合26596					莫伯峰	本書第400則
合26628	合26630	合17066	合26680	合26649			莫伯峰	本書第366則
合26630	合26628	合17066	合26680	合26649			莫伯峰	本書第366則
合26649	合26680	合17066	合26630	合26628			莫伯峰	本書第366則
合26680	合26649	合17066	合26628	合26630			莫伯峰	本書第366則

拼合號碼							綴合者	序列號
合26723	合26529						李愛輝	本書第493則
合26950	英藏2259（合41312）	英藏2261（合41320）					莫伯峰	本書第361則
合27042正	合41328	合補10209					莫伯峰	本書第414則
合27064	合12739						李愛輝	本書第486則
合27077	合30764						李愛輝	本書第488則
合27104	合30955						莫伯峰	本書第401則
合27339	合27623						王子揚	本書第422則
合27390	合補8745						莫伯峰	本書第362則
合27437(合25369)	英藏2264（合41317）						莫伯峰	本書第410則
合27623	合27339						王子揚	本書第422則
合27702	合30800						莫伯峰	本書第405則
合27745	USB490						莫伯峰	本書第364則
合27857	合27869						莫伯峰	本書第406則
合27869	合27857						莫伯峰	本書第406則
合28379	合補9210						李愛輝	本書第487則
合28433	合補9143						莫伯峰	本書第407則
合28434	合補9115						莫伯峰	本書第412則
合28688	合補9142						莫伯峰	本書第368則
合28859	合補9409						莫伯峰	本書第365則
合29036	合29123						李愛輝	本書第489則
合29123	合29036						李愛輝	本書第489則
合30764	合27077						李愛輝	本書第488則
合30800	合27702						莫伯峰	本書第405則
合30894	上博21691.14						莫伯峰	本書第420則
合30955	合27104						莫伯峰	本書第401則
合31035	合補9465	合補9211					莫伯峰	本書第419則
合31330	合31356（合31365）	合31363（合補9999）	合補10124				莫伯峰	本書第413則

拼合號碼							綴合者	序列號
合31356(合31365)	合31330	合31363（合補9999）	合補10124				莫伯峰	本書第413則
合31363(合補9999)	合31356（合31365）	合31330	合補10124				莫伯峰	本書第413則
合31365(合31356)	合補9999（合31363）	合補10124	合31330				莫伯峰	本書第413則
合31380	合31392	合補9828（合補10095）					莫伯峰	本書第415則
合31392	合補9828（合補10095）						莫伯峰	本書第408則
合31392	合31380	合補9828（合補10095）					莫伯峰	本書第415則
合31518	合補10090（合補10107）						莫伯峰	本書第416則
合31565	合補9885						莫伯峰	本書第409則
合33371	合33372						莫伯峰	本書第418則
合33372	合33371						莫伯峰	本書第418則
合34164	合34473						劉影	本書第335則
合34473	合34164						劉影	本書第335則
合34639	合補10572						劉影	本書第334則
合35493	合35586						劉影	本書第339則
合35586	合35493						劉影	本書第339則
合36039	合補11086						李愛輝	本書第513則
合36078	合38235	合37308					李愛輝	本書第524則
合36324	合36334	合補11433					李愛輝	本書第509則
合36334	合36324	合補11433					李愛輝	本書第509則
合36406	合36678						劉影	本書第347則
合36415	合37780						李愛輝	本書第528則
合36415	合37780	合36546	合36622				李愛輝	本書第533則
合36457	合36818	合36474					劉影	本書第345則

拼合號碼							綴合者	序列號
合36474	合36818	合36457					劉影	本書第345則
合36546	合36622	合36415	合37780				李愛輝	本書第533則
合36579	合37637						李愛輝	本書第534則
合36591	合36697	合36600					李愛輝	本書第525則
合36600	合36697	合36591					李愛輝	本書第525則
合36601	合36718	合補11328					李愛輝	本書第537則
合36622	合36546	合37780	合36415				李愛輝	本書第533則
合36638(合補12784)	合39367						劉影	本書第346則
合36678	合36406						劉影	本書第347則
合36697	合36591	合36600					李愛輝	本書第525則
合36718	合36601	合補11328					李愛輝	本書第537則
合36787	合39259						劉影	本書第348則
合36791	合37568						李愛輝	本書第536則
合36818	合36474	合36457					劉影	本書第345則
合37172	合37312	合37328					李愛輝	本書第523則
合37308	合38235	合36078					李愛輝	本書第524則
合37310	北大725						李愛輝	本書第500則
合37312	合37172	合37328					李愛輝	本書第523則
合37320	北大696						李愛輝	本書第522則
合37328	合37312	合37172					李愛輝	本書第523則
合37372	合37374						李愛輝	本書第526則
合37374	合37372						李愛輝	本書第526則
合37409	合37433						李愛輝	本書第519則
合37433	合37409						李愛輝	本書第519則
合37555	合37562						李愛輝	本書第508則
合37562	合37555						李愛輝	本書第508則
合37568	合36791						李愛輝	本書第536則
合37576	合37713						李愛輝	本書第531則

拼合號碼							綴合者	序列號
合37603	合37814						李愛輝	本書第527則
合37614	合37674						李愛輝	本書第510則
合37637	合36579						李愛輝	本書第534則
合37663	合37749						李愛輝	本書第529則
合37668	合37763	合37708	合37709				李愛輝	本書第532則
合37674	合37614						李愛輝	本書第510則
合37708	合37763	合37668	合37709				李愛輝	本書第532則
合37709	合37708	合37763	合37668				李愛輝	本書第532則
合37713	合37576						李愛輝	本書第531則
合37749	合37663						李愛輝	本書第529則
合37759	合37782						李愛輝	本書第530則
合37763	合37668	合37708	合37709				李愛輝	本書第532則
合37780	合36415						李愛輝	本書第528則
合37780	合36415	合36546	合36622				李愛輝	本書第533則
合37782	合37759						李愛輝	本書第530則
合37814	合37603						李愛輝	本書第527則
合37875	合37922	合37929	合補12871				劉影	本書第341則
合37922	合37875	合37929	合補12871				劉影	本書第341則
合37929	合37922	合37875	合補12871				劉影	本書第341則
合37932	合補12848（合補12704）						劉影	本書第340則
合38235	合36078	合37308					李愛輝	本書第524則
合38617	北大505						李愛輝	本書第503則
合38756	合補11019						李愛輝	本書第521則

拼合號碼							綴合者	序列號
合38774	合補12517						李愛輝	本書第507則
合38783	合補12413						李愛輝	本書第512則
合38826	合補12405						李愛輝	本書第505則
合38892	北大653						李愛輝	本書第504則
合39055	合39056						李愛輝	本書第506則
合39056	合39055						李愛輝	本書第506則
合39099	合39321						劉影	本書第343則
合39101	合39147						劉影	本書第342則
合39147	合39101						劉影	本書第342則
合39259	合36787						劉影	本書第348則
合39321	合39099						劉影	本書第343則
合39363	合39384						劉影	本書第344則
合39367	合36638（合補12784）						劉影	本書第346則
合39384	合39363						劉影	本書第344則
合39396	英藏2629						劉影	本書第349則
合39500（英藏38）	合8996正						王子揚	本書第426則
合39706(英藏669)	合6553						王子揚	本書第425則
合40929（合22638、合24873）	合補8025						莫伯峰	本書第367則
合41010(合23550)	合25310						劉影	本書第351則
合41118（合22828）	合22846						莫伯峰	本書第370則
合41145(英藏1954)	合25696						莫伯峰	本書第389則
合41153（合25326）	合22900						莫伯峰	本書第373則

拼合號碼							綴合者	序列號
合41312(英藏2259)	合41320（英藏2261）	合26950					莫伯峰	本書第361則
合41317(英藏2264)	合27437（合25369）						莫伯峰	本書第410則
合41320(英藏2261)	合41312（英藏2259）	合26950					莫伯峰	本書第361則
合41328	合27042正	合補10209					莫伯峰	本書第414則
合41443	合補8773						莫伯峰	本書第411則
合41763（英藏2556）	合補11275						劉影	本書第350則
合補238正反	合補1751正反						李愛輝	本書第477則
合補351	合補4046						李延彥	本書第541則
合補386	合補5783						李延彥	本書第539則
合補415	合2733	合2752					何會	本書第440則
合補576正反	合7757正反						李延彥	本書第556則
合補1239正反	北大925正反						李延彥	本書第552則
合補1244正甲（合4632正）	合補1244正乙（合13599）	合2192					王子揚	本書第429則
合補1244正乙（合13599）	合補1244正甲（合4632正）	合2192					王子揚	本書第429則
合補1306	合18150						劉影	本書第360則
合補1327	合8672（合補6511甲）						何會	本書第434則
合補1358	英藏1545						何會	本書第435則
合補1387正	合6921						李延彥	本書第538則
合補1420	英藏457						何會	本書第442則
合補1502	合17060	合17059					何會	本書第433則

拼合號碼							綴合者	序列號
合補1505	合3650正						李延彥	本書第564則
合補1602	合4793						李延彥	本書第560則
合補1751正反	合補238正反						李愛輝	本書第477則
合補2039	合8563						何會	本書第436則
合補2080	合補2109						何會	本書第437則
合補2109	合補2080						何會	本書第437則
合補2116正反	東文庫57正反						李延彥	本書第545則
合補2164	明後875						李延彥	本書第559則
合補2200	北大1798						何會	本書第453則
合補2294	合18792	合18795	合13377				何會	本書第458則
合補2575	合17195						何會	本書第438則
合補2630正（合10749）	合10362						何會	本書第451則
合補2782	合補4067						李延彥	本書第558則
合補2793	合4173	北大2341					何會	本書第449則
合補2873	合6185						李延彥	本書第576則
合補3153	合22802						何會	本書第471則
合補3166	合43						何會	本書第446則
合補3787（合12803）	合6366						王子揚	本書第423則
合補4005	合13909						李延彥	本書第557則
合補4046	合補351						李延彥	本書第541則
合補4067	合補2782						李延彥	本書第558則
合補4277	合5764	合1452					劉影	本書第359則
合補4359	合11682						李延彥	本書第555則
合補4481	合12573						李愛輝	本書第484則
合補4481	合12573	合23679					李延彥	本書第565則
合補4536	北大2184						李延彥	本書第566則

拼合號碼							綴合者	序列號
合補4838正反	合7159正反	合17697正反					李延彥	本書第568則
合補4857(合補4964)	上博65640.19（P796）						李延彥	本書第580則
合補4964(合補4857)	上博65640.19（P796）						李延彥	本書第580則
合補4981正(合16184)	合4595						王子揚	本書第431則
合補5691	合補5717						李愛輝	本書第481則
合補5717	合補5691						李愛輝	本書第481則
合補5783	合補386						李延彥	本書第539則
合補5854	合18919						李延彥	本書第577則
合補5870(合補6112)	合7627						何會	本書第439則
合補6036正	合補6342						李愛輝	本書第480則
合補6112(合補5870)	合7627						何會	本書第439則
合補6342	合補6036正						李愛輝	本書第480則
合補6367正反	北大2187正反						李愛輝	本書第479則
合補6511甲(合8672)	合補1327						何會	本書第434則
合補6577正(合20120)	合20744						劉影	本書第336則
合補6976	合22817						莫伯峰	本書第369則
合補7003（合23157）	合23193						莫伯峰	本書第372則
合補7005	合23153						何會	本書第461則
合補7049	合23335						莫伯峰	本書第374則
合補7117	合22734						何會	本書第464則
合補7238	合補8243						莫伯峰	本書第386則
合補7271	合補8181						李延彥	本書第584則

拼合號碼							綴合者	序列號
合補7362	合22542						莫伯峰	本書第396則
合補7487	合25354						莫伯峰	本書第392則
合補7487 (合補7523)	合25354	輯佚322					莫伯峰	本書第404則
合補7523 (合補7487)	合25354	輯佚322					莫伯峰	本書第404則
合補7543	合25819						何會	本書第467則
合補7554	合24266						莫伯峰	本書第379則
合補7561	合補7564						李愛輝	本書第495則
合補7564	合補7561						李愛輝	本書第495則
合補7570	合24325						何會	本書第462則
合補7601	合24259						莫伯峰	本書第378則
合補7602	合23766	合25442					莫伯峰	本書第397則
合補7617	合26147						莫伯峰	本書第398則
合補7683	合25504						莫伯峰	本書第399則
合補7685	合25778						莫伯峰	本書第393則
合補7704 （合25430）	合25803						莫伯峰	本書第394則
合補7738	合22785						何會	本書第466則
合補7860	合23147						何會	本書第465則
合補7898	合25395						莫伯峰	本書第371則
合補8014	合補8132 （合補8044）						莫伯峰	本書第403則
合補8025	合22638（合24873、合40929）						莫伯峰	本書第367則
合補8044 (合補8132)	合補8014						莫伯峰	本書第403則
合補8089	合補8103						李愛輝	本書第492則
合補8093	合24309						莫伯峰	本書第384則

拼合號碼							綴合者	序列號
合補8103	合補8089						李愛輝	本書第492則
合補8132（合補8044）	合補8014						莫伯峰	本書第403則
合補8181	合補7271						李延彥	本書第584則
合補8243	合補7238						莫伯峰	本書第386則
合補8333	合補8341						莫伯峰	本書第402則
合補8341	合補8333						莫伯峰	本書第402則
合補8371	合23845						莫伯峰	本書第381則
合補8455	合補8543						莫伯峰	本書第380則
合補8455	合補8543	合23848					莫伯峰	本書第382則
合補8504	合25313	合23380					莫伯峰	本書第377則
合補8543	合補8455						莫伯峰	本書第380則
合補8543	合補8455	合23848					莫伯峰	本書第382則
合補8589	合23164						何會	本書第463則
合補8615	合22664						何會	本書第469則
合補8745	合27390						莫伯峰	本書第362則
合補8773	合41443						莫伯峰	本書第411則
合補9115	合28434						莫伯峰	本書第412則
合補9122	合補9390						李愛輝	本書第518則
合補9142	合28688						莫伯峰	本書第368則
合補9143	合28433						莫伯峰	本書第407則
合補9183	合補10378						莫伯峰	本書第363則
合補9210	合28379						李愛輝	本書第487則
合補9211	合補9465	合31035					莫伯峰	本書第419則
合補9390	合補9122						李愛輝	本書第518則
合補9409	合28859						莫伯峰	本書第365則
合補9465	合31035	合補9211					莫伯峰	本書第419則
合補9828（合補10095）	合31392						莫伯峰	本書第408則

拼合號碼							綴合者	序列號
合補9828（合補10095）	合31392	合31380					莫伯峰	本書第415則
合補9885	合31565						莫伯峰	本書第409則
合補9999（合31363）	合補10124	合31356（合31365）	合31330				莫伯峰	本書第413則
合補10090（合補10107）	合31518						莫伯峰	本書第416則
合補10095（合補9828）	合31392						莫伯峰	本書第408則
合補10095（合補9828）	合31392	合31380					莫伯峰	本書第415則
合補10107（合補10090）	合31518						莫伯峰	本書第416則
合補10124	合31363（合補9999）	合31356（合31365）	合31330				莫伯峰	本書第413則
合補10209	合27042正	合41328					莫伯峰	本書第414則
合補10378	合補9183						莫伯峰	本書第363則
合補10572	合34639						劉影	本書第334則
合補11019	合38756						李愛輝	本書第521則
合補11086	合36039						李愛輝	本書第513則
合補11270	合補11361						李愛輝	本書第496則
合補11275	英藏2556（合41763）						劉影	本書第350則
合補11316	合補11369						李愛輝	本書第511則
合補11328	合36718	合36601					李愛輝	本書第537則
合補11361	合補11270						李愛輝	本書第496則
合補11369	合補11316						李愛輝	本書第511則
合補11433	合36334	合36324					李愛輝	本書第509則
合補12266	英藏2617						李愛輝	本書第514則
合補12308	合補12392						李愛輝	本書第517則
合補12366	合補12502	合補12410					李愛輝	本書第515則

拼合號碼							綴合者	序列號
合補12372	合補12515						李愛輝	本書第516則
合補12392	合補12308						李愛輝	本書第517則
合補12405	合38826						李愛輝	本書第505則
合補12410	合補12366	合補12502					李愛輝	本書第515則
合補12413	合38783						李愛輝	本書第512則
合補12502	合補12366	合補12410					李愛輝	本書第515則
合補12515	合補12372						李愛輝	本書第516則
合補12517	合38774						李愛輝	本書第507則
合補12610	合補12615						李愛輝	本書第499則
合補12615	合補12610						李愛輝	本書第499則
合補12645	合補12651						李愛輝	本書第501則
合補12651	合補12645						李愛輝	本書第501則
合補12704(合補12848)	合37932						劉影	本書第340則
合補12707	合補12987						李愛輝	本書第497則
合補12784(合36638)	合39367						劉影	本書第346則
合補12792	合補12947						李愛輝	本書第498則
合補12848(合補12704)	合37932						劉影	本書第340則
合補12871	合37875	合37922	合37929				劉影	本書第341則
合補12947	合補12792						李愛輝	本書第498則
合補12987	合補12707						李愛輝	本書第497則
懷1275	明後2099						李愛輝	本書第494則
英藏38(合39500)	合8996正						王子揚	本書第426則
英藏457	合補1420						何會	本書第442則
英藏669(合39706)	合6553						王子揚	本書第425則
英藏804	合9693						王子揚	本書第424則

拼合號碼							綴合者	序列號
英藏1149	合16037						王子揚	本書第421則
英藏1545	合補1358						何會	本書第435則
英藏1740	合12333正						劉影	本書第356則
英藏1954 (合41145)	合25696						莫伯峰	本書第389則
英藏2149	合25248						莫伯峰	本書第388則
英藏2259 (合41312)	英藏2261 （合41320）	合26950					莫伯峰	本書第361則
英藏2261 (合41320)	英藏2259 （合41312）	合26950					莫伯峰	本書第361則
英藏2264 (合41317)	合27437 （合25369）						莫伯峰	本書第410則
英藏2556 （合41763）	合補11275						劉影	本書第350則
英藏2617	合補12266						李愛輝	本書第514則
英藏2629	合39396						劉影	本書第349則
屯南947	屯南2853						黄文	本書第595則
屯南1006	屯南1398						黄文	本書第594則
屯南1398	屯南1006						黄文	本書第594則
屯南2853	屯南947						黄文	本書第595則
乙編507	丙編284	乙補4138	乙編 5104	乙補 318	乙補 306		何會	本書第432則
乙編5104	丙編284	乙編507	乙補 4138	乙補 318	乙補 306		何會	本書第432則
乙補306	乙編507	丙編284	乙補 4138	乙編 5104	乙補 318		何會	本書第432則
乙補318	丙編284	乙編507	乙編 5104	乙補 4138	乙補 306		何會	本書第432則
乙補4138	丙編284	乙編507	乙編 5104	乙補 318	乙補 306		何會	本書第432則
丙編284	乙補318	乙編5104	乙補 4138	乙編 507	乙補 306		何會	本書第432則

拼合號碼							綴合者	序列號
安明39	北大2191						李延彥	本書第554則
安明589	合5666						何會	本書第447則
安明2934	安明2940						李延彥	本書第593則
安明2940	安明2934						李延彥	本書第593則
明後875	合補2164						李延彥	本書第559則
明後1762	合5194						李延彥	本書第591則
明後2099	懷1275						李愛輝	本書第494則
美藏185	合23640						何會	本書第470則
USB490	合27745						莫伯峰	本書第364則
USS545	合5835						李延彥	本書第587則
存補3・138・1	合19479正反	合5620					李延彥	本書第571則
東文庫19正	東文庫65（合3896）						李延彥	本書第544則
東文庫57正反	合補2116正反						李延彥	本書第545則
東文庫65（合3896）	東文庫19正						李延彥	本書第544則
掇三706正	合2734	合9534					李延彥	本書第543則
輯佚81	輯佚268						李延彥	本書第550則
輯佚268	輯佚81						李延彥	本書第550則
輯佚274	合16952						李延彥	本書第553則
輯佚322	合25354	合補7487（合補7523）					莫伯峰	本書第404則
北大31	合253						李愛輝	本書第478則
北大58	合35						李愛輝	本書第475則
北大505	合38617						李愛輝	本書第503則
北大650	上博2426.698						李愛輝	本書第520則
北大653	合38892						李愛輝	本書第504則
北大696	合37320						李愛輝	本書第522則
北大725	合37310						李愛輝	本書第500則

拼合號碼							綴合者	序列號
北大925正反	合補1239正反						李延彥	本書第552則
北大1045	合4977						李延彥	本書第549則
北大1414	北大1426						李愛輝	本書第502則
北大1426	北大1414						李愛輝	本書第502則
北大1584(合18661)	北大2455						何會	本書第450則
北大1715	合3139						李愛輝	本書第476則
北大1798	合補2200						何會	本書第453則
北大2184	合補4536						李延彥	本書第566則
北大2187正反	合補6367正反						李愛輝	本書第479則
北大2191	安明39						李延彥	本書第554則
北大2341	合4173	合補2793					何會	本書第449則
北大2455	北大1584（合18661）						何會	本書第450則
上博2426.698	北大650						李愛輝	本書第520則
上博2426.398（P90）	上博2426.880（P152）						李延彥	本書第585則
上博2426.798（P142）	合1123						李延彥	本書第592則
上博2426.880（P152）	上博2426.398（P90）						李延彥	本書第585則
上博17647.684	合22963						莫伯峰	本書第417則
上博21691.293（P720）	合5056正						李延彥	本書第579則

拼合號碼								綴合者	序列號
上博21691.14	合30894							莫伯峰	本書第420則
上博65640.19（P796）	合補4857（合補4964）							李延彥	本書第580則
復旦大學文化人類學數字博物館網站第283件（B）	第286件（A）							李延彥	本書第551則
第286件（A）	復旦大學文化人類學數字博物館網站第283件（B）							李延彥	本書第551則
運台1.1072	合22724							李延彥	本書第583則
運台摹1・0194	運台摹1・0338							李延彥	本書第589則
運台摹1・0338	運台摹1・0194							李延彥	本書第589則
運台摹1・1012	運台摹1・1014							李延彥	本書第590則
運台摹1・1014	運台摹1•1012							李延彥	本書第590則
歷20	歷21							趙鵬	本書第333則
歷21	歷20							趙鵬	本書第333則
所29.1455	無字殘甲							趙鵬	本書第329則

附錄二

2004年～2011年甲骨新綴號碼表

說明：蔡哲茂先生編有《〈甲骨文合集〉綴合號碼表》等，附於《甲骨綴合集》（1999年）書末出版；後來又對《〈甲骨文合集〉綴合號碼表》等作了增補，附於《甲骨綴合續集》（2004年）書末出版。這些表使讀者對各家綴合成果一目瞭然。但是，蔡先生《〈甲骨文合集〉綴合號碼表》等收錄的綴合成果截至2004年8月止。為此，莫伯峰、王子揚編寫了《2004年～2011年甲骨新綴號碼表》，繼續收錄2004年到2011年7月15日各家綴合的新成果。本表所收的綴合成果，主要見於下列八種甲骨著錄書。爲了便於查閱，這八種甲骨著錄書依據出版時間為序來排列：《合集》（1978年）、《懷特》（1979年）、《屯南》（1980年）、《英藏》（1985年）、《天理》（1987年）、《合補》（1999年）、《花東》（2003年）、《輯佚》（2008年）。爲了使表格簡潔，凡《合補》已經收錄的綴合成果，徑直標注《補編》編號；林宏明先生《醉古集》收錄的綴合成果，徑直標注“已綴入《醉古集》第x則”。

合1	合補657（合補624）				
合22	合10520				
合23	合3401				
合29	合3706				
合43	合補3166				
合53（合19191）	合4673	合22482	合7024	合19193	山東226
合62	上博2426.269（合41455）				
合99	乙補6752	乙6431	乙8445	合8990	
合102	存補5.431.1	合1520	合15475		
合119	合125	合123	乙補2084		
合123	合125	合119	乙補2084		
合125	合119	合123	乙補2084		
合135	乙6505				
合140	合11416				
合148	上博21569.106				

合185	合5175				
合217	輯佚16				
合227	合9486	合3307			
合253	北大31				
合278	合3228（合5755）				
合297	合431				
合309	合311				
合311	合309				
合334	合16182				
合341	合343				
合343	合341				
合349	合358	合14737			
合358	合349	合14737			
合359	合5145				
合428	合17172				
合439	合21791				
合454 正反	已綴入《醉古集》第32則				
合465	合4025				
合478正反	已綴入《醉古集》第124則				
合479	合補3477				
合497	明後568				
合517正反	合1395正反				
合522	合7150				
合544	東文庫193				
合548	合9539				
合557	甲骨文集3.0.1814				
合562正反	合7715 正反				
合584反甲	合7143反	合9498反	東大517b		
合584正甲	合7143	合9498	合補5597	東大B571a	
合588 正	合589				
合589	合588 正				

合624	乙8803	合21511	乙8731	合21578	合22277部分
	乙8838	乙8847	合21505	合20887	
合625	輯佚118	合6286			
合641反	乙補1448	乙7682			
合641正	乙補440	乙補1447	乙補1557	乙7681	
合643正反	已綴入《醉古集》第23則				
合649	合10538				
合663	合14074	東文庫111正倒	英藏125正		
合664（合32163）	合35128	掇三214	合35331		
合728	合15101	合09906			
合729	合792				
合766	合3332				
合774	已綴入《醉古集》第54則				
合776正	已綴入《醉古集》第153則				
合777反	合9274反	乙補6494	乙2474	乙補91反	
合777正	合9274正	乙補6493	乙2473	乙補91正	
合778正反	已綴入《醉古集》第54則				
合792	合729				
合829	乙補1335	乙補1376	乙補1538	乙補1367	乙1593
	乙補1347				
合847	合10104				
合848	已綴入《醉古集》第265則				
合850(合補58乙)	上博812頁-46464				
合891	已綴入《醉古集》第308則				
合898	乙補4359	醉古集145			
合907	合2947				
合915正反	已綴入《醉古集》第373則				
合930	已綴入《醉古集》第87則，林氏又加綴乙4496				
合941	已綴入《醉古集》第324則				

合973正反	已綴入《醉古集》第309則				
合993	英藏1101				
合1004甲、乙	合2461	無號甲	合16075	乙補2093	
	乙補6878	合15103	乙7982	乙補1926	
合1006正反	已綴入《醉古集》第362則				
合1040	已綴入《醉古集》第267則				
合1056正反	合1305正反	合14431正反			
合1076正	合14315反				
合1089	合5913				
合1111 正	英藏730				
合1122	已綴入《醉古集》第229則				
合1123	上博2426.798				
合1191正反	已綴入《醉古集》第310則				
合1197	合1202				
合1202	合1197				
合1224	合補1846（合6149）				
合1231	已綴入《醉古集》第37則				
合1248	合13642	乙2934	乙3367	乙1617	
合1276	合8571	合6244			
合1277	合39859				
合1305正反	合補4980正反				
合1306	合8094				
合1325	合11107				
合1364 正	合5381	合1410	合1463乙	合1463甲	乙補805
	乙7189	乙補6503	乙補1154	乙補875	乙3604
	乙補870	乙1128			
合1381	合5565				
合1385反	乙補5934				
合1395正反	合517 正反				
合1402正	已綴入《醉古集》第260則				

合1452	合5764	合補4277			
合1410	合5381	合1364	合1463乙	合1463甲	乙補805
	乙3604	乙7189	乙補6503	乙補1154	乙補0875
	乙補870	乙1128			
合1430	已綴入《醉古集》第90則				
合1438	合11231				
合1452	合5764	合補4277			
合1463正甲、乙	乙7244	合1410正	合5381	合1364正	乙補805
	乙3604	乙7189	乙補6503	乙補1154	乙補0875
	乙補870	乙1128			
合1469	合2292				
合1471	合3309（合補8）	合3308	合補502		
合1520	合102	存補5.431.1	合15475		
合1558	合13385				
合1559	合4288				
合1571	英藏608				
合1590	合19152				
合1601	合8108	甲編未著錄3.0.0370			
合1605	合15046				
合1636	合17557正				
合1670	合15726	乙補5398			
合1674	合5486				
合1677正	乙5681				
合1694正反	已綴入《醉古集》第32則				
合1706	合補4589				
合1717	已綴入《醉古集》第105則				
合1720	已綴入《醉古集》第380則				
合1757	已綴入《醉古集》第380則				
合1777	合10044				

合1784	合1829				
合1829	合1784				
合1869正反	已綴入《醉古集》第373則				
合1924	合11115（合40185）				
合1976	合5626				
合2003	合10261				
合2033	合補03263				
合2052正	合15917				
合2071	乙8640	乙補4872	乙4334		
合2091	合補865				
合2108	合5466				
合2117反	合2168				
合2117正	乙補6595	合17231			
合2130	已綴入《醉古集》第43則				
合2168	已綴入《醉古集》第99則				
合2191反	合18242	乙補2461			
合2191正	已綴入《醉古集》第165則				
合2192	合4632正	合13599			
合2204	合17992	合17796正	合17309		
合2236	已綴入《醉古集》第360則				
合2246正甲	合18599				
合2261	合13695乙	乙補2571倒			
合2292	合1469				
合2239	合5533				
合2341	合14095				
合2353正反	已綴入《醉古集》第371則				
合2358正	已綴入《醉古集》第371則				
合2359反	合2353反				
合2389正	已綴入《醉古集》第44則				
合2393	乙5748	合2399正	合13881	乙補5245倒	

合2394	乙補4199	合2433	乙補4708		
合2399反	乙補4365				
合2399正	合13881	乙5748	合2393	乙補5245倒	
合2430正	甲2986				
合2433	已綴入《醉古集》第106則				
合2461	合1004甲	合1004乙	合16075	乙補2093	乙補6878
	無號甲	合15103	乙7982	乙補1926	
合2476正	合15232				
合2488正	合11372				
合2521反甲	已綴入《醉古集》第305則				
合2521正乙	已綴入《醉古集》第305則				
合2527	合12652				
合2577	合補7685				
合2599	合3106				
合2640	已綴入《醉古集》第297則				
合2642	合2658				
合2649正	合7292				
合2658	合2642				
合2667正反	已綴入《醉古集》第61則				
合2682	史購148				
合2688	合2701	京津2053			
合2701	合2688	京津2053			
合2707	合14030				
合2723	合補948				
合2734	合9534	合40078			
合2763正	合3524	合4249	合14288	合18684	合18799
合2763正	已綴入《醉古集》第231則				
合2775	已綴入《醉古集》第244則				
合2778	合19724正	合補2136正			

合2823	合2850	乙補4805	乙4418	乙補4548	乙補4802
	刪除乙4566	無號甲	乙4494		
合2827正反	已綴入《醉古集》第332則				
合2850	合2823	乙補4805	乙4418	乙補4548	乙補4802
	刪除乙4566	無號甲			
合2859	合3301				
合2891	合5908	乙補2953	乙補1839	乙補1841	乙3490
	乙補5883	乙補1843			
合2936	已綴入《醉古集》第86則				
合2941	合3256				
合2947	合907				
合2967正反	已綴入《醉古集》第377則				
合2978正	合12657正				
合3010正	合補2043（合補2019）				
合3018	合17333	合15417			
合3037	合7187正				
合3055	已綴入《醉古集》第36則				
合3104	合18404				
合3106	合2599				
合3123	合9474				
合3139	北大1715				
合3147	合3155	合11149	史購108		
合3155	合3147	合11149	史購108		
合3165正	乙補2611	合3174	乙2976		
合3171正反	已綴入《醉古集》第143則				
合3174	乙補2611	合3165正	乙2976		
合3228（合5755）	合278				
合3243	合3244	合10331	合15205	乙5217	乙2935
	乙2986				
合3244	合3243	合10331	合15205	乙5217	乙2935
	乙2986				

合3251	合6815				
合3256	合2941				
合3271正反	已綴入《醉古集》第55則				
合3282	已綴入《醉古集》第309則				
合3287（合39699）	合6552正				
合3288	合10208				
合3296正	合3299				
合3299	合3296正				
合3300	合4620正				
合3301	合2859				
合3307	合9486	合227			
合3308	合3309（合補8）	合1471	合補502		
合3309（合補8）	合1471	合3308	合補502		
合3332	合766正				
合3375	合6840				
合3397	合補39	合3782			
合3400	已綴入《醉古集》第55則				
合3401	合23				
合3406正反	已綴入《醉古集》第340則				
合3469	東文研390				
合3473	東文研B0527b				
合3475	合補524	合11073	合14361		
合3524	合2763正	合4249	合14288	合18684	合18799
合3539	合補1340				
合3578	合補687				
合3588	合補1340				
合3606	合10607				
合3611正反	已綴入《醉古集》第100則				
合3650正	合補1505				
合3662	合補520正	合補5415正			
合3664	合6158	合13536正			

合3672	已綴入《醉古集》第134則				
合3688	合20817				
合3697正	合19246				
合3706	合29				
合3707	英藏724				
合3728	合補 5209	甲釋143	甲3320		
合3750	合8597	合8014	合8600		
合3780（合7571正）	合7890				
合3782	合補39	合3397			
合3800正反	已綴入《醉古集》第360則				
合3814	已綴入《醉古集》第73則				
合3832	已綴入《醉古集》第364則				
合3869正反	已綴入《醉古集》第359則				
合3896（東文庫65）	東文庫19正				
合3963正	存補4-2-1				
合3971正	已綴入《醉古集》第150則				
合3974	合8408				
合3992	合3971正	合10863反	合補3275反	合7996	合10863正
	合13360	合16457	合17344	合補988	合補3275正
	乙6076	乙7952			
合4016	合4346				
合4025	合465				
合4090	合6450				
合4100	合5093				
合4102	已綴入《醉古集》第330則				
合4135	合補749	合4209			
合4140	合15754				
合4162	合11839				
合4173	合補2793	北大2341			

合4179	乙補3136				
合4197正甲、乙	乙補251	乙補245			
合4203	合3397	合1078	合3782		
合4209	合補749	合4135			
合4249	合2763正	合3524	合14288	合18684	合18799
合4249	已綴入《醉古集》第231則				
合4274	合補1961				
合4285	合9807				
合4288正	合1559				
合4326	合18032	合7015	合補1991		
合4346	合4016				
合4349正反甲、乙	已綴入《醉古集》第59則				
合4385	合14915				
合4387	史購199	合4394			
合4394	史購199	合4387			
合4415臼	合補1173臼				
合4595	合補4981正（合16184）				
合4604	合4605				
合4605反	南坊3.23				
合4605正	合4604				
合4620正	合3300				
合4632正	合13599	合2192			
合4654（合12878反）	合7855				
合4673	合53（合19191）	合22482	合7024	合19193	山東226
合4685	合35216				
合4686	合35204				
合4757	合5799				
合4773反	合18165	合17695反	合4773反	合9067反	合19045
	合17304反	乙補6105			

合4773正	合9067	乙補6252	乙補6104	合18165正	合4773正
	合17695	合17304	所315		
合4793	合補1602				
合4811	合7687	合7699正			
合4820（合補2284）	合12080				
合4835	已綴入《醉古集》第36則				
合4836	已綴入《醉古集》第36則				
合4838	合7880	乙688			
合4879	合10181	合10189			
合4907正反	已綴入《醉古集》第340則				
合4915	合14879				
合4919	合15528正臼				
合4963	合26804				
合4977	北大1045				
合4994	合6940				
合5008	合6898				
合5044	合19106	合5045	英藏436	合11584	
合5045	合5044	合19106	英藏436	合11584	
合5056正	上博21691.293				
合5071	合補3215				
合5080	合17331	合9572	合16399	合17464	合9583
合5093	合4100				
合5132	合16378				
合5145	合359				
合5160	合7802				
合5175	合185				
合5212	輯佚35				
合5240	合8538				
合5305正反	已綴入《醉古集》第166則				
合5325	合12830				

合5332	合10313	合10951			
合5380	合13281正甲	乙補1114	合13281反甲	合11479	合18674
	乙3455	乙補855			
合5381	合1364正	合1410正	合1463正乙	合1463正甲	乙補805
	乙3604	乙7189	乙補6503	乙補1154	乙補0875
	乙補870	乙1128			
合5400	合16112				
合5411	合補6191正				
合5412正	已綴入《醉古集》第331則				
合5425	合13603				
合5438	合10575				
合5451	合17466	合6820	洹寶101		
合5471	合補3014	屯南5753			
合5486	合1674				
合5531正	乙590				
合5532正	乙補6642	合5532反			
合5533	合2339				
合5565	合1381				
合5598正	合17394				
合5620	合19479正反				
合5626	合1976				
合5633	合21915				
合5654	已綴入《醉古集》第302則				
合5666正反	安明S0589				
合5714	合5720				
合5720	合5714				
合5739	合5740	上田3-008			
合5740	合5739	上田3-008			
合5755（合3228）	合278				

合5758（合8855）	合19486				
合5764	合1452	合補4277			
合5776正	已綴入《醉古集》第58則				
合5779	甲2514	甲2534	合補9484（合補10389）		
合5799	合4757				
合5828	合39938				
合58353	USS545				
合5908	合2891	乙補2953	乙補1839	乙補1841	乙3490
	乙補5883	乙補1843			
合5977	合9974				
合6017正反	合16124正反				
合6059	合7152正	續存上975			
合6062	合補6438				
合6073	合18596				
合6082	合7326正				
合6129	合17317				
合6143正反	英藏1352正反				
合6149（合補1846）	合1224				
合6157	合7318	史購40			
合6158	合3664	合13536正			
合6166	合7405正				
合6172	合7299				
合6173	合補562				
合6185	合補2873				
合6195	合6268	存補5.140.2			
合6203	合補4565				
合6217	合17276正	合補759正			

合6221	合8562				
合6238	合6262				
合6242	合6267				
合6244	合8571	合1276			
合6249	合補4507				
合6258	合6282				
合6262	合6238				
合6266	合16281				
合6267	合6242				
合6268	合6195	存補5.140.2			
合6279	合11891正	合11918			
合6282	合6258				
合6286	輯佚118	合625			
合6345	合8026				
合6366	合12803				
合6369	英藏570				
合6390	東文研287				
合6393	合6396	合13684			
合6396	合6393	合13684			
合6404正	東文庫284				
合6408	合7314				
合6450	合4090				
合6481	合7502				
合6491	合補5529				
合6495	合11525				
合6501	合6914	合補5356			
合6502	合16278				
合6517	合7532				
合6527	合6529	合7537			
合6529	合6527	合7537			

合6530正	已綴入《醉古集》第343則				
合6552正	合3287（合39699）				
合6553	英藏669				
合6591	合9535				
合6601	合7029				
合6603	合10060				
合6644	英藏657				
合6649正乙	乙補641	合13713	乙6599		
合6665正	合16900正				
合6674	懷913				
合6690	合補4615				
合6703	英藏623（合39906正）				
合6715	合6716				
合6716	合6715				
合6815	合3251				
合6820	合17466	合5451	洹寶101		
合6840	合3375				
合6892正	合6893				
合6893	合6892正				
合6898	合5008				
合6912	合3588				
合6914	合6501	合補5356			
合6940	合4994				
合7015	合18032				
合7024	合22482	合4673	合53（合19191）	合19193	山東226
合7029	合6601				
合7065甲、乙	人S0176a				
合7078	合補1680				
合7136正反	合7164正反				
合7143反	合584反甲	合9498反	東大571b		

合7143正	合584正甲	合9498正	合補5597	東大B571a	
合7150	合522				
合7151正	懷439				
合7152正	合6059	續存上975			
合7156正	合9841				
合7159正反	合17697正反	合補4838			
合7164反	合7136反				
合7164正	合7136正				
合7187正	合3037				
合7189	合17827正				
合7192	乙補4327	乙補4329			
合7202正	合16936正				
合7219	合補1773				
合7230	合補833				
合7292	合2649正				
合7299	合6172				
合7314	合6408				
合7318	合6157	史購40			
合7320右半	北大1576	善齋7.60.1			
合7325	英藏477				
合7326正	合6082				
合7327	合7333正				
合7332	合7511				
合7333正	合7327				
合7363反	合11482反				
合7370	東文研327				
合7379正	1.0.0056(史語所R27056號)				
合7386	合補5670				
合7390	東文庫206				
合7396	合7404				

合7400	合7425				
合7404	合7396				
合7405正	合6166				
合7407正	已綴入《醉古集》第337則				
合7425	合7400				
合7497	合補1881				
合7502	合6481				
合7504	合3010正	合7540（合7201）			
合7511	合7332				
合7532	合6517				
合7537	合6529	合6527			
合7571正（合3780）	合7890				
合7584正反部分	已綴入《醉古集》第59則				
合7593	英藏686				
合7687（合補1960）	合7699正	合4811			
合7690	存補4.1.1				
合7699反	上博49003.247反				
合7699正	合7687（合補1960）	合4811			
合7715正	合562正				
合7718正	合補596正	合補596反	合7718反		
合7757正反	合補576正反				
合7775	合7782（合39817）				
合7780正	合補3338	合補543			
合7782（合39817）	合7775				
合7789	合7793				
合7793	合7789				
合7795	合補2216				
合7802	合5160				
合7854正	英藏1106				

合7855	合12878反（合4654）				
合7862	合補769（合39727）				
合7880	合4838	乙688			
合7890	合7571正（合3780）				
合7897	合14591				
合7906	已綴入《醉古集》第85則				
合7907	已綴入《醉古集》第85則				
合7920	合9725				
合7941正	合14766				
合7942	乙補5965	乙7110			
合7961	合32781				
合7964正反	合補2159正反				
合7967	合11170正				
合7996	已綴入《醉古集》第150則				
合8014	合8597	合8600	合3750		
合8015	已綴入《醉古集》第254則，林氏又加綴乙補109				
合8026	合6345				
合8034	合8035				
合8035	合8034				
合8037	合13165	上博54796.8			
合8039	合13308				
合8055	乙補164				
合8065（合15586）	合補109				
合8070	合13355				
合8094	合1306				
合8108	合1601	甲編未著錄3.0.0370			
合8129反	乙8431	乙補5390	乙8389	乙補6486	乙8457
	乙補2811的反面	乙補2391			
合8129正	合16178	乙7820	乙補6919	乙補5389	乙8430
	乙補2811				

合8309	合17508				
合8331	合12688				
合8333	合14420				
合8359	合36417				
合8408	合03974				
合8409	輯佚18				
合8411	已綴入《醉古集》第357則				
合8443	已綴入《醉古集》第330則				
合8472正甲、丙	乙補5510				
合8501正	合18925				
合8538	合5240				
合8539	USB698				
合8546	合16017	合13951			
合8562	合6221				
合8571	合1276	合6244			
合8594正反	已綴入《醉古集》第257則				
合8597	合8014	合8600	合3750		
合8600	合8597	合8014	合3750		
合8654	合15954正				
合8672	殷墟甲骨拾遺（续五）4				
合8704	合16487	存補5.378.2			
合8779	乙補1238				
合8780	已綴入《醉古集》第334則				
合8802	合8934				
合8855（合5758）	合19486				
合8917正反	已綴入《醉古集》第50則				
合8934	合8802				
合8968正反	合14647正反				
合8988	合20184（合18647）				
合8990正	乙8445	乙6431	乙補6752	合99	

合8996正	英藏38（合39500）				
合9009正反	已綴入《醉古集》第196則				
合9059	合12897				
合9067	合4773正	合18165的正面	乙補6252	乙補6104	合17304
	合19695正				
合9069	合9071				
合9071	合9069				
合9144	合補3016				
合9187	已綴入《醉古集》第105則				
合9230	已綴入《醉古集》第369則				
合9257正反	已綴入《醉古集》第345則				
合9274反	乙補6493	合777反			
合9274正	合777正	乙2473	乙補91正		
合9322正反	已綴入《醉古集》第372則				
合9443	已綴入《醉古集》第332則				
合9473	合9475				
合9474	合3123				
合9475	合9473				
合9486	合3307	合227			
合9497	合21288				
合9498反	合584反甲	東大B571b	合7143反		
合9498正	合補5597	東大B571a	合7143正		
合9504正	已綴入《醉古集》第197則				
合9505	已綴入《醉古集》第372則				
合9506	合9848				
合9534	合2734	合40078			
合9535	合6591				
合9539	合548				
合9554	合19426	合09555	乙3362	乙補2870	
合9555	合9554	合19426	乙3362	乙補2870	

合9560	甲骨文集3.0.1817	甲骨文集3.0.1823			
合9572	合5080	合17331	合16399	合17464	合9583
合9583	合5080	合17331	合9572	合17464	合16399
合9594	合9605				
合9605	合9594				
合9693	英藏804				
合9713（合40096）	合10089				
合9718	合9831				
合9722	合補5308				
合9725	合7920				
合9750	已綴入《醉古集》第348則				
合9759	合24435				
合9802	已綴入《醉古集》第348則				
合9807	合4285				
合9814	合補1787				
合9831	合9718				
合9841	合7156正				
合9848	合9506				
合9849	已綴入《醉古集》第376則				
合9862	合9971				
合9900	合12988				
合9906	合15101	合728			
合9934正	已綴入《醉古集》第344則				
合9936	乙補3502倒	乙補3568倒	乙3830正	乙補3517	乙3824
	乙補3533	乙補3539			
合9941	英藏824	合10042			
合9955	已綴入《醉古集》第344則				
合9967	合10143				
合9971	合9862				

合9974	合5977				
合9997	合10052				
合10026正反	已綴入《醉古集》第48則				
合10029	合補5658				
合10034	已綴入《醉古集》第48則				
合10040	已綴入《醉古集》第360則				
合10042	英藏824	合9941			
合10044	合1777				
合10052	合9997				
合10060	合6603				
合10089	合9713（合40096）				
合10099	合14141				
合10104	合847				
合10143	合9967				
合10146	合10147				
合10147	合10146				
合10181	合10189	合4879			
合10189	合10181	合4879			
合10198正	乙507	乙306	乙318	乙5104	乙4138
合10208	合3288				
合10261	合2003正				
合10292	合12309				
合10313	合5332	合10951			
合10331	合3244	合3243	合15205	乙5217	乙2935
	乙2986				
合10350	合10364				
合10360	合19345				
合10362	合10749（合補2630正反）				
合10364	合10350				
合10493	合10660				
合10519	合10548				

合10520	合22				
合10538	合649				
合10548	合10519				
合10562	合10968				
合10575	合5438				
合10584	合補6113				
合10607	合3606				
合10620正	合10970正右半				
合10660	合10493				
合10702正	合10895				
合10724	英藏1920				
合10729	合補2651				
合10749 （合補2630正反）	合10362				
合10796	安明525				
合10863反	合補3275反	合3971反			
合10863正	已綴入《醉古集》第150則				
合10895	合10702正				
合10899	乙補4796				
合10902	乙3909				
合10940	合14336				
合10948正上、 下半 、反	已綴入《醉古集》第377則				
合10951	合5332	合10313			
合10968	合10562				
合10970正右半	合10620正				
合10970左半	輯佚3	明後0341			
合11073	合補524	合3475	合14361		
合11107	合1325				
合11115 （合40185）	合1924				

合11149	合3155	合3147	史購108		
合11170正	合7967				
合11203	安明97				
合11230	碎骨1	碎骨2	碎骨3		
合11231	合1438				
合11297	無號甲	乙補4375倒	乙補4373	合898	乙補4359
合11303	合22511	乙9049	乙補7437		
合11372	合2488正				
合11373	合37706				
合11403	合補829正	安明624			
合11416	合140正				
合11448	合17031				
合11479	已綴入《醉古集》第367則				
合11482反	合7363反				
合11484	乙3349	乙3879			
合11482正	合補462				
合11525	合6495				
合11546	甲骨文集3.0.1819				
合11553	已綴入《醉古集》第93則				
合11584	英藏436	合5045	合5044	合19106	
合11596	乙補2136				
合11671	合11672				
合11672	合11671				
合11674正	已綴入《醉古集》第68則				
合11682	合補4359				
合11702	合17710				
合11705	檜垣6				
合11706	合17305				
合11725	合補4180				
合11728正反	合13159正反				
合11746	已綴入《醉古集》第328則				

合11762正反	已綴入《醉古集》第364則				
合11785	合34159				
合11804	合補3751	上博496.537			
合11807	合12321	合12019			
合11814	合12907				
合11832	合20771	乙0084			
合11835正反	已綴入《醉古集》第258則				
合11839	合4162				
合11882正反	已綴入《醉古集》第359則				
合11891正	合6279	合11918			
合11918	合11891正	合6279			
合11971正、反	已綴入《醉古集》第338則。蔡哲茂又加綴合14577正、乙4646、合16189、合14580。				
合12019	合12321	合11807			
合12049	合補3694				
合12052正反	合17412正反				
合12057	已綴入《醉古集》第161則				
合12066正	合補1074				
合12080	合補2284（合4820）				
合12160	乙7503	乙7354			
合12241正	合補723				
合12248	合12640				
合12260	山東1420				
合12309	合10292				
合12312正甲乙、反	已綴入《醉古集》第381則				
合12315正反	已綴入《醉古集》第315則				
合12318正反	已綴入《醉古集》第249則				
合12324正	已綴入《醉古集》第226則				
合12321	合12019	合11807			
合12333正	英藏1740				

合12348	乙補1621	乙補1850			
合12358	合12971				
合12367	乙5195	乙5136			
合12376	已綴入《醉古集》第368則				
合12393	合12413				
合12400	合12442				
合12409	已綴入《醉古集》第292則				
合12413	合12393				
合12432	合19251				
合12442	合12400				
合12446部分	已綴入《醉古集》第284則				
合12447	已綴入《醉古集》第63則				
合12466正反	已綴入《醉古集》第361則				
合12476	合13447				
合12515	合14508正				
合12573	合補4481	合23679（合24878）			
合12573	合補4481				
合12640	合12248				
合12652	合2527				
合12657正	合2978正				
合12688	合8331				
合12739	合27064				
合12762	合補3792				
合12803	合6366				
合12812	合補2140				
合12814反	合補1515				
合12814正	合13601				
合12830	合5325				
合12841正	已綴入《醉古集》第123則				
合12863	已綴入《醉古集》第332則				

合12878反（合4654）	合7855				
合12878正	合14167				
合12887	合補4609				
合12897	合9059				
合12907	合11814				
合12954正反	合15620				
合12971	合12358				
合12976	已缀入《醉古集》338則，蔡哲茂又遙綴合14577正、乙4646、合16189、合14580。				
合12977	已綴入《醉古集》第382則				
合12988	合9900				
合13026	已綴入《醉古集》第382則				
合13034	已綴入《醉古集》第73則				
合13074甲、乙	合13449				
合13079	合15236				
合13108	合17927				
合13110	合13140	合13126			
合13126	合13110	合13140			
合13140	合13110	合13126			
合13159正反	合11728正反				
合13165	合8037	上博54796.8			
合13167正反	已綴入《醉古集》第362則				
合13200正反	已綴入《醉古集》第156則				
合13213	合13312（合15162）				
合13216	英藏1079				
合13221	天理255				
合13225	合39588(英藏39)				
合13281甲正反	已綴入《醉古集》第367則				
合13308	合8039				

合13312（合15162）	合13213				
合13317	瑞斯24				
合13324正反	已綴入《醉古集》第156則				
合13333正	合16998正				
合13347	已綴入《醉古集》第340則				
合13355	合8070				
合13360	已綴入《醉古集》第150則				
合13377	合18792	合補2294（合7962+合17947）	合18795		
合13385	合1558				
合13403	已綴入《醉古集》第259則				
合13442反	合17274				
合13447	合12476				
合13449	合13074甲	合13074乙			
合13485	已綴入《醉古集》第73則				
合13492	國博50				
合13498（合補2776不全）	合補580				
合13500	瑞典28				
合13517	乙6087				
合13519	合13927				
合13536正	合6158	合3664			
合13561	英藏2187				
合13587	合18006				
合13599	合4632正	合2192			
合13601	合12814				
合13603	合5425				
合13625正反	已綴入《醉古集》第268則				
合13627	乙1831				
合13642	合1248正	合補02653	乙3367	乙1617	乙2934

合13648正反	已綴入《醉古集》第306則				
合13667	已綴入《醉古集》第380則				
合13668正	已綴入《醉古集》第380則				
合13669	已綴入《醉古集》第255則				
合13673	已綴入《醉古集》第377則				
合13684	合6393	合6396			
合13692（合17984）	合15664				
合13693	合13694				
合13694	合13693				
合13695乙	乙補2571倒	合2261			
合13702	已綴入《醉古集》第305則				
合13713	乙6599	合6649乙	乙補641		
合13721	已綴入《醉古集》第105則				
合13750正反	已綴入《醉古集》第248則				
合13782	已綴入《醉古集》第317則				
合13803	合13804				
合13804	合13803				
合13805	已綴入《醉古集》第370則				
合13858	已綴入《醉古集》第380則				
合13868	合補5066				
合13876	合13877				
合13877	合13876				
合13881	已綴入《醉古集》第250則				
合13886	善齋2-52-11				
合13909	合補4005				
合13927	合13519				
合13951	合8546	合16017			
合13958	已綴入《醉古集》第372則				
合13970	合14054				
合13992	已綴入《醉古集》第44則				
合13996	合14092	史購063正			

合13999	合19597				
合14009正	合補867	史購116			
合14019正反	已綴入《醉古集》第87則，林氏又加綴乙4496				
合14030	合2707				
合14032	乙補5787	乙7110	乙補5965		
合14033正	合14506	合14507	合19707	乙4188	乙補3926
	乙補3924	乙3887	乙3893		
合14035正	已綴入《醉古集》第157則				
合14042	合補1008				
合14054	合13970				
合14060正	乙補3989	乙補3972	乙補3967倒	乙補3970	乙補3951
	乙補3956倒	乙4214	乙補3977		
合14074	合663	東文庫111正倒	英藏125正		
合14092	合13996	史購063正			
合14095	合2341				
合14115	合14116				
合14116	合14115				
合14131	已綴入《醉古集》第328則				
合14141	合10099				
合14146	已綴入《醉古集》第252則				
合14156	合補1312	乙8002			
合14167	合12878正				
合14168正反	已綴入《醉古集》第100則				
合14177	掇三331				
合14182	已綴入《醉古集》第101則				
合14184	已綴入《醉古集》第100則				
合14198正	已綴入《醉古集》第299則				
合14222甲正反	已綴入《醉古集》第305則				
合14229反	乙補6800	乙8231	合17220	乙補6814	

合14229正	已綴入《醉古集》第147則				
合14235部分	已綴入《醉古集》第100則				
合14246	已綴入《醉古集》第134則				
合14262	合補2051				
合14288	合2763正	合3524	合4249	合18684	合18799
合14293正	已綴入《醉古集》第347則				
合14295	已綴入《醉古集》第73則				
合14315	合1076正反				
合14328	合15981	乙補6103	乙補1859	乙3565	乙補3094
合14336	合10940				
合14338	合15125				
合14361	合補524	合3475	合11073		
合14420	合8333				
合14474正	合補1705				
合14506	合14033正	合14507	合19707	乙補3926	乙4188
	乙補3924	乙3887	乙3893		
合14507	合14506	合14033正	合19707	乙補3926	乙4188
	乙補3924	乙3887	乙3893		
合14508正	合12515				
合14524	合14527正	合15582			
合14527部分	已綴入《醉古集》第102則				
合14529	合15206倒				
合14577	乙4646	合14600			
合14579	已缀入《醉古集》第338则，蔡哲茂又遙綴合14577正+乙4646、合16189+合14580。				
合14591	合7897				
合14599	已缀入《醉古集》338则，蔡哲茂又遙綴合14577正+乙4646、合16189+合14580。				
合14600	合14577	乙4646			
合14621	已綴入《醉古集》第154則				
合14647正反	合8968正、反				

合14722正反	已綴入《醉古集》第324則				
合14737	合349	合358			
合14766	合7941正				
合14879	合4915				
合14909	合22218	合22287			
合14915	合4385				
合14920	合33035				
合14976反	合補2163 反				
合14976正	合補2163正				
合14987正反	已綴入《醉古集》第143則				
合15020正反	合15047正反				
合15047正反	含15020正反				
合15046	合1605				
合15065	已綴入《醉古集》第337則				
合15101	合728	合9906			
合15103	乙7982	乙補1926	合16075	乙補2093	合2461
	乙補6878	合1004 甲、乙	無號甲		
合15108	合22045				
合15125	合14338				
合15127正反	已綴入《醉古集》第87則，林氏又加綴乙4496				
合15193	合補714				
合15205	合10331	合3244	合3243	乙5217	乙2935
	乙2986				
合15206倒	合14529				
合15211	已綴入《醉古集》第297則				
合15232	合2476正				
合15236	合13079				
合15237正反	已綴入《醉古集》第360則				
合15253	合19290				
合15417	合17333	合3018			

合15462	合19037				
合15475	合1520	合102	存補 5.431.1		
合15476	合16217				
合15483正	合15484				
合15484	合15483正				
合15525	合15984				
合15526	合19031	輯佚23			
合15528正	合4919	合39987			
合15580	合補2496正				
合15586（合8065）	合補109				
合15620	合12954正反				
合15650	合21039	合21785			
合15653	乙8988				
合15664	合13692（合17984）				
合15726	合1670	乙補5398			
合15754	合4140				
合15777反	合補2447反				
合15777正	合補2447正				
合15854正反	已綴入《醉古集》第50則				
合15917	合2052正				
合15948	合15949				
合15949	合15948				
合15954反	人S0066b				
合15954正	合8654				
合15981	合14328	乙補6103	乙補1859	乙3565	乙補3094
合15984	合15525				
合15995	合補1311				
合16017	合8546	合13951			
合16037	英藏1149				
合16050	東文研645				

合16075	合1004乙	合261	合1004甲	合2461	乙補6878
	無號甲	乙補2093	合15103	乙7982	乙補1926
合16112	合5400				
合16124正反	合6017正反				
合16133正反	已綴入《醉古集》第373則				
合16178	合8129正	乙7820	乙補6919	乙補5389	乙8430
	乙補2811	乙補2391	乙8457		
合16182	合334				
合16184（合補4981正）	合4595				
合16217	合15476				
合16278	合6502				
合16281	合6266				
合16297	合39895	合40264			
合16302正反	已綴入《醉古集》第323則				
合16331正反	已綴入《醉古集》第360則				
合16373	合21454				
合16378	合5132				
合16399	合5080	合17331	合9572	合17464	合9583
合16432	合19359				
合16437	已綴入《醉古集》第101則				
合16442	已綴入《醉古集》第372則				
合16449	合17387				
合16457	已綴入《醉古集》第150則				
合16463甲、乙	乙5533	乙補1786	乙補2070	乙補2197	乙補6207
合16487	合8704	存補5.378.2			
合16497	乙3135	乙3137	乙補2751	乙補2752	
合16613	合16616				
合16616	合16613				
合16686	合16828				

合16775	合16840				
合16801	合33135				
合16828	合16686				
合16840	合16775				
合16900正	合6665正				
合16901	合補4845				
合16913正	合17076				
合16936反	東大B0392a				
合16936正	合7202正				
合16952 （合補5046）	輯佚274				
合16963	合22244	合22269	合22243	合22259左	合16982
	合18483	乙8767	乙8945	乙8839	
合16982	合22244	合22269	合22243	合22259左	合16963
	合18483	乙8767	乙8945	乙8839	
合16998正	合13333正				
合17002	已綴入《醉古集》第86則				
合17006	已綴入《醉古集》第166則				
合17028正	合補3446				
合17031	合11448				
合17041	乙補365	乙補367			
合17056	史購041正				
合17061	善齋2-61-5				
合17066	合26628	合26630	合26680	合26649	
合17076	合16913正				
合17083甲乙	已綴入《醉古集》第35則				
合17084	合17105	乙6186	乙6591	乙補0275	乙6181
	乙補5512	乙補5716	乙補5737		
合17096正 （合補43正）	合17139				

合17105	合17084	乙6186	乙6591	乙補0275	乙6181
	乙補5512	乙補5716	乙補5737		
合17115	合17169				
合17139	合17096正（合補43正）				
合17168	合17171	合17170			
合17169	合17115				
合17170	合17168	合17171			
合17171	合17168	合17170			
合17172	合428				
合17220	已綴入《醉古集》第147則				
合17226	已綴入《醉古集》第166則				
合17231	已綴入《醉古集》第99則				
合17255正反	已綴入《醉古集》第143則				
合17265正反	已綴入《醉古集》第365則				
合17274	合13442反				
合17276反	合補759反				
合17276正	合6217	合補759正			
合17293	已綴入《醉古集》第364則				
合17304	已綴入《醉古集》第315則				
合17305正反	合11706正反				
合17309	合17796正	合17992	合2204		
合17311正反	已綴入《醉古集》第381則				
合17317	合6129				
合17331	合5080	合9572	合16399	合17464	合9583
合17333	合3018	合15417			
合17341	已綴入《醉古集》第100則				
合17344	已綴入《醉古集》第150則				
合17386	存補6.198.2				
合17387	合16449				
合17394	合5598正				
合17412正反	合12052正反				

合17432	已綴入《醉古集》第85則				
合17464	合5080	合17331	合9572	合16399	合9583
合17466	合6820	合5451	洹寶101		
合17508	合8309				
合17557正	合1636				
合17681	明後1814				
合17695反	乙補6105	合9067的反面	合18165反	乙補6252	合4773反
	合17304的反面				
合17695正	乙補6104	合17304	合4773正	合9067	合18165的正面
	乙補6252				
合17697正反	合7159正反	合補4838			
合17705	乙補3925				
合17710	合11702				
合17732	已綴入《醉古集》第143則				
合17796正	合17992	合2204	合17309		
合17800	已綴入《醉古集》第370則				
合17827正	合7189				
合17922	已綴入《醉古集》第86則				
合17927	合13108				
合17984（合13692）	合15664				
合17992	合2204	合17796正	合17309		
合17999	綴集262				
合18006	合13587				
合18032	合7015	合4326	合補1991		
合18144	已綴入《醉古集》第336則				
合18150	合補1306				
合18165反	合17695反	乙補6105	合9067的反面	乙補6252	合4773反
	合17304的反面				

合18165正	乙補6104	合17304	合4773正	合9067	合17695的正面
	乙補6252				
合18174	合18614				
合18217	合23611				
合18242	已綴入《醉古集》第165則				
合18254	已綴入《醉古集》第195則				
合18321	已綴入《醉古集》第59則				
合18404	合3104				
合18439	合22078	合22106	合22111	乙1851	
合18442	已綴入《醉古集》第371則				
合18483	合22244	合22269	合22243	合22259左	合16982
	合16963	乙8767	乙8945	乙8839	
合18510	合22003	合21988			
合18596	合6073				
合18599	合2246正甲				
合18614	合18174				
合18647（合20184）	合8988				
合18661（北大1584）	北大2455				
合18674	已綴入《醉古集》第367則				
合18684	合2763正	合3524	合4249	合14288	合18799
合18724	乙補4142	乙補4212	乙補4221		
合18730正反	已綴入《醉古集》第259則				
合18749	合18750				
合18750	合18749				
合18792	合補2294（合7962+合17947）	合18795	合13377		
合18795	合18792	合補2294（合7962+合17947）	合13377		

合18797反	史購43反				
合18797正	合18996	史購43正			
合18900正反	已綴入《醉古集》第315則				
合18917	合補2022				
合18919	合補5854				
合18925	合8501正				
合18935	已綴入《醉古集》第360則				
合18956	已綴入《醉古集》第230則				
合18996	史購43正	合18797正			
合19031	合15526	輯佚23			
合19037	合15462				
合19106	合5044	合5045	英藏436	合11584	
合19136	乙1785				
合19139	已綴入《醉古集》第57則				
合19152正	合1590				
合19191（合53）	合4673	合22482	合7024	合19193	
合19193	合7024	合22482	合4673	合53（合19191）	山東226
合19229	已綴入《醉古集》第131則				
合19236	歷20				
合19246	合3697正				
合19251	合12432				
合19283	合補5744				
合19287	乙8890				
合19290	合15253				
合19312	已綴入《醉古集》第196則				
合19345	合10360				
合19359	合16432				
合19372	乙5331	乙5294	乙補4888		
合19426	合9554	合9555	乙3362	乙補2870	
合19479正反	合5620				

合19486	合5758（合8855）				
合19529正反	已綴入《醉古集》第55則				
合19597	合13999				
合19638	已綴入《醉古集》第328則				
合19697	存上1841				
合19707	合14507	合14506	合14033正	乙補3924	乙4188
	乙3887	乙3893	乙補3926		
合19724反	合補2136反				
合19724正	合2778	合補2136正			
合19755	合20923				
合19759	合20401				
合19772	乙214	合20924	合20903		
合19796	合21251				
合19801	合20899	合20961	合20609		
合19810	合20659				
合19863	已綴入《醉古集》第261則				
合19895	合22221	合補6915（合補3984）		乙8774	乙補7394
合19941	已綴入《醉古集》第353則				
合19942	合20814				
合20050	合22401	R37085	R37088	R37681	合21303
合20072	合20859				
合20114	合21350	合21350	合21350	合21350	合21348
	合21350	京2969	合21356		
合20120	合20744				
合20139	合19908				
合20140	合21343				
合20163	已綴入《醉古集》第162則				
合20184（合18647）	合8988				
合20199	合20412				

合20222	乙補3				
合20265	合20594	合20779			
合20269	乙補18倒	乙補19倒			
合20303	合20387	R44117			
合20324	甲2291	甲2311			
合20338	合21844				
合20352	合22209	乙8964	乙補7418		
合20359	乙9077				
合20366	合22207	合22208	合22210	乙8957	乙8724倒
合20379部分	已綴入《醉古集》第170則				
合20385	合32839				
合20387	合20303	R44117			
合20401	合19759				
合20412	合20199				
合20412部分	合20421	乙8508	合20773		
合20421	合20412部分	乙8508	合20773		
合20436	合20438	乙358			
合20438	乙358	合20436			
合20455	合20545	合21995	乙補9	乙補66	
合20475	已綴入《醉古集》第162則				
合20476	已綴入《醉古集》第261則				
合20506	合20507				
合20507	合20506				
合20545	合21995	合20455	乙補9	乙補66	
合20574	合20823				
合20591	乙8954				
合20594	合20779	合20265			
合20609	合19801	合20899	合20961		
合20650	合20652				
合20652	合20650				
合20659	合19810				

合20662	乙補7408	乙8930	乙9010正反	乙9015	
合20684	乙328				
合20691	乙8975	乙8972			
合20699	合20980				
合20708	合21323				
合20710	已綴入《醉古集》第263則				
合20720	合20995				
合20725	合20811				
合20744	合20120				
合20773	合20412部分	合20421	乙8508		
合20776	合22373	甲2285	合33366		
合20776	已綴入《醉古集》第240則				
合20779	合20594	合20265			
合20811	合20725				
合20814	合19942				
合20817	合3688				
合20821	合20991	乙24			
合20823	合20574				
合20824（合補6663）	乙補21				
合20834	合補6659				
合20835	合21387	乙477			
合20841	合20914				
合20842	已綴入《醉古集》第353則				
合20857	合21413	乙補7383	乙補7406		
合20859	合20072				
合20864	已綴入《醉古集》第284則				
合20871	合22372				
合20872	乙8933				
合20873	合20876				

合20876	合20873				
合20887	乙8803	合21511	乙8731	合21578	合624
	乙8838	乙8847	合22277部分	合21505	
合20899	合20961	合19801	合20609		
合20903	合19772	乙214	合20924		
合20914	合20841				
合20916	乙5553				
合20920部分	乙補7084倒	合20946	乙122		
合20923	合19755				
合20924	乙214	合19772	合20903		
合20925	乙補7083倒				
合20946	乙補7084倒	合20920部份	乙122		
合20947	乙1826	合21979	乙622		
合20961	合20899	合19801	合20609		
合20962	已綴入《醉古集》第353則				
合20967	乙補64				
合20980	合20699				
合20986	合21025	合補6862			
合20989	合20992				
合20991	合20821	乙24			
合20992	合20989				
合20995	合20720				
合20997	乙88				
合21012	已綴入《醉古集》第262則				
合21018	乙補69				
合21021部分	合21321	合21316			
合21025	合補6862	合20986			
合21037	已綴入《醉古集》第261則				
合21039	合21785	合15650			

<table>
<tr><td>合21053</td><td colspan="5">已綴入《醉古集》第266則</td></tr>
<tr><td>合21055</td><td>合21153</td><td></td><td></td><td></td><td></td></tr>
<tr><td>合21073</td><td>乙補5573</td><td></td><td></td><td></td><td></td></tr>
<tr><td>合21099</td><td>合27072</td><td></td><td></td><td></td><td></td></tr>
<tr><td>合21123（合21853）</td><td>京津2993</td><td></td><td></td><td></td><td></td></tr>
<tr><td>合21153</td><td>合21055</td><td></td><td></td><td></td><td></td></tr>
<tr><td>合21207部分</td><td>合22460</td><td></td><td></td><td></td><td></td></tr>
<tr><td>合21251</td><td>合19796</td><td></td><td></td><td></td><td></td></tr>
<tr><td>合21265</td><td>合22007</td><td>合21946</td><td></td><td></td><td></td></tr>
<tr><td>合21288</td><td>合9497</td><td></td><td></td><td></td><td></td></tr>
<tr><td>合21303</td><td>合22401</td><td>R37085</td><td>R37088</td><td>R37681</td><td>合20050</td></tr>
<tr><td>合21309</td><td>合11832</td><td>乙0084</td><td></td><td></td><td></td></tr>
<tr><td>合21316</td><td>合21021部分</td><td>合21321</td><td></td><td></td><td></td></tr>
<tr><td>合21321</td><td>合21316</td><td>合21021部分</td><td></td><td></td><td></td></tr>
<tr><td>合21323</td><td>合20708</td><td></td><td></td><td></td><td></td></tr>
<tr><td>合21328</td><td>合21340</td><td></td><td></td><td></td><td></td></tr>
<tr><td>合21340</td><td>合21328</td><td></td><td></td><td></td><td></td></tr>
<tr><td>合21341部分</td><td>合21354部分</td><td>乙211</td><td></td><td></td><td></td></tr>
<tr><td>合21343</td><td>合20140</td><td></td><td></td><td></td><td></td></tr>
<tr><td rowspan="2">合21348</td><td>合21350</td><td>合21350</td><td>合21350</td><td>合21350</td><td>合21350</td></tr>
<tr><td>合20114</td><td>京2969</td><td>合21356</td><td></td><td></td></tr>
<tr><td rowspan="2">合21350</td><td>合21350</td><td>合21350</td><td>合21348</td><td>合21350</td><td>合21350</td></tr>
<tr><td>合20114</td><td>京2969</td><td>合21356</td><td></td><td></td></tr>
<tr><td>合21354部分</td><td>乙211</td><td>合21341部分</td><td></td><td></td><td></td></tr>
<tr><td rowspan="2">合21356</td><td>合21350</td><td>合21350</td><td>合21350</td><td>合21350</td><td>合21348</td></tr>
<tr><td>合21350</td><td>京2969</td><td>合20114</td><td></td><td></td></tr>
<tr><td>合21375</td><td>懷434</td><td></td><td></td><td></td><td></td></tr>
<tr><td>合21387</td><td>合20835</td><td>乙477</td><td></td><td></td><td></td></tr>
<tr><td>合21389</td><td>安明788</td><td></td><td></td><td></td><td></td></tr>
</table>

合21394	掇三533				
合21413	合20857	乙補7383	乙補7406		
合21454	合16373				
合21456	合22132	合22222部分			
合21480	乙8746				
合21505	乙8803	合21511	乙8731	合21578	合624
	乙8838	乙8847	合22277部分	合20887	
合21511	乙8731	合21578	乙8803	合624	合22277部分
	乙8838	乙8847	合21505	合20887	
合21552	合22277部分	合22251	乙8993		
合21564	已綴入《醉古集》第374則				
合21572	合21706	合21654	合21626左中		
合21578	乙8731	合21511	乙8803	合624	合22277部分
	乙8847	合21505	合20887		
合21584	合32740				
合21586	乙5235				
合21597	乙補901	乙8581	合21600		
合21600	乙8581	乙補901	合21597		
合21622	已綴入《醉古集》第353則				
合21626右	已綴入《醉古集》第374則				
合21626左中	合21654	合21706	合21572		
合21653	合21804	乙5725	乙5203	乙5731	乙補4838
合21654	合21626左中	合21706	合21572		
合21662	合19941	合20842	合20962		
合21702	合21833				
合21706	合21654	合21626左中	合21572		

合21718	合21836				
合21728	合21823				
合21782	英藏1913				
合21785	合21039	合15650			
合21788	合補6823				
合21791	合439				
合21804	合21653	乙5725	乙5203	乙5731	乙補4838
合21809	合21822	乙補1352			
合21810	乙1843	乙620			
合21822	合21809	乙補1352			
合21823	合21728				
合21833	合21702				
合21836	合21718				
合21839左	合21878	合21952	乙補684		
合21844	合20338				
合21853（合21123）	京津2993				
合21856	已綴入《醉古集》第374則				
合21863	已綴入《醉古集》第262則				
合21864	合21947				
合21866	乙1304				
合21868	續存補2-89-1				
合21875	合21938上	合21973	合21977	乙1658	乙1791倒
	乙1517	乙1832倒			
合21875	合21938上	合21977	合21973	乙1517	乙1658
	乙1791倒				
合21877	合補6912	乙1840			
合21878	合21839左	合21952	乙補684		
合21879	合22228	合22229			
合21887	乙補1380	乙635	合補6941	合22459	
合21893	合21894				
合21894	合21893				

合21896	合21898	英藏1911			
合21898	合21896	英藏1911			
合21907	合22471				
合21910	乙9046	乙補7439			
合21915	合5633				
合21921	乙1179	合21932	乙補591	合21974	合21939
合21921下	乙補511	乙補595			
合21923	乙補1047				
合21926下	乙補1362				
合21928	合22041	乙補1034			
合21931	乙717	乙補0576	乙補1350		
合21932	乙1179	合21921	乙補591	合21974	合21939
合21934	合21972				
合21937	乙1012				
合21938上	合21875	合21973	合21977	乙1658	乙1791倒
	乙1517	乙1832倒			
合21938上	合21875	合21977	合21973	乙1517	乙1658
	乙1791倒				
合21938下	合21942				
合21939	乙1179	合21932	合21921	合21974	乙補591
合21940	已綴入《醉古集》第318則				
合21941	合21996				
合21942	合21938下				
合21944	合22189	國博12	國博15		
合21946	合22007	合21265			
合21947	合21864				
合21951	乙613	乙609			
合21952	合21839左	合21878	乙補684		
合21953	乙7803				
合21964上、下	已綴入《醉古集》第241則				
合21972	合21934				

合21973	合21938上	合21875	合21977	乙1658	乙1791倒
	乙1517	乙1832倒			
合21973	合21977	合21875	合21938上	乙517	乙1658
	乙1791倒				
合21974	乙1179	合21932	合21921	乙補591	合21939
合21977	合21938上	合21875	合21973	乙1658	乙1791倒
	乙1517	乙1832倒			
合21977	合21875	合21938上	合21973	乙1517	乙1658
	乙1791倒				
合21978	乙1649				
合21979	乙622	合20947	乙1826		
合21988	合22003	合18510			
合21990	合21994				
合21994	合21990				
合21995	合20545	合20455	乙補9	乙補66	
合21996	合21941				
合22000	乙1762				
合22003	合21988	合18510			
合22007	合21946	合21265			
合22016	乙補1230				
合22021	乙補1357				
合22026	乙補1257	乙7932			
合22041	合21928	乙補1034			
合22042	乙1817				
合22043	合22095				
合22045	合15108				
合22055	已綴入《醉古集》第224則				
合22061	合22431				
合22063部分	已綴入《醉古集》第104則				
合22066	乙2112				
合22070甲乙	乙補217	乙補0890			

合22078	合22106	合22111	合18439	乙1851	
合22079甲乙	合22101	合22129			
合22086	合22087正	合補6884			
合22087正	合22086	合補6884			
合22088	已綴入《醉古集》第104則				
合22091甲乙	合22212	合22309	乙補3399	乙補3400	乙補6106
	合22124	合22410	合補5638	合22418	乙8557
合22093	乙4944				
合22094	合22441				
合22095	合22043				
合22101	合22079甲乙	合22129			
合22104	合22128	合22126	合22125	合22121	
合22106	合22078	合22111	合18439	乙1851	
合22111	合22078	合22106	合18439	乙1851	
合22113	已綴入《醉古集》第104則				
合22121	合22125	合22104	合22128	合22126	
合22124	乙補3399	合22309	合22212	合22091甲乙	乙補6106
	乙補3400	合22410	合補5638	合22418	乙8557
合22125	合22104	合22128	合22126	合22121	
合22126	合22128	合22104	合22125	合22121	
合22127	合22495				
合22128	合22126	合22104	合22125	合22121	
合22129	合22079甲乙	合22101			
合22132	合21456	合22222部分			
合22133	合22144	合補6898	乙8845	乙補7364	乙補7338倒
	乙8989	乙補7367	乙8798	乙8787	
合22135	合22263				

合22144	合22133	合補6898	乙8845	乙補7364	乙補7338倒
	乙8989	乙補7367	乙8798	乙8787	
合22172	合22351				
合22186	已綴入《醉古集》第104則				
合22187	合22206甲	R37014正			
合22189	合21944	國博12	國博15		
合22197	乙8873	乙8942	合22390		
合22206甲	合22187	R37014正			
合22207	合20366	合22208	合22210	乙8957	乙8724倒
合22208	合22207	合20366	合22210	乙8957	乙8724倒
合22209	合20352	乙8964	乙補7418		
合22210	合22208	合22207	合20366	乙8957	乙8724倒
合22212	合22091甲乙	合22309	乙補3399	乙補3400	乙補6106
	合22124	合22410	合補5638	合22418	乙8557
合22216	合22278				
合22217	合22220	合22277右	乙8831	乙補7347	乙補7374
合22218	合22287	合14909			
合22220	合22217	合22277右	乙8831	乙補7347	乙補7374
合22221	合補3984（合補6915）	乙補7394	合19895	乙8774	
合22222部分	合21456	合22132			
合22223	合22264				
合22228	合21879	合22229			
合22229	合22228	合21879			
合22234	合22279	乙8866	乙補7400倒		
合22240	乙8943	合22291			
合22242	合22391				
合22243	合22259左	合22269	合22244	合16982	合16963
	合18483	乙8767	乙8945	乙8839	

合22244	合22269	合22243	合22259左	合16982	合16963
	合18483	乙8767	乙8945	乙8839	
合22245	合22247主體	合22254	合22510	合31941	乙補7363倒
	乙補7378	乙補7405	乙8757	乙8739	乙補7377倒
	乙8868	乙補7354			
合22247部分	乙8769	乙8754			
合22247主體	合22245	合22254	合22510	合31941	乙補7363倒
	乙補7378	乙補7405	乙8757	乙8739	乙補7377倒
	乙8868	乙補7354			
合22251	合22277部分	合21552	乙8993		
合22254	合22245	合22247	合22510	合31941	乙補7363倒
	乙補7378	乙補7405	乙8757	乙8739	乙補7377倒
	乙8868	乙補7354			
合22255	乙補7341				
合22257	乙補7373				
合22259左	合22243	合22269	合22244	合16982	合16963
	合18483	乙8767	乙8945	乙8839	
合22260	合22360	乙8799	乙補7365倒		
合22263	合22135				
合22264	合22223				
合22265	乙補7387	乙8743	乙8833		
合22269	合22243	合22259左	合22244	合16982	合16963
	合18483	乙8767	乙8945	乙8839	
合22274	無號碎甲abcde				
合22277部份	合21552	合22251	乙8993		
合22277右	乙補7347	乙補7374	乙8831	合22217	合22220

合22277左	乙8803	合21511	乙8731	合21578	合00624
	乙8838	乙8847	合21505	合20887	
合22278	合22216				
合22279	合22234	乙8866	乙補7400倒		
合22282	綴續479				
合22283	乙補7342				
合22284	乙補7393	乙補7382			
合22287	合22218	合14909			
合22291	乙8943	合22240			
合22296	合22428				
合22309	合22212	合22091甲乙	乙補3399	乙補3400	乙補6106
	合22124	合22410	合補5638	合22418	乙8557
合22322	乙補7417				
合22338	乙8967				
合22351	合22172				
合22360	合22260	乙8799	乙補7365倒		
合22365	乙補7461				
合22367	上博2426.267（合40797）				
合22372	合20871				
合22373	甲2285	合20776	合33366	合35262	
合22390	乙8942	乙8873	合22197		
合22391	合22242				
合22392	乙補7384				
合22393	乙補7346	乙補7361	乙補7355倒	乙補7420	乙補7351
合22397	已綴入《醉古集》第170則				
合22401	R37085	R37088	R37681	合20050	合21303

合22410	乙補3399	合22309	合22212	合22091甲乙	乙補6106
	乙補3400	合22124	合補5638	合22418	乙8557
合22418	乙補3399	合22309	合22212	合22091甲乙	乙補6106
	乙補3400	合22124	合22410	合補5638	乙8557
合22428	合22296				
合22431	合22061				
合22441	合22094				
合22452	合31810	山東1860			
合22459	合21887	合補6941	乙635	乙補1380	
合22460	合21207部分				
合22471	合21907				
合22482	合4673	合53（合19191）	合7024	合19193	山東0226
合22492	乙8771				
合22494	乙9014	乙9025			
合22495	合22127				
合22510	合22254	合22245	合22247	合31941	乙補7363倒
	乙補7378	乙補7405	乙8757	乙8739	乙補7377倒
	乙8868	乙補7354			
合22511	合11303	乙9049	乙補7437		
合22542	合補7362				
合22543	合23570				
合22583	合23605				
合22638（合24873、合40929）	合補8025				
合22664	合補8615				
合22724	運臺1.1072				
合22734	合補7117				

合22737	合22769				
合22769	合22737				
合22785	合補7738				
合22791	合25059				
合22802	合補3153				
合22806	合26037				
合22817	合補6976				
合22828（合41118）	合22846				
合22846	合22828（合41118）				
合22900	合25326（合41153）				
合22963	上博17647.684				
合23018	合24552				
合23034	輯佚474				
合23118	合25321				
合23147	合補7860				
合23153	合補7005				
合23157（合補7003）	合23193				
合23164	合補8589				
合23181	合25835				
合23193	合補7003（合23157）				
合23202	合25261				
合23215	殷墟甲骨拾遺（續五）5				
合23251	合25818				
合23301	合24457				
合23329	合23497				
合23335	合補7049				
合23380	合25313	合補8504			
合23461	合25063				
合23494	合25967				
合23497	合23329				

合23550（合41010）	合25310				
合23570	合22543				
合23594	合25943				
合23605	合22583				
合23611	合18217				
合23624	輯佚70				
合23640	美藏185				
合23679（合24878）	合12573	合補4481			
合23749	合26119				
合23753（合25273）	合25676				
合23766	合25442	合補7602			
合23835	甲1661				
合23840	合補8511				
合23845	合補8371				
合23846	合24256				
合23848	合補8455	合補8543			
合23873	北大1211				
合23881	合25143				
合23892	合補8412				
合23894	合23897				
合23897	合24493				
合23922	上博17645.8				
合23928	合23933				
合23933	合23928				
合23981	已綴入《醉古集》第216則				
合24001	合24002				
合24002	合24001				
合24009	上博17645.15				
合24256	合23846				
合24259	合補7601				

合24266	合補7554（合25259+合25092）				
合24303	合補8319				
合24309	合補8093				
合24325	合補7570				
合24363	庫1277（美280）				
合24417	合27877				
合24435	合9759				
合24457	合23301				
合24493	合23897				
合24535	合25192				
合24552	合23018				
合24762	合26156				
合24778（合29950）	合24802				
合24802	合24778（合29950）				
合24873（合22638、合40929）	合補8025				
合24878（合23679）	合補4481	合12573			
合25059	合22791				
合25063	合23461				
合25123	上博536頁-696				
合25143	合23881				
合25192	合24535				
合25218	京人1484				
合25240	合25926				
合25243	合25894				
合25248	英藏2149				
合25261	合23202				
合25273（合23753）	合25676				
合25310	合23550（合41010）				
合25313	合23380	合補8504			

合25321	合23118				
合25326（合41153）	合22900				
合25335	合25336				
合25336	合25335				
合25346	合25912				
合25354	合補7487（合補7523）	輯佚322			
合25369（合27437）	英藏2264（合41317）				
合25378	英藏2243				
合25395	合補7898				
合25430	合25803				
合25442	合23766	合補7602			
合25466	合補7922				
合25504	合補7683				
合25516	合25588				
合25588	合25516				
合25643	合補7231				
合25676	合23753（合25273重）				
合25696	英藏1954（合41145）				
合25803	合25430				
合25818	合23251				
合25819	合補7543				
合25835	合23181				
合25894	合25243				
合25912	合25346				
合25926	合25240				
合25943	合23594				
合25967	合23494				
合26037	合22806				
合26119	合23749				
合26147	合補7617				
合26156	合24762				

合26230	合26234	合26239			
合26234	合26230	合26239			
合26239	合26230	合26234			
合26262	合26263				
合26263	合26262				
合26321	北大1172				
合26336	天理400				
合26373	合補8014	合補8132（合補8044）			
合26381	合26454				
合26454	合26381				
合26484	合26491	英藏2383			
合26491	合26484	英藏2383			
合26493	上博54790.12				
合26529	合26723				
合26550（合補8227）	合26604				
合26580	英藏2234	英藏2235			
合26585	合26607	合26596			
合26587	合26654				
合26596	合26585	合26607			
合26604	合26550（合補8227）				
合26607	合26585	合26596			
合26628	合26630	合17066	合26680	合26649	
合26630	合26628	合17066	合26680	合26649	
合26648	合補8246	合26652			
合26649	合26628	合26630	合17066	合26680	
合26652	合26648	合補8246			
合26654	合26587				
合26661	合26708				

合26680	合26628	合26630	合17066	合26649	
合26708	合26661				
合26723	合26529				
合26804	合4963				
合26888	已綴入《醉古集》第269則				
合26899	合27875				
合26950	英藏2259（合41312）	英藏2261（合41320）			
合26974	合27171				
合26977	已綴入《醉古集》第354則				
合26980	合27281				
合27010	合28156				
合27016	已綴入《醉古集》第223則				
合27020	已綴入《醉古集》第223則				
合27042正	合41328	合補10209			
合27064	合12739				
合27072	合21099				
合27075	甲2707				
合27077	合30764				
合27104	合30955				
合27123	合27130				
合27129	合31227				
合27130	合27123				
合27147	合29500				
合27150	合30532				
合27171	合26974				
合27172	合32454	合32593			
合27207	已綴入《醉古集》第270則				
合27209	已綴入《醉古集》第270則				
合27220	合27671				
合27231	合28573				

合27269	合27515				
合27271	合補9699				
合27281	合26980				
合27301	已綴入《醉古集》第271則				
合27302	合27649				
合27323	合補10291				
合27339	合27623				
合27359	甲編未著錄2.2.0357				
合27390	合補8745				
合27397	屯南4453				
合27432	合27473				
合27433	合30787	合27496			
合27437（合25369）	英藏2264（合41317）				
合27473	合27432				
合27484	合27617				
合27496	合30787	合27433			
合27515	合27269				
合27531	已綴入《醉古集》第275則				
合27554	合29415	合30560	攈2240		
合27591	合30708				
合27617	合27484				
合27623	合27339				
合27649	合27302				
合27653	山東1308倒				
合27671	合27220				
合27702	合30800				
合27712	合27883				
合27713	合31580				
合27720	合29423	合29418			
合27745	USB490				
合27785	合29110				

合27792	合27805	合28750			
合27805	合27792	合28750			
合27819	合補10397				
合27857	合27869				
合27867	合補9539				
合27869	合27857				
合27875	合26899				
合27877	合24417				
合27883	合27712				
合27888	合31964				
合27907	合29024				
合27997	已綴入《醉古集》第272則				
合28027	已綴入《醉古集》第273則				
合28060	已綴入《醉古集》第269則				
合28066	已綴入《醉古集》第273則				
合28099正	合32185				
合28156	合27010				
合28218	合29427	合30689			
合28249	已綴入《醉古集》第276則				
合28266	合30026				
合28315	屯南4585				
合28379	合補9210				
合28433	合補9143				
合28434	合補9115				
合28460	合補9334				
合28513（合30112）	已綴入《醉古集》第277則				
合28515	安明1952	合30144			
合28543	英藏2342				
合28546	已綴入《醉古集》第278則				
合28547	合28973				
合28573	合27231				

合28610	合29072				
合28623	合29175				
合28625	合30137	合29907			
合28632	已綴入《醉古集》第277則				
合28641	合補09128				
合28655	合30990				
合28656	合28714				
合28688	合補9142				
合28714	合28656				
合28749	合31059				
合28750	合27805	合27792			
合28754	合28922				
合28761	已綴入《醉古集》第279則				
合28794	甲骨文集2.2.0313				
合28859	合補9409				
合28865	已綴入《醉古集》第280則				
合28908	合31687				
合28922	合28754				
合28933	英藏2315				
合28953	合29048				
合28956	合補8997				
合28963（合29021）	英藏2314				
合28973	合28547				
合28981	合29178				
合28996	合41383				
合29021（合28963）	英藏2314				
合29024	合27907				
合29036	合29123				
合29040	合41363				
合29048	合28953				
合29072	合28610				

合29099	已綴入《醉古集》第281則				
合29110	合27785				
合29123	合29036				
合29144	已綴入《醉古集》第279則				
合29169（合33558）	合補9173				
合29171	已綴入《醉古集》第281則				
合29175	合28623				
合29178	合28981				
合29201	合29862				
合29258	合補9818				
合29280	合30158				
合29296	合29302				
合29298	合29373				
合29302	合29296				
合29314	甲骨文集2.2.0464				
合29373	合29298				
合29376	已綴入《醉古集》第241則				
合29415	合27554	合30560	摭2240		
合29418	合29423	合27720			
合29423	合27720	合29418			
合29427	合28218	合30689			
合29449	合29524				
合29500	合27147				
合29520	掇三824				
合29524	合29449				
合29532	合30434				
合29542	合28460				
合29561	已綴入《醉古集》第280則				
合29632（合29633）	掇三127				
合29633（合29632）	掇三127				
合29665	合31135				

合29688	京人2228				
合29719	合31626	合31530			
合29721	合補10058	合31477	合31474	合補10059	合補10057
	合31467				
合29722	合31541正				
合29724	合31351				
合29726	甲編未著錄3.2.0593				
合29737	合30922				
合29738	合31764				
合29813正	甲2662	甲2883			
合29815正	合32289				
合29862	合29201				
合29904	合31776	合29943			
合29907	合30137	合28625			
合29924	日天116				
合29943	合31776	合29904			
合29950（合24778）	合24802				
合29984	合補9429				
合29995	已綴入《醉古集》第270則				
合29999	合31149				
合30015	已綴入《醉古集》第253則				
合30026	合28266				
合30058	已綴入《醉古集》第253則				
合30080	合30125				
合30083	合補9335				
合30106	合30107	合30108	合30110	合30109	
合30107	合30106	合30108	合30110	合30109	
合30108	合30107	合30106	合30110	合30109	
合30109	合30110	合30108	合30107	合30106	
合30110	合30108	合30107	合30106	合30109	
合30112（合28513）	已綴入《醉古集》第277則				

合30125	合30080				
合30137	合28625	合29907			
合30144	合28515	安明1952			
合30148	已綴入《醉古集》第278則				
合30158	合29280				
合30177	甲骨文集2.2.0369				
合30239	屯南815				
合30320	已綴入《醉古集》第282則				
合30351	合30734				
合30401	合補10356				
合30402	已綴入《醉古集》第244則				
合30405	已綴入《醉古集》第282則				
合30429	已綴入《醉古集》第244則				
合30430	已綴入《醉古集》第285則				
合30434	合29532				
合30440	瑞108				
合30445	天理569				
合30466	已綴入《醉古集》第283則				
合30479	已綴入《醉古集》第275則				
合30532	合27150				
合30560	合29415	合27554	攈2240		
合30596	甲骨文集3.2.0278				
合30609	已綴入《醉古集》第241則				
合30634	合31846				
合30685	英藏2288				
合30689	合29427	合28218			
合30708	合27591				
合30734	合30351				
合30764	合27077				
合30780	已綴入《醉古集》第276則				
合30787	合27433	合27496			

合30800	合27702				
合30806	合30807	合30951			
合30807	合30806	合30951			
合30810	合補10212				
合30878	北大451				
合30894	上博21691.14				
合30922	合29737				
合30951	合30807	合30806			
合30955	合27104				
合30974	已綴入《醉古集》第239則				
合30990	合28655				
合31004	天理490	合32435			
合31035	合補9465	合補9211			
合31058	已綴入《醉古集》第285則				
合31059	合28749				
合31066	輯佚565				
合31079	合補9709				
合31101	已綴入《醉古集》第354則				
合31111	合補9382				
合31128	北大455				
合31135	合29665				
合31149	合29999				
合31227	合27129				
合31330	合31356（合31365）	合補10124	合31363（合補9999		
合31334	明後2307				
合31351	合29724				
合31356（合31365）	合31330	合補10124	合31363（合補9999）		

合31363（合補9999）	合31330	合31356（合31365）	合補10124		
合31365（合31356）	合31330	合補10124	合31363（合補9999）		
合31369	已綴入《醉古集》第301則				
合31380	合31392	合補9828（合補10095）			
合31384	已綴入《醉古集》第300則				
合31387	甲骨文集3.2.0463	甲骨文集3.2.0505			
合31392	合補9828（合補10095）	合31380			
合31393	已綴入《醉古集》第300則				
合31403	合補8844	合31416	合補10007		
合31416	合補10007	合補8844	合31403		
合31467	合29721	合補10058	合31477	合31474	合補10059
	合補10057				
合31474	合31477	合補10058	合29721	合補10059	合補10057
	合31467				
合31477	合31474	合補10058	合29721	合補10059	合補10057
	合31467				
合31518	合補10090（合補10107）				
合31526	合補8640				
合31530	合31626	合29719			
合31541正	合29722				
合31565	合補9885				
合31580	合27713				
合31618	合補8816				
合31626	合29719	合31530			
合31676	《殷虛“骨簡”及其有關問題》圖11				

合31687	合28908				
合31720	已綴入《醉古集》第239則				
合31764	合29738				
合31776	合29943	合29904			
合31810	合22452	山東1860			
合31846	合30634				
合31921	甲編未著錄2.2.0215				
合31941	合22510	合22254	合22245	合22247	乙補7377倒
	乙補7363倒	乙補7378	乙補7405	乙8757	乙8739
	乙8868	乙補7354			
合31966	合32953				
合32008	合補6909	合34560	合32747		
合32012	合補10298				
合32020	合34638				
合32026	已綴入《醉古集》第214則				
合32029	合32743				
合32044	上博新獲14	合32686			
合32057	合33526				
合32066	已綴入《醉古集》第286則				
合32067	合32105				
合32075	合35142				
合32082	合34236				
合32105	合32067				
合32108	合33584	合35160			
合32130	合34667	英藏2416			
合32136	已綴入《醉古集》第287則				
合32150	已綴入《醉古集》第286則				
合32163（合664）	掇三214	合35128	合35331		
合32185	合28099正				
合32191	合33716				

合32193	合34409				
合32194	合32217				
合32211	合33224				
合32212	合33224	合33334			
合32214	安明2772				
合32215	已綴入《醉古集》第288則				
合32217	合32194				
合32218	合32407				
合32233	合補10462				
合32234	合32250				
合32250	合32234				
合32257	已綴入《醉古集》第290則				
合32261	合34320				
合32276	合33018				
合32289	合29815正				
合32297	已綴入《醉古集》第291則				
合32301	摭續92				
合32334	合34555				
合32335	合32619				
合32361	合33723				
合32363	合34466				
合32380	合32478	合35188			
合32389	合32440	合32847	合32482		
合32407	合32218				
合32413	已綴入《醉古集》第292則				
合32418	合34444				
合32425	合34595				
合32435	天理490	合31004			
合32436	屯4276	屯4287			
合32440	合32389	合32847	合32482		
合32453部分	已綴入《醉古集》第271則				

合32454	合27172	合32593			
合32463	已綴入《醉古集》第292則				
合32468	輯佚629正				
合32478	合35188	合32380			
合32482	合32847	合32389	合32440		
合32501左右	已綴入《醉古集》第247則				
合32505	合32889				
合32544	合32643				
合32548	合補10903				
合32558	合32790				
合32586正	已綴入《醉古集》第236則				
合32593	合27172	合32454			
合32619	合32335				
合32621	上博80頁-326				
合32643	合32544				
合32686	上博新獲14	合32044			
合32695部分	合34423				
合32695右	寧滬1.684				
合32713	已綴入《醉古集》第283則				
合32716	已綴入《醉古集》第272則				
合32724	合33049				
合32740	合21584				
合32743	合32029				
合32747	合34560	合補6909	合32008		
合32757	殷拾10.2				
合32760	已綴入《醉古集》第243則				
合32762甲正	合32762乙正	合33291 部分	合34680		
合32762乙正	合32762甲正	合33291 部分	合34680		
合32768	已綴入《醉古集》第246則				

合32771	安明1131				
合32781	合7961				
合32782	懷特1640				
合32790	合32558				
合32815	合33017	合33014			
合32831	屯南2273				
合32833	已綴入《醉古集》第296則				
合32839	合20385				
合32847	合32389	合32440	合32482		
合32848	屯南4465	屯南2558			
合32860	已綴入《醉古集》第289則				
合32866	合33060				
合32871	已綴入《醉古集》第220則				
合32889	合32505				
合32890	合33044				
合32923	合34083				
合32931	合34524				
合32933	合補10529				
合32953	合31966				
合32971	合補10786				
合32973	合33107				
合33000	合35223				
合33001	合補10864				
合33007	合34442				
合33014	合32815	合33017			
合33017	合32815	合33014			
合33018	合32276				
合33021	屯南4103	合33120			
合33035	合14920				
合33043	蘇德*350				
合33044	合32890				

合33047	已綴入《醉古集》第233則				
合33049	合32724				
合33050	合33095（合補10526）				
合33060	合32866				
合33064	屯2915				
合33066	合33281	合34395			
合33076	屯南4215	屯南4188	上博2426.41		
合33095（合補10526）	合33050				
合33107部分	合32973				
合33120	合33021	屯南4103			
合33135	合16801				
合33145	懷特1615				
合33151	後下35.3				
合33152	合35148				
合33161	合33789				
合33165	合補10218				
合33193	已綴入《醉古集》第214則				
合33218	已綴入《醉古集》第289則				
合33219	合34123				
合33223	已綴入《醉古集》第237則				
合33224	合33334	合32212			
合33246	殷拾12.5	合33267			
合33267	殷拾12.5	合33246			
合33275	合補10634				
合33279	合33307				
合33280	屯南943	屯南1335			
合33281	合33066	合34395			
合33283	已綴入《醉古集》第295則				
合33291部分	合32762乙正	合32762甲正	合34680		

合33305	已綴入《醉古集》第329則				
合33307	合33279				
合33313	已綴入《醉古集》第329則				
合33321	已綴入《醉古集》第296則				
合33322	已綴入《醉古集》第295則				
合33327	屯南4100				
合33330	合34147				
合33334	合32212	合33224			
合33352正反	已綴入《醉古集》第246則				
合33366	合22373	甲2285	合20776		
合33371	合33372				
合33372	合33371				
合33383	合補10674	合33628			
合33385	合補10660				
合33434	已綴入《醉古集》第379則				
合33462	合補10578				
合33469上半	合33474	合33501			
合33474	合33469上半	合33501			
合33485	合補9811(合補9810)				
合33501	合33469上半	合33474			
合33502	合補9101				
合33514	合33524				
合33524	合33514				
合33526	合32057				
合33558(合29169)	合補9173				
合33576	已綴入《醉古集》第245則				
合33583	已綴入《醉古集》第224則				
合33584	合32108	合35160			
合33615	英藏2398	英藏2458 (合41467)			
合33626	合33681				

合33628	合補10674	合33383			
合33635	合34641				
合33656	合33808				
合33662	合33674				
合33674	合33662				
合33681	合33626				
合33695	合34365				
合33705	安明2665				
合33707	英藏2464				
合33716	合32191				
合33723	合32361				
合33742	合補10405				
合33770	合34630				
合33784	山東1520				
合33789	合33161				
合33796	已綴入《醉古集》第379則				
合33808	合33656				
合33837	合34515				
合33841	天理601				
合33844	已綴入《醉古集》第245則				
合33884	甲骨文集2.2.0015				
合33896	甲編未著錄2.2.0034				
合33903	合補10620				
合33927	合34349	合33576			
合33954	已綴入《醉古集》第245則				
合33978	合34031				
合33983	已綴入《醉古集》第246則				
合33985	合34701				
合34028	合34032				
合34031	合33978				
合34032	合34028				

合34052	英藏2404（合41458）	上博2426. 647.P.122			
合34054	合補9509				
合34063	已綴入《醉古集》第233則				
合34083	合32923				
合34090	合補10474				
合34104	已綴入《醉古集》第242則				
合34113	合32188	英藏1771	合32189		
合34116	合34253				
合34123	合33219				
合34124	已綴入《醉古集》第288則				
合34131	粹1184				
合34147	合33330				
合34159	合11785				
合34164	合34473				
合34167	合34715				
合34195	合34534				
合34219	已綴入《醉古集》第296則				
合34233	屯南1076	屯南1074			
合34236	合32082				
合34237	合35326				
合34253	合34116				
合34280	已綴入《醉古集》第291則				
合34302	已綴入《醉古集》第287則				
合34303	已綴入《醉古集》第290則				
合34314	已綴入《醉古集》第236則				
合34320	合32261				
合34325	已綴入《醉古集》第224則				
合34326	掇三132				
合34328	合34459				
合34344	已綴入《醉古集》第379則				

合34349	已綴入《醉古集》第245則				
合34361	已綴入《醉古集》第235則				
合34365	合33695				
合34380	合35093				
合34395	合33281	合33066			
合34409	合32193				
合34423	合32695部分				
合34442	合33007				
合3444	合32418				
合34454	合34456				
合34456	合34454				
合34459	合34328				
合34466	合32363				
合34467	已綴入《醉古集》第296則				
合34473	合34164				
合34490	屯南4120				
合34494	合補10558				
合34509	已綴入《醉古集》第222則				
合34515	合33837				
合34524	合32931				
合34530	合34544	京人2223			
合34534	合34195				
合34544	合34530	京人2223			
合34546	合34632				
合34555	合32334				
合34560	合32747	合補6909	合32008		
合34565	掇三129				
合34572	屯1295				
合34582	合補7021甲乙				
合34595	合32425				
合34615	已綴入《醉古集》第242則				

合34630	合33770				
合34632	合34546				
合34637	合補10511				
合34638	合32020				
合34639	合補10572				
合34641	合33635				
合34667	合32130	英藏2416			
合34680	合33291部分	合32762乙正	合32762甲正		
合34687	英藏2439				
合34688	合補10606				
合34701	合33985				
合34715	合34167				
合34721	續補5.340.2				
合34738	合35037				
合34741	合35098				
合34756	綴續385組				
合34758	合35013				
合34784	合35026	黑川7			
合34795	合35055				
合34810	天理600	合34936			
合34882	合35010	合35039			
合34923	國博150				
合34926	合補6933				
合34936	合34810	天理600			
合34984	合35100				
合35010	合34882	合35039			
合35013	合34758				
合35026	合34784	黑川7			
合35037	合34738				
合35039	合34882	合35010			

合35055	合34795				
合35093	合34380				
合35098	合34741				
合35100	合34984				
合35119	京人2482				
合35128	合35331	掇三214	合664（合32163）		
合35142	合32075				
合35146		已綴入《醉古集》第220則			
合35148	合33152				
合35160	合33584	合32108			
合35188	合32478	合32380			
合35190		已綴入《醉古集》第243則			
合35197		已綴入《醉古集》第246則			
合35200		已綴入《醉古集》第247則			
合35204	合4686				
合35212		已綴入《醉古集》第243則			
合35216	合4685				
合35219	歷博62				
合35223	合33000				
合35261甲中“乙”片的反面（存補3.277.2）	合補10535反				
合35262		已綴入《醉古集》第240則			
合35263		已綴入《醉古集》第238則			
合35274		已綴入《醉古集》第238則			
合35291		已綴入《醉古集》第237則			
合35309	甲骨文集2.2.0513				
合35326		已綴入《醉古集》第293則			
合35331	掇三214	合35128	合664（合32163）		
合35363		已綴入《醉古集》第298則			

合35364	合35363				
合35415	合補11920				
合35432	合補11093（合37835）				
合35493	合35586				
合35556	合38264				
合35577	合35582				
合35582	合35577				
合35586	合35493				
合35596	合補11695				
合35661	合35705	合39178			
合35663	合補11472				
合35686	合35708				
合35705	合35661	合39178			
合35745	合補12872				
合35780	合38271				
合35833	合補11884				
合35857	合35954				
合35897	京人2924				
合35931	合35950	合36639	掇二419		
合35950	合35931	合36639	掇二419		
合35953	合補10993				
合35954	合35857				
合35977	合37015				
合35989	合36004				
合36004	合35989				
合36022	合補11047				
合36039	合補11086				
合36078	合38235	合37308			
合36203	合37711				
合36231	合36309				
合36248	合36301				

合36258	合補10989				
合36301	合36248				
合36309	合36231				
合36324	合36334	合補11433			
合36325	合37356				
合36328	合37301				
合36334	合補11433	合36324			
合36372	合36381				
合36381	合36372				
合36395	合補11107				
合36406	合36678				
合36415	合37780	合36546	合36622		
合36417	合8359				
合36430	合40895				
合36436	合36447	合補2208			
合36437	輯佚734				
合36447	合補2208	合36436			
合36454	合補12534				
合36455	國博258				
合36457	合36474	合36818			
合36474	合36818	合36457			
合36488	合36803				
合36490	合36494	合補12877	英藏2525		
合36494	合36490	合補12877	英藏2525		
合36501	合36752	合37410	合36772		
合36549	合36553	合36550			
合36546	合36415	合37780	合36622		
合36550	合36553	合36549			
合36553	合36550	合36549			
合36555（合36567）	合補11115				
合36567（合36555）	合補11115				

合36579	合37637				
合36591	合36697	合36600			
合36600	合36591	合36697			
合36601	合36718	合補11328			
合36620	合37926				
合36622	合36546	合37780	合36415		
合36632（合36635）	合36759				
合36635（合36632）	合36759				
合36638（合補12784）	合39367				
合36639	合35950	合35931	掇二419		
合36648（合41769）	合37463				
合36652	合補11120				
合36654	合36724				
合36673	合36834				
合36675	合36694				
合36678	合36406				
合36694	合36675				
合36697	合36591	合36600			
合36718	合36601	合補11328			
合36724	合36654				
合36739	合補11652				
合36752	合37410	合36772	合36501		
合36754	合36755				
合36755	合36754				
合36759	合36632（合36635）				
合36772	合37410	合36752	合36501		
合36775	合36778				
合36778	合36775				
合36787	合39259	合39097			
合36791	合37568				

合36793	英藏2660	英藏2661			
合36803	合36488				
合36818	合36474	合36457			
合36828	合補13062				
合36834	合36673				
合36839	合36487				
合36848	合36867				
合36852	合36863				
合36857	合37862	合補13089			
合36863	合36852				
合36867	合36848				
合36885	合37885				
合36921	合補13144				
合36957	合補11142	英藏2526正	合37475		
合36987	合39441				
合37015	合35977				
合37056（合37126）	合37082	續存上2342			
合37074	合37146				
合37080	東文研0803				
合37082	合37056（合37126）	續存上2342			
合37086	合37178				
合37126（合37056）	合37082	續存上2342			
合37132	東文庫409				
合37146	合37074				
合37172	合37312	合37328			
合37178	合37086				
合37183	合補11402				
合37195	外159	外154			
合37301	合36328				

合37308	合36078	合38235			
合37310	北大725				
合37312	合37172	合37328			
合37320	北大696				
合37328	合37312	合37172			
合37356	合36325				
合37367	合37683				
合37372	合37374				
合37373	合37513				
合37374	合37372				
合37378	合37725				
合37386	合37420				
合37409	合37433	合37565			
合37410	合36772	合36752	合36501		
合37420	合37386				
合37428	合37784				
合37433	合37565	合37409			
合37448	合補11323				
合37459	合37833				
合37463	合36648（合41769）				
合37474	合37767（合37770）	輯佚729			
合37475	英藏2526正	合補11142	合36957		
合37487	合36839				
合37496	合37776				
合37513	合37373				
合37545	合補13167				
合37549	合補11307				
合37555	合37562				
合37562	合37555				
合37565	合37433	合37409			
合37568	合36791				
合37574	合補11274				

合37576	合37713				
合37582	合37717				
合37599	合37747				
合37600	存補3.27.1				
合37603	合37814				
合37614	合37674				
合37637	合36579				
合37653	英藏2547				
合37654	合37659				
合37659	合37654				
合37663	合37749				
合37668	合37708	合37763	合37709		
合37669	合37727	合38156			
合37674	合37614				
合37683	合37367				
合37706	合補11373				
合37708	合37668	合37763	合37709		
合37709	合37668	合37708	合37763		
合37711	合36203				
合37713	合37576				
合37717	合37582				
合37725	合37378				
合37727	合37669	合38156			
合37747	合37599				
合37749	合37663				
合37759	合37782				
合37763	合37708	合37668	合37709		
合37764	合補11377				
合37767（合37770）	合37474	輯佚729			
合37770（合37767）	合37474	輯佚729			
合37776	合37496				
合37779	合39427				

合37780	合36415	合36546	合36622		
合37782	合37759				
合37784	合37428				
合37789	合37798				
合37790	合補11303				
合37798	合37789				
合37800	合37812				
合37812	合37800				
合37814	合37603				
合37833	合37459				
合37835（合補11093）	合35432				
合37862	合36857	合補13089			
合37875	合37922	合37929	合補12871		
合37885	合36885				
合37903	合補12609				
合37922	合37875	合37929	合補12871		
合37926	合36620				
合37929	合37875	合37922	合補12871		
合37932	合補12848				
合37949	英藏2644				
合37950	合補12355	合補12699			
合37958	合補12356				
合37979	合39199				
合37989	合補11500（合補11477）				
合37997	合補11517	英藏2586	合補11610	合38011	
合38004	合38035	合補11592	合補11601		
合38005	合38023				
合38011	合補11610	英藏2586	合補11517	合37997	
合38023	合38005				

合38026	人B2963	合補11576（合補11480）			
合38035	合38004	合補11592	合補11601		
合38046	北大1870正				
合38055	合補11524				
合38061	掇三142				
合38062	前3.11.6	蘇德＊美日412			
合38081	合補11485				
合38084	合補12097				
合38090	合補12098				
合38156	合37669	合37727			
合38180（合41863）	合補11645				
合38228	合39395				
合38235	合36078	合37308			
合38248	合補11064				
合38264	合35556				
合38271	合35780				
合38302	合補10952				
合38617	北大505				
合38652	合補11809				
合38756	合補11019				
合38774	合補12517				
合38783	合補12413				
合38786	合補12267	合補12416	合38835		
合38787	合補12347				
合38789	合補12266	英藏2617	合補12333		
合38790	合38809				
合38791	合38813				
合38808	合38934				

合38809	合38790				
合38813	合38791				
合38826	合補12405				
合38829	合38831				
合38831	合38829				
合38835	合補12267	合補12416	合38786		
合38878	合38880				
合38880	合38878				
合38892	北大653				
合38925	合補12528				
合38933	合補12358				
合38934	合38808				
合38953（合補12926）	合39112	合38959			
合38959	合補12926（合38953）	合39112			
合38975	合39237				
合38977	明後2754				
合38978	合39154				
合38987	合39187				
合38989	東文庫544				
合39002	合39221				
合39005	北大1371				
合39055	合39056				
合39056	合39055				
合39062	合39179				
合39072	合補12791				
合39078	合39211				
合39096	合39260				
合39097	合36787	合39259			
合39099	合39321	合39291			
合39101	合39147				

合39104	合39133				
合39111	合39223				
合39112	合補12926（合38953）	合38959			
合39125	合39250				
合39133	合39104				
合39147	合39101				
合39154	合38978				
合39163	日天618				
合39178	合35661	合35705			
合39179	合39062				
合39187	合38987				
合39199	合37979				
合39204	合39305				
合39211	合39078				
合39215	英藏2537				
合39216	合39270				
合39218	東大928				
合39221	合39002				
合39222	合39265				
合39223	合39111				
合39227	合39293(合39294)				
合39237	合38975				
合39250	合39125				
合39251	存補6-399-2				
合39259	合36787	合39097			
合39260	合39096				
合39265	合39222				
合39270	合39216				
合39271	合補12882				
合39291	合39099	合39321			
合39293(合39294)	合39227				

合39294(合39293)	合39227				
合39305	合39204				
合39321	合39099	合39291			
合39337	合39395				
合39351	合39376				
合39353	合39380				
合39354	合39381	合39372			
合39363	合39384				
合39365	合39394	輯佚692			
合39367	合36638（合補12784）				
合39371	合39373	續存上2646			
合39372	合39354	合39381			
合39373	合39371	續存上2646			
合39375	合39407				
合39376	合39351				
合39380	合39353				
合39381	合39354	合39372			
合39384	合39363				
合39394	輯佚692	合39365			
合39395	合39337				
合39395	合38228				
合39396	英藏2629				
合39400	合39401				
合39401	合39400				
合39407	合39375				
合39427	合37779				
合39441	合36987				
合39500（英藏38）	合8996正				

合39588(英藏39)	合13225				
合39699(合3287)	合6552正				
合39723	英藏1187				
合39727（合補769）	合7862				
合39817(合7782)	合7775				
合39859	合1277				
合39863	合補1997				
合39895	合16297	合40264			
合39906正（英藏623）	合6703				
合39938	合5828				
合40078	合2734	合9534			
合40096(合9713)	合10089				
合40178（合補2748）	合補2749				
合40185(合11115)	合1924				
合40229（英藏970）	合補3412				
合40264	合39895	合16297			
合40797（上博2426.267）	合22367				
合40895	合36430				
合40929（合22638、合24873）	合補8025				
合41010（合23550）	合25310				
合41118（合22828）	合22846				
合41145（英藏1954）	合25696				
合41153(合25326)	合22900				
合41312（英藏2259）	英藏2261（合41320）	合26950			

合41317（英藏2264）	合27437（合25369）				
合41320（英藏2261）	英藏2259（合41312）	合26950			
合41328	合27042正	合補10209			
合41362	合補13405				
合41363	合29040				
合41383	合28996				
合41443	合補8773				
合41455（上博2426.269）	合62				
合41467（英藏2458）	英藏2398	合33615			
合41513	合補8893				
合41748(英藏2528)	合41751				
合41751	合41748(英藏2528)				
合41763（英藏2556）	合補11275				
合41769（合36648）	合37463				
合41863（合38180）	合補11645				
懷特434	合21375				
懷特439	合7151正				
懷特899	合3475				
懷特913	合6674				
懷特1275	明後2099				
懷特1615	合33145				
懷特1640	合32782				
懷特1648	合補10704				
懷特1822(合補12302)	合補12229				

懷特18566（合補1131）	合補11369				
屯南6	屯南12	H1：18			
屯南12	屯南6	H1：18			
屯南147	屯南354				
屯南188	屯南220				
屯南220	屯南188				
屯南354	屯南147				
屯南362	屯南3665				
屯南417	已綴入《醉古集》第213則				
屯南445	已綴入《醉古集》第213則				
屯南486	屯南2782				
屯南526	屯南531				
屯南530	屯南3180				
屯南531	屯南0526				
屯南680	已綴入《醉古集》第313則				
屯南779	屯南2581				
屯南815	合30239				
屯南880	屯南989	屯南1010			
屯南897	屯南2851				
屯南943	合33280	屯南1335			
屯南947	屯南2853				
屯南958	屯南1185				
屯南989	屯南880	屯南1010			
屯南1006	屯南1398				
屯南1010	屯南989	屯南880			
屯南1027	已綴入《醉古集》第313則				
屯南1074	屯南1076	合34233			
屯南1076	屯南1074	合34233			
屯南1117	屯南2043				
屯南1185	屯南958				

屯南1269	屯南3895				
屯南1288	屯南1434				
屯南1295	合34572				
屯南1335	合33280	屯南943			
屯南1398	屯南1006				
屯南1434	屯南1288				
屯南1562	已綴入《醉古集》第313則				
屯南1825	已綴入《醉古集》第314則				
屯南1829	已綴入《醉古集》第314則				
屯南2017	已綴入《醉古集》第313則				
屯南2043	屯南1117				
屯南2181	屯南4301				
屯南2249	屯南2680	合補3380			
屯南2273	合32831				
屯南2278	屯南4358				
屯南2437	屯南2472				
屯南2446	屯南3204				
屯南2472	屯南2437				
屯南2558	合32848	屯南4465			
屯南2581	屯南779				
屯南2634	屯南2638				
屯南2638	屯南2634				
屯南2647	屯南2775				
屯南2680	合補3380	屯南2249			
屯南2735	屯南2753				
屯南2753	屯南2735				
屯南2760	屯南4180				
屯南2775	屯南2647				
屯南2782	屯南486				
屯南2851	屯南897				
屯南2915	合33064				

屯南2853	屯南947				
屯南2954	屯南3502				
屯南3035	已綴入《醉古集》第303則				
屯南3060	屯南3277				
屯南3180	屯南530				
屯南3204	屯南2446				
屯南3277	屯南3060				
屯南3502	屯南2954				
屯南3654	屯南3662				
屯南3662	屯南3654				
屯南3895	屯南1269				
屯南3665	屯南362				
屯南4050	屯南補遺244				
屯南4100	合33327				
屯南4103	合33021	合33120			
屯南4120	合34490				
屯南4180	屯南2760				
屯南4188	合33076				
屯南4188	屯南4215	合33076			
屯南4200	合補8982				
屯南4215	屯南4188	合33076			
屯南4241	已綴入《醉古集》第218則				
屯南4246	已綴入《醉古集》第218則				
屯南4276	屯南4287	合32436			
屯南4287	屯南4276	合32436			
屯南4301	屯南2181				
屯南4358	屯南2278				
屯南4453	合27397				
屯南4465	合32848	屯南2558			
屯南4585	合28315				
英藏125正	合663	東文庫111正倒	合14074		

英藏1106	合7854正				
英藏1133正	合補1938				
英藏1149	合16037				
英藏1160	英藏793				
英藏1187	合39723				
英藏1188	英藏1189				
英藏1189	英藏1188				
英藏1352正反	合6143正反				
英藏1740	合12333正				
英藏1771	合32188	合34113	合32189		
英藏1840	英藏2585				
英藏1840	北珍1878				
英藏1911	合21898	合21896			
英藏1913	合21782				
英藏1920	合10724				
英藏1954（合41145）	合25696				
英藏2007	美161				
英藏2022	合補8493				
英藏2149	合25248				
英藏2234	合26580	英藏2235			
英藏2235	英藏2234	合26580			
英藏2243	合25378				
英藏2259（合41312）	英藏2261（合41320）	合26950			
英藏2261（合41320）	英藏2259（合41312）	合26950			
英藏2264（合41317）	合27437（合25369）				
英藏2288	合30685				
英藏2314	合28963（合29021）				
英藏2315	合28933				

英藏2342	合28543				
英藏2383	合26484	合26491			
英藏2398	合33615				
英藏2398	合33615	英藏2458（合41467）			
英藏2401	南輔78				
英藏2404（合41458）	合34052	上博2426.647.P.122			
英藏2439	合34687				
英藏2458（合41467）	合33615	英藏2398			
英藏2464	合33707				
英藏2473	合補10414				
英藏2526正	合補11142	合36957	合37475		
英藏2528(合41748)	合41751				
英藏2537	合39215				
英藏2556（合41763）	合補11275				
英藏2578正	合補11631	蘇德＊美日415			
英藏2585	英藏1840				
英藏2588	英藏2593				
英藏2593	英藏2588				
英藏2617	合38789	合補12266	合補12333		
英藏2629	合39396				
英藏2652	合補13004				
英藏2660	英藏2661	合36793			
英藏2661	英藏2660	合36793			
英藏38（合39500）	合8996正				

英藏383	合26491	合26484			
英藏39(合39588)	合13225				
英藏436	合5044	合5045	合19106	合11584	
英藏457	合補1420				
英藏476	合補6512				
英藏477	合7325				
英藏570	合6369				
英藏623（合39906正）	合6703				
英藏669	合6553				
英藏730	合1111正				
英藏792	合補4524(懷特918)				
英藏793	英藏1160				
英藏804	合9693				
英藏824	合10042	合9941			
英藏848	合補3403（合補6320）				
英藏970（合40229）	合補3412				
天理126	合11804				
天理255	合13221				
天理293	蘇45				
天理400	合26336				
天理490	合32435	合31004			
天理569	合30445				
天理600	合34810	合34936			
天理601	合33841				
合補8（合3309）	合1471	合3308	合補502		
合補39	合3782	合3397			
合補43正（合17096正）	合17139				
合補58乙(合850)	上博812頁-46464				

合補109	合8065（合15586）				
合補217	已綴入《醉古集》第380則				
合補238正反	合補1751正反				
合補404	乙8792	乙補7385	乙補7344		
合補462	合11482正				
合補502	合3309（合補8）	合1471	合3308		
合補520正	合補5415正	合3662			
合補524	合3475	合11073	合14361		
合補562	合6173				
合補576正反	合7757正反				
合補580	合13498（合補2776不全）				
合補595	已綴入《醉古集》第299則				
合補596反	合7718反				
合補596正	合7718正				
合補624（合補657）	合1				
合補657（合補624）	合1				
合補682	已綴入《醉古集》第37則				
合補687	合3578				
合補714	合15193				
合補723	合12241正				
合補749	合4209	合4135			
合補752	合補1305				
合補759反	合6217	合17276反			
合補759正	合17276正	合6217			
合補769（合39727）	合7862				
合補829正	合11403	安明624			
合補833	合7230				
合補865	合2091				

合補867	合14009正	史購116			
合補948	合2723				
合補988	已綴入《醉古集》第150則				
合補1008	合14042				
合補1014	合補1083				
合補1074	合12066正				
合補1083	合補1014				
合補1173臼	合補1173正	合4415正	合4415臼		
合補1173正	合4415正	合補1173臼	合4415臼		
合補1223	合4066				
合補1239正反	北大925正反				
合補1246	合補3643				
合補1305	合補752				
合補1306	合18150				
合補1311	合15995				
合補1312	合14156	乙8002			
合補1340	合3539				
合補1420	英藏457				
合補1429正反	已綴入《醉古集》第341則				
合補1505	合3650正				
合補1515	合12814反				
合補1550	已綴入《醉古集》第166則				
合補1602	合4793				
合補1645	合補2380	合補2408			
合補1680	合7078				
合補1705	合14474正				
合補1738正反	已綴入《醉古集》第23則				
合補1751正反	合補238正反				
合補1773	合7219				
合補1787	合9814				

合補1846（合6149）	合1224				
合補1881	合7497				
合補1938	英藏1133正				
合補1960（合7687）	合4811	合7699			
合補1961	合4274				
合補1991	合18032	合7015	合4326		
合補1997	合39863				
合補2019（合補2043）	合3010正				
合補2022	合18917				
合補2043（合補2019）	合3010正				
合補2051	合14262				
合補2116正反	東文庫57正反				
合補2136反	合19724反				
合補2136正	合2778	合19724正			
合補2140	合12812				
合補2159正反	合7964正反				
合補2163正反	合14976正反				
合補2164	明後S0875				
合補2200	北大1798				
合補2208	合36447	合36436			
合補2216	合7795				
合補2284（合4820）	合12080				
合補2294（合7962+合17947）	合18792	合18795	合13377		
合補2380	合補1645	合補2408			
合補2408	合補1645	合補2380			
合補2447反	合15777反				

合補2447正	合15777正				
合補2630正反（合10749）	合10362				
合補2496	合15580				
合補2651	合10729				
合補2653	合1248	合13642	乙3367	乙1617	
合補2679	已綴入《醉古集》第8則				
合補2748（合40178）	合補2749				
合補2749	合補2748（合40178）				
合補2776（合13498全）	合補580				
合補2782	合補4067				
合補2793	合4173				
合補2793	合4173	北大2341			
合補2819	合補5876				
合補2873	合6185				
合補3014	已綴入《醉古集》第251則				
合補3016	合9144				
合補3121	已綴入《醉古集》第371則				
合補3153	合22802				
合補3166	合43				
合補3215	合5071				
合補3220	已綴入《醉古集》第153則				
合補3263	合2033				
合補3275正反	已綴入《醉古集》第150則				
合補3338	合7780	合補543			
合補3380	屯南2680	屯南2249			
合補3403（合補6320）	英藏848				
合補3412	英藏970（合40229）				
合補3446	合17028正				

合補3477	合479				
合補3643	合補1246				
合補3657	已綴入《醉古集》第284則				
合補3694	合12049				
合補3762	已綴入《醉古集》第56則				
合補3792	合12762				
合補3833	已綴入《醉古集》第56則				
合補3970	已綴入《醉古集》第372則				
合補3984（合補6915）	合22221	合19895	乙補7394	乙8774	
合補4002正反	已綴入《醉古集》第257則				
合補4005	合13909				
合補4067	合補2782				
合補4180	合11725				
合補4188	已綴入《醉古集》第308則				
合補4277	合1452	合5764			
合補4359	合11682				
合補4481	合12573	合23679(合24878)			
合補4497	已綴入《醉古集》第338則				
合補4507	合6249				
合補4524(懷特918)	英藏792				
合補4536	北大2184				
合補4565	合6203				
合補4572正反	已綴入《醉古集》第254則，林氏又加乙補109				
合補4589	合1706				
合補4609	合12887				
合補4615	合6690				
合補4703	已綴入《醉古集》第305則				
合補4838	合17697正反	合7159正反			

合補4845	合16901				
合補4948	上博138頁-760				
合補4980正反	合1305正反				
合補4981正（合16184）	合4595				
合補5046（合16952）	輯佚274				
合補5066	合13868				
合補5209	合3728	甲釋143	甲3320		
合補5308	合9722				
合補5356	合6914	合6501			
合補5415反	合補520反				
合補5415正	合補520正	合3662			
合補5529	合6491				
合補5597	東大B571a	合7143正	合584正甲	合9498正	
合補5638	乙補3399	合22309	合22212	合22091甲乙	乙補6106
	乙補3400	合22124	合22410	合22418	乙8557
合補5658	合10029				
合補5663	合補5664				
合補5664	合補5663				
合補5670	合7386				
合補5691	合補5717				
合補5717	合補5691				
合補5744	合19283				
合補5854	合18919				
合補5876	合補2819				
合補5912	已綴入《醉古集》第8則				
合補6036正	合補6342				
合補6113	合10584				
合補6191正	合5411				
合補6261	已綴入《醉古集》第100則				

合補6292	已綴入《醉古集》第102則				
合補6320（合補3403）	英藏848				
合補6342	合補6036正				
合補6367正反	北大2187正反				
合補6438	合6062				
合補6512	英藏476				
合補6659	合20834				
合補6663（合20824）	乙補21				
合補6717	合補6789				
合補6789	合補6717				
合補6823	合21788				
合補6850（合補6859）	乙757				
合補6859（合補6850）	乙757				
合補6861	乙補20倒				
合補6862	合21025	合20986			
合補6884	合22087正	合22086			
合補6898	合22133	合22144	乙8845	乙補7364	乙補7338倒
	乙8989	乙補7367	乙8798	乙8787	
合補6912	合21877	乙1840			
合補6915（合補3984）	合22221	合19895	乙補7394	乙8774	
合補6916	乙補7371				
合補6933	合34926				
合補6941	合22459	乙635	乙補1380	合21887	
合補6976	合22817				
合補6977	合補7754				

合補7003（合23157）	合23193				
合補7005	合23153				
合補7021甲乙	合34582				
合補7049	合23335				
合補7117	合22734				
合補7231	合25643				
合補7238	合補8243				
合補7262	輯佚300				
合補7271	合補8181				
合補7362	合22542				
合補7487	合25354				
合補7487（合補7523）	合25354	輯佚322			
合補7543	合25819				
合補7554（合25259+合25092）	合24266				
合補7561	合補7564				
合補7564	合補7561				
合補7570	合24325				
合補7601	合24259				
合補7602	合23766	合25442			
合補7617	合26147				
合補7683	合25504				
合補7685	合2577				
合補7738	合22785				
合補7754	合補6977				
合補7860	合23147				
合補7898	合25395				
合補7922	合25466				
合補8014	合補8132（合補8044）	合26373			

合補8025	合22638（合24873、合40929）				
合補8044（合補8132）	合補8014	合26373			
合補8089	合補8103				
合補8093	合24309				
合補8103	合補8089				
合補8132（合補8044）	合補8014	合26373			
合補8181	合補7271				
合補8197	合17066				
合補8227（合26550）	合26604				
合補8243	合補7238				
合補8246	合26648	合26652			
合補8319	合24303				
合補8333	合補8341				
合補8341	合補8333				
合補8362	合補8382				
合補8371	合23845				
合補8382	合補8362				
合補8412	合23892				
合補8455	合補8543	合23848			
合補8493	英藏2022				
合補8504	合23380	合25313			
合補8511	合23840				
合補8543	合補8455	合23848			
合補8589	合23164				
合補8615	合22664				
合補8640	合31526				
合補8745	合27390				
合補8769	已綴入《醉古集》第2則				

合補8773	合41443				
合補8816	合31618				
合補8844	合31416	合補10007	合31403		
合補8866	合補10068				
合補8893	合41513				
合補8982	屯南4200				
合補8997	合28956				
合補9101	合33502				
合補9111	合補9117				
合補9115	合28434				
合補9117	合補9111				
合補9122	合補9390				
合補9128	合28641				
合補9142	合28688				
合補9143	合28433				
合補9170	合補9358				
合補9173	合29169（合33558）				
合補9183	合補10378				
合補9189	合補9227				
合補9210	合28379				
合補9211	合31035	合補9465			
合補9227	合補9189				
合補9334	合28460				
合補9335	合30083				
合補9358	合補9170				
合補9382	合31111				
合補9390	合補9122				
合補9409	合28859				
合補9429	合29984				
合補9465	合31035	合補9211			

合補9484（合補10389）	甲2514	甲2534	合5779		
合補9509	合34054				
合補9539	合27867				
合補9699	合27271				
合補9709	合31079				
合補9810（合補9811）	合33485				
合補9811（合補9810）	合33485				
合補9818	合29258				
合補9828（合補10095）	合31392	合31380			
合補9885	合31565				
合補9999（合31363）	合31356（合31365）	合補10124	合31330		
合補10007	合31416	合補8844	合31403		
合補10020	合補10094				
合補10057	合29721	合補10058	合31477	合31467	合補10059
	合31474				
合補10058	合31477	合31474	合29721	合31467	合補10057
	合補10059				
合補10059	合29721	合補10058	合31477	合31467	合補10057
	合31474				
合補10068	合補8866				
合補10090（合補10107）	合31518				
合補10094	合補10020				
合補10095（合補9828）	合31392	合31380			
合補10107（合補10090）	合31518				

合補10124	合31330	合31356（合31365）	合31363（合補9999		
合補10209	合27042正	合41328			
合補10212	合30810				
合補10218	合33165				
合補10291	合27323				
合補10298	合32012				
合補10356	合30401				
合補10362	已綴入《醉古集》第266則				
合補10378	合補9183				
合補10389（合補9484）	甲2514	甲2534	合5779		
合補10397	合27819				
合補10405	合33742				
合補10414	英藏2473				
合補10436	甲2283				
合補10462	合32233				
合補10474	合34090				
合補10511	合34637				
合補10526（合33095）	合33050				
合補10529	合32933				
合補10535反	存補3.277.2（合35261甲中“乙”片的反面）				
合補10535正	已綴入《醉古集》第238則				
合補10558	合34494				
合補10572	合34639				
合補10578	合33462				
合補10606	合34688				
合補10620	已綴入《醉古集》第294則				

合補10626（合補10659）	已綴入《醉古集》第247則				
合補10634	合33275				
合補10656	合補10667				
合補10659（合補10626）	已綴入《醉古集》第247則				
合補10660	合33385				
合補10667	合補10656				
合補10674	合33628	合33383			
合補10700	合補10930				
合補10704	懷特1648				
合補10743	掇三853				
合補10786	合32971				
合補10864	合33001				
合補10903	合32548				
合補10930	合補10700				
合補10952	合38302				
合補10989	合36258				
合補10993	合35953				
合補11000	合補11043				
合補11019	合38756				
合補11043	合補11000				
合補11047	合36022				
合補11064	合38248				
合補11086	合36039				
合補11093（合37835）	合35432				
合補11098	英藏2521				
合補11107	合36395				
合補11115	合36567（合36555）				
合補11120	合36652				

合補11136	合補11144				
合補11142	合36957	英藏 2526正	合37475		
合補11144	合補11136				
合補11270	合補11361				
合補11274	合37574				
合補11275	英藏2556（合41763）				
合補11303	合37790				
合補11307	合37549				
合補11316 （懷1856）	合補11369				
合補11323	合37448				
合補11328	合36601	合36718			
合補11361	合補11270				
合補11364	合補13081				
合補11369	合補11316（懷特1856）				
合補11377	合37764				
合補11402	合37183				
合補11433	合36334	合36324			
合補11453	合補13118				
合補11471	合補12712				
合補11472	合35663				
合補11477 （合補11500）	合37989				
合補11480 （合補11576）	人B2963	合38026			
合補11485	合38081				
合補11499	合補11566				
合補11500 （合補11477）	合37989				
合補11513	合補11585（合補11562）				
合補11517	合37997	英藏2586	合補11610	合38011	

合補11524	合38055				
合補11543正	北大1867	上博242.364			
合補11555	合補11557				
合補11557	合補11555				
合補11561	珠1455				
合補11562（合補11585）	合補11513				
合補11566	合補11499				
合補11576（合補11480）	合38026	人B2963			
合補11585（合補11562）	合補11513				
合補11592	合38035	合38004	合補11601		
合補11601	合補11592	合38035	合38004		
合補11610	英藏2586	合補11517	合37997	合38011	
合補11611倒	合補12083				
合補11631	英藏2578正	蘇德＊美日415			
合補11645	合38180（合41863）				
合補11652	合36739				
合補11695	合35596				
合補11809	合38652				
合補11884	合35833				
合補11920	合35415				
合補12063	合補12488				
合補12083	合補11611倒				
合補12097	合38084				
合補12098	合38090				
合補12229	合補12302(懷特1822)				
合補12232	合補12440				
合補12266	英藏2617	合補12333			

合補12266	合38789	英藏2617	合補12333		
合補12267	合補12416	合38786	合38835		
合補12298	合補12420				
合補12302 (懷特1822)	合補12229				
合補12308	合補12392				
合補12333	合38789	合補12266	英藏2617		
合補12347	合38787				
合補12355	合37950	合補12699			
合補12356	合37958				
合補12358	合38933				
合補12361	合補12368	合補12496			
合補12366	合補12502	合補12410			
合補12368	合補12361	合補12496			
合補12372	合補12515				
合補12392	合補12308				
合補12405	合38826				
合補12410	合補12366	合補12502			
合補12413	合38783				
合補12416	合補12267	合38786	合38835		
合補12420	合補12298				
合補12440	合補12232				
合補12443	北大1288				
合補12488	合補12063				
合補12496	合補12361	合補12368			
合補12502	合補12366	合補12410			
合補12515	合補12372				
合補12517	合38774				
合補12528	合38925				
合補12534	合36454				
合補12588	合補12643				

合補12609	合37903				
合補12610	合補12615				
合補12615	合補12610				
合補12636	合補12650(合補12748)				
合補12643	合補12588				
合補12645	合補12651				
合補12650 (合補12748)	合補12636				
合補12651	合補12645				
合補12699	合補12355	合37950			
合補12703	輯佚686	北大1383			
合補12707	合補12987				
合補12712	合補11471				
合補12728	合補12909	合補13033			
合補12733	英藏2624				
合補12748 (合補12650)	合補12636				
合補12784 （合36638）	合39367				
合補12791	合39072				
合補12792	合補12947（合補12999）				
合補12838	北大1348	北大1351			
合補12848	合37932				
合補12871	合37875	合37922	合37929		
合補12872	合35745				
合補12877	合36490	合36494	英藏2525		
合補12882	合39271				
合補12909	合補13033	合補12728			
合補12926 （合38953）	合39112	合38959			
合補12947 （合補12999）	合補12792				

合補12982	史購277				
合補12987	合補12707				
合補12999 （合補12947）	合補12792				
合補13004	英藏2652				
合補13033	合補12909	合補12728			
合補13045	合41362				
合補13062	合36828				
合補13081	合補11364				
合補13089	合37862	合36857			
合補13118	合補11453				
合補13144	合36921				
合補13167	合37545				
花東6	花東532				
花東123	輯佚561				
花東207	花東210				
花東210	花東207				
花東275	花東517				
花東302	花東344				
花東344	花東302				
花東428	花東561				
花東513	花東519				
花東517	花東275				
花東519	花东513				
花東521	花東531				
花東531	花東521				
花東532	花東6				
花東561	花東428				
輯佚3	合10970左				
輯佚3	合10970左半	明後0341			
輯佚16	合217				

輯佚18	合8409				
輯佚23	合15526	合19031			
輯佚35	合5212				
輯佚70	合23624				
輯佚81	輯佚268				
輯佚118	合625	合6286			
輯佚268	輯佚81				
輯佚274	合16952（合補5046）				
輯佚300	合24262	合24426			
輯佚322	合補7487（合補7523）	合25354			
輯佚474	合23034				
輯佚561	花東123				
輯佚563	輯佚566				
輯佚565	合31066				
輯佚566	輯佚563				
輯佚619	輯佚657				
輯佚626	輯佚627	輯佚630			
輯佚627	輯佚626	輯佚630			
輯佚629正	合32468				
輯佚630	輯佚627	輯佚626			
輯佚653	輯佚665				
輯佚657	輯佚619				
輯佚665	輯佚653				
輯佚668	輯佚671				
輯佚671	輯佚668				
輯佚673	輯佚674				
輯佚674	輯佚673				
輯佚686	合補12703	北大1383			
輯佚686	合補12703				
輯佚692	合39394				
輯佚729	合37767（合37770）	合37474			

輯佚734	合36437				
輯佚764	輯佚765				
輯佚765	輯佚764				

殷代卜辭分類分組表

	全稱	簡稱	相當時代
村北系列王卜辭	𠂤組肥筆類	𠂤肥筆	武丁早期至武丁中、晚期之交
	𠂤組小字類	𠂤小字	武丁早期至武丁晚期
	𡆥類	𡆥類	武丁中期
	𠂤賓間類	𠂤賓間	武丁中期
	賓組𢀛類	𢀛類	武丁中期
	賓組一類	賓一	武丁中期
	賓組二類（典型賓組類）	賓二（典賓）	武丁中期至祖庚之世，主要武丁晚期
	賓組三類（賓組賓出類）	賓三	武丁晚期至祖甲之初，主要祖庚之世
	賓出類	賓出	武丁晚期至祖甲之初
	出組一類（出組賓出類）	出一	祖庚之初至祖甲之初
	出組二類	出二	祖甲時期
	事何類	事何類	祖庚、祖甲之交
	何組一類	何一	祖甲晚期至武乙之初
	何組二類	何二	廩辛至武乙之世
	黃類（黃組）	黃類	文丁至帝辛之世
村中南系列王卜辭	𠂤歷間類	𠂤歷間	主要是武丁中期，下限為武丁晚期
	歷組一類	歷一	主要是武丁之物，下限為祖庚之初
	歷組二類	歷二	主要是祖庚之物，上限為武丁晚葉
	歷草體類	歷草	主要是祖庚時期
	歷無名間類（歷無名間組）	歷無名間	祖甲晚世至武乙初年
	無名類（無名組）	無名	康丁（或上及廩辛之世）至武乙、文丁之交
	無名黃間類（無名黃間組）	無名黃間	武乙、文丁之世
非王卜辭	子組（丙種卜辭）	子組	武丁早期至武丁中、晚期之交
	午組（乙種卜辭）	午組	武丁早、中期之交至武丁晚期之初
	婦女卜辭（甲種卜辭）	婦女	武丁中期
	圓體類（丙種a屬）	圓體	武丁中期
	劣體類（丙種b屬）	劣體	武丁中期
	侯南子類	侯南	廩辛之世
	屯西子類	屯西	康丁至武乙之世
	花東子類（花東子組）	花東	武丁中晚期

本書引用甲骨著錄簡稱表

（依刊布時間為序）

1903年 劉鶚《鐵雲藏龜》——《鐵》
1913年 羅振玉《殷虛書契前編》——《前》、《前編》
1914年 羅振玉《殷虛書契菁華》——《菁》
1915年 羅振玉《鐵雲藏龜之餘》——《餘》
1916年 羅振玉《殷虛書契後編》——《後》
1917年 明義士《殷虛卜辭》——《虛》、《明》
1917年 姬佛陀《戩壽堂所藏殷虛文字》——《戩》
1921年 林泰輔《龜甲獸骨文字》——《林》、《龜》
1925年 葉玉森《鐵雲藏龜拾遺》——《拾》
1925年 王襄《簠室殷契徵文》——《簠天》、《簠地》、《簠帝》、《簠人》、《簠歲》、《簠干》、《簠貞》、《簠典》、《簠征》、《簠游》、《簠雜》、《簠文》、《簠拓》
1931年 關百益《殷虛文字存真》——《存真》、《真》
1933年 容庚、瞿潤緡《殷契卜辭》(哈佛燕京學社出版）——《契》、《栔》、《燕》
1933年 郭沫若《卜辭通纂》——《通》、《通纂》
1933年 羅振玉《殷虛書契續編》——《續》、《續編》
1933年 商承祚《殷契佚存》——《佚》
1935年 黃濬《鄴中片羽初集》——《鄴一》、《鄴初》、《鄴》
1935年 方法斂、白瑞華《庫方二氏藏甲骨卜辭》——《庫》、《庫方》
1935年 明義士《柏根氏舊藏甲骨文字》——《柏》
1937年 郭沫若《殷契粹編》——《粹》、《萃》
1937年 黃濬《鄴中片羽二集》——《鄴二》、《鄴2》
1938年 方法斂《甲骨卜辭七集》——《七》
1939年 金祖同《殷契遺珠》——《珠》
1939年 李旦丘《鐵雲藏龜零拾》——《零》、《鐵零》
1939年 方法斂《金璋所藏甲骨文字》——《金》、《金璋》

1939年 唐蘭《天壤閣甲骨文存》——《天》
1939年 曾毅公《甲骨叕存》——《叕》
1940年 孫海波《誠齋殷虛文字》——《誠》
1940年 梅原末治《河南安陽遺寶》——《寶》
1941年 李旦丘《殷契摭存》——《摭》
1942年 黃濬《鄴中片羽三集》——《鄴三》、《鄴3》
1945年 胡厚宣《甲骨六錄》——《六中》、《六清》、《六束》、《六曾》、《六華》、《六釋》
1948年 金祖同《龜卜》——《龜卜》
1948年 董作賓《殷虛文字甲編》——《甲》、《甲編》
1948年 董作賓《殷虛文字乙編》——《乙》、《乙編》
1950年 曾毅公《甲骨綴合編》——《綴》
1950年 李亞農《殷契摭佚續編》——《摭續》
1951年 胡厚宣《戰後寧滬新獲甲骨集》——《寧》、《寧滬》
1951年 郭若愚《殷契拾掇》——《掇一》、《掇1》
1951年 胡厚宣《戰後南北所見甲骨錄》——《南輔》、《南誠》、《南上》、《南南》、《南無》、《南明》、《南師》、《南坊》
1953年 郭若愚《殷契拾掇》二編——《掇二》、《掇2》
1954年 胡厚宣《戰後京津新獲甲骨集》——《京》、《京津》
1955年 郭若愚、曾毅公、李學勤《殷虛文字綴合》——《殷合》
1955年 胡厚宣《甲骨續存》——《存》、《續存》
1956年 董作賓《殷虛文字外編》——《外》
1956年 饒宗頤《日本所見甲骨錄》——《饒》
1957年 張秉權《殷虛文字丙編》——《丙》、《丙編》
1959年 陳邦懷《甲骨文零拾》——《甲零》
1959年 貝塚茂樹《京都大學人文科學研究所藏甲骨文字》——《人》、《京人》
1959年 松丸道雄《日本散見甲骨文字蒐彙》——《日彙》、《日匯》
1961年 屈萬里《殷虛文字甲編考釋》附綴合圖版——《甲釋》
1966年 伊藤道治《故小川睦之輔氏藏甲骨文字》——《小川》
1967年 《冬飲廬藏甲骨文字》——《冬》

1970年 李棪《北美所見甲骨選粹》——《北美》
1972年 許進雄《明義士收藏甲骨文字》(加拿大皇家安大略博物館出版)——《明續》、《安明》
1972年 明義士、許進雄《殷虛卜辭後編》——《明後》
1973年 明義士《輔仁大學所藏甲骨文字》——《輔》
1975年 嚴一萍《甲骨綴合新編》——《綴新》
1976年 周鴻翔《美國所藏甲骨》——《USB》、《USS》、《美藏》
1978年 郭沫若主編《甲骨文合集》——《合》、《合集》
1979年 渡邊兼庸《東洋文庫所藏甲骨文字》——《東文庫》、《東洋文庫》
1979年 許進雄《懷特氏等收藏甲骨文字》——《懷》、《懷特》
1980年 中國社會科學院考古研究所《小屯南地甲骨》上册——《屯南》、《屯》
1980年 松丸道雄《散見於日本各地的甲骨文字》——《散》
1983年 松丸道雄《東京大學東洋文化研究所藏甲骨文字》——《東文研》、《東大》、《東研》
1984年 嚴一萍《商周甲骨文總集》——《總集》
1985年 李學勤、齊文心、艾蘭《英國所藏甲骨集》——《英》、《英藏》
1987年 天理大學附屬天理參考館《甲骨文字》——《天理》、《日天》
1988年 胡厚宣《蘇德美日所見甲骨集》——《蘇德美日》、《蘇德》、《蘇》
1995年 鍾柏生《殷虛文字乙編補遺》——《補遺》、《乙補》
1996年 胡厚宣輯(王宏、胡振宇整理)《甲骨續存補編》——《存補》
1996年 荒木日呂子《中島玉振舊藏の甲骨片について》——《中島》
1998年 劉敬亭《山東省博物館珍藏甲骨墨拓集》——《山東》、《山博》
1999年 彭邦炯、謝濟、馬季凡《甲骨文合集補編》——《補編》、《合補》
1999年 蔡哲茂《甲骨綴合集》——《綴集》
1999年 李學勤、齊文心、艾蘭《瑞典斯德哥爾摩遠東古物博物館藏甲骨文字》——《瑞典》
2001年 中國歷史博物館《中國歷史博物館藏法書大觀》——《中歷博》
2003年 中國社會科學院考古研究所《殷墟花園莊東地甲骨》——《花東》、《花》
2004年 蔡哲茂《甲骨綴合續集》——《綴續》

2005年 郭若愚《殷契拾掇》三編——《掇三》
2006年 郭青萍《洹寶齋所藏甲骨》——《洹寶》、《洹》
2006年 李宗焜《當甲骨遇上考古—導覽YH127坑》——《導覽》
2007年 中國國家博物館編《中國國家博物館館藏文物研究叢書·甲骨卷》——《國博》
2008年 段振美、焦智勤、党相魁、党寧《殷墟甲骨輯佚》——《輯佚》
2008年 李鍾淑、葛英會《北京大學珍藏甲骨文字》——《北大》
2009年 濮茅左《上海博物館藏甲骨文字》——《上博》
2009年 焦智勤《殷墟甲骨拾遺（續五）》——《續五》、《拾遺》
2010年 史語所《史語所藏購甲骨集》——《史購》
2010年 黃天樹《甲骨拼合集》——《拼集》、《拼合集》
2011年 林宏明《醉古集——甲骨的綴合與研究》——《醉古集》

以下為甲骨拓本和現藏簡稱：
曾毅公、李學勤《甲骨文攗》——《攗》、《文捃》
劉體智《善齋藏契》——《善齋》、《善》
《甲骨文集》——《甲骨文集》
中國社會科學院歷史研究所藏拓本——《歷拓》
中國社會科學院考古研究所原白恒——《考白》
中國社會科學院考古研究所原孫壯——《考孫》
北京圖書館所藏甲骨——《北圖》
北京文物管理處——《北文處》
南京博物館拓本——《南博拓》
覺玄藏契（陳中凡）——《覺玄》
明治大學——《明大》、《明治》
關西大學——《關西》
旅大文物商店——《旅文店》
武漢文物商店——《武漢店》
吉林博物館——《吉博》
貴州博物館——《貴博》

旅順博物館——《旅博》
湖南博物館——《湖南博》

圖書在版編目(CIP)數據

甲骨拼合續集 / 黃天樹編; -- 北京 : 學苑出版社,
2011.12

ISBN 978-7-5077-3884-1

Ⅰ. ①甲… Ⅱ. ①黃… Ⅲ. ①甲骨學-研究 Ⅳ.
①K877.14

中國版本圖書館 CIP 數據核字(2011)第 230126 號

責任編輯:劉小燦
封面設計:羅　飛
出版發行:學苑出版社
社　　址:北京市豐台區南方莊 2 號院 1 號樓
郵政編碼:100079
網　　址:www. book001. com
電子郵箱:xueyuan@ public. bta. net. cn
銷售電話:010-67675512、67678944、67601101(郵購)
經　　銷:新華書店
印 刷 廠:三河德利印刷有限公司
開本尺寸:787×1092　1/16
印　　張:39. 5
字　　數:100 千字
印　　數:0001~1500 冊
版　　次:2011 年 12 月第 1 版
印　　次:2011 年 12 月第 1 次印刷
定　　價:98. 00 元